LES DEUX CADAVRES.

À LA LIBRAIRIE THÉÂTRALE
12, boulevard St-Martin.

F. BARRIAS, del.
L. DEGHOUY, sculpt.

I. — BIRTH-DAY.

— Pourquoi, madame, pourquoi le jour de naissance du saint de M. Barkstead ne sera-t-il pas célébré, cette année comme les autres, avec pompe et religion? — C'est que mon mari a des devoirs bien plus sacrés à remplir. — Est-ce qu'il y en a de plus sacrés que de rendre grâce au Seigneur de nous avoir appelés dans la vie, pour y mériter sa bénédiction éternelle par notre soumission à ses décrets? — Peut-être, Molly, répondit en soupirant mistriss Barkstead, à qui s'adressaient ces remontrances moitié grondeuses et moitié maternelles. — Peut-être? reprit la vieille servante avec un ton de vif mécontentement, peut-être? Ah! vraiment, il est honteux de voir que ces gueux de papistes soient plus fidèles aux bonnes coutumes de la vieille Angleterre que

Audlay s'écria : — L'enfant est sauvé ! — Page 7.

les disciples les plus ardents de la sainte religion évangélique. — Mon mari se doit à d'autres soins qu'à ceux de sa famille et de ses plaisirs. Sa position politique lui en impose de nouveaux, répondit encore mistriss Barkstead avec un accent calme et doux, mais avec une sorte de préoccupation, à laquelle ne pouvait l'arracher la voix aigre et nasale de la vieille Molly. — Du nouveau! du nouveau! répliqua celle-ci en haussant les épaules, il n'y aura de nouveau que de voir se passer, dans la maison de M. Barkstead, un jour de naissance sans qu'il y ait seulement un pot d'ale vidé à sa santé. Si cela devait être ainsi, pourquoi me faire habiller avec tant de soin mon petit Richard. — Est-il prêt? dit vivement mistriss Barkstead, désirant changer le sujet de la conversation. — Et gentil comme ça !... Je lui ai mis son petit pourpoint bleu-ciel; il a ses beaux bas de fil de Flandre couleur feu, sa collerette de point d'Alençon et son grand chapeau de feutre gris avec deux belles plumes d'autruche rouge et noire. Il a mis à son côté la petite dague que lui a donnée M. le colonel Okey; il la tire souvent, il la regarde avec des yeux!.. comme s'il en était amoureux. Ce sera un homme, voyez-vous, madame! un homme déterminé et brave! dit la vieille avec une joie vaniteuse.

— Oui! oui! continua sa maîtresse en retombant dans sa rêverie, déterminé et brave, c'est-à-dire que, dans quelques années, ces craintes perpétuelles, où me tient le caractère résolu et inflexible de mon mari, seront encore augmentées par les dangers qui menaceront mon fils: car vous avez raison, Molly, Richard sera un homme qui aimera mieux combattre que persuader, et qui préférera mourir que mentir. — Et vous devez en être fière, s'écria Molly; cependant, reprit-elle plus doucement, vous le gronderez, madame, parce que, tout à l'heure, comme je le plaisantais sur ce qu'il est trop petit pour porter une dague (car une dague à un enfant de six ans, c'est pitié!), il s'est mis en fureur et s'est pris à crier: — Tiens, tiens, crois-tu, Molly, que la poitrine d'un papiste soit plus dure que cela? et il a percé, d'un seul coup, le grand fauteuil en tapisserie que vous avez brodé vous-même pour M. Abott, son professeur. — Que Dieu conduise son âme, dit la pauvre mère: car je ne sais quelle force humaine pourra la dompter. Envoyez-le-moi, Molly, je vais le mener à son père qui l'attend pour sortir. — Donc, il n'y aura *ni* repas, ni fête aujourd'hui, reprit aigrement Molly. Et mistriss Barkstead, d'une voix altérée, et cherchant à cacher quelques larmes, répétait lentement ces mots: — Ni repas, ni fête!... lorsque la porte s'ouvrit et un homme de haute taille s'avança. — Ni repas! ni fête! s'écria-t-il avec un accent de reproche, oubliez-vous la grande fête où est convié le peuple anglais, et que ce sera un repas agréable à l'Éternel que celui qui va lui être offert!

Mistriss Barkstead ne put retenir un mouvement de dégoût et d'horreur; et, craignant que le colonel Okey, car c'était lui qui venait d'entrer, ne menât la conversation sur un sujet encore plus pénible que celui qu'elle venait de quitter, elle dit froidement à Molly:

— Dès que miss Anna sera levée, priez-la de descendre. — Il faut qu'elle le veuille, répliqua sèchement Molly. Depuis un mois qu'elle est ici, elle s'enferme chaque soir dans sa chambre sans vouloir recevoir les soins de personne, et elle n'en sort que lorsqu'elle est tout habillée. C'est sans doute pour faire, à son aise, ses damnables prières de papiste. Que le fils du diable lui réponde, puisqu'elle l'invoque. La malheureuse! elle fera une mauvaise fin. — Silence, et gardez vos malédictions pour les méchants, reprit sa bonne maîtresse; et d'un geste sévère elle congédia la vieille femme qui se retira en continuant à souhaiter tous les malheurs imaginables aux papistes.

Lorsque mistriss Barkstead se retourna pour inviter le colonel Okey à s'asseoir, elle vit son regard dur arrêté sur elle avec une expression très-marquée de mécontentement. Le colonel était un homme de cinquante ans au moins; sa figure, d'une pâleur et d'une maigreur excessives, laissait briller de tout leur éclat deux yeux gris qui semblaient vibrer dans leur orbite; ses cheveux blancs, ardus et taillés en brosse, se hérissaient sur un front vaste et déprimé; l'angle facial, aigu et sans dignité, dénotait une intelligence peu généreuse, et la construction osseuse de son corps, dont les formes acerbes saillissaient sous son vêtement serré, prouvait une force physique qui avait dû résoudre, en faveur du colonel, plus de problèmes que n'avait pu faire son éloquence.

— Cette bonne femme a raison, dit le colonel Okey à la bienveillante mistriss Barkstead, le souffle de Dieu brûlera la jeune plante qui ne fleurit pas à l'ombre de sa main. — Dieu est notre Seigneur à tous, et il est dit que ceux qui maudiront, seront maudits. — Et il est dit aussi, reprit le colonel Okey, que celui qui prête sa maison à son ennemi, sera écrasé par son toit. — Son ennemi! s'écria mistriss Barkstead, pouvez-vous donner ce nom à la fille du frère de mon mari; une enfant de seize ans, si douce que chacun ici se donne le droit de lui faire sentir qu'elle est orpheline et pauvre; si gaie, si rieuse autrefois, que, lorsqu'elle sortait de la pension royale, où elle est élevée, pour venir passer quelques jours près de nous, elle apparaissait dans notre maison comme un rayon du soleil du mois de juin, animant et réchauffant tout de sa joie naïve, insouciante et jeune? — Et pourquoi, dans ce grand et magnifique jour, l'avoir tirée de cette détestable habitation, et l'avoir reçue dans ce sanctuaire, afin qu'elle trouble de ses larmes coupables les actions de grâces que vous devez au Seigneur, pour le sacrifice de sang qui va s'accomplir? — Le colonel Barkstead l'a voulu ainsi, répondit sèchement la jeune femme, qui semblait fuir avec persévérance le sujet auquel revenait toujours le colonel Okey. — Si Barkstead l'a voulu ainsi, c'est qu'il a de bonnes raisons; car c'est un homme sage et prudent; trop sage et trop prudent peut-être, dit Okey, et trop souvent porté à l'indulgence. J'aimerais mieux le voir au milieu de dix Écossais tout armés qu'en face d'une femme qui pleure ou d'un enfant qui l'implore, il s'en tirerait mieux à coup sûr. — Et pourtant il a été un juge bien sévère! ajouta mistriss Barkstead en levant les yeux au ciel et répondant plutôt à sa propre pensée qu'aux paroles du colonel.

Elle avait à peine dit ces mots que Molly rentra dans la chambre, le visage pâle, effarée et tremblante. Elle avait cherché Richard dans toute la maison; elle l'avait d'abord appelé d'un ton grondeur, croyant qu'il ne voulait pas répondre; puis, inquiète de ce silence obstiné, elle avait presque imploré l'enfant, et enfin, ne pouvant le découvrir nulle part, elle le demandait à grands cris.

L'effroi qui glaçait la pauvre femme, fut bientôt partagé par la mère. Elle interrogeait Molly et n'attendait point ses réponses; elle-même parcourut toute la maison en appelant son fils, et lorsqu'elle rentra dans la chambre commune, elle vit son mari et miss Anna qui questionnaient vivement le colonel Okey.

— Richard a disparu! cria la malheureuse mère en se précipitant vers son mari, comme pour lui demander protection en ce malheur, mon fils est enlevé, perdu, mort peut-être! Oh! John, John, c'est une punition du ciel! — Marie, ne blasphème pas ainsi, dit le colonel Barkstead, ce qui arrive est un grand malheur peut-être, mais peut-être n'est-ce qu'un accident sans danger, qu'une étourderie de l'enfant. — Oui, dit Molly, il est sans doute allé montrer ses beaux habits à ses petits camarades du voisinage. — Ou bien encore, ajouta le colonel Okey, l'enfant, poussé par une louable curiosité, aura-t-il couru au grand rendez-vous où l'on nous attend. — Barkstead, à ces mots, lança un regard pénétrant à Okey et lui montrant Anna qui soutenait mistriss Barkstead, il lui fit signe de garder le silence. Okey prit un air sombre et haussa les épaules; mais un nouveau signe lui fit comprendre que ce silence devait être absolu. Aussitôt Barkstead appela, d'une voix forte, toutes les personnes de sa maison et leur donna des ordres pour qu'ils allassent à la recherche du petit Richard. Une chose était remarquable, c'est que toutes les fois qu'il désignait une direction à prendre à l'un de ses domestiques, celui-ci demandait avec une sorte de désir, s'il ne devait pas passer par White-Hall; mais à chaque fois le colonel Barkstead l'interrompait sèchement et lui prescrivait la route qu'il avait à tenir. Enfin, mistriss Barkstead, s'adressant, d'un air suppliant, à son mari, lui dit doucement — John, pourquoi n'envoyer personne de ce côté? — Allons, Marie, répondit le colonel en souriant, oublies-tu que je vais moi-même à Withe-Hall; que si l'enfant est de ce côté, je l'y trouverai plus aisément que personne, soit que je l'aperçoive ou qu'il me voie, car il devait y venir avec moi? — Il ne savait pas qu'il dût vous accompagner, je n'avais pas voulu le lui dire, dans la crainte qu'il ne laissât échapper quelques mots devant Anna, dit tout bas mistriss Barkstead à son mari, en s'approchant de lui; oh! laissez-moi aller avec vous de ce côté: les yeux d'une mère valent mieux que ceux de vingt serviteurs. — Et son cœur, mieux que celui d'un père, n'est-ce pas, reprit le colonel d'un ton affectueux, mais à voix basse; car moi je n'oublierai pas pour Richard la rigueur du devoir qui m'appelle à Withe-Hall, et toi, tu braverais pour lui l'horreur du spectacle qui s'y prépare. Puis, la calmant avec un doux sourire: — Allons, demeure, ajouta-t-il, notre fils nous sera rendu, je te ramènerai l'enfant, j'en suis sûr; toi, veille sur celle-ci, dit-il en lui montrant Anna; avec le faustisme qu'on lui a inspiré dans sa misérable pension, elle deviendrait folle si elle savait où je vais.

Barkstead embrassa sa femme et sortit aussitôt, accompagné du colonel Okey. Tous deux, habillés comme les militaires de cette époque, portant un justaucorps écarlate, que serrait au-dessus des hanches, une ceinture de cuir, d'où pendaient une longue rapière et une forte dague; un pantalon d'un rouge violet et des bottes d'un cuir jaunâtre, armées de forts éperons, complétaient ordinairement ce costume. Autant la taille d'Okey annonçait de vigueur, autant celle de Barkstead semblait dénoter de faiblesse. Petit, maigre et presque toujours maladif, ce n'était que sur son visage qu'il portait les marques extérieures d'une supériorité incontestable sur son collègue. Le colonel Barkstead était un homme qui avait à peine quarante ans; il était blond, son visage régulier. Ses yeux bleus et mélancoliques s'animaient rarement, et le signe le plus distinctif de son visage était dans l'expression de sa bouche. Parfois ses lèvres se contractaient avec violence, souvent elles frémissaient d'un sourire de dédain indéfinissable, et lorsqu'elles s'entr'ouvraient pour dire quelques douces paroles, ce sourire devenait puissant et irrésistible comme un regard.

Ainsi Okey et Barkstead s'éloignèrent, et la femme de ce dernier demeura seule avec Anna, car Molly elle-même était sortie pour aller à la recherche de Richard.

A peine son mari était-il à quelques pas de la maison, que mistriss Barkstead ouvrit la fenêtre de la chambre, et, malgré le froid, elle se mit à regarder de tous côtés, espérant voir son fils, toute prête à le demander à ceux qui passaient dans la rue. D'abord le peu de gens, qui allaient et venaient, la laissa sans inquiétude sur un accident. Bientôt le passage des piétons et des cavaliers s'accrut insensiblement: chaque homme du peuple, ivre, qui vociférait d'horribles imprécations, lui semblait prêt à heurter son fils qui n'était pas là; elle suivait, haletante et épouvantée, le galop des chevaux, comme si l'enfant allait être brisé dans leur course; peu à peu la foule devint si pressée et si tumultueuse, qu'une frayeur sans raison s'empara d'elle; chaque cri lui parut celui d'un enfant qu'on blesse, chaque murmure, le sourd gémissement d'une vie qui s'éteint: enfin, ne pouvant suffire à embrasser des regards cette multitude qui passait incessamment sous ses yeux:

— Anna, cria-t-elle avec une sorte de colère doucereuse, venez donc m'aider à voir Richard!

Anna, qui était assise dans un coin de la chambre, s'approcha lentement de mistriss Barkstead et regarda, avec étonnement, cette foule qui grossissait à chaque instant, et d'où s'échappait le murmure bruyant de mille conversations animées. Tandis qu'elle promenait ses yeux sur le peuple, elle s'aperçut que quelques-uns de ceux qui passaient montraient la maison de Barkstead avec une sorte de triomphe, et d'autres avec un geste de menace cachée. Mais mistriss Barkstead était insensible à ces signes de respect ou de haine, et Anna elle-même n'y fit bientôt plus d'attention, lorsque ses regards se portèrent sur le visage de sa tante.

L'anxiété, l'espérance, le désespoir qui s'y montraient tour à tour; les pleurs qui tombaient de ses yeux, et qu'elle essuyait presque avec colère, malheureuse qu'elle était de pleurer, car ces larmes voilaient son regard; ce merveilleux sentiment de l'amour maternel, peint à son plus haut point d'angoisse sur la figure douce et pâle de mistriss Barkstead, s'était emparé de l'âme d'Anna. Immobile, elle considérait cette mère éperdue; et, rêveuse, elle laissa échapper comme sans le vouloir, ces mots, dont la pensée devait bientôt s'expliquer si tristement:

— Oh! l'on aime bien plus son enfant!

Cette exclamation, ni le sentiment caché qu'elle semblait trahir, n'éveillèrent l'attention de mistriss Barkstead, mais le son de la voix d'Anna l'arracha soudain à sa préoccupation.

— Oui, sans doute, dit-elle rapidement, je ferai mieux d'y aller voir moi-même. Anna, vous resterez à la maison, mon enfant; il ne faut pas sortir, vous ne le pouvez pas aujourd'hui. Je reviens tout de suite, dès que j'aurai trouvé Richard. Et, sans attendre de réponse, fuyant les observations qu'Anna pouvait lui faire, elle jeta sa mante noire sur ses épaules et s'élança hors de la maison. Jeune et faible femme, qui souvent avait rougi sous un regard trop hardi, elle passait parmi cette populace bruyante, sans crainte d'outrages, et se sentant, en son cœur, protégée par la sainteté de son inquiétude.

Anna la suivit longtemps des yeux, et peut-être la voyait-elle encore que sa pensée n'était déjà plus avec elle. A quoi pensait donc la belle jeune fille? Pourquoi se prit-elle à pleurer avec désespoir dès qu'elle fut seule? Pourquoi, à plusieurs reprises, posa-t-elle son front brûlant sur la pierre glacée de la fenêtre? Et puis, d'où venaient ces regards mornes, désespérés et résolus qui brillaient sous ses longs sourcils fortement contractés? Quel souvenir, quel remords la ramena trois fois de la porte de la maison qu'elle était prête à franchir, la précipita enfin à genoux sur la pierre et plongea son cœur dans une ardente et pieuse prière qu'interrompaient ses sanglots convulsifs?

Savait-elle donc pourquoi le jour de naissance de Barkstead passait sans fête? pourquoi Richard avait été vêtu de ses plus beaux habits? Où allait ce peuple tumultueux et sans nombre? quel sujet animait si fort l'entretien exalté des uns et commandait le silence douloureux des autres? Anna ne savait rien de tout cela : car, depuis un mois, renfermée dans la maison de Barkstead, rien de ce qui arrivait hors de son enceinte n'était venu jusqu'à elle.

Et pourtant, sans qu'elle le soupçonnât, son avenir, son bonheur, sa vie, avaient été décidés durant ce mois, et le jour qui commençait devait lui révéler tous les malheurs de sa destinée.

Dans un de ces moments où Anna, essuyant ses larmes, semblait plus confiante ou plus résignée, elle se rapprocha de la fenêtre, et la première chose qu'elle aperçut, fut le chapeau à plumes rouge et noire du petit Richard; elle l'appela, mais sa voix se perdit dans le murmure immense de cette foule toujours nouvelle, qui sans cesse se portait vers le même point. Le sentiment, qui avait si vivement ému Anna à la vue de la douleur de mistriss Barkstead, se réveilla dans son cœur. Elle pensa qu'elle pourrait atteindre l'enfant et le ramener à la maison. Il lui sembla que, peut-être, elle aurait le droit d'aller dire le secret qui la faisait pleurer, à la mère dont elle aurait sauvé le fils.

Elle sortit donc. A peine avait-elle laissé tomber derrière elle la porte de la maison, qu'elle ne vit plus l'enfant. Elle voulut rentrer d'abord, mais Richard ne pouvait être loin, et elle se prit à marcher le plus vite possible dans le sens de la foule. Pendant quelques minutes elle courut avec courage; mais, n'apercevant rien, épouvantée de se trouver seule parmi tant de gens de toute sorte, elle allait retourner, lorsqu'elle s'informa à un mendiant qui récitait, d'un air farouche, les versets du livre de Saül, s'il n'avait pas vu passer un enfant avec un chapeau à plumes noire et rouge.

— Oui, vraiment, répondit le misérable, il ne doit pas être à vingt pas, c'est un brave garçon qui va se réjouir les yeux d'un beau spectacle : courez, il aura pris à droite : c'est le chemin le plus court pour arriver à Withe-Hall.

Anna précipita encore sa course; elle arriva jusqu'à la rue désignée par le mendiant, et ne vit point Richard : mais elle savait qu'il allait à Withe-Hall, et, en marchant rapidement, elle espéra l'atteindre. Elle reprit sa poursuite, l'œil tendu, inquiète, tremblante et sans faire nulle attention aux propos qui se tenaient autour d'elle.

Ainsi, de rue en rue, de minute en minute, attachée aux pas de cet enfant comme on l'est à une espérance qui nous traîne à sa suite, Anna s'avança peu à peu vers le parc Saint-James. Il faut bien le dire, le sentiment qui l'avait enhardie à sortir n'était plus le seul qui la conduisît. Cette foule lui semblait étrange. Cette cérémonie, dont on avait parlé chez Barkstead, ne répondait à aucune époque consacrée; et, bien que catholique, Anna savait qu'aucune des solennités ordinaires des puritains ne se célébrait ce jour-là. Une curiosité singulière et alarmante s'éleva en elle, et puis, au bout de l'avenue qu'elle parcourait, un mugissement long et horrible s'entendait de temps à autre. Ce n'étaient ni les applaudissements donnés à un prédicateur, ni les cris d'une révolte ardente, c'était comme l'impatience du tigre prisonnier qui attend sa nourriture et gronde de faim, puis qui écoute si l'on vient et qui rugit encore.

Un désir inquiet s'éleva donc, dans son cœur, de savoir le secret de tous ces milliers d'hommes et de femmes. Ce fut alors que, soudain, elle se rappela toutes les précautions pour lui cacher ce qui se passait hors de la maison de Barkstead, et les soins pris pour l'empêcher de sortir. Cet événement qui allait se passer et qui devait avoir tant de témoins, l'intéressait donc personnellement? Quel était-il? Elle pouvait le demander au premier venu, car tous ceux qui l'entouraient le savaient sans doute; mais à qui s'adresser, et comment oser demander à quelqu'un ce qui faisait lever et courir toute la ville de Londres?

Pendant qu'elle raisonnait ainsi, la foule grossissait, les cris devenaient plus éclatants, et elle marchait toujours. Tout à coup des tambours se firent entendre. Le peuple reflua violemment sur lui-même, et, dans ses flots tumultueux, elle vit s'agiter un moment les plumes rouge et noire de Richard. Plus prête à demander protection à la présence de cet enfant, qu'à le protéger elle-même, tremblante et honteuse des propos qu'excitaient sa jeunesse et sa beauté, elle se jeta vers l'endroit où elle avait cru voir Richard; mais, en même temps qu'elle, un tas d'hommes du peuple, déguenillés et poussant d'horribles clameurs, se porta du même côté et força une ligne de soldats qui gardaient l'entrée d'une vaste porte. Une épouvante indicible s'empara d'Anna : car, tout en cédant au mouvement qui l'entraînait vers la porte, elle repoussa, avec une violence extraordinaire, l'approche de ceux qui pouvaient la heurter : mais pâle, échevelée et presque mourante, elle fut précipitée jusque dans l'intérieur du parc Saint-James, et lancée sur une nouvelle ligne de soldats qui allaient rudement la repousser, lorsqu'une femme, déjà vieille et vêtue de deuil, se plaça entre elle et ces militaires. Un enfant d'une douzaine d'années, qui accompagnait cette femme, protégea, comme elle, la jeune fille, en s'offrant aux coups qui allaient la frapper, et tout à coup la voix faible, mais perçante d'un autre enfant, leur cria :

— C'est ma cousine! c'est Anna! Colonel Tomlinson, protégez la nièce de John Barkstead.

A ce nom, un murmure flatteur s'éleva dans toute la foule; le nom de Barkstead fut répété avec des hourras. Le colonel Tomlinson s'empressa près d'Anna, et les soldats ouvrirent leurs rangs. Anna se trouva ainsi enfermée entre une première haie de soldats qui contenaient l'impatience du peuple, et une seconde ligne qui semblait devoir protéger la marche du cortége. En effet, de l'autre côté de la grande allée du parc Saint-James, deux lignes de soldats étaient également disposées, l'une bordant la route, l'autre maintenant la foule à distance. Toutefois, quelques hommes de ceux qui avaient entraîné Anna, avaient pénétré avec elle dans cette espèce d'enceinte vivante, où se promenaient beaucoup d'officiers, tous l'air profondément préoccupé. Au moment où les rangs s'ouvrirent pour laisser passer Anna, la femme vêtue de deuil s'approcha d'elle comme pour l'arrêter; mais le colonel Tomlinson la regarda en face, et, d'une voix basse, mais sévère :

— Milady, lui dit-il, que venez-vous faire ici? — Voir un crime, et en empêcher un autre, répondit-elle. — Eloignez-vous, dit Tomlinson, ou je vous nomme, tout haut, de votre nom. — Et le peuple me déchirera, n'est-ce pas? répliqua cette femme, avec un sourire de mépris. C'est assez de joie pour un jour, donnée au tigre évangélique. Adieu! nous nous reverrons.

A ce moment, elle rappela près d'elle l'enfant qui la suivait et qui se trouvait près de Richard Barkstead. Ce fut un regard bien singulier que celui que se lancèrent ces deux enfants; il y avait toute la haine qui doit remplir une vie, et pourtant, ils n'avaient échangé que ce peu de mots :

— Tu es donc le fils de John Barkstead, qui a condamné Charles Ier à mort? dit l'enfant inconnu. — Oui, répondit Richard, et toi? — Quand j'aurai vingt ans, Cromwell te dira mon nom. — Et où vas-tu, à cette heure? reprit le petit Richard. — Sous l'échafaud, recevoir, comme un baptême, le sang de la victime. — J'y vais aussi, répliqua le fils de Barkstead, j'y vais tremper ma dague dans le sang du tyran.

Ce fut à ces paroles que la femme avec qui se trouvait cet enfant l'appela près d'elle, et que la pauvre Anna, n'entendant rien, stupéfaite et sans réflexion, se trouva, sans le savoir, enfermée entre les deux lignes de soldats. Pendant ce temps, la populace rugissait à l'entour. Les uns, élevés sur des bancs de pierre, s'y défendaient à coups de poing; d'autres traînant des tonneaux pour en faire des espèces d'amphithéâtres, en vendaient les places à un prix exorbitant, et quelques-uns, plus audacieux, montés sur les grands arbres du parc Saint-James, s'avançaient au delà de la haie de soldats, et, comme des chats-tigres, suspendus à leurs branches dépouillées, ils semblaient prêts à s'élancer sur la proie qui allait passer. Tous avaient les yeux fixés sur une porte du palais Saint-James, tous se la montraient du doigt, impatients et avides. Anna, traînée par l'enfant vers cette porte qui semblait l'objet de toutes les attentions, n'avait pu encore lui demander le sujet de tout ce qu'elle voyait, lorsqu'un cri immense, un cri de satisfaction effrénée partit soudainement de l'entrée du palais, et comme un râlement de mort, se traîna avec d'effroyables ondulations jusqu'à l'extrémité la plus éloignée de cette innombrable multitude.

II. — WITHE-HALL.

Ce jour-là était le 30 janvier 1649. Le matin de ce jour, Charles Ier, roi d'Angleterre, prisonnier au palais Saint-James, s'était levé calme et le cœur fort comme celui d'un martyr. Fanatique de son droit et de sa royauté, cet homme avait dit pour sa défense à ses juges, qu'il ne devait compte de ses actions qu'à Dieu, dont il tenait sa couronne. A cette misérable argutie on avait répondu par un arrêt de mort, et le bourreau était le terrible argument qui devait prouver à ce fils de Dieu qu'il y avait de l'homme dans son pouvoir. Si deux têtes de roi tombées, à cent quarante-cinq ans d'intervalle, n'ont pu écrire, sur le pavé de Londres ou de Paris, ce droit de souveraine justice populaire, de façon qu'il ne fût plus contesté par personne; s'il demeure encore, parmi les peuples, des hommes pour qui celui qu'on appelle le roi, est un être de substance divine, duquel il faut accepter tyrannie, vol, concussion, lâcheté, débordements et trahison, sans autre retour qu'obéissance et respect, qu'était-ce donc à cette époque?

Ce sentiment que la justice humaine pouvait avoir affaire à un roi, était hors de toutes les idées qu'admettait alors la raison. Sans doute, le peuple avait souffert beaucoup et s'était parfois débarrassé de son tyran; mais le poignard, le poison, l'assassinat, avaient seuls jusqu'alors atteint les criminels couronnés; comme si, dans cette religion de la royauté, on ne répugnait pas à l'idée d'en renverser le Dieu vivant, à condition que la vengeance resterait dans le crime, les hommes alliant ainsi le besoin de s'arracher à une condition de malheur sans toucher au respect qu'ils croyaient devoir à son auteur. Il faut donc le dire, le jugement de Charles Ier fut la plus grande révolution morale et politique qui ait marqué l'histoire des peuples. En effet, il consacra entre eux et les rois, au lieu des séditions populaires qui ne disaient que des souffrances, le salutaire avertissement qu'il y a des droits à respecter; au lieu de la conspiration des nobles, qui déchiraient l'état à leur profit, un tribunal qui défend les usurpations de tous; au lieu d'assassins de garde-robe qui tuaient pour une poignée d'or ou une couronne de comte, le bourreau qui punit au nom de la société vengée.

Mais cette suprême vérité ne frappait pas tous les yeux, et, s'il faut le dire, peut-être les juges de Charles Ier y étaient-ils arrivés comme d'aventure, ainsi que se fait une découverte dans les sciences. Il avait fallu un nouveau fanatisme, pour qu'on osât toucher à celui qu'inspirait la royauté. Les passions religieuses et politiques qui agitaient tous les cœurs, à cette époque, furent peut-être la source où les juges puisèrent leur force, qui ne devait être que dans le droit populaire, et s'il fallait scruter à fond les consciences, peut-être serait-il permis de dire qu'ils condamnèrent injustement Charles Ier coupable.

Ce fut donc un bien grand et terrible jour que ce 30 janvier 1649. Tout y fut excessif. La colère du peuple, le courage de la victime; les remords des juges qui avaient condamné sous la peur; les doutes cruels de ceux qui n'avaient pas encore une foi inébranlable dans leur droit; la joie des fanatiques qui croyaient avoir fait mieux qu'Abraham, aussi bien que Judith; la douleur des royalistes qui considéraient qu'on avait souillé le sanctuaire et déchiré l'hostie : tout fit de ce jour et du spectacle qu'il offrit le plus fécond assemblage d'émotions diverses et de passions en combat. Toute l'âme du peuple était concentrée sur un espace de moins d'un mille, et comme l'âme d'un enfant qui ne conçoit pas bien ce que c'est que la vie et la mort, et qui tue, pour l'apprendre, son oiseau qu'il aimait, cette âme de peuple était inquiète, gaie, triste, calme, forcenée, prête à déchirer et à pleurer, forte et faible ; et le géant serrait, en tremblant, dans ses puissantes mains, le passereau qui palpitait entre ses doigts.

Mais ces passions de la multitude ont leurs peintres et leurs historiens; nous, il nous faut parler d'Anna, jeune fille qui courait entre les soldats du parlement, traînée par un enfant, vers la porte latérale de Saint-James, où Charles Ier venait de paraître.

Par l'un de ces accidents qui préparent les malheurs contre toute raison ; par l'une de ces fatalités qui mènent l'homme, pendant de longues années, à côté de l'abîme où il périra, sans que rien l'avertisse, sans que rien lui fasse lever la tête pour voir un peu plus loin, ou lui fasse étendre la main, pour écarter le voile qui lui cache sa perte, la pauvre Anna arriva jusque près de l'endroit où passait Charles Ier, sans qu'elle pût voir son visage. Il causait avec un prêtre et avait la figure tournée de son côté. Anna vit ce prêtre ; c'était l'évêque Juxon. A la maison royale où elle avait été élevée sous la direction de lady Salsby, elle avait souvent reçu les conseils et les bénédictions de ce prélat. Elle s'étonna de le rencontrer là, et pendant qu'elle cherchait à s'expliquer sa présence, Charles passa devant elle.

Mais à peine l'eut-il devancée de quelques pas qu'elle se prit à considérer sa tournure. Charles Ier marchait d'un pas lent et ferme. Arrivé à cette dernière épreuve de la vie, il semblait plus occupé à donner des ordres à Juxon qu'à en recevoir des consolations; il parlait vite et avec action, et Juxon était aussi bien plus soigneux de se pénétrer des dernières volontés de son maître que de le consoler. Tous deux paraissaient faire plutôt une promenade royale, qu'une marche vers l'échafaud ; et sans l'habit de Juxon, si un militaire ou un courtisan se fût trouvé près du souverain, on aurait dit d'un aide de camp ou d'un maître de cérémonies recevant des ordres pour la disposition d'un combat ou les détails d'une fête.

Cependant Anna avait à peine jeté les yeux sur le malheureux roi, qu'elle s'arrêta soudainement. Une rougeur brûlante lui couvrit le front, elle devint interdite et confuse, et elle murmura avec stupeur un nom que personne n'entendit. Toutefois, paraissant douter en elle-même de la réalité de ce qu'elle venait de voir, elle voulut se rapprocher de Charles ; mais il était déjà loin. Anna se mit donc à le suivre, cherchant à percer le groupe nombreux qui accompagnait sa marche, en longeant la ligne des soldats qui formaient la haie. A plusieurs fois elle aperçut le roi, mais jamais assez longtemps pour être assurée qu'elle se trompait ou non. Son anxiété croissait pourtant à chaque pas; car enfin, ce geste, elle le connaissait; cette taille élégante dans sa force, elle l'avait vue autrefois; cette démarche elle l'avait souvent et longtemps suivie des yeux ; mais, ces cheveux presque blancs annonçaient un âge trop avancé, et, d'ailleurs, en six mois, ils n'avaient pu changer à ce point.

— Oh ! non, s'écria-t-elle, emportée par la discussion intérieure qui se passait en elle; oh ! non, ce n'est pas Georges. — Qui, Georges ? dit Richard, étonné de cette exclamation. — Cet homme qui passe au milieu des soldats, la tête découverte sous le froid, et qui parle à l'évêque Juxon, répondit Anna. — Certes, ce n'est pas celui que vous appelez Georges, dit l'enfant. — Oh ! c'est lui ! s'écria Anna avec une sorte de conviction douloureuse.

Au moment où elle laissa échapper ces mots, Charles Ier s'était arrêté ; il avait, selon sa coutume, lorsqu'il était roi et qu'il écoutait un suppliant, posé sa main gauche sur la hanche; tandis que sa jambe droite, portée en avant, lui donnait l'air de l'un de ces portraits de chevaliers qui semblent poser pour le peintre; sa tête était légèrement inclinée vers la terre, comme celle d'un homme qui a l'habitude d'écouter des hommes à genoux, et véritablement cela se trouvait ainsi. Un vieillard et deux jeunes gens avaient pénétré dans la route que parcourait ce monarque, et, se plaçant sur son passage, ils courbèrent leur tête devant celle qui devait tomber; puis, bravant tout haut la justice du jugement qui allait s'exécuter, le vieillard s'écria :

— Charles ! je vous demande votre bénédiction de martyr et de roi.

C'est un des privilèges du courage d'être souvent couronné là où il semblait devoir périr; c'est un des secrets du cœur de l'homme et des peuples de prendre en bonne part et d'admirer, quelquefois, ce qui lui est contraire et ennemi, et ce fut ainsi dans cette occasion. A ce geste du vieillard, à cette haute parole fermement prononcée, tout s'arrêta comme le roi, tout fit silence comme le vieillard pour entendre la réponse qu'il attendait. Ce fut un moment religieux où, dans la foule, beaucoup de têtes s'inclinèrent et se découvrirent, et durant lequel la puissance du roi tombé fut grande comme avant sa chute. Anna, entourée d'hommes dont la taille était plus haute que la sienne, ne pouvait voir le roi dont elle s'était rapprochée ; mais elle l'entendit, élevant la voix, dire d'un ton solennel ces simples paroles :

— Lord Clarendon, moi, Charles Stuart, roi de la Grande-Bretagne, je te bénis. Lève-toi et suis-moi, mon fidèle serviteur.

— Oh ! pour le coup, c'était la voix de Georges ; Anna l'avait reconnue, mais pourquoi ces paroles : Moi, Charles Stuart, roi de la Grande-Bretagne? Ce n'était donc pas Georges simple officier des dragons d'Écosse ? Il y avait pourtant une bien surprenante ressemblance. C'était bien sa démarche, son geste, sa voix !... mais ces cheveux blancs et ce titre de roi !... Il se passait une cruelle incertitude dans l'âme de la jeune fille. Un témoignage encore lui manquait ; elle n'avait point vu le visage de Charles. Elle se hâta donc, et voulut s'élancer à travers la foule qui suivait toujours le roi.

Quel homme n'a senti, sous le poids d'un rêve qui l'oppresse, une nécessité impérieuse de courir, soit pour atteindre un ennemi, soit pour fuir une maison qui croule ou s'inonde ? Quel homme ne se souvient du supplice que lui a donné ce rêve, quand tout à coup il est pris d'une impossibilité cruelle de se mouvoir; que les jambes s'alourdissent, que des obstacles se lèvent devant lui et qu'il se débat sans avancer, tandis que fuit l'ennemi ou qu'approche le danger? Ce supplice si fatigant, Anna l'éprouva dans ce moment, mais réel, mais véritable. Charles marchait toujours, et toujours la foule avec lui. Anna courait, gagnait quelques pas, croyait arriver ; puis un homme ivre se jetait devant elle, et pour l'éviter, tandis qu'il roulait pour ainsi dire dans la foule, il fallait perdre ces quelques pas ; elle dépassait cet obstacle ; un second survenait; c'était le combat de deux portefaix, dont l'un semblait à l'autre trop triste ou trop gai dans la circonstance ; ensuite des femmes, l'œil ardent et les vêtements souillés, qui la repoussaient rudement; puis, des hommes graves qui lui reprochaient sa cruelle curiosité, et le cortége avançait toujours : enfin, obstacles, reproches, terreur, elle surmonte tout et approche de cet être double pour elle, auquel il faut qu'elle donne un nom ; elle s'élève sur la pointe de ses pieds, glisse sa tête entre les épaules de deux soldats, jette les yeux sur ce visage dont l'aspect lui doit apprendre son destin.... O déception !... affreuse déception ! A peine ce regard se levait-il pour voir Charles, que son visage fut voilé par ses royales mains; un gémissement d'une profonde horreur s'échappa de sa poitrine; il se fit parmi le peuple et les soldats un tumulte violent qui rejeta la pauvre Anna dans la foule, et un murmure d'indignation s'éleva, dominé bientôt par de féroces éclats de rire. C'était Tom Love qui venait de cracher à la figure du roi.

Love, le plus hardi garçon boucher de Londres; Love, qui frappait un bœuf du poing quand sa masse de fer n'était pas près de lui ; Love, qui cédait un mille sur deux à la course et arrivait le premier, qui dînait seul contre six et les ruinait tous en tranches de bœuf et en porter ; Love, enfin, qui avait dit qu'il mangerait du Stuart si on voulait lui en vendre.

Cette action excita un mouvement de dégoût dans la foule même des forcenés; mais à part ce murmure dont personne n'avait à prendre la responsabilité, aucune parole ne se fit entendre contre Love, qui mesurait de l'œil tous ceux qui l'entouraient. Charles seul, s'arrêtant, dit avec un accent de royal mépris : — Le lâche ! pour six pence il en ferait autant aux généraux de Cromwell.

— Je le ferais pour rien, s'ils ne trouvaient pas bon ce que je viens de faire, s'écria Love en grinçant des dents, et en regardant en face Tomlinson, qui semblait indigné de cet acte brutal. Peut-être Tomlinson, insulté à ce point, allait-il punir le misérable, lorsque Charles l'appela à haute voix. Tomlinson s'approcha du roi, et du court dialogue qu'ils eurent ensemble jusqu'à la porte de Withe-Hall, on n'entendit que ces mots de Charles :

— Colonel Tomlinson, vous êtes un bon soldat, ne soyez pas un mauvais boxeur, et devenez un meilleur politique, car il faudra gouverner ce peuple-là maintenant.

Pendant que cela se passait, Anna, cruellement déçue et plus incertaine que jamais, cherchait à se dégager des flots de peuple qui l'entouraient. Elle avait encore entendu cette voix, et c'était celle de Georges; à l'une de ces mains qui lui avaient caché son visage, elle avait vu briller un anneau bien connu : c'était donc Georges, Georges absent depuis six mois et qu'elle retrouvait ainsi ! Mais, toujours, dans son oreille et à son esprit, revenaient ces mots : Moi, Charles Stuart, roi de la Grande-Bretagne.

Et d'ailleurs, où allait donc Charles Ier, roi de la Grande-Bretagne; Charles Ier, pour qui on lui avait enseigné à prier depuis son enfance ; qui avait été chassé de Londres et fait prisonnier, mais dont elle ignorait le sort depuis un mois qu'elle était enfermée chez Barkstead? Alors, seulement, Anna se résolut à demander à Richard la raison de tout ce qui se passait, lorsque l'enfant se mit à crier avec impatience :

— Par ici ! par ici ! il est entré à Withe-Hall, et si nous tardons, nous ne le verrons pas à la fenêtre. — Nous le verrons donc ? dit Anna, reprenant sa première anxiété, du moment qu'elle trouvait une espérance de la résoudre autrement que par des souvenirs et des raisonnements. — Oui, oui, répondit Richard, et nous serons dans le cercle des élus ; je sais un endroit par où passer.

Véritablement, il fit quitter à Anna la grande allée où se pressaient tous les curieux, et, longeant les longs murs noirs de Withe-Hall, il frappa trois coups mesurés à une petite porte basse qui se trouvait à l'une des extrémités du palais. Une sorte de geôlier leur ouvrit, et le petit Barkstead demanda hardiment si son père était entré.

— Sans doute, répondit cet homme, il est très en peine de vous, petit garnement; il m'a demandé si vous n'étiez pas venu, et il m'a donné ordre de vous retenir.

— Tu mens, répliqua Richard; mon père veut que j'assiste au grand œuvre ; laisse-moi passer et ouvre-moi le guichet qui donne, de l'autre côté du parc, sur la route. — Je n'ai pas la clef, dit le geôlier, et je ne puis ouvrir. — Jacques Sawton, cria l'enfant avec colère, tu es un traître et un royaliste ; car, comme je venais ici, j'ai vu s'ouvrir cette porte et je ne vois plus les gens qui sont entrés. Ces gens sont des royalistes que tu as menés sous l'estrade de la fenêtre ; ouvre-moi ou je te dénonce.

Sawton regarda Richard avec stupéfaction. En effet, il venait d'ouvrir à la femme vêtue de noir, qui se trouvait près d'Anna, quand elle avait pénétré dans le parc, et à l'enfant qui l'accompagnait et qui avait parlé à Richard. Celui-ci les avait reconnus ; mais Sawton ne pouvait concevoir comment Richard savait un secret qu'on lui avait payé à prix d'or.

Donc, sans faire la moindre observation, il prit un trousseau de clefs et se mit à marcher devant Richard et Anna. Il les conduisit par une foule de petits corridors voûtés, à peine éclairés par quelques lucarnes fortement grillées. Comme le flot de l'Océan qui vient battre le pied d'un roc, on entendait le bruissement sourd des voix lointaines qui grondaient au dehors. Anna suivait, sans savoir ce qu'elle faisait, le gardien qui marchait lourdement devant elle, et l'enfant qui la pressait, comme s'il avait peur d'arriver trop tard. La lueur, qui pénétrait dans les passages humides qu'elle parcourait, éclairait si mal leur marche, que le soin qu'elle mettait à ne se point heurter, et la pensée que son doute allait cesser, l'occupaient exclusivement. Tout à coup une porte s'ouvrit, et elle se trouva du côté du palais de Withe-Hall, qui donne aujourd'hui sur la place de ce nom, qui n'était alors qu'une prairie.

Devant elle se déployait un vaste espace. A vingt pas à peu près des bâtiments s'étendait un front, parallèle à Withe-Hall, de cinquante soldats au plus ; à dix pas à droite et à gauche de la porte se trouvaient deux lignes égales, perpendiculaires au palais, et, des trois côtés, ces troupes étaient disposées sur une profondeur de plus de quarante rangs de soldats. Derrière elle s'agitait une foule innombrable d'où s'élevait ce murmure puissant qu'elle avait si longtemps entendu. Dans l'enceinte du carré que cet arrangement laissait libre, se trouvaient des officiers de tout grade, des prédicateurs, des juges et quelques membres du parlement. A côté d'elle, elle vit la femme vêtue de noir, qu'elle n'avait pas remarquée la première fois : l'enfant inconnu l'accompagnait encore. Richard et lui se regardèrent fixement. La vieille poussa un cri de surprise à l'aspect d'Anna : elle avait jeté un long voile sur son visage et était à genoux sur la terre.

Comme la jeune fille passait près d'elle, éblouie et confondue de tout ce qu'elle voyait, elle sentit une main qui prenait la sienne, et une voix qu'elle connaissait aussi et qui lui dit : — Anna !... Anna !... que viens-tu chercher ici? A ce moment, la raison d'Anna chancela en elle-même, elle ne savait si elle n'était pas en proie à un rêve affreux. Cet homme, conduit à travers des soldats, imploré et insulté par cette populace flottante et courroucée; ce nom de Charles, ce souvenir de Georges, et puis encore cette voix nouvelle et encore connue; Anna, défaillante et presque insensée, tomba à genoux à côté de la femme voilée.

— Reste donc près de moi, lui dit celle-ci, et sois forte, Anna !

Oh ! qu'allait-il se passer? où était Anna? pourquoi ces soldats, ce peuple, cette recommandation? à quoi bon ce courage qu'on lui demandait? Enfin, elle allait parler; mais encore, encore, la main qui avait lié son destin à celui qui allait s'accomplir, vint fermer ses lèvres. Un bruit de pas se fit entendre au-dessus de sa tête; elle regarda et vit à quelques pieds une sorte de plancher qui s'avançait en dehors du palais et qui semblait revêtu de longues draperies noires. Un effroi sans raison, un effroi de ceux qui devinent le malheur à sa plus amère torture, agita convulsivement le corps de la malheureuse fille, et tandis qu'elle tremblait comme une feuille de saule sous un vent du nord, une voix, la voix de Charles ou de Georges s'éleva et partit de l'échafaudage sous lequel elle était à genoux.

Celui qui parlait dit d'abord qu'il protestait de son innocence; qu'il n'avait fait la guerre que pour sa défense personnelle; et puis, il pardonna à ses juges et à ses ennemis : tout cela en termes nobles et justes, et d'une voix mâle et assurée. Tous ceux qui s'étaient approchés pour entendre étaient émus; quelques-uns pleuraient, d'autres semblaient admirer. Tout à coup, cette voix calme s'anima et cria fortement : — Viens ici, messager de Cromwell, le règne de Charles Ier est fini. Viens et commence d'un coup de hache le règne de Charles II, roi de la Grande-Bretagne ! Vive le roi !

Un mouvement s'opéra sur le plancher, quelques pas furent faits par diverses personnes, l'une d'elles s'agenouilla, et un mot sortit encore de sa bouche; ce mot fut recueilli par quelqu'un qui s'était approché. Ce mot quelquefois si doux et si enivrant, ce mot si souvent fini dans un baiser, ce mot tomba comme une goutte de plomb brûlant dans le cœur d'Anna; ce mot, le dernier que prononça la voix qui rendait Anna muette et folle, ce mot était :

Remember : souviens-toi.

— Oh ! cria Anna, s'arrachant à la main qui la tenait, c'est lui !... et elle se leva au moment où retentit sur sa tête un coup terrible auquel répondit un mugissement effroyable. L'infortunée courut en avant pour voir ce qui se passait au-dessus d'elle; elle fit quelques pas, se retourna, et vit un homme masqué debout et tenant une hache; elle vit l'évêque Juxon, le visage caché dans ses mains, puis un autre homme penché vers le plancher, puis cet homme se releva lentement, se dressa de toute sa hauteur, tendit son bras avec effort et montra au peuple une tête coupée, en criant : CECI EST LA TÊTE D'UN TRAITRE, DE CHARLES Ier, ROI DE LA GRANDE-BRETAGNE !...

— Georges ! ô Georges ! cria la pauvre fille...

Alors, vibrant sur elle-même, telle qu'un jeune arbre fouetté par l'orage, elle poussa un cri, comme si tout se brisait à la fois en elle, puis elle s'affaissa et tomba sur la terre, plus pâle que la tête que le bourreau venait de montrer à ses yeux.

Au milieu de la confusion qui suivit cette terrible exécution, la chute d'Anna eût été à peine remarquée, et peut-être le mouvement prodigieux qui poussa le peuple vers l'échafaud et qui ébranla un moment le rempart de soldats qui l'entouraient, eût exposé Anna à être foulée aux pieds, si quelques personnes ne l'avaient protégée. La vieille femme voilée fut la première à s'élancer près d'elle; Tomlinson, qui avait reconnu Anna, s'en approcha presque en même temps. Comme Anna et Richard, il avait traversé Withe-Hall, mais par les grandes salles, et il était venu se remettre à la tête de son régiment qui était celui qu'on avait placé le plus près de l'échafaud, comme le plus fidèle et le plus dévoué aux intérêts du parlement.

La vieille femme et Tomlinson s'empressèrent, pour rappeler Anna à la vie, et soit l'intérêt que lui inspirait la jeune fille, soit toute autre cause, il était facile de voir que le colonel éprouvait, pour la personne inconnue qui l'aidait dans ses soins pour Anna, des sentiments moins sévères qu'avant l'exécution. Une fois même il lui dit avec un intérêt plein d'anxiété :

— Éloignez-vous, milady, je prendrai soin de cette enfant. Voyez, quelques-uns de ces forcenés qui ont insulté le roi ont pénétré jusque sous l'échafaud; s'ils vous reconnaissent, je ne répondrais plus de vous. — Vous avez donc à répondre de moi, colonel Tomlinson? lui répondit l'inconnue. — Croyez-vous que je laissasse insulter et peut-être maltraiter une femme sous mes yeux? dit Tomlinson avec émotion. — Ni vous, ni vos soldats ne le souffriraient maintenant, n'est-ce pas? dit la vieille en lançant à Tomlinson un regard qui brilla sous le voile noir qu'elle ramena plus soigneusement sur son visage. — Pourquoi maintenant? répliqua le colonel, avec un embarras marqué. — Ah! dit l'inconnue, en saisissant la main de Tomlinson et en parlant d'une voix basse, mais résolue : c'est que l'éclair qu'a jeté, en frappant, la hache du bourreau, vient enfin d'illuminer ton cœur; c'est que ta soif ardente a failli devant le breuvage qu'on lui versait; c'est que ta haine s'est éteinte dans le sang, c'est que tu as compris quel effroyable crime on vient de commettre. — Prenons soin de cette jeune fille, répondit vivement Tomlinson, voulant échapper à cette révélation inattendue des nouveaux sentiments qui le dominaient. — Hé bien, répliqua l'inconnue, rachetez donc votre conduite passée, aidez-moi à emporter cette fille; nous allons la faire entrer par cette porte basse, chez Jacques Sawton, cet homme m'est dévoué. Anna y demeurera jusqu'à ce soir sans que personne s'en doute, et cette nuit je la viendrai chercher seule pour l'emmener. — Où donc? dit Tomlinson étonné, en l'interrompant vivement. — En un lieu où jamais on ne pourra la découvrir, reprit la vieille en se penchant à son oreille. — C'est la nièce de Barkstead, et je prétends la rendre à sa famille. — Sa famille ne peut pas être chez l'assassin de Charles Ier. Écoutez, colonel, dit rapidement l'inconnue, le sort de l'Angleterre dépend peut-être de vous en ce moment. Au nom de vos remords, aidez-moi à enlever cette fille d'ici !

Tomlinson ne savait que résoudre; arrivé auprès d'Anna, il l'avait assise sur son séant, lui-même, un genou à terre, avait appuyé le corps de la jeune fille sur l'autre genou; et, penché sur elle, il cherchait à saisir sur son visage quelques signes de vie. La vieille à genoux de l'autre côté d'Anna, paraissait encore plus inquiète de l'enlever que de la secourir. Tomlinson, cédant à ses instances, soulevait Anna pour l'emporter, lorsque l'enfant qui accompagnait cette singulière femme, se précipita vers elle en poussant des cris aigus et en montrant son bras ensanglanté.

— Je suis blessé, criait-il, je suis mort, il m'a tué ! — Qui vous a blessé, Ralph? reprit la vieille avec anxiété, qu'avez-vous? répondez.

Mais l'enfant, tout en larmes, continuait à crier et à répéter les mêmes plaintes, lorsque Richard approcha, conduit par Tom Love qui le tenait par la main. Il avait le visage meurtri, son pourpoint était déchiré et la plume noire et rouge de son chapeau était brisée. A son aspect, Ralph se serra violemment contre la vieille en s'écriant : C'est lui ! le voilà ! — Comment ! petit misérable, s'écria Tomlinson, vous avez frappé et blessé cet enfant? — Et il a bien fait, reprit Love en mesurant Tomlinson de l'œil, avec peut-être plus d'insolence qu'il n'avait déjà fait. Quand Jack Ketet a eu frappé le coup, et le coup a été bien frappé, il a passé quelques gouttes de sang entre les planches d'en haut : ce petit-ci a tendu son mouchoir pour le recevoir, et ce grand-là a voulu l'en empêcher; le petit s'est regimbé; le grand, qui a deux fois son âge, l'a repoussé, et il en a pris à son aise. Mais quand il s'est retiré et que le petit a voulu attraper quelques larmes qui dégouttaient encore, ce pleurard-là s'est mis à le boxer, tant et si fort, que c'était pitié ! Le petit n'a pas sourcillé, il n'a ni crié, ni pleuré, ni appelé assistance; mais, voyant que l'autre abusait de sa force, il a reculé d'un pas, et, tirant sa dague, il l'a frappé à sa façon. — Hé ! hé ! hé ! ajouta Tom Love, en riant comme un ogre en gaieté, il a bien fait de parer avec son bras, ce pleurard-là ! car la dague allait droit au cœur, et le coup n'était pas mauvais non plus. — Taisez-vous, Ralph, dit la vieille à l'enfant, pouvez-vous ainsi pleurer pour une égratignure? cherchez-moi quelqu'un pour faire emporter cette jeune fille. — Ma cousine ! cria Richard apercevant Anna, ah ! mon Dieu !... elle est morte !... ma cousine Anna ! Oh ! ma bonne Anna ! et il se prit à pleurer, avec des cris et des trépignements, levant le corps de la jeune fille, lui prenant les mains, l'appelant, l'entourant de ses petits bras. — Allons, allons, dit Tom Love, en s'approchant, où faut-il emporter cette belle créature-là? — A deux pas, dit la vieille. — Bien loin, dit Richard. — Ici près, chez Jacques Sawton, dit la vieille. — Au bout de la route qui mène à Londres, dit Richard. — A deux pas. Bien loin. Ah çà, entendez-vous, où faut-il aller? reprit Love. — C'est ma cousine, dit Richard, la nièce de M. Barkstead, il faut la porter chez lui. — Oh ! oh ! dit Tom Love en réfléchissant, master Barkstead est un grand nom, un homme du bon côté, mais son frère était un chien qui avait mis sa fille chez les dames royales de Windsor, et de sa fille on a raconté des histoires... hum !... Je sais ça, parce que Jeanie, ma future, a été employée à la maison, et que... mais la pauvre fille, c'est peut-être faux. En tout cas, dit-il, en se penchant pour la prendre dans ses bras, si jamais cette lady Salnsby, qui gouvernait la maison, tombait entre mes dix doigts, je la débarrasserais de sa vieille peau, à coups de lanières, pour qu'elle pût faire le métier à son compte.

La femme voilée ne put se défendre d'un mouvement d'effroi à ces paroles. Tomlinson se tut, et Love, ayant relevé Anna, dit à Richard : Voyons, mon petit héros, marchez devant, je vais vous suivre avec cette pauvre créature... Dieu du ciel ! c'est à peine si son pouls bat encore... Allons ! allons ! — Laissez-les partir, dit tout bas la femme voilée à Tomlinson. Suivez-moi, colonel, j'ai à vous confier des secrets que vous êtes digne d'entendre maintenant. Vous connaissez Barkstead? — C'est mon collègue, répondit Tomlinson. — Vous pouvez pénétrer chez lui, dit la vieille. — Sa maison est ouverte à tous ses camarades. — Venez donc, dit l'inconnue. — Je suis à vos ordres, milady.

Lady Salnsby, car c'était elle, s'occupa seulement alors de l'enfant qu'elle avait nommé Ralph, enveloppa son bras d'un mouchoir; et, accompagnée de Tomlinson, elle prit la route qui conduit à la Tamise, tandis que Tom Love, emportant Anna dans ses bras, se dirigeait avec Richard d'un autre côté.

Pendant ce temps, les troupes, qu'on avait placées autour de Withe-Hall, s'étaient retirées. La foule immense, qui était accourue de tous les points de Londres pour assister à cette grande catastrophe, s'écoulait lentement : mais son aspect était bien différent de celui qu'elle offrait une heure avant.

Il arrive quelquefois, pendant un jour d'orage, lorsque les grandes pluies du printemps s'abattent sur les sommets des montagnes d'Écosse, qu'il se forme soudainement une quantité prodigieuse de petits torrents. Chaque accident de terrain, chaque pointe de roc divise les eaux et les jette dans des milliers de sentiers ou de ravins, qu'elles suivent ou qu'elles creusent, tous arrivant au même but. Le soleil qui resplendit au haut du ciel, après que le nuage s'est ainsi complétement versé sur la montagne, éclaire en lignes étincelantes ces eaux qui roulent et bondissent : les plus vives couleurs semblent ruisseler avec elles, et des lueurs de feu se reflètent dans la poussière humide qu'elles exhalent sous le choc des pierres qui brisent leur course. Comme une chevelure dénouée et qui descend à flots nombreux sur de blanches épaules, les eaux des torrents se déroulent en mille sinuosités enlacent la montagne d'un filet ardent et se précipitent avec éclat jusqu'à son pied. Là, réunies en un seul lit, il arrive aussi qu'elles rencontrent un puissant obstacle à leur marche un roc, couronné de quelques vieux sapins, barre le lit où elles s'amoncellent. Alors, les eaux battent d'un commun effort l'obstacle qui fléchit et tombe; mais alors aussi, les eaux, en se répandant dans la plaine, ont perdu leur magnificence.

leurs murmures puissants et leurs resplendissants reflets; elles ne sont plus qu'une vaste nappe jaunâtre et bourbeuse, sur laquelle passent des débris tristes et noirs et qui roulent sourdement des branches dépouillées et des troncs informes dans des flots sales et fangeux.

Ainsi la foule était venue, joyeuse, active, brillante, avec des cris, des rires et la conscience haute; ainsi elle s'écoula, taciturne, anéantie et baissant la tête, après avoir vu tomber cette tête de roi.

III. — ANNA.

Lorsque Richard rentra dans la maison de son père, tout y était dans un cruel désespoir; mistriss Barkstead était rentrée et sortie plusieurs fois; Molly avait parcouru les environs et questionné le petit nombre de voisins qui étaient demeurés dans leurs maisons. Enfin mistriss Barkstead, accablée de douleur et de fatigue, revenue encore chez elle pour savoir si son fils n'avait pas reparu, avait été retenue par Molly. Les domestiques étaient tous rentrés, un à un, sans apporter de nouvelles. Une morne et immobile stupeur avait succédé à la tumultueuse agitation de ces allées et venues. Les domestiques, réunis dans la chambre principale, considéraient en silence cette malheureuse mère qui, elle-même, muette et les yeux fixes, semblait avoir épuisé toutes ses larmes, lorsque la voix perçante de Richard vint briser cette angoisse. Mistriss Barkstead courut, et plus rapide que ne l'eût été Tom Love lui-même, plus forte, en ce moment, que ce robuste boxeur, elle descendit, prit Richard dans ses bras, et l'emportant, comme si on l'eût poursuivie, elle remonta dans l'appartement supérieur et tomba dans un fauteuil, tenant son enfant embrassé, sans paroles ni cris, mais le serrant avec force et pleurant à chaudes larmes.

Ce premier transport passé, et comme elle voulait reprocher à Richard sa disparition, elle s'aperçut du désordre de ses vêtements, des coups de son visage meurtri, et, au même instant, la voix de Tom Love se fit entendre :

— Et cette autre enfant! il n'y a donc rien pour elle! dit-il, en montrant Anna, qu'il soutenait, assise sur une chaise. Ni mistriss Barkstead ni les domestiques, trop occupés du retour de Richard, n'avaient vu l'entrée de Tom Love. La jeune fille était toujours évanouie et semblait ne donner aucun signe de vie.

Mistriss Barkstead ordonna qu'on la transportât dans sa chambre, l'y accompagna et envoya chercher le docteur Andlay, médecin de la maison. Pendant qu'on déposait Anna sur son lit, Richard racontait à sa mère comment il l'avait rencontrée, et ce qui était arrivé, c'est-à dire son combat avec un inconnu et l'accident de sa cousine. Déjà les hommes, qui avaient servi à la transporter dans sa chambre, s'étaient retirés, et il n'y restait plus que mistriss Barkstead, son fils, Molly, et Betty, jeune servante qui aidait cette dernière à déshabiller Anna, lorsque Molly laissa échapper un cri étouffé de surprise. Madame Barkstead se rapprocha pour en savoir la cause; mais aussitôt Molly, prenant un air indifférent, dit à Betty :

— Tiens, Betty, prends Richard et va lui laver le visage, madame et moi nous déshabillerons miss Anna. Elle accompagna ces paroles d'un regard qui fit comprendre à mistriss Barkstead qu'elle avait quelque raison d'agir ainsi : en effet, à peine Betty et l'enfant étaient-ils sortis, que Molly ferma la porte avec soin, et dit, avec une sorte de joie méprisante, à sa maîtresse :

— Enfin le voici, le grand secret de cette belle papiste: et en disant ces mots, elle prit des ciseaux, coupa les vêtements de la pauvre fille, lui enleva sa robe, ses jupes, son corset, et, la montrant nue aux regards de mistriss Barkstead, elle lui fit voir les signes certains d'une grossesse avancée. — Voilà ce qu'elle cachait, la misérable, dit Molly. — Oh! qu'elle a dû souffrir! s'écria madame Barkstead; la malheureuse a tué son enfant; elle s'est tuée elle-même. — Cela serait peut-être plus heureux, ajouta Molly, car...

Sa maîtresse ne lui laissa pas achever sa phrase, et l'interrompant avec indignation :

— Que Dieu vous juge comme vous jugez les autres, dit-elle, et qu'il soit implacable, Molly, vous le méritez, vous qui maudissez cette infortunée et voulez sa mort! — Oh! non, madame, reprit Molly confuse, non : car si le papisme ne l'eût perdue, c'eût été un ange de bonté, comme de beauté, que miss Anna! et, en disant ces paroles, elle porta ses regards sur ces traits pâles et doux, sur ce corps pur et jeune, et comme abandonné à la mort.—Voyez, voyez, continua-t elle aussitôt; ses lèvres s'agitent, on dirait qu'elle veut ouvrir les yeux.... elle respire!.... Oh! tant mieux... tant mieux.

Elles mirent Anna tout à fait dans son lit et l'on annonça le docteur Andlay.

Le docteur était un homme qui n'était ni gras ni maigre, ni vieux ni jeune, ni petit ni grand, ni beau ni laid, il ne portait les cheveux ni longs, ni courts; et ne se classait ainsi ni parmi les royalistes, ni parmi les républicains; il n'était ni gai ni triste, et sa physionomie n'annonçait ni bonté ni méchanceté. Véritablement, dans tout ce qui concernait les qualités, dont on s'enquiert ordinairement dans la vie, il était, ou d'une complète indifférence, ou d'une parfaite médiocrité. La seule ambition de son âme était la science, et celle-là le dominait à un degré extraordinaire. Cette passion lui inspirait, pour la satisfaire, toutes les vertus et tous les vices qui lui manquaient; il devenait libéral, courageux, humain pour l'amour de la science; et pour elle il eût dérobé un secret ou tué un homme. Avec cet esprit de perquisition scientifique, on comprend qu'il ne fût pas très-désireux d'être appelé près de malades légèrement affectés; aussi comme le valet qui avait été le quérir lui avait dit qu'il s'agissait d'un simple évanouissement, le docteur entra dans la chambre sans regarder la pauvre Anna, et alla droit à mistriss Barkstead.

La découverte qu'elle venait de faire la mettait dans un cruel embarras. D'une part, l'aveu de la position d'Anna compromettait sa famille, et pouvait déplaire au colonel, qui peut-être eût voulu que ce secret fût confié à un ami plus dévoué qu'Andlay; d'un autre côté, la vie d'Anna était en péril, et le moindre retard pouvait en décider. Dans cette perplexité, tandis qu'elle parlait à Andlay, sans trop savoir ce qu'elle déciderait, entrèrent dans la chambre Barkstead et le colonel Okey.

—Je le ferai, sur mon âme, disait Barkstead, c'est mon devoir, je le remplirai comme celui que je viens d'achever. — C'est un serpent que tu veux élever pour déchirer l'Angleterre, répondit Okey.

A ces mots Barkstead s'approcha de sa femme, et, se débarrassant de son épée et de son chapeau :

— Marie, lui dit-il, c'est un jour marqué que le 30 janvier; il s'écrira, dans l'histoire de notre vie, d'une façon mémorable. Bien! tu es seule ici avec Molly et le docteur : Andlay, regardez cette jeune fille. — Elle revient tout à fait à elle, dit Molly. — Que dites-vous? s'écria le docteur en considérant les yeux d'Anna, à peine entr'ouverts, et en posant sa main sur le sommet de sa tête. Le cerveau brûle, la tête bout, les yeux sont perdus, cette fille est folle. — Folle! cria Barkstead, et si elle accouchait en cet état! juste ciel, Molly, faites porter ce billet à l'évêque Juxon, on le trouvera à Withe-Hall. Et en effet, il écrivit quelques mots et les remit à Molly. — Folle, répétait Andlay, en considérant le visage d'Anna, et grosse, c'est vrai. Et si elle accouchait! Ah! Mathews donnerait son livre *de Insanis* pour être à ma place. Folle et grosse véritablement! répétait-il, en suivant avec une avidité inquiète les mouvements d'Anna.

La scène qui se passait en ce moment enchaînait si fortement l'attention de tout le monde, que nul ne songeait à demander aux autres l'explication de ses paroles et de ses actions. Chacun, ainsi qu'Andlay, penché sur le lit d'Anna, épiait les moindres symptômes de retour à la vie. La jeune fille se souleva sur son séant et regarda autour d'elle, sans qu'on pût deviner si elle voyait rien, tant son œil était terne et impassible; un léger gémissement s'échappa de sa bouche. Andlay imposa silence de la main à ceux qui entouraient le lit avec lui, et à Molly qui rentrait. La malade, à plusieurs fois, poussa ce faible gémissement sans s'agiter, puis elle porta les mains à son front, avec des plaintes inarticulées; puis, jetant un cri aigu, en pressant avec force ses flancs, elle retomba sur son lit.

— Folle et grosse, en effet, dit Andlay, et les douleurs de l'enfantement commencent; elle accouchera, j'aurais ce bonheur-là! — Sera-ce bientôt? reprit Barkstead. — Qui sait? dit Andlay : ceci est un accident, c'est un cas important; il faut l'observer et l'étudier. Ah! quelle bonne fortune! — Meilleure que vous ne pensez. Ecoutez, Andlay, il faut sauver cette jeune fille; il faut sauver l'enfant dont elle va accoucher. — Enfant du crime! dit Okey avec horreur. — Il faut le sauver, dit Barkstead avec autorité. Etes-vous aussi le juge de ces infortunés, colonel Okey, pour leur vouloir la mort sans pitié? Mais, continua-t-il en s'adressant à Andlay, si vos soins vous sont payés plus que vous n'avez droit de l'attendre, votre silence vous rapportera encore davantage. — La science y gagnera assez pour que je me soucie peu de votre argent, répliqua Andlay. L'heure qui va se passer est un trésor inestimable : mais pour le mettre à profit, il faut que je sache ce qui a déterminé cet évanouissement et cet accouchement.

Mistriss Barkstead raconta ce qu'elle savait, Richard fut interrogé, les domestiques répétèrent ce que Tom Love leur avait dit, et l'on devina à peu près la vérité.

Pendant ce temps, les douleurs d'Anna avaient augmenté : tout annonçait que l'accouchement allait avoir lieu; mais nul vestige de raison ne se montrait encore dans ses yeux ni dans les paroles entrecoupées qu'elle laissait échapper de sa bouche. De temps à autre le mot *remember* (souviens-toi), accompagné d'un sourire convulsif, ou d'un geste violent, attestait cependant la cause de ce délire.

Au milieu de l'anxiété et du silence qui régnaient dans cette chambre, arriva l'évêque Juxon. A quelques instants de la mort de son maître, il avait fallu un motif bien puissant pour lui faire abandonner son corps que le jugement du parlement avait confié à sa garde et à celle de lord Clarendon : pourtant il était venu.

A peine fut-il arrivé, que les douleurs d'Anna devinrent plus vives; ses cris déchiraient l'air; elle se roulait avec d'horribles convulsions. Sa raison perdue, la nature devenue incapable de s'aider, rendaient plus imminent le danger de sa position.

— Soyez le témoin de ce qui va arriver, dit Barkstead à Juxon; apprenez ici que si la main des vrais serviteurs de Dieu est puissante pour frapper les traîtres, elle est forte aussi pour secourir les innocents; puis, se retournant vers Andlay, il ajouta : — Ma fortune à vous, si vous sauvez l'enfant qui va naître. — La mienne aussi, s'écria Juxon. — Cela se peut, dit Andlay; on peut sauver l'enfant; mais je ne saurais alors répondre de la mère; voyez comme elle s'agite; il faut l'attacher sur ce lit, ou bien elle tuera son enfant. — Mais elle! s'écria madame Barkstead, c'est elle qu'il faut sauver! — La vie de l'enfant! reprit Juxon. Colonel Barkstead, cette femme n'est plus votre nièce; vous avez promis la vie de l'enfant à celui qui nous regarde du haut du ciel. — Que dois-je faire? dit Andlay, la crise approche, la mort veut une victime! — Anna! sauvez Anna! disait madame Barkstead à genoux devant le docteur. — Tu l'as juré au martyr, répétait à voix basse Juxon, sauve l'enfant!

Molly s'était jointe à sa maîtresse : toutes deux, à genoux devant Barkstead, l'imploraient avec des cris et des larmes, Okey, la rage dans les yeux, lui disait ces seuls mots :

— L'oseras-tu?

Et Juxon, avec un accent d'autorité, lui répétait sans cesse :

— Ta parole, Barkstead? accomplis ta parole! sauve ton enfant! — Il est temps! décidez, ou tous deux périront peut-être, s'écria Andlay, toujours suspendu sur le lit de la mourante et l'œil attaché sur elle; et les menaces d'Okey et de Juxon, les supplications de Molly et de sa maîtresse, jetèrent dans le cœur de Barkstead de nouvelles angoisses. Tout à coup, s'arrachant à son incertitude, par une résolution violente, il dit à Andlay, d'une voix haute et forte : — Que justice soit faite, donc; que la coupable expie sa faute, et que l'innocent soit sauvé! — Que la malédiction du ciel s'attache à sa vie et le malheur à la tienne, pour ce que tu viens de dire! ajouta Okey, hors de lui-même.

Un silence profond succéda à ces paroles. Andlay, comme un matelot qui observe l'orage, immobile et sans volonté, et qui, dès que l'ordre du capitaine a retenti sur le navire, l'exécute avec une rapidité merveilleuse et une admirable intelligence; Andlay s'empara des mains d'Anna; à l'aide de mouchoirs et de longs cordons de laines qu'avait apportés Molly et que lui présentait Juxon, il lia la malheureuse Anna, comme on fait aujourd'hui des forcenés dans les maisons de santé. Aussitôt, éloignant Molly et Juxon, il demeura seul près du lit, avide et tremblant, interrogeant le visage de la malheureuse fille, et se répétant à lui-même, avec un sourire indéfinissable, ces mots : — Folle et grosse !

Toutes les autres personnes, plongées dans une morne stupeur, se tenaient à l'écart ; un cri perçant annonça que le travail de l'enfantement devenait de plus en plus douloureux ; tous en frémirent; mais tous restèrent immobiles. Les gémissements furent plus pressés, les cris se succédèrent avec violence, les efforts d'Anna ébranlèrent sa couche. Andlay resserrait les nœuds et la contenait de tout son pouvoir ; c'était un combat atroce. Tous étaient anéantis. Madame Barkstead et Molly avaient caché leur tête dans les bras l'une de l'autre ; des larmes coulaient sur la rude figure du colonel Okey, Juxon jetait un regard de pitié sur ce lit de désespoir, et Barkstead, l'œil fixe, le poing fermé, les lèvres pâles, semblait ne plus avoir ni souvenir, ni raison, ni vie. Enfin, de derniers et effroyables cris retentirent, Andlay s'élança sur le lit, comme une bête fauve sur sa proie ; tous détournèrent la tête; Anna, dans un effort convulsif, rompit tous ses liens, bondit et retomba comme un corps inerte sur sa couche ensanglantée; Andlay laissa échapper un léger rire de satisfaction, et avec un accent de joie, mêlé d'orgueil, il s'écria : — L'enfant est sauvé !

Le sentiment qui avait contenu Molly et mistriss Barkstead, cette terreur qui les avait enchaînées toutes deux loin du lit, fit alors place à une tendre pitié pour l'enfant qui venait de naître et s'adoucit d'une espérance pour Anna, que le docteur annonçait respirer encore. Tandis qu'aidé de Molly, il donnait ses derniers soins à l'accouchée, Juxon s'approcha de mistriss Barkstead, qui tenait l'enfant dans ses bras ; il prit quelques gouttes d'eau dans le creux de sa main, et élevant la voix, il fit une courte prière et jetant cette eau sur la tête de l'enfant, il dit d'un ton grave :

— Charlotte Stuart, fille d'Angleterre, je te baptise selon la loi de l'Église catholique, apostolique et romaine.

L'étonnement de madame Barkstead ne saurait se dépeindre. Si ces paroles lui expliquaient la présence de Juxon, l'importance que le colonel mettait à l'issue de cet événement, et jusqu'à la résolution terrible qu'il avait prise, elles la laissaient ignorante des circonstances qui avaient révélé ce secret à son mari et des engagements qu'il paraissait avoir contractés.

— Dressons procès-verbal de tout ceci, dit Barsktead ; vous le signerez, évêque Juxon, vous le signerez, colonel Okey. — Oui, pour votre gloire, répondit le premier. — Et moi pour ta honte, ajouta le colonel.

Pendant que l'on remplissait cette formalité, Andlay ne quitta point le lit d'Anna ; elle respirait encore; ses yeux, qu'elle avait plusieurs fois entr'ouverts, n'avaient plus que l'expression d'un profond accablement. Un étonnement inquiet, un ressentiment mal compris, des douleurs qu'elle éprouvait, se montraient seuls sur son visage. Andlay ferma exactement les rideaux qui entouraient le lit, et s'approcha de madame Barkstead; tout le monde lui prêta attention :

— La raison est revenue, dit-il tout bas, mais incertaine et incapable de résister à une nouvelle commotion. Ma présence, celle de M. l'évêque, en diraient trop, tout de suite ; c'est à vous de lui expliquer ce qu'elle souffre ; si son âme est ménagée, son corps peut encore être sauvé.

Madame Barkstead, avec cette intelligence aimante et féconde des femmes, comprit ce qui lui restait à faire; et, confiant l'enfant aux soins de Molly, elle s'approcha de la couche d'Anna.

— Et s'il faut que les paroles que va prononcer l'infortunée, soient ses dernières paroles, dit Barkstead, recueillons-les avec soin, vous et moi, Juxon, pour y obéir sans restriction : car vous et moi nous l'avons tuée.

Ils se rangèrent tous autour du lit, dans une muette attention, et madame Barkstead entr'ouvrit doucement les rideaux. Ce léger mouvement tira Anna de l'affaissement où elle était plongée; elle tourna ses yeux vers sa tante :

— Oh ! que je souffre ! dit-elle, pourquoi donc est-ce que je souffre tant? — Ne te souviens-tu de rien? répondit madame Barkstead. Pauvre enfant, un grand malheur t'est arrivé. — C'est à vous qu'il était arrivé un grand malheur, reprit Anna, d'une voix si faible, que tous penchèrent la tête pour l'entendre, Richard était perdu ce matin, et vous pleuriez. — Et tu as été le chercher pour me sauver mon enfant ! Bonne Anna, merci. Tu as compris les douleurs d'une mère ; Dieu te bénira de m'avoir secourue dans ma peine, car je suis ici pour te secourir dans la tienne. — Oh ! c'est un mal horrible ! une douleur atroce qui déchire tout mon corps; je ne sais, je ne sais, mais il me semble que ma vie s'était rompue. — Et ton âme, enfant, n'a-t-elle pas été déchirée aussi ? les espérances de ton cœur n'ont-elles pas été rompues ? n'as-tu pas eu ta douleur poignante et mortelle, quand tu es sortie pour faire cesser la mienne? — Oui, il me semble que j'ai vu d'étranges choses, entendu des voix que j'aimais, des voix que j'avais connues, attendez... Et, se passant la main sur le front, comme pour écarter le voile qui restait encore entre elle et sa mémoire, elle ajouta : — Oui, oui, j'ai vu Richard ; mais pas seulement Richard; attendez !... et elle fit le même geste, puis après une longue pause pendant laquelle ses lèvres remuèrent comme si elle s'était parlé à elle-même : — Attendez, dit-elle, oui, il me semble que je me souviens. — *Souviens-toi*, dit tout bas la voix grave et pénétrée de Juxon.

Ce mot, ce mot si connu, prononcé par une bouche cachée, et comme sortant d'une tombe, jeta une lumière rapide et brûlante dans cette âme encore incertaine, et éclaira, d'un jour de malheur, ce crépuscule où dormaient tous les souvenirs de l'infortunée. Ce fut tout un récit dans un mot. Si dans ce corps brisé, il n'y eut plus de force pour de nouvelles convulsions, il se trouva du moins des larmes abondantes et amères, qui furent encore une souffrance. Anna cachait son visage dans ses mains.

— Tu es pardonnée, lui dit tout bas mistriss Barkstead, pleurant comme elle; prends courage contre toi-même, Anna, tu n'en as pas besoin contre nous qui t'aimerons et te protégerons ; tu es notre fille, Anna; ton malheur est ton droit. Mon mari sera ton père, et si tu veux je serai ta mère, ta mère devant laquelle tu peux pleurer et non pas trembler; prends courage.

Anna, levant ses yeux vers celle qui lui parlait ainsi, joignit ses mains et répondant de la voix d'un ange, elle dit :

— Il me faut un plus grand pardon que vous ne croyez, peut-être. Et, comme elle faisait un effort pour se soulever, ses douleurs s'éveillèrent, un faible cri, celui de l'enfant nouveau-né, vint frapper son oreille, elle écouta avec effroi, regarda son lit tout sanglant, et, haletante, éperdue, elle se tourna vers sa tante. Celle-ci tenait dans ses bras la faible créature que lui avait remise Molly. Anna reconnut son enfant.

Oh ! quelle joie ! quel délire passionné ! quel amour surhumain resplendit alors sur le visage de la pauvre Anna ! Son enfant, elle le prit dans ses mains, l'inonda de ses larmes, le couvrit de ses baisers, le parcourut des yeux, heureuse comme une mère, innocente en ce moment, purifiée par sa tendresse, forte et ne cachant plus son visage, souriante et fière.

— Ce sera aussi notre enfant, dit mistriss Barkstead, tu n'as point d'aveux à faire, de reproche à craindre, tu es pardonnée, Anna.

C'était trop d'émotions à la fois. Comme un vase brûlant, dans lequel tombe une eau glacée, et qui éclate, l'âme de la jeune fille, en subissant cette joie, après tant de douleurs, se brisa, et elle retomba sans vie sur le lit fatal. Andlay se rapprocha d'elle, la considéra longtemps, interrogea son pouls et les battements de son cœur; puis, après un moment de silence, il dit à Barkstead et à Juxon :

— Si les dernières paroles de cette jeune fille importent à l'Angleterre, recueillez-les avec soin, lorsqu'elle reviendra à elle. La vie habite encore, il est vrai, ce corps, mais les ressorts en sont brisés, et dans une heure vous prierez pour elle. — La volonté de Dieu soit faite ! dit Juxon; je remplirai, pour elle comme pour lui, les saints devoirs de mon ministère, et je la bénirai à son heure dernière, comme j'ai béni celui qui l'attend dans le sein de Dieu.

Il se mit alors à réciter l'office des morts, et si grande était l'émotion qui les dominait tous, qu'en entendant ces prières catholiques qui excitaient ailleurs leur mépris et leur risée, ils découvrirent leurs têtes et se mirent à genoux.

Bientôt Anna reprit encore une fois ses sens. Juxon était resté seul près d'elle ; une sainte résignation accompagna le regard qu'elle jeta sur lui, et comprenant ses derniers devoirs de chrétienne :

— Mon père, dit-elle, écoutez la confession de mes fautes; intercédez Dieu pour moi dans le ciel, et faites que mes derniers vœux soient accomplis sur cette terre.

A ces mots, l'attention recommença, le silence reprit, Juxon se pencha vers la mourante, et voici ce qu'elle dit, soutenue par sa foi dans la religion où elle avait été élevée, et par l'amour maternel qui venait de se révéler à elle.

IV. — CONFESSION.

Depuis mon enfance j'habitais Windsor; c'est là que s'est passée toute l'histoire de ma vie. A l'exception de quelques jours, où je venais dans la maison de mon oncle, toutes mes années ont été enfermées dans la maison royale des Dames nobles. C'est là que j'appris la mort de mon père, c'est là que je connus Georges.

Comme, à ce moment, Juxon avait fait un léger mouvement, Anna ajouta : — Laissez-moi l'appeler Georges ; je l'ai aimé sous ce nom ; ma bouche s'est accoutumée à le prononcer ; et, encore maintenant que je sais tout, il me semble que je ne parlerais pas de lui, s'il me fallait le nommer Charles.

Juxon l'approuva de la main, et Anna, se ranimant un instant au souvenir du passé, continua d'une voix plus assurée :

— Jusqu'au premier jour de l'année dernière, ma vie fut de l'enfance ; partout je trouvais des cœurs indulgents pour mes jeunes folies ; à Windsor, vous l'avez vu, vous venez de juger quelle bonté j'ai dû trouver ici.

Mon père, il est donc vrai, et je l'apprends maintenant, qu'il n'y a pas de faute légère. C'est un oubli bien futile de mes devoirs qui m'a conduite au crime et vouée à la mort.

Un soir, quelques-unes de mes compagnes et moi, la fille de lady Salnsby était de ce nombre, bravant la rigueur du froid, nous nous étions échappées de nos chambres, et, sous les arbres dépouillés des jardins de Windsor, nous courions joyeuses d'avoir trompé la surveillance de nos gouvernantes. La jeune lady Salnsby nous racontait son prochain mariage avec un lord d'Écosse ; elle nous vantait sa fortune, les terres immenses qu'elle allait posséder et les nombreux vassaux qui allaient lui rendre hommage. Nous nous étions laissé entraîner bien loin de la maison, et nous étions près du mur qui borde la forêt, lorsque le bruit que fait un homme en sautant d'un mur élevé, se fit entendre près de nous, et à l'instant même, nous vîmes un homme, une épée nue à la main.

Toutes mes compagnes s'enfuirent en poussant de grands cris; moi seule, anéantie par la frayeur, je demeurai immobile. Cet homme vint à moi, je tombai à genoux devant lui, je lui demandai grâce ; il me releva et dit avec dureté : — Que faisiez-vous ici à pareille heure ? est-ce ainsi que lady Salnsby gouverne la maison qui lui est confiée? Sur mon âme, je lui apprendrai ses devoirs. Damnation ! ils feront si bien que je n'aurai plus d'asile. Que faire maintenant ? toutes ces petites filles m'ont vu.

Je ne comprenais rien à ce mécontentement, ni au droit dont semblait se prévaloir cet étranger ; mais, dominée par l'effroi que me causait sa présence, par le ton absolu qui régnait dans sa parole, j'excusai lady Salnsby de notre faute ; je lui dis que mes compagnes n'avaient pu le reconnaître, et qu'il devait être parfaitement tranquille. Je le vis sourire, et alors il me dit à voix basse : — Hé bien, mademoiselle, c'est donc vous qui me donnerez asile. — Je ne vous comprends pas, répondis-je. — Tu me cacheras, cette nuit, dans ta chambre, jeune fille, et songe à m'introduire sans que personne me voie.

J'étais seule, en présence d'un homme armé, au milieu de la nuit, loin de tout secours possible; mais telle était alors la confiance insouciante de mon âme, que me pris à rire de cette proposition, et de la façon dont elle m'était faite ; l'étranger ne put s'en défendre lui-même ; on eût dit, à voir notre gaîté, que nous nous connaissions depuis longtemps.

— Vous avez raison, dit-il, après un moment de silence, et pourtant je ne puis sortir d'ici, il y va de ma tête, et ma tête pèse plus qu'une autre dans la balance des choses de ce monde ; non, je ne puis pas la jeter au fer d'un soldat, ou l'exposer à la balle d'un garde de forêts ; il faut que je demeure ici, jeune fille, il faut que tu me sauves ; si tu hésites encore, écoute, je suis... Il s'arrêta soudainement, et, me prenant par la main, il me dit avec ce ton de maître qui paraissait ne pas connaître de résistance : — Avant tout, quel est votre nom ? — Je m'appelle miss Anna Barkstead, répondis-je. — Barkstead ! répéta-t-il avec fureur.

Ici Anna, baissant la voix, comme si elle craignait d'être entendue, ajouta : — Mon père je ne saurais vous répéter toutes les malédictions qu'il prononça sur ce nom de Barkstead ; il l'appela traître, soldat parjure, magistrat infâme, et je compris qu'il me croyait la fille du colonel ; je le détrompai. — N'importe, dit-il, ce nom est coutumier de trahison ; je ne te demande plus rien, et je t'ordonne, sur la vie, de m'obéir et de faire silence. Alors prenant d'une main sa dague et de l'autre son épée, il me força à marcher vers la chapelle. Arrivés là, il me remit une clef qui en ouvrait la porte ; je la refermai par son ordre ; une fois dans la chapelle, il me demanda le nom du corridor où se trouvait ma chambre ; je lui dis que c'était celui de la reine Élisabeth. — Tu es donc une des favorites de la maison, reprit-il ; conduis-moi chez toi. Je voulus répliquer, il me menaça de sa dague, et, tremblante, je le précédai.

Nous arrivâmes bientôt dans mon appartement ; j'étais si interdite de ce qui m'arrivait, que je m'aperçus à peine que l'étranger avait allumé ma lampe et poussé les verrous de ma porte ; il s'était assis, et réfléchissait profondément ; j'essayai de lui parler à plusieurs reprises, mais les mots expiraient sur mes lèvres ; je croyais rêver.

Cependant les cris de mes compagnes avaient frappé quelques personnes ; toute la maison s'était émue ; la fille de lady Salnsby, plus hardie ou plus alarmée qu'une autre, était entrée chez sa mère, lui avait confié toute son étourderie et l'événement qui les avait fait fuir et m'abandonner. Aussitôt on éveilla les jardiniers, on alluma les torches, on parcourut les jardins, en m'appelant à haute voix. L'étranger me tenant par la main, de peur que je ne m'échappasse, observait à travers les carreaux, et avec anxiété, les mouvements des gens de la maison ; il avait oublié que la lampe, placée derrière nous, dessinait notre ombre sur les vitraux, et ce ne fut que lorsqu'un cri annonça qu'on nous avait vus, et que tous les pas se dirigèrent vers la fenêtre éclairée, qu'il comprit son imprudence. Aussitôt on se précipita vers la maison, on monta en foule les escaliers, on envahit le corridor où je demeurais, et l'on frappa à ma porte à coups redoublés. On m'interpella de rentrer ; l'étranger me dit rapidement et à voix basse de demander lady Salnsby ; tout ce qui se passait était si extraordinaire, que j'obéis machinalement.

La voix de lady Salnsby se fit entendre. — Enfin, dit l'étranger avec un air de satisfaction ; puis il prit des tablettes d'ivoire, en brisa une, écrivit sur un des éclats avec la pointe de son poignard, un seul mot, et me dit : — Donnez cela à lady Salnsby. A ces mots, il se cacha derrière les rideaux de mon lit. J'obéis encore, j'ouvris, et je dis résolument à lady Salnsby, qui entra la première : — Lisez, madame. A la lueur des torches qui se pressaient autour de ma porte, elle jeta les yeux sur ce morceau d'ivoire ; son visage s'altéra ; mais, se remettant aussitôt, elle arrêta d'un geste toutes les personnes qui allaient s'y précipiter, et entra seule.

— Il a reculé d'un pas, et, tirant sa dague, il l'a frappé à sa façon. — Page 5.

Elle parcourut la chambre comme si elle cherchait quelqu'un, passa plusieurs fois près de l'étranger sans avoir l'air de rien remarquer ; puis, élevant la voix, et d'un air dégagé, elle dit :

— Allons, allons, vous êtes toutes des folles, et toi aussi, Anna, qui as eu peur au point de t'enfermer et de ne vouloir ouvrir qu'à moi ; personne n'est ici, personne n'est entré dans la maison ; allez vous reposer, et qu'il ne soit plus question de tout ceci. Quelques-unes de mes compagnes voulurent insister, et lady Salnsby ajouta avec sévérité : — Est-ce parce que je ne vous ai pas encore punies de votre faute, que vous obéissez si mal à mes ordres ? Retirez-vous. On nous laissa seuls, et à peine la porte fut-elle fermée, que l'étranger, se dégageant de derrière les rideaux.

Aussitôt, et comme si je n'avais pas été là, ils commencèrent une conversation en français ; je lisais sur le visage de lady Salnsby qu'il lui racontait ce qui l'avait forcé à franchir le mur du jardin. Au sourire qu'il laissa échapper, et au regard qu'il jeta sur moi, je compris qu'il lui expliquait comment il avait pénétré jusqu'à ma chambre. Après ce récit, une vive discussion s'établit entre eux ; ils semblèrent enfin être d'accord sur ce qu'ils avaient à faire, lady Salnsby m'annonça que le capitaine Georges passerait la nuit et le jour du lendemain caché chez moi. Je voulus faire quelques observations, elle me répondit en souriant :

— Si je te disais la vérité, tu me demanderais à genoux le droit de faire ce que je te prescris ; enferme-toi, attends que je vienne moi-même ; demain je te dirai ce qu'il faut faire. Réponds à celles de tes compagnes qui viendraient pour te voir, que tu es malade, et que tu ne veux recevoir que moi. Elle sortit sans attendre ma réponse, et me laissa seule avec l'étranger, dont je ne savais que le nom.

Nous restâmes longtemps sans nous parler : moi, dans un embarras inexprimable, lui, absorbé dans ses pensées. La nuit avançait, je ne savais que dire ; j'étais immobile à la place où m'avait laissée lady Salnsby, lorsque le capitaine, arraché un moment à ses rêveries, me dit avec sa brusquerie accoutumée :

— Que je ne vous dérange pas, allons, couchez-vous, mademoiselle. Je ne lui répondis pas, mais je sentis une rougeur brûlante me monter au visage ; il s'en aperçut et, s'approchant de moi, il me dit en souriant : — C'est en vérité une singulière position que la vôtre et la mienne ! Une belle jeune fille qui reçoit, la nuit, un homme dans sa chambre, et un cavalier admis à ce bonheur, qui ne savent que se dire ! N'est-il pas un homme au monde, belle Anna, que vous voudriez voir ici à ma place, et qui sans doute y serait moins embarrassé que ne le suis-je ? Ce soupçon m'indigna, il m'interrogea bientôt sur nos occupations, sur nos études. Malgré l'assurance impérative avec laquelle il parlait de tout, sa conversation me fit paraître cette nuit moins longue que je ne l'avais craint.

Lady Salnsby vint de grand matin. Jugez de mon étonnement lorsqu'elle m'apprit après avoir causé avec le capitaine, qu'il ne pourrait s'éloigner de deux jours encore, et que pendant tout ce temps, il demeurerait caché chez moi ; elle ajouta que, pour ne point éveiller les soupçons, je ne quitterais point ma chambre.

Aujourd'hui je ne sais quel était le trésor que l'on confiait à ma garde, je comprends que lady Salnsby ait oublié toutes les idées de convenances qui devaient l'empêcher d'agir ainsi ; mais alors, rien ne m'expliquait sa conduite ; elle-même nous apporta la nourriture qui nous était nécessaire ; et il me fallut passer tout le jour seule avec ce cavalier.

O mon père, je ne sais si ce fut un jeu de son esprit, mais il se plut à me raconter de merveilleuses histoires; il me parla d'un monde que je ne connaissais pas, de sentiments qui n'avaient jamais palpité en moi. Cette longue journée fut courte! Puis vint la nuit; notre embarras de la veille recommença; nous en parlâmes d'abord en riant, mais la fatigue nous gagnait tous deux; mes yeux se fermaient malgré moi; lui-même semblait vouloir lutter en vain contre le sommeil; nous nous décidâmes à ouvrir la croisée, espérant que l'air frais de la nuit nous réveillerait tous deux. Le ciel étincelait d'étoiles; il me mena vers la fenêtre, et me montrant à l'horizon un astre qui brillait pâle et obscur maintenant; mais laisse faire le temps, jeune fille, cette étoile montera au sommet du ciel et resplendira la première entre toutes et, comme elle, ma vie sortira bientôt du nuage qui t'enveloppe, et tu baisseras les yeux devant l'éclat dont elle brillera! Sa figure était fière en disant ces mots, et je le regardais avec stupéfaction. Il me prit la main et m'approcha de lui : — Enfant! continua-t-il, que tu es heureuse! jeune et belle, tu crois et tu espères! et moi aussi à ton âge, j'ai fait des rêves de bonheur, j'ai cru à l'amour, à l'amour vaste de tout un peuple : aujourd'hui je ne crois plus à rien. Comme il disait ces mots, un nuage noir couvrit l'horizon et cacha tout à fait l'étoile qu'il m'avait montrée : — Est-ce mon sort qui m'est annoncé, dit-il, et disparaîtrai-je aussi tout à fait? Le temps était froid; il ferma la fenêtre; nous nous assîmes l'un près de l'autre; il me pressa de me reposer. La veille, la crainte m'avait seule empêchée de céder à sa prière; ce jour, je me sentis plus embarrassée, et l'idée de dormir sous le regard de Georges me troubla jusqu'au fond de l'âme. La veille j'avais oublié de prier Dieu; je me rappelai ce devoir, je me mis à genoux, et j'essayai de le remplir; je le tentai plusieurs fois, mais je ne pouvais fixer mon attention; enfin, espérant contraindre mon âme, je me résolus à réciter tout haut les paroles consacrées.

Je priai, selon l'usage, pour que Dieu me gardât l'innocence de ma vie; je priai pour la gloire de l'Angleterre et le salut du roi. Quand j'eus fini, je regardai Georges; il était debout, immobile, et des larmes coulaient de ses yeux. — Tu pries pour le roi d'Angleterre, me dit-il, pour celui que d'autres maudissent. Si Dieu écoute la voix des anges, il t'entendra, toi qui es pure comme eux.

Ma prière était faite, ma lampe ne jetait plus qu'une faible lumière; les flammes du foyer se mouraient çà et là; je sentais le sommeil qui appesantissait malgré moi mes paupières; mes yeux se fermèrent et se rouvrirent sans rien voir; je n'avais plus la force de lutter: ma tête se pencha et je m'endormis.

Longtemps après je rouvris les yeux : j'avais tout oublié. Jugez de mon effroi en sentant mon front appuyé sur les genoux d'un homme; je me relevai vivement en poussant un cri. Je me remis bientôt, et demandai à Georges si j'avais dormi longtemps. — Le jour va poindre, me répondit-il. — Et j'ai dormi toute cette nuit, ainsi placée? repris-je toute confuse. — Oui, me dit-il, ta tête est restée sur mes genoux, et moi je n'ai pas osé remuer de peur de t'éveiller; le sommeil est si doux! moi, qui, depuis huit jours, n'ai pu le trouver nulle part, j'ai voulu respecter le tien. — Je me sentis émue, je considérai Georges, il était pâle et défait; il avait dû beaucoup souffrir.

Lady Salnsby revint comme la veille, et, comme la veille, elle nous annonça que Georges ne pourrait partir que le lendemain matin; elle me permit de sortir une heure de ma chambre et je les laissai ensemble. Un sentiment inconnu m'y ramena plus tôt que je ne pensais; je retrouvai Georges avec lady Salnsby : elle lui avait apporté quelques livres de sa bibliothèque particulière, et nous demeurâmes encore seuls...

Arrivée à cet endroit de son récit, Anna s'arrêta un moment; elle se recueillit quelque temps, puis demanda doucement sa fille; elle la prit des mains de Juxon, la posa sur son sein, et, s'asseyant sur son lit, après l'avoir tendrement regardée —

— La force me quitte, mon père, dit-elle. Avant de continuer, laissez-moi m'occuper de mon enfant; un peu plus tard, je ne le pourrai peut-être plus. Elle s'arrêta encore et ajouta : — Je désire que ma fille soit élevée par mistriss Barkstead. —Mistriss Barkstead, dit le rigoureux Juxon, est une brebis égarée, hors de la vraie foi. — Ma tante, répliqua Anna, est le sanctuaire des vertus de la femme; vous lui direz que ma fille est catholique; ce sera pour elle un droit de plus à sa tendresse, car elle la regardera comme un malheur.

Anna entendit quelques sanglots.

— Êtes-vous là? ajouta-t-elle, venez aussi m'écouter; mais, êtes-vous seule?

Un signe de Barkstead dicta la réponse de sa femme. Le silence le plus absolu se garda entre les assistants, et la mourante lui dit :

— Vous remercierez le colonel des bontés pour moi. Ces paroles, à quelques moments de l'ordre affreux qu'il venait de donner, firent frémir Barkstead; le regard que lui lança Okey les enfonça jusqu'au fond de son cœur. Anna reprit, en s'adressant toujours à sa tante : — Vous avez entendu le commencement de mon récit; écoutez donc la fin; mais que vous seule et ce saint homme puissiez le recueillir; ce qui me reste à vous dire a besoin de l'âme d'une femme pour être compris, et de la charité divine pour être pardonné.

Nous étions demeurés seuls, Georges et moi. Je m'aperçus qu'il me répondait avec plus d'attention qu'il n'avait fait jusque-là. Il avait interrogé lady Salnsby sur mon compte, à ce qu'il paraît. Je ne puis vous dire ce qui s'était passé en lui, mais Georges n'était plus le même; oubliant sa voix et sa raillerie et sa

Le colonel Okey.

rudesse ordinaires, il me fit les plus humbles excuses sur sa présence.

— Vous êtes pâle, me dit-il avec tristesse; c'est donc ma destinée de faire souffrir ceux qui m'aiment. Je parus surprise de ce mot. — Ceux qui m'obligent, reprit-il avec une larme. Il se mit à lire.

C'était un livre qui m'était inconnu, l'auteur s'appelait Shakspeare, l'ouvrage était le Roi Léar. O mon père, accoutumée que j'étais aux cantiques saints de nos églises, aux paroles graves de nos prières, quel fut mon étonnement d'entendre ces amères railleries, ces puissantes malédictions et ces plaintes cruelles d'un roi proscrit. Georges lisait. Mais aujourd'hui seulement je comprends la magique expression de sa voix, cet accent solennel et profond, ce geste menaçant qu'il ajoutait à la fière harmonie du poète. O mon père! comprenez-vous Charles Ier lisant le Roi Léar?

Tout à coup il jeta le livre avec une douloureuse colère.

— Assez, assez, se dit-il à lui-même. Mes misères ont-elles besoin d'être fouettées par ces vers ardents pour s'éveiller et bondir dans mon cœur? Non, non, demain je les reprendrai toutes, réelles et affreuses; aujourd'hui, qu'elles dorment sous ton regard comme tu as dormi sous le mien, jeune fille. Écoute, parlons de bonheur et d'amour; écoute : il reprit le livre ; il lut : c'était l'histoire de ceux amants. Autant il y avait de rudesse dans ce que j'avais d'abord entendu, autant la mélodie de ce nouveau récit était douce et enivrante. Il lut bien longtemps, car la nuit vint qu'il lisait encore. J'étais plongée dans une admiration extatique; mes pensées revenaient sur ces vers dont le charme m'avait paru si nouveau; je n'étais plus Anna, cette jeune fille insouciante et gaie de la maison de Windsor : j'avais pris tout l'amour de Juliette, comme Georges me semblait avoir trouvé la voix de Roméo : car c'est l'histoire de leurs malheurs qu'il m'avait lue.

Il ne lisait plus, et, n'entendant plus sa voix, je me pris à écouter ma pensée. Je recommençai, dans mon souvenir, et cette douce nuit de bal, où tant d'amour s'anima dans un regard; puis, cette nuit plus douce encore où, éloignés l'un de l'autre, ils s'entendaient à voix basse; puis, ce matin, où le rossignol chanta contre eux, où l'aurore se leva pour les séparer, et vint enfin cette dernière et affreuse nuit où Juliette s'éveilla de la mort et appela vainement Roméo; je n'habitais plus la vie réelle; une autre âme que la mienne m'inspirait des désirs que je ne comprenais pas; mon cœur bondissait dans ma poitrine, ma tête tournait; il me semblait que j'étais suspendue dans les airs, balancée parmi des chants et des parfums; un mot s'échappa, comme une plainte, de ma bouche : — Roméo !... Roméo !... dis-je tout bas; — Juliette !... répondit une voix émue ; et je sentis sur mon front une haleine brûlante ; je me sentis étreinte dans les bras d'un homme; je sentis un baiser qui arrêta sur mes lèvres un cri de terreur, et qui le noya, ainsi que mon âme, dans une ivresse ineffable..... Mon père, je n'étais pas coupable encore, car je m'arrachai des bras de Georges, et m'élançai à l'autre bout de la chambre, cachant ma tête dans mes mains et pleurant à toutes larmes. Quand je le regardai, il était à deux genoux devant moi et il me disait :

— Anna ! vois-tu, ma vie a été stérile jusqu'à ce jour ; Anna, tu es la fleur qui germera dans mon cœur pour le parfumer : écoute, enfant, je t'aime et je te ferai si puissante que je te rendrai le bonheur que je te demande ; et, en parlant ainsi, il pressait mes genoux et je pleurais sans pouvoir lui répondre. Mes jambes fléchissaient sous moi, je sentais que je devenais folle ; je m'échappai de lui, et, ouvrant la porte de ma chambre, je m'élançai dans le corridor ; il me suivit ; je descendis, il était sur mes pas ; je trouvai une porte ouverte, je ne pus la fermer derrière moi ; il entra dans les jardins ; j'y courais déjà à travers les arbres nus, ma robe blanche lui servait de fanal, il me poursuivit en m'appelant tout bas. La pluie, à torrents, battait sur ma tête nue ; il m'atteignit : — Enfant, me dit-il, tu veux mourir, reviens, reviens ; oh ! grâce ! je ne toucherai pas tes vêtements, je resterai ici, je fuirai la maison, je braverai mes assassins, je mourrai tout à l'heure ; mais reviens, reviens. J'étais haletante, il s'approcha de moi et voulut m'aider à marcher. Je frissonnai de tout mon corps quand il me toucha.

— Anna, ajouta-t-il, je t'ai offensée, grâce, grâce, mais entre : sens-tu que la pluie te glace, que tu trembles ? — Oh ! non, lui dis-je, je brûle, je suis bien ici ; et j'écartais mes cheveux de mon front pour que la pluie l'inondât plus aisément. — Anna, me dit-il, en me reprenant, reviens, tu es glacée. — Je te dis que je brûle, lui répondis-je avec impatience, et je portai sa main sur mon front.

Aussitôt sa voix changea d'expression.

— Anna, me dit-il, avec une résolution indicible, m'aimes-tu ? — Oui ! — Veux-tu être à moi ? — Oui !...

Mon père, ô mon père ! je n'avais rien compris du sens de ses paroles ni des miennes; mais lorsque, m'entourant de ses bras, il m'attacha à lui-même, lorsque sa bouche brûla la mienne... alors !... pardonnez, mon Dieu !... priez, mon père !... alors...

Ils écoutèrent. Anna était morte.

V. — LA NOURRICE.

Tomlinson avait suivi lady Salnsby ; chemin faisant, elle lui avait raconté l'histoire d'Anna ; elle lui avait dit comment Charles Ier s'était caché à Windsor ; comment, poussé par une passion qu'elle n'avait pu prévoir, il y était revenu ensuite plusieurs fois, durant l'espace de quelques mois. Elle lui révéla que, forcé de rejoindre son armée, il avait quitté les environs de Londres, en lui faisant confidence de son amour pour la nièce de Barkstead, de l'état où elle se trouvait, des précautions à prendre et du secret inviolable qu'elle devait garder vis-à-vis d'elle sur son vrai nom et sur son rang. — J'avais permis, dit lady Salnsby, j'avais permis à Anna d'écrire au capitaine Georges et de recevoir ses lettres ; ce fut cette imprudence qui livra son secret aux mains de son oncle. Jugez de mon étonnement de le voir, il y a un mois, arriver dans notre retraite, lorsqu'à peine l'arrestation du roi nous était parvenue comme un bruit vague. Barkstead, l'un des juges commis à l'instruction du procès de Charles, avait eu entre ses mains tous les papiers qu'on avait saisis avec lui, et les lettres d'Anna s'y trouvaient. Bien qu'elles fussent adressées au capitaine Georges, elles suffirent pour éveiller les soupçons du colonel, et lorsqu'il m'ordonna de lui remettre Anna, je crus devoir lui dire toute la vérité.

Tomlinson parut surpris. Lady Salnsby continua :

— Il aurait su de la jeune fille ce qui lui était arrivé, et peut-être il lui aurait dit imprudemment le nom de celui qui était son amant ; et ce nom devait être un secret pour elle. Seulement la munificence de Charles Ier aurait suivi son enfant dans la vie. Telle était sa volonté. Aujourd'hui, tout est bien changé ; les enfants légitimes de Charles Ier sont aux mains de ses bourreaux, ou exilés de leur patrie. Une vie suffira-t-elle à leur rage de tigres ? l'échafaud est encore dressé, et le poison s'envoie par messager. Qui sait si les dernières gouttes du sang royal des Stuarts ne couleront pas, bientôt, seulement dans les veines de l'enfant qui va naître ?

Charles Ier l'avait prévu, le jour où, dans un entretien qu'il obtint de Barkstead, en présence du colonel Okey et de Juxon, il lui demanda sa parole de chrétien de recueillir et d'élever l'enfant d'Anna, et d'établir, à sa naissance, toutes les preuves qui pourraient le faire reconnaître un jour. Barkstead fit ce serment à sa victime, et sans doute il le tiendra. Colonel Tomlinson, j'en ai fait un aussi, et maintenant que votre âme est revenue de l'aveuglement où elle était plongée, vous m'aiderez à le remplir.

A ce moment, ils arrivaient à la porte d'une maison qui était sur le bord de la Tamise. Elle était habitée par lady Macdonnel, fille de lady Salnsby. C'était la même qui était avec Anna le jour où Charles Ier s'introduisit à Windsor après avoir été séparé par une attaque imprévue de quelques cavaliers qui l'accompagnaient, et lorsqu'il se rendait à une entrevue où il devait concerter les moyens de s'emparer de Cromwell et des membres les plus influents du parlement.

Lord Macdonnel était l'imbécile le mieux établi des trois royaumes. L'ambition de lady Salnsby l'avait choisi pour gendre. Ses grandes propriétés en Écosse, un nom qui n'était pas sans influence, l'avaient fait préférer ; et tandis qu'il se croyait un père de famille paisible et résigné, sa belle-mère en faisait un chef de parti entreprenant et ambitieux.

Donc, lady Salnsby entra avec Tomlinson dans sa maison ; elle le fit appeler ainsi que sa fille, et leur demanda une attention religieuse.

Ce préambule effrayait toujours Macdonnel, car il était toujours le prélude de quelque demande considérable d'argent pour secourir des royalistes proscrits ou des catholiques malheureux, et tout bon catholique, tout sincère royaliste qu'il pût être, il comprenait difficilement qu'il fallût se ruiner pour la cause du roi ou du pape. La demande que lady Salnsby avait à lui faire, devait l'étonner bien davantage. Voici le discours qu'elle commença par lui adresser, et contre lequel il croyait avoir bien noué les cordons de sa bourse, mais dont la conclusion le jeta dans une cruelle perplexité :

— Lord Macdonnel, lui dit lady Salnsby, vous êtes le représentant de l'une de ces vieilles et nobles familles qui brillent autour du trône, comme des diamants autour d'une couronne. Macdonnel inclina la tête; lady Salnsby continua : — Vos ancêtres ont versé leur sang pour la royale maison des Stuarts ; vos ancêtres étaient grands et généreux; vous ne serez ni moins grand ni moins généreux que vos ancêtres. Macdonnel laissa échapper un petit toussement significatif qui disait certainement : — Bien, bien, je vous vois venir. Lady Salnsby, à qui ce mouvement n'avait pas échappé, ne put retenir un sourire de pitié méprisante, et elle reprit : — Les biens immenses que vous possédez ne sont pas le plus précieux héritage que vous ayez reçu de vos aïeux. — De cet héritage, il n'en restera bientôt plus, répondit Macdonnel, qui croyait que le combat allait s'engager sur ce terrain. — Ce doit être une raison de plus pour garder intact celui d'un nom honorable, et le jour est arrivé de vous en montrer digne ; vous allez avoir besoin de courage. Ici Macdonnel tressaillit. — D'un grand courage ! Macdonnel faillit se trouver mal. — Je viens vous demander plus que la vie !

Cette menace rassura le brave lord.

— Qu'est-ce donc ? dit-il d'un ton résolu, comprenant qu'il n'y avait ni danger personnel, ni risque d'argent à courir. — Il faut vous séparer de votre femme !

A ces mots, la jeune lady, qui jusque-là était restée assez indifférente au discours de sa mère, se rapprocha vivement et s'écria :

— Comment ! me séparer de mon mari ! je ne le ferai point qu'il ne me l'ordonne. — Il vous l'ordonnera, répliqua la mère. Lord Macdonnel connaît les droits de son autorité, et quand il aura reconnu que l'honneur de son nom est intéressé à cette séparation, il saura bien l'exiger. — Certes, je saurai bien l'exiger, répéta Macdonnel avec un air de sévérité. — Ce n'est pas tout, dit lady Salnsby en se tournant vers sa fille, il faut encore vous séparer de votre enfant. — Me séparer de mon enfant ! s'écria la jeune mère, mon enfant, qui a deux mois à peine, le livrer à des mains étrangères ! lui refuser mon lait ! Non, ma mère, je ne le ferai pas ! je ne le ferai pas ! répétait-elle avec force, comme pour s'affermir dans sa résolution. — Elle ne le fera pas ! criait Macdonnel furieux, elle ne le fera pas !

Lady Salnsby laissa passer ce premier élan de douleur, et, continuant comme si elle n'avait rien entendu, elle ajouta : — Vous me suivrez alors, et vous trouverez une noble consolation de votre sacrifice. Le dernier et faible rejeton des rois de la Grande-Bretagne sera remis entre vos mains ; tout l'espoir d'une nation reposera en vous ; comme un ange gardien placé à côté d'un faible arbrisseau, vous le défendrez de l'orage et de la hache de ses ennemis. Votre dévoûment sera égalé dans l'histoire à celui de la mère des Machabées, et le nom de Macdonnel recevra de vous un éclat immortel qui le fera citer comme un modèle d'héroïsme dans les temps à venir.

— Ah ! ah ! s'écria Macdonnel, tout surpris de cette gloire colossale que sa femme allait lui apporter, ceci mérite considération. Et que faut-il qu'elle fasse pour que j'obtienne ce nom immortel ? — Qu'elle dépouille ces vêtements somptueux, répondit lady Salnsby avec le ton emphatique d'une prophétesse ; qu'elle revête les habits de la misère et de la servitude, et que, renfermant en son cœur le secret terrible qui va lui être confié, elle se consacre, corps et âme, au service de la vraie cause.

La jeune lady ne pouvait comprendre le sens des paroles de sa mère : celle-ci cherchait à revêtir des couleurs du fanatisme la singulière proposition qu'elle avait à faire à sa fille, sans pouvoir y parvenir. Macdonnel redoublait son air hébété, et Tomlinson lui-même ne savait trop où prétendait arriver lady Salnsby.

A ce moment la porte s'ouvrit. Un message de l'évêque Juxon fut remis à la vieille dame ; elle le lut avec une anxiété visible, et, prenant une décision rapide, elle dit :

— Maintenant, ma fille, il n'y a plus à balancer. Et, sans s'arrêter aux exclamations, aux marques d'étonnement que Macdonnel et sa femme laissaient échapper à chaque parole, elle continua résolûment : — Ma fille, vous allez prendre les vêtements d'une femme du peuple, vous en afficherez le langage et les manières. Le colonel Tomlinson vous conduira chez son collègue M. Barkstead, et il vous présentera comme une jeune mère qui vient chercher un nourrisson. Ce nourrisson, vous le trouverez ; on vous en confiera l'allaitement, sur la recommandation du colonel; vous resterez près de lui, et vous lui vouerez vos jours et vos nuits. — Et je quitterai mon enfant pour celui d'un autre ! répondit lady Macdonnel, chez qui l'amour maternel était surtout blessé de cet ordre. — Et Lady Macdonnel entrera comme servante dans la maison d'un rustre puritain! dit le mari en haussant les épaules. Vous êtes folle, lady Salnsby, votre tête a tourné quand celle du roi est tombée. Vous êtes folle! — C'est vous qui êtes fou de parler ainsi à lady Salnsby, répliqua-t-elle d'un ton de dignité. Ce que j'ai dit se fera. Lady Macdonnel est fille de lady Salnsby, et lady Salnsby a jugé que sa fille entrerait comme servante dans la maison de Barkstead.

Macdonnel riait, tant lui paraissait extravagante la proposition de la belle-mère: — Vous êtes folle, répétait-il à chaque instant, vous êtes folle!

— Qui êtes-vous donc, lord Macdonnel, pour me répondre de la sorte? s'écria lady Salnsby, dans une colère inexprimable. Quels sont ces aïeux qui vous rendent si vain que vous ne puissiez consentir à ce que je vous demande? Le premier de tous était un montagnard à qui Jacques d'Ecosse, le plus gourmand des rois, paya un coq de bruyère du don d'une seigneurie, un jour qu'il n'avait pas eu de quoi déjeuner à la chasse. Le second était un chanteur de ballades, dont la reine Marie fit un lord de hautes terres, pour avoir improvisé un poëme sur sa beauté, dont tous les vers de chaque chant commençaient par l'une des lettres de son nom. Le troisième était un usurier, qui prêtait au roi Jacques, à des intérêts de damné, l'or qu'il lui volait sur la dépense de sa cuisine et de ses livres de messe. Le quatrième... — Le quatrième, s'écria Macdonnel, au comble de la fureur, était mon père, qui valait dans son petit doigt tous les Salnsby présents, passés et futurs!

Aussitôt, le petit Ralph, qui était présent à la contestation, s'approcha de Macdonnel, et lui donna un vigoureux coup de pied dans les jambes, en criant: — Ah! tu insultes ma famille, tu vas voir. — Macdonnel, surpris de cette attaque imprévue, s'arrêta tout ébahi; mais il le fut bien plus lorsque sa femme lui dit: — Mon frère a raison, milord, vous insultez les Salnsby, vous êtes indigne de leur alliance.

— Les Salnsby, disait la belle-mère, ont cinq cents ans de noblesse, intacte et pure, au service particulier des rois d'Angleterre. — Les Salnsby, ajouta la femme, ne se sont jamais alliés qu'aux plus riches seigneurs de la cour. — Les Salnsby, disait l'enfant, tueraient tous les Macdonnel d'un coup de pied dans les jambes. Macdonnel était au comble de l'imbécillité.

Tomlinson s'interposa. Macdonnel avait entendu tout ce qu'on voulait de lui. Il ne restait plus qu'à le faire consentir. Mais, en homme qui sent sa faiblesse, et qui craint de se laisser séduire, il se renfermait dans un refus obstiné. — Je ne veux pas! était sa seule réponse. Il comprenait très-bien, en sa bêtise, que s'il donnait les raisons de son refus, quelque bonnes qu'elles fussent, il se laisserait battre par les arguments de sa belle-mère, et il croyait tous les prévenir, en criant à tue-tête: — Je ne veux pas.

Mais lady Salnsby était trop adroite pour ne pas avoir gardé contre Macdonnel un terrible et dernier argument, celui de la peur; aussi, prenant tout à coup un air résigné, elle s'adressa au colonel Tomlinson, et lui dit: — Croiriez-vous, colonel, que cet homme, qui se refuse à une chose si simple, est le même qui a eu le courage de payer, à prix d'or, ces quatre conspirateurs qui ont pénétré jusque dans la chambre où devait coucher Cromwell, et qui...

— C'est-à-dire, s'écria Macdonnel, que c'est sir Salnsby qui... — Pourriez-vous supposer, ajouta la belle-mère, sans avoir l'air d'écouter les réclamations de son gendre, que c'est encore lui qui a fait un voyage en Ecosse pour y soulever le pays, il n'y a pas trois mois, en faveur du malheureux Charles? — Ce n'est pas moi! criait Macdonnel; si j'y suis allé, c'était pour y faire des renouvellements de bail, et c'est sir Salnsby qui...

Lady Salnsby continuait encore: — C'est lui qui a payé le dernier libelle d'Ansby contre Cromwell; lui, qui entretient à ses frais les pauvres Ecossais qui ont juré sur la sainte Bible la mort du traître; lui qui cache, dans sa maison, les armes et les munitions des conjurés; lui...

— Madame! s'écriait le malheureux, je suis innocent de toutes ces horreurs... J'ai payé,... c'est-à-dire, vous avez payé avec mon argent; d'ailleurs, j'aime Cromwell... et puis vous m'avez dit que ces barils étaient du malvoisie; voulez-vous me faire pendre? Colonel, c'est un infâme mensonge...

Et lady Salnsby ajouta d'un ton méprisant: — Et cet homme recule, maintenant qu'il s'agit d'une séparation de quelques jours et de l'accomplissement d'un devoir qui ne demande que son silence.

A ces mots, Macdonnel prit sa femme par la main, la plaça devant sa mère, et dit à celle-ci avec un flegme furieux: — Voici votre fille, faites-en ce qu'il vous plaira, je n'en sais rien, je n'y suis pour rien, faites-la servante, nourrice, reine, peu m'importe, je n'y prends aucune part; la seule chose dont je vous en veuille, c'est d'en avoir fait ma femme. Adieu! En disant cela, il sortit de la chambre, laissant Tomlinson et lady Macdonnel dans la stupéfaction, et lady Salnsby dans la joie de cette brusque résolution.

— Qu'il se taise, c'est tout ce que je voulais de lui, dit-elle; puis, se tournant vers sa fille, elle lui raconta rapidement l'histoire d'Anna et de Charles Ier. Quelque pénible que fût le rôle qu'allait s'imposer la jeune lady, tel était le fanatisme que sa mère lui avait inspiré pour la cause royale, qu'elle accepta sa mission avec bonheur, dès qu'elle sut de quoi il s'agissait.

Sacrifier sa vie et celle de ses enfants au triomphe de la royauté; supporter, pour elle, la misère, l'exil, la captivité, la torture; vouer ses nuits et ses jours à allumer, en secret, des mécontentements contre le nouvel ordre de choses; le saper à petit bruit; le combattre au grand jour; tout adopter, tout respecter, tout défendre des hommes du parti royal; tout haïr, mépriser et calomnier de ce qui appartient à leurs adversaires; mentir, dérober, assassiner, mourir, faire indifféremment le bien et le mal; se parjurer, trahir, se vendre, fuir, se déshonorer même, pour ce qu'elle appelait la noble cause, telle était la morale politique que lady Salnsby avait enseignée à ses enfants et que son époux mettait en usage. Ralph, malgré son extrême jeunesse, était déjà imbu de ces odieux principes. Mais tandis que sa sœur n'y portait qu'une âme soumise, l'enfant y mettait déjà une volonté ardente. Lady Julia Macdonnel obéissait aux ordres de sa mère, mais on sentait que Ralph les préviendrait un jour.

Bientôt Juxon arriva lui-même, il parut surpris de trouver Tomlinson chez lady Salnsby. Le colonel le rassura lui-même, et lui dit avec une conviction profonde qu'il était revenu de la funeste erreur où il s'était laissé entraîner. Il lui parla de son repentir en termes pénétrés, et lui jura bien qu'il était maintenant aussi dévoué à la royauté qu'il lui avait été ennemi, et il finit par lui demander sa bénédiction, comme une sorte d'acceptation solennelle de son retour dans la vraie route de l'honneur. Juxon se laissa persuader, et ils tinrent conseil avec lady Salnsby et sa fille, sur les moyens de faire admettre Julia chez Barkstead.

Au reste, il faut dire que c'était une organisation toute particulière que celle de Tomlinson. Jamais, peut-être, avec plus de droiture dans le cœur, aucun homme ne commit plus d'injustices; jamais, avec plus de bonne foi, on ne changea plus souvent de parti. Il avait une telle impressionnabilité, que l'aspect d'un événement inattendu bouleversait souvent toutes ses idées. Ayant rencontré un jour un cocher qui frappait son cheval, il demanda au parlement une loi pénale contre les hommes qui battaient les animaux, et ayant entendu un enfant répondre une impertinence à son père, il proposa d'établir en Angleterre, comme à Rome, le droit de vie et de mort des pères sur les enfants. Il s'était fait républicain parce qu'un jour le roi avait donné devant lui un coup de fouet à un valet de chasse, et il était redevenu royaliste parce qu'il avait vu exécuter Charles Ier.

VI. — FUNERAL UNDERTAKERS.

Huit jours s'étaient passés depuis le 30 janvier. Anna avait été inhumée sans appareil. Julia Macdonnel, sous le nom de Catherine, avait été présentée chez Barkstead et acceptée comme nourrice. Placée dans une chambre particulière, elle s'y tenait soigneusement enfermée, et, malgré les propos de Molly, qui lui trouvait les mains trop blanches, tout avait repris dans la maison une habitude d'ordre et de calme.

Deux ou trois fois seulement, le terrible Tom Love était venu s'informer, d'abord du petit héros à la dague, puis, de la belle fille évanouie, et enfin de la jolie nourrice.

— J'ai vu cette figure-là sous une toque de velours et une coiffe de dentelle, j'en suis sûr; d'ailleurs, j'ai remarqué que, depuis qu'elle est ici, un gaillard à mine de cavalier se promène aux alentours de la maison. Je jure sur mon poing, que je lui enfoncerai deux côtes pour le moins, et des vraies.

Tom Love disait cela à la porte de la maison de Barkstead, l'épaule appuyée sur l'angle du mur, tandis que Molly, élevée sur la marche du seuil, le regardait avec complaisance.

Puis Tom Love, se grattant le front avec un air chagrin, continua:

— C'est que voyez-vous, Molly, j'ai de l'humeur, parce que tout ça n'est pas clair. M. Barkstead est assurément un saint; mais depuis qu'on a réduit le Stuart, on ne sait pas, il vient chez lui des figures suspectes, on en parlait hier à la taverne du Roi Richard dans Temple Bar: qu'il y fasse attention! C'est que... voyez-vous, les cris de la jeune fille ont été entendus, on a su qu'Andlay était venu, et puis Juxon, et puis... Dites au colonel, de la part de Tom Love, de se bien tenir: car, voyez-vous, il y a des curieux à la taverne, et Tom Love peut bien barrer le chemin à un taureau en étendant le bras, mais non pas à une balle sortie d'un bon canon d'arquebuse, voyez-vous.

Molly allait répondre et questionner Love, lorsque celui-ci partit comme un trait. C'était le cavalier qui lui déplaisait si fort, qui venait de se montrer au bout de la rue, désignant du doigt, à deux hommes qui le suivaient, la maison de Barkstead. Molly, alarmée de ce que Love venait de lui dire, le suivit quelque temps des yeux, mais le cavalier avait disparu; et bientôt elle vit venir le boucher, accompagné d'un ouvrier du port de Londres, avec lequel il semblait vivement disputer. Comme ils s'approchaient de la maison, elle entendit cet homme qui lui disait:

— Je te dis que ce sang leur a fait mal au cœur: ils sont tous maintenant comme des poules mouillées; ils croient avoir tout fait, parce qu'ils ont coupé la tête au serpent; mais si l'on permet de vivre à cette engeance de couleuvres qu'il a laissées derrière lui, nous serons encore infectés du venin royal. Tiens, tiens, dit-il, en montrant la porte de Barkstead, vois-tu cet homme qui entre là? c'est, j'en suis sûr, quelque canaille royaliste de celles qu'il reçoit maintenant tous les jours.

En effet, le duc de Richmond, ancien chambellan de Charles Ier, entrait en ce moment dans la maison de Barkstead.

Tom Love cherchait à calmer son camarade, car le ressentiment de celui-ci semblait augmenter par degrés: mais il fût bientôt embarrassé de son rôle, lorsqu'ils virent pénétrer successivement chez Barkstead, lord Clarendon, celui qui avait demandé et obtenu, sur le passage du roi Charles, sa royale bénédiction, Juxon, le marquis de Hertfort, et les comtes de Southampton et de Lindsey.

A cette vue, Williams, tel était le nom de l'ouvrier qui était avec Tom Love, s'éloigna avec des menaces terribles, et celui-ci se rapprocha de Molly, qui était restée à sa place.

— Permettez-moi d'entrer dans la maison, dit-il à la vieille servante, il y aura, à coup sûr, du grabuge: et si l'on en vient à parler chez M. Barkstead le langage de la taverne du Roi Richard, il n'est pas mal, ajouta-t-il, en montrant son poing, qu'il ait chez lui le premier orateur de la société: car, quoique M. Barkstead ne fasse pas trop franchement les choses, je ne permettrai pas qu'on démolisse sa maison sans l'entendre.

Molly, épouvantée, le fit entrer. Elle voulut prévenir le colonel, mais il s'était enfermé avec les personnes dont nous avons parlé.

Tom Love lui défendit de faire part de ses inquiétudes à sa jeune maîtresse: et tous deux demeurèrent avec Betty dans les pièces inférieures de la maison. Ils y étaient depuis quelques instants lorsqu'ils entendirent disputer violemment à la porte. Molly y courut, et à peine l'eut-elle entr'ouverte, que deux hommes s'y précipitèrent et faillirent la renverser. Tous deux assaillirent Molly des mêmes paroles: — C'est moi qui suis entré le premier; remarquez que je dois être présenté le premier. — Annoncez, disait l'un, à l'honorable compagnie, maître Christophe Volgthmooth. — Dites, dites, répétait le second, que maître Krakanwimeth s'est rendu aux ordres de leurs seigneuries; puis, sans attendre la réponse de Molly, celui-ci cria à son adversaire : — Sale marchand de guenilles, prétends-tu venir lutter avec un homme comme moi? Tu n'es pas, dans ton entreprise, une voiture propre, ni une femme qui se lamente comme la moindre des miennes.

— Tais-toi, lui répliquait maître Christophe, souviens-toi du jour où deux convois, sortis, l'un de ta maison, l'autre de la mienne, se rencontrèrent sur la route de Windsor. Tes pleureuses furent huées, on jeta de la boue à tes hommes tristes, tandis qu'on applaudissait les miens. Mon succès fut si complet, qu'au retour de la cérémonie, les habitants du faubourg firent servir de la bière à mes gens et firent danser mes pleureuses toute la nuit. — Tout beau, tout beau, mes petits porteurs de cadavres, dit Tom Love en interposant sa main entre les deux adversaires; pas tant de bruit, il n'y a rien à faire ici pour vous, la belle est enterrée, et il n'y a rien à manger. — Comment! réplique Krakanwimeth, il n'y a pas une heure que je l'ai vu exposé dans la grande salle de Withe-Hall, ayant sa tête très-proprement recousue sur ses épaules par le docteur Andlay, parfumé et embaumé comme un paon préparé à la sauce aux épices. — De qui parles-tu donc? reprit Tom Love. — Eh! parbleu, dit maître Christophe, du feu traître et tyran Charles Ier à qui le parlement a alloué cinq cents livres sterling pour se faire enterrer décemment et du mieux qu'il pourra. — Ah! voilà qui est bien, répliqua le boucher, je comprends maintenant l'arrivée de tous ces cavaliers dans cette maison; allez, Molly, avertir votre maître, et pendant ce temps je veillerai à ce que ces deux coqs de cimetière ne s'ergotent pas de trop près.

Molly appela un domestique pour que l'on allât avertir le colonel Barkstead. L'ordre était à peine donné d'introduire les deux compétiteurs, qu'un bruit sinistre et confus se fit entendre à l'extrémité de la rue.

Dans un moment la maison fut entourée, les vitres brisées à coups de pierres, et les cris de, Meure Barkstead! meurent les traîtres! retentirent violemment. A plusieurs fois, le colonel essaya de se présenter à la fenêtre, il y fut accueilli par des menaces et des huées. Il ne put faire entendre sa voix, et il semblait ne plus avoir qu'à se résigner au pillage de sa maison et à être lui-même victime de la fureur insensée du peuple, lorsque Tom Love entra subitement dans la chambre où se trouvaient réunis Barkstead et les cavaliers dont nous avons dit les noms.

Il se montra à la foule, qui parut surprise de sa présence, mais qui n'en continuait pas moins ses clameurs, et, dominant tout ce murmure de mille voix de sa voix de taureau, il s'écria : — Or çà, canailles que vous êtes! que venez-vous faire ici? Je parie une guinée au plus gaillard d'entre vous qu'il n'en sait pas un mot. — Cette interpellation suspendit les hurlements de la foule, et Williams, s'élançant sur une charrette qu'on avait amenée sous la fenêtre où se trouvait Tom Love, pour pouvoir escalader plus facilement la maison, répondit qu'ils étaient venus pour s'emparer des conspirateurs que Barkstead recevait chez lui.

— Et contre qui conspirent-ils? dit Tom Love, en se croisant les bras et en s'appuyant familièrement sur la fenêtre. — Contre le peuple anglais qu'ils veulent anéantir. — Tu mens, cria Tom Love en ricanant, ils ne s'arrêtent pas à si peu de chose, et il y en a ici qui conspirent contre toute l'humanité et qui voudraient vous voir morts tous tant que vous êtes, quoique vous soyez des gueux, et que vous n'ayez pas dix schellings à dépenser pour votre enterrement. — Tom Love se moque de nous, cria Williams en se tournant du côté de la foule; c'est un traître qui a été séduit par les promesses des royalistes. — Si tu avais dit cela à la longueur de mon bras, répondit Tom Love furieux, je te réponds que tu ne serais plus bon qu'à manger de la bouillie, et qu'il ne te resterait pas une dent entière dans la bouche par laquelle tu viens de mentir. Voyons, le beau parleur de la taverne du Roi Richard, qu'est-ce que tu as dit à ces braves gens pour les amener jusqu'ici? — J'ai dit que j'avais vu entrer chez Barkstead le duc de Richmond. — C'est vrai. Il y est, répliqua Tom Love. La foule commença à murmurer sourdement. — Et puis? dit le boucher d'un air railleur. — J'ai dit que le marquis d'Hertfort, les comtes de Southampton et de Lindsey s'étaient aussi introduits furtivement, et je parie qu'ils y sont encore.

Tom Love retourna légèrement la tête, comme pour regarder au fond de la pièce dont il occupait la fenêtre.

— C'est encore vrai, Williams, les voilà tous trois qui causent avec lord Clarendon.

A ce nom, les clameurs de la foule redoublèrent, et Williams, croyant profiter d'un instant favorable, se tourna encore vers elle en criant : — Le traître Juxon s'y trouve aussi.

— Juxon s'y trouve, répéta Tom Love, et les vociférations, les menaces, se renouvelèrent; mais le terrible boucher ne s'effrayait pas à bon marché. Il continua à s'adresser à Williams. — Il y a encore quelqu'un, maître braillard; voyons si tu connais tous ceux qui conspirent ici. — Qu'importe? dit Williams, je ferai connaissance avec eux, tout à l'heure, quand ils seront accrochés aux arbres de Tyburn. — Je te les ferai connaître avant, moi! Ohé, maître Volgthmooth; ohé, maître Krakanwimeth! dit alors Tom Love d'une voix retentissante, en entraînant de force les deux enterreurs près de la fenêtre et en leur désignant Williams, ébahi de leur présence, outre les cinq cents livres qu'a données le parlement pour l'inhumation du Stuart, combien me prendrez-vous pour enterrer cette charogne? ça vaut moins qu'un âne et plus qu'un chien, n'est-ce pas? juste le prix d'un cochon. Attendez, attendez, je vais vous livrer la marchandise.

Cependant, Williams s'était évadé dès qu'il avait entendu prononcer les noms des entrepreneurs des funérailles. L'arrêt du parlement revint sur-le-champ en mémoire à la populace ameutée, et certes Williams eût été victime de son désappointement sans la gaîté extravagante qu'excitaient les salutations comiques des marchands mortuaires, salutations que les chiquenaudes que Love leur appliquait alternativement sur la nuque, rendaient on ne peut plus profondes et précipitées.

Cet incident, qui semblait devoir amener un résultat funeste à Barkstead, influa d'une façon bien différente sur les événements qui finirent cette journée.

En effet, Barkstead parut à la fenêtre, et il fut reçu par des hourras unanimes. Mais plusieurs voix demandaient que l'on fît connaître le jour, l'heure et l'ordre de la cérémonie funèbre dont on allait s'occuper.

Barkstead annonça qu'il satisferait à ce vœu, et le peuple demeura calme, mais il ne s'éloigna point et continua à occuper toute la rue.

L'assemblée se forma donc alors : chacun affectant de remplir son devoir sous cette influence menaçante, comme s'il eût été dans un château fort à l'abri de toute crainte.

Barkstead, le seul vraiment impassible, fit signe aux commissaires de prendre place, tous s'assirent autour d'une table. Pendant ce temps, Tom Love était resté dans l'embrasure de la fenêtre, les jambes nonchalamment jetées l'une sur l'autre, les bras croisés, et appuyé dans l'angle de la croisée.

Soit que Barkstead ne l'eût point vu, soit que l'ayant vu, il ne voulût pas l'éloigner, il ne s'éleva aucune observation sur sa présence. Sur un signe du colonel lord Clarendon prit le premier la parole :

— Voici, colonel Barkstead, ce que nous désirons que l'on fasse pour la mémoire du roi mort. Il sera enlevé de la chambre où il se trouve actuellement, et enveloppé dans un cercueil de plomb. Deux cents hommes d'un régiment serviront d'escorte à celui qui a commandé des armées. Placé sur une voiture recouverte de deuil, précédé du clergé catholique, qui implorera pour lui le pardon céleste, suivi de quelques amis et de ses fidèles serviteurs, il traversera la ville et se rendra à l'église de Westminster. Là, sera préparée une fosse dans la chapelle où reposent ses aïeux. Un modeste catafalque, qui ne dira que les dates de sa naissance, de son avénement au trône, et celle de sa mort, désignera seul aux larmes de ses amis, la place où repose Charles Stuart, dernier roi de la Grande-Bretagne. — Est-ce là tout ce que vous désirez, messieurs? reprit Barkstead froidement.

Les commissaires échangèrent entre eux un regard d'intelligence, et le duc de Richmond prit la parole :

— Il est inutile de dire que l'on gardera dans cette cérémonie les usages reçus. — Qu'entendez-vous par là? dit Barkstead. — Mais, dit le duc de Richmond, le cortége sera accompagné et suivi d'un certain nombre de pleureurs et de pleureuses en grand deuil. — Bien, répliqua Barkstead, et puis? — Les porteurs de torches ordinaires, répondit le duc. — Et ensuite? continua Barkstead. — Les chambres qui suivent le clergé d'habitude, répliqua Richmond. — Et encore? — Un certain nombre de pauvres à qui la libéralité du roi a laissé la reconnaissance comme un devoir.

Barkstead contracta sa bouche avec impatience, et se tournant vers Juxon : — Et vous, monsieur, n'avez-vous pas quelque chose à proposer encore?

— Je ne pense pas, répondit celui-ci trompé par l'apparente froideur de Barkstead, que l'on puisse refuser aux amis de la victime une faveur que l'on accorderait au dernier des lords du parlement s'il venait à mourir. C'est le droit de déclarer ses couleurs et de laisser suivre en cortége tous ceux qui les arboreraient. — Est-ce tout? demanda encore Barkstead. Marquis d'Hertfort, comtes Lindsey et de Southampton, n'avez-vous rien à réclamer pour votre maître? — Rien, répondit le marquis d'Hertfort, que la liberté de remplir ces modestes devoirs. Et cette liberté, nous la mettons sous la sauvegarde du parlement, afin qu'il protége notre douleur contre les ressentiments d'une populace effrénée. — Et qu'attendez-vous pour cela du parlement? — Qu'il fasse garder les rues où nous passerons, et les abords de Westminster, par quelque régiment à son choix. — Celui de Tomlinson vous conviendrait-il? dit Barkstead d'un ton pénétrant. — Oui, oui, certes, répondit le marquis avec une joie mal déguisée.

Un silence absolu régna quelques minutes. Barkstead sembla se recueillir.

— Milords, n'avez-vous rien à ajouter?

Un signe de dénégation fut leur seule réponse. Barkstead appela alors à haute voix Christophe Volgthmooth. — Maître Christophe, dit-il, vous avez entendu les désirs de ces messieurs. Pouvez-vous leur fournir tout ce qu'ils demandent, moyennant les cinq cents livres sterling qu'a votées le parlement?

— Euh! répondit l'entrepreneur, n'osant se hasarder à dire tout ce qu'il pensait, mais souriant dédaigneusement, c'est une plaisanterie qu'une pareille question. Tout cela pour cinq cents livres! Je ne m'en chargerais pas pour cinq mille. Songez donc, un char, des pleureurs, des chantres, des pauvres, des porteurs de torches... euh! on voit bien que ces messieurs ne se sont jamais fait enterrer, ils sauraient autrement ce qu'on peut faire pour cinq cents livres!

Sur un signe de Clarendon, Krakanwimeth s'approcha.

— Je le ferai, moi! dit-il, si cet usurier ne veut pas; et j'ajouterai même une compagnie de hérauts à cheval, sonnant de la trompette, et une autre de tambours voilés qui ouvriront et fermeront la marche. — Tu mens, s'écria Christophe furieux : ne le croyez pas, mes nobles seigneurs, il ne le peut pas, quand même il allumerait des bouts de sapins en guise de torches, dût-il habiller ses pleureurs avec des souquenilles de toile, et emprunter à Arnot les habits de la cérémonie d'Hamlet; lors même que ses musiciens seraient montés sur des ânes au lieu de chevaux, et qu'ils souffleraient dans des pieds d'ognons au lieu de trompettes; laissât-il aux pauvres leurs vraies guenilles, et eût-il enrôlé tous les muets de Londres pour chanter les prières, il ne le peut pas. Il vous vole, il ne le peut pas! — Colonel Barkstead, reprit Clarendon, le prix de ces détails, et le plus ou moins de luxe qu'ils auront, sont assez indifférents, et nous importent peu, du moment que cet homme s'offre à les fournir et que vous acceptez notre plan. — Milords, reprit Barkstead en se levant et en appuyant ses mains sur la table, avez-vous suffisamment réfléchi à votre proposition? La prudence qui préside d'ordinaire aux décisions de ceux de votre parti, est donc tombée avec la tête de votre maître? — Qu'est-ce à dire? s'écria le marquis d'Hertfort, est-ce une insulte que vous prétendez nous faire, colonel? — Non pas une insulte que je veux vous faire, mais une leçon que je veux vous donner. — Monsieur, monsieur! s'écrièrent-ils tous, en se levant comme le marquis; sont-ce là les égards que le parlement avait promis aux amis de Charles Ier? — Milords, calmez-vous, reprit Barkstead, le parlement a promis des égards aux amis de Charles Ier, mais non à ses propres ennemis. — Expliquez-vous, colonel, dit le duc de Richmond, il est besoin que nous sachions si l'on veut ajouter la violation des plus saintes convenances à la violation des lois et la profanation au meurtre. — Je vais m'expliquer, monsieur le duc, et vous sauriez déjà où j'en veux venir, si vous aviez mis à m'entendre le calme que j'ai gardé en écoutant vos étranges propositions. Pour les hommes qui n'ont jamais regardé que le dessus de vos discours et l'apparence de vos actions, rien n'est plus simple que ce que vous venez de nous proposer. Quelques pleureurs, quelques chantres, selon l'usage; des pauvres qui aiment la mémoire du feu roi; des porteurs de torches comme cela se pratique; puis, les serviteurs et les amis; puis, ceux qui voudront prendre les couleurs du mort; puis, un régiment pour protéger le cortége; tout cela est naturel et décent, n'est-ce pas, milord? Mais voici ce qu'un homme, habitué à lire plus avant que vous ne pensez dans vos projets, y a trouvé de mal combiné. Il arrivera que le cortége, composé comme vous l'avez fait, sortira du parc Saint-James, défilera au son de la musique religieuse et passera calme et solennel, dans les rues qui avoisinent le palais. Tout à coup, un accident imprévu, une roue qui se brisera par exemple, arrêtera le char... au premier endroit venu... devant... votre maison, je suppose, comte de Southampton. Il faudra quelque temps pour réparer l'accident; les amis qui seront près du cercueil monteront dans vos appartements, soit pour s'y reposer, soit pour tout autre motif. Le cortége reprendra sa marche, et arrivera bientôt à l'entrée de la grande place de Westminster : vous savez, marquis d'Hertfort, que les meilleures maisons de royalistes renferment des gens dévoués à la mauvaise cause; hé bien! là, par hasard, quelques-uns de vos domestiques insulteront, peut-être, à la dépouille mortelle de Charles Ier, malgré votre présence et vos ordres; ensuite, le hasard pourra faire encore que la porte de l'église soit occupée par des forcenés qui blesseront quelques-uns des soldats commandés pour vous protéger; le colonel, cédant à leur indignation, leur ordonnera, innocemment, de charger le peuple qui les a frappés; puis les têtes s'exalteront; les amis de Charles Ier auront trouvé autre chose que du repos dans la maison de Southampton; des pistolets, des sabres, des poignards, y avaient été oubliés par eux; les pauvres se trouveront riches en armes cachées; les tambours, abandonnés sur les pavés, et brisés par les chantres, seront remplis de poudre et de balles; le corbillard immense, et traîné par huit chevaux, offrira des fusils à la colère des chantres, des pleureurs et des musiciens; les porteurs de torches garderont leur arme d'incendie; les affligés aux couleurs de Stuart, se reconnaîtront, se tendront la main, se protégeront; quelqu'un, l'évêque Juxon, je suppose, sera demeuré, toujours par hasard, dans l'église, et aura fait oublier d'en fermer une issue; des imprudents s'en apercevront; ils iront ébranler les cloches, et donneront l'alarme; alors, tout se confondra; l'irritation des esprits sera au comble; la douleur s'égarera jusqu'à verser du sang au lieu de larmes; on criera peut-être : Vive Charles II, au lieu de prier pour Charles Ier; et l'on promènera sans doute un enfant en triomphe, au lieu d'accompagner un cercueil. C'est un mauvais ordre de cérémonie que celui-là, milords, le parlement m'a défendu de l'adopter.

Cette longue raillerie de Barkstead avait confondu les lords commissaires. Ils semblaient anéantis. Juxon seul y parut insensible.

Dans ce moment les cris de la foule se firent entendre, des coups violents frappés à la porte de la maison, parurent l'ébranler. Juxon les écouta avec une attention impatiente, Barkstead, les lèvres serrées, semblait retenir à grand'peine la fureur qui l'agitait. Cependant, le bruit se calma, comme celui d'une vague qui frappe le roc et s'éloigne en grondant; et Juxon répondit :

— L'accusation du colonel Barkstead ne me surprend nullement. Cette politique à double face, qui affecte la générosité tout haut, et persécute tout bas; ce respect apparent pour la mémoire de la victime, et ce prétexte caché pour lui refuser un coin de terre; cette protection, qui devait nous suivre ici, et cette populace qui nous entoure; cette liberté promise à notre douleur, et cette accusation, sous laquelle on prétend l'étouffer; tout cela est-il si nouveau, ou si contraire aux habitudes de Cromwell, qu'il faille être surpris qu'il en soit ainsi aujourd'hui?

Le tumulte un moment apaisé recommença, et bientôt ce fut un perpétuel murmure que dominaient de temps à autre de longs hurlements, comme le canon se fait entendre parmi le pétillement de la mousqueterie.

— Evêque Juxon! s'écria alors Barkstead avec colère, tu n'es pas ici dans ta chaire catholique, d'où tu peux à loisir lancer le mensonge et la calomnie sur tes adversaires. Ne sais-tu pas que Barkstead te connaît jusque dans les replis les plus secrets de ton âme? Prêtre qui pardonnes l'adultère et protéges les amours clandestines, évêque chapelain de la maison des filles de Windsor, peux-tu me parler en face de fourberie? Et vous tous, est-ce donc que l'orgueil de votre sang vous monte si fort à la tête, que vous nous preniez pour des insensés et nous traitiez comme tels? Crierez-vous toujours qu'on vous calomnie parce qu'on vous devine; qu'on vous craint parce qu'on vous pardonne, et qu'on vous assassine lorsque l'on vous juge? Assez, assez, sur mon âme! J'ai arraché des mains de Turloë les preuves de ce complot vêtu de deuil, lorsqu'il allait les expédier au shérif, pour vous faire arrêter, et c'est vous qui accusez et récriminez. Assez, vous dis-je! assez! si vous ne voulez que ces hommes de mort ne s'occupent bientôt de vous au lieu de s'occuper de Charles. Et quant à cette populace qui nous entoure, milords, je ne sais encore comment vous et moi sortirons d'ici; mais pour toi, évêque Juxon, tu étais hier à la taverne du Roi Richard, déguisé en matelot, et tu as bu avec Williams du porter.

Juxon fit un mouvement et pâlit...

— Qu'en dis-tu, maintenant? continua Barkstead, fauteur de discorde! Sais tu qui de nous deux est le maître de cette populace que tu as lancée contre cette maison? Veux-tu l'apprendre? Ouvre donc cette fenêtre et montre-toi! Tu n'oses! Insensé, qui croyais manier la multitude comme si c'était une arme d'enfant ou de courtisan! Que Dieu te sauve, ou tu te brûleras au feu que tu as allumé! Conspirateur étique, qui n'as assez d'haleine que pour exciter le foyer d'une taverne, ne sais-tu pas qu'il faut le souffle du Seigneur pour diriger l'incendie lorsqu'il embrase la cité? Que Dieu donc juge entre nous! Viens ici, viens parler à ce peuple, essaie ta voix contre la mienne, ton éloquence contre mon éloquence, et que celui de nous deux qui a fait la sédition la conduise.

Juxon, déjà remis, sourit dédaigneusement, mais Southampton, s'élançant vers Barkstead, l'arrêta comme il allait ouvrir la fenêtre.

— Voulez vous nous livrer à ce peuple? cria-t-il épouvanté. Est-ce un assassinat prémédité contre nous?

En effet, le tumulte semblait arrivé à son comble; des milliers de voix, unies dans un cri, demandaient Barkstead et les autres commissaires.

Juxon se leva lentement, et, d'une voix solennelle, dit à Barkstead et aux chambellans : — Colonel, votre vie sera respectée; milords, vous n'avez rien à craindre pour vos jours.

Un rire atroce s'échappa alors de la fenêtre, et l'on aperçut Tom Love, qu'on avait oublié et qui se dandinait négligemment, l'épaule appuyée dans l'embrasure.

Cette interruption répandit un morne silence dans l'assemblée. Barkstead seul, comme s'il n'avait rien vu ni entendu, reprit avec autorité :

— Messieurs, nous sommes ici pour nous occuper du feu roi, finissons-en. Vous avez détruit ce qu'il y avait de saint dans votre mission; portez-en donc la peine. Voici maintenant, ajouta-t-il en déposant un ordre scellé aux armes du parlement, tout ce que vous pouvez faire pour honorer la mémoire de Charles. — Rien, dit Tom Love en s'avançant, il n'y a rien à faire. Il n'y aura ni belle ni laide cérémonie, il n'y aura ni fosse à creuser, ni catafalque à élever; il n'y a plus rien à faire pour lui. — Ecoutez ce que veut le parlement! dit Barkstead. — Ecoutez ce que veut Tom Love! répliqua celui-ci avec sa féroce insolence. Ecoutez, Barkstead, ou, si tu le préfères, fais le parlement; moi, je ferai le peuple. Essayons aussi nos forces. Je te porte le défi que tu as fait à Juxon. Fort contre lui, faible contre moi, tu n'oses pas non plus. Hé bien! comme tu lui disais d'écouter ce que voulait le parlement; écoute, toi, ce que veut Tom Love. — Alors, promenant ses yeux de sang sur les commissaires, en laissant échapper le rire forcené qui lui était particulier : — Evêque Juxon, milords, colonel..., écoutez! Charles Ier, roi de la Grande-Bretagne, ne dormira pas dans la tombe d'un chrétien...

Ces mots étaient à peine prononcés que, de la place où il était, il bondit jusqu'à la fenêtre, comme un taureau dans l'arène, la brisa du poing, s'élança sur la pierre d'appui, leva ses mains en signe d'appel et poussa ce redoutable cri :

— A la Tamise le Stuart!... Et, sautant de toute la hauteur de cet étage, il disparut aux yeux des commissaires.

A ce moment, et lorsqu'ils étaient tous dans une stupeur muette, un homme entra enveloppé d'un long manteau et portant un vaste chapeau rabattu.

D'un geste de sa main, il sembla commander à la fois le silence et le calme.

— Laissez, messieurs, laissez, le dogue a un os à ronger, dit-il. A l'aspect du nouveau venu, une surprise extrême remplaça l'épouvante qui dominait l'assemblée. L'étranger ne parut pas le remarquer. — Lord Clarendon, duc de Richmond, marquis d'Hertfort, comtes de Lindsey et de Southampton, reprit-il, vous seuls étiez chargés par le parlement des obsèques du mort. Vous vous êtes, malgré cela, joint l'évêque Juxon; messieurs, c'est peut-être un fort bon confesseur, mais c'est un fort mauvais conseiller. Vous avez pu en juger par ce qui vous serait arrivé, si je n'avais été prévenu à temps. Prenez les ordres du parlement, messieurs, ils sont dans ces papiers que vous a remis le colonel Barkstead. Ne vous en écartez pas d'une syllabe. Turloë ne m'a rien dit, et Barkstead est discret. Allez, vous pouvez vous retirer sans crainte. Restez, monsieur l'évêque, nous avons à nous expliquer. Barkstead, reconduisez ces messieurs. Et comme ils paraissaient hésiter. — Voyez dit l'inconnu, en s'approchant de la fenêtre, la rue est déserte, et vos amis de la taverne du Roi Richard n'ont pas même résisté à l'envie d'aller jeter le roi Charles à la Tamise. Allez!

Les chambellans sortirent, et Juxon demeura seul avec Cromwell.

VII. — ENTRETIEN.

—Votre conspiration était mal ourdie, évêque Juxon; d'ailleurs des obsèques sont un mauvais moyen. Un cadavre qui a huit jours de date n'inspire plus rien au peuple. Si vous aviez eu un des fils de Charles, peut-être auriez-vous pu faire quelque chose. Encore fallait-il que ce fût un de ses fils légitimes et connus : car l'enfant qui est ici ne vous eût servi de rien. Il a besoin d'être expliqué, c'est trop long pour les masses. Pendant que vous leur auriez fait son histoire, je les aurais cernées, le nez en l'air et la bouche béante. Tout cela était mal fait. —M. Cromwell est un juge sévère, mais l'Evang'le a dit... — L'Évangile a dit que l'on voit la paille qui est dans l'œil du voisin, et non pas...et cætera, et cætera. Je sais fort bien l'Evangile, milord. Jugez, maintenant, si l'application est juste. Vous entraînez Barkstead dont la nièce a tout simplement fait un enfant avec Charles Ier, comme cela est arrivé à tant d'autres, à croire que c'est là un grand secret d'état. Le colonel s'exalte à cette idée, y intéresse son honneur, et fait à Charles un serment qu'il peut tenir sans crainte : car, milord, s'il vous faut des bâtards royaux pour révolutionner l'Angleterre, j'en ai une liste très-bien fournie, et vous pouviez mieux choisir. Vous jetez dans la tête de la vieille lady Salnsby l'idée de faire de sa fille une lady nourrice, et la petite pécore, grâce à l'éducation que vous lui avez donnée, accepte avec joie. Vous intéressez ensuite un imbécile de mari à enlever pour son compte la femme qu'on lui enlève pour celui de la bonne cause, comme vous dites, et vous vous offrez à l'aider, s'il veut aussi escamoter la petite poupée à révolution que vous voulez montrer au peuple, comme si nous en étions au temps des Warbeck. Pour cela vous arrangez une émeute à la taverne du Roi Richard, et vous y allez en matelot. Macdonnel monte la garde tous les jours en cavalero espagnol, le manteau sur le nez, devant la porte de Barkstead. Ensuite, vous exaltez ces pauvres chambellans; vous leur promettez des pairies, des terres, des jarretières, que sais-je? et vous arrangez une conspiration si bête, que lors même que je ne l'aurais pas apprise, elle eût manqué, s'il avait plu une demi-heure ou que votre corbillard eût roulé un demi-mille plus loin que la maison de Southampton. Et puis, parce que Tomlinson a eu mal au cœur le 30 janvier, vous croyez avoir l'armée! Tout cela est fort mauvais, milord, fort mauvais! — Monsieur, les résultats seuls sont les vrais juges du mérite des choses; tout n'est pas fini dans cette affaire, et vous n'avez pas tout prévu. — Tout a été prévu, et tout est fini. Vous parlez des résultats! Et où sont les vôtres, milord? De tout ce que vous aviez arrangé, rien s'est-il réalisé? Depuis la naissance de cet enfant qui devait rester un secret pour moi, jusqu'à cette révolution qui devait me renverser, que s'est-il accompli de ce que vous avez voulu ? Rien. — Une trahison nous a perdus. — Votre incapacité vous a sauvé, évêque Juxon ! S'il y avait eu la moindre chance de succès dans votre plan, ni vous ni vos complices ne vivriez à l'heure qu'il est. Je n'avais pas besoin, pour cela, de procès et de jugement : j'aurais laissé faire ce peuple dont vous avez essayé aujourd'hui. Ecoutez, évêque Juxon, lorsque j'étais enfant, il y avait dans la cour de mon père une sorte de baquet où l'on abreuvait les chevaux. Un jour qu'il était plein d'eau, je voulus le verser sur les pieds de l'un de mes petits camarades qui n'y faisait pas attention ; je soulevai avec effort un côté du baquet ; mais, sur le point de le renverser tout à fait, je ne pus aller plus loin, et je manquai de force, le baquet m'échappa, retomba à terre et m'inonda tout le corps par le retour subit de l'eau qu'il contenait et qui devait tomber sur un autre. Evêque Juxon, vous vouliez faire de moi le petit camarade, et vous avez failli être le petit Cromwell ! Mais Cromwell est devenu grand, milord, et si ce peuple ne vous a pas déchirés comme des traîtres que vous êtes, c'est que Cromwell ne l'a pas voulu. — Cromwell a-t-il voulu que le boucher Tom Love assistât à la délibération qui vient d'avoir lieu, et qu'il commandât même au représentant du parlement ? — Cromwell a voulu que le boucher Tom Love fût averti qu'on attaquerait la maison de Barkstead pour qu'il vînt la défendre, quoique vous y fussiez. Il a armé, pour vous protéger, la seule force qui puisse combattre la force que vous aviez imprudemment appelée à votre aide ; le peuple contre le peuple, Tom Love contre Williams. Cromwell a eu pitié de vous, Milord, les cent hommes qu'avait gagnés Williams eussent tué Barkstead et enlevé l'enfant, je le crois : mais le reste était de bonne foi, et le reste vous eût mis en lambeaux, j'en suis sûr. Donc, milord, celui qui avait la volonté de vous servir, Williams, vous eût perdu, car c'est vous qui le meniez : et celui qui, dans son âme, eût donné sa vie pour vous perdre, Tom Love, vous a sauvé, parce que c'est Cromwell qui le tenait dans sa main. On corrompt des parlements, des juges, des généraux, milord, mais non pas un peuple, et la corruption est la seule arme que vous connaissiez à fond. Quant au peuple, vous n'en comprenez pas un mot : n'y songez donc plus, et laissez-le à ceux qui savent s'en servir mieux que vous, sous peine d'en périr. — S'il en est ainsi, Cromwell a donc voulu que le corps du roi Charles fût traîné à la Tamise, comme cela se fait maintenant ?

— Cromwell a voulu que le corps du roi Charles fût décemment enterré à Windsor, comme cela se fait maintenant, et comme cela était écrit dans l'ordre qui vient d'être remis aux lords commissaires. En ce moment, il est vrai, le peuple traîne dans les rues un cercueil de plomb revêtu de bois ; il l'insulte, le couvre de boue et d'immondices. Dans une heure, il l'aura usé sur les dalles des égouts les plus infects, et il le jettera à la Tamise ; mais la Tamise n'emportera à la mer que quatre planches et une boîte de plomb, et le corps de Charles Ier sera à Windsor, accompagné de ses chambellans, comme l'avait ordonné le parlement, comme Cromwell l'a voulu. — Demain, Windsor sera dévasté, et le peuple, irrité d'avoir été trompé, ira peut-être plus loin, dans ses désirs de vengeance, que jusqu'au cadavre de Charles Ier. Le tigre aime aussi la chair vivante, monsieur, et peut-être il déchirera la main qui le mène avec les dents qu'on lui a laissé aiguiser sur un cercueil, car il y a trouvé les preuves de sa force. — Il y a trouvé la preuve de sa maladresse. Quant à votre tigre, qui a des dents qui déchirent les mains de son maître, je crois, moi, que ce n'est qu'un enfant à qui il faut laisser quelquefois briser le hochet dont il est ennuyé. Demain l'Angleterre me remerciera d'avoir sauvé à son peuple la honte de cette profanation. Ecoutez donc ce que j'ai à vous dire : Faites taire ces Salnsby ; emmenez de cette maison cette lady nourrice, et laissez à Barkstead le soin d'élever l'enfant de sa nièce ; ne buvez plus avec les ouvriers du port ; confessez les chambellans, mais ne les endoctrinez pas, et comprenez que je ne serai peut-être pas toujours d'humeur à vous pardonner, à vous ainsi qu'à vos complices. — Nous en avons un qui ne vous pardonnera pas, à vous ! — Lequel, milord ! — Le temps, monsieur. — Comment l'entendez-vous ? — Certes, il n'y a pas dans tous ceux qui veulent le retour des Stuarts une pensée qui vaille la vôtre, une intelligence à lutter avec vous, un talent qui vous le dispute, ni un courage pour vous combattre, et pourtant nous arriverons à notre but, et les Stuarts reviendront. — Jamais, milord, jamais ! — Jamais ! est plus long que la vie d'un homme ; ne vous engagez pas au delà de vous, monsieur, car nous avons contre vous... — L'assassinat et le poison, n'est-ce pas ? — La mort ! monsieur, la mort soignée, naturelle, la mort arrivée même à l'extrême déclin d'une longue vieillesse, mais la mort, qui emportera dans votre tombe la volonté, la puissance et le génie de la république, tandis que la royauté aura gardé sa religion, nourri son fanatisme, et grandi sous la persécution et préparé son triomphe. — Et pourquoi cela ? — Parce que vous êtes un homme et que nous sommes un parti. — Croyez-vous que la république n'ait pas le sien ? — Pas encore ; jugez-en à votre tour, monsieur ; c'est à bon droit que vous méprisez la valeur des hommes qui ont obéi à ma voix. Je vous sacrifie encore l'excellence du plan que j'avais conçu, et je vous l'avoue insensé, impossible même. Hé bien ! monsieur, des femmes et des hommes ont tenté l'impossible et l'insensé, au risque de leur tête, sans réflexion ni crainte. Ils le faisaient, et, parmi les sectaires de la république, le plus célèbre après vous par son talent oratoire, son courage et sa haute vertu ouvrait sa maison comme un sanctuaire à un enfant qu'il eût déposé à la porte d'un hospice, s'il était né d'un de ceux qui ont envoyé Charles à la mort : tandis que le plus fidèle des soldats du parlement, celui à qui on avait confié la garde de l'échafaud, abjurait sur cet autel de la république le serment qu'il lui avait fait ! Monsieur, monsieur, n'est-ce rien que cet esprit et cette religion qui fait lever les uns et chanceler les autres ? Ah !... si Cromwell était né roi ! — Ah !... s'il voulait !... — Être royaliste, n'est-ce pas ? Non milord, le mot de roi sera rayé de la langue anglaise tant que Cromwell vivra... — Tant qu'il vivra ! je le crois. — Si vous le croyez, que comptez-vous donc faire, milord ?

— Attendre ! monsieur.

A ces mots, Juxon sortit, et Cromwell se retira pensif.

. . . .

Cette nuit même le cadavre de Charles Ier fut déposé à Windsor, dans la chapelle où Henri VIII avait été enterré.

VIII. — L'USURPATEUR.

Alors commença tout Cromwell. Jusqu'à cette époque, ardent ennemi d'une autorité qui barrait son ambition, il n'avait, à vrai dire, fait preuve que de cet esprit qui comprend, définit et prouve le vice des choses, et de cette force qui les saisit et les renverse. Ainsi, mort le 1er janvier 1649, Cromwell n'était qu'un rebelle ; le 1er février, il finissait un infâme régicide : dix ans après, il mourut grand homme.

Confiant en lui-même, il effaça le pouvoir qui le gênait, et tacha audacieusement sa vie du sang de Charles Ier, et dix ans après, il avait effacé la tache et construit un pouvoir à sa hauteur. Mais il lui fallait ces dix années : il les pressentit en lui et sûr du temps, ne demandant à Dieu aucun autre auxiliaire, il marcha seul à sa gloire.

En présence d'un mode de gouvernement où la parole était une puissance, Cromwell, inhabile orateur, maladroit à traduire sa pensée sous des formes séduisantes sut cependant s'emparer de la tribune, l'occuper et s'y faire redouter. Avec une pensée lumineuse, active et perspicace, il ne produisait qu'un discours embarrassé lent et sans but ; de tout autre que de Cromwell, il serait aisé de décider que c'était inaptitude ; on peut dire de lui que ce fut habileté. Il fallait que rien de ses desseins ne transsudât à travers sa parole, et que sa parole, cependant, fût une arme de ses desseins. Attaquer en face ses ennemis, et pousser ses projets de droit fil eût été impossible. La ruse seule pouvait assurer sa victoire, et Cromwell, déloyal adversaire dans la lutte parlementaire, surprit et assassina, pour ainsi dire, plus souvent qu'il ne vainquit ses ennemis. Ainsi, lorsque pressé sur un terrain franc et découvert, il sentait que ses longues divagations et ses subtilités grossières tombaient sous le tranchant d'un raisonnement droit et pressé, il échappait à sa défaite dans de soudains enthousiasmes, des prières contemplatives et de prophétiques lamentations, ou frappait son ennemi d'ardentes menaces, d'invectives de sang, d'accusations capitales. Par ces moyens, il déroutait la logique, troublait l'éloquence, effarouchait les assemblées ; et, jetant alors à travers ces surprises, sa volonté jusque-là cachée, il la faisait apparaître inexpugnable à ces pensées désarmées, lucide à leur confusion ; elle devenait puissance, équité, raison dans le désordre qu'il avait soulevé ; et Cromwell, débile athlète, sortait vainqueur d'un combat où peut-être il eût succombé, si le politique avait eu la vanité d'être orateur.

Mais ces détours, où s'enfermait l'homme de la parole et de la discussion, disparaissaient pour faire place à la marche la plus droite et la plus décidée, lorsqu'il fallait accomplir une volonté avouée. Comme général, lorsqu'il eut à combattre ; comme ambitieux, lorsqu'il eut à nettoyer sa route ; et comme usurpateur, tant qu'il lui fallut défendre son pouvoir, il dédaigna les manœuvres lentes, les feintes prolongées, et frappa toujours au cœur les armées, les hommes et les pouvoirs qu'il voulait vaincre, perdre ou abolir.

L'Irlande veut se lever pour la cause de l'héritier de Charles Ier ; Cromwell y court, disperse les armées, épouvante les garnisons : l'Ecosse proclame Charles II les batailles de Dunbar et de Worcester soumettent ce pays à Cromwell et le délivrent du seul redoutable adversaire qui lui restât, car Montrose n'était plus. La fuite devient le seul asile de Charles II.

A ceux qui ont beaucoup accusé les amis de ce monarque de l'avoir mal servi, d'avoir accablé son malheur de leurs exigences, de s'être divisés dans sa cause pour des futilités théologiques et des haines particulières ; à ceux-là il faut répondre que la cause de Cromwell comptait de bien plus grands éléments de dissension ; que le droit y était contesté et les partis plus nombreux et plus tranchés, et que cependant il ne paraît pas que sous la main de Cromwell toutes ces factions, toutes ces haines et ces croyances aient pris une autre route que celle qu'il a voulu. C'est que d'une part, était le roi infatué de son nom, mendiant des secours le chapeau sur la tête, disant beaucoup : Moi ; croyant tout faire s'il bravait une balle, rechignant devant toute condition, et montrant deux vices d'un coup, l'orgueil qui ne voulait d'abord rien concéder, et la faiblesse qui, après, se laissait tout imposer ; mettant ainsi sa franchise en suspicion et abandonnant à la fois la dignité de son droit et de son infortune ; tandis que de l'autre côté, agissait Cromwell, s'emparant des partis en les saluant jusqu'à terre comme il faisait des indépendants, ou bien en les y jetant comme il fit des Levellers. Sermonnant tout haut puritains, papistes, évangélistes, fanatiques de tout genre, et leur confiant tout bas à l'oreille qu'il préférait chacun à tous autres ; souple, bataillant pour qu'on parlât moins ; ne doutant point et ne laissant personne douter du droit de ses actions ; faisant du peuple avec le peuple, du soldat avec le soldat, du théologien avec le théologien ; finissant la guerre avant d'en discuter, et par suite, comme il fallait obéir à la manie des controverses, prouvant aux Écossais qu'il devait gagner la bataille de Dunbar, après avoir inscrit sa victoire comme premier argument de son livre en réponse au livre du clergé presbytérien.

Entre ces deux adversaires, bien que l'un eût pour lui les droits et les hommes, et que l'autre n'eût que sa volonté, il ne pouvait y avoir lutte incertaine. Worcester vint à un an de date de Dunbar confirmer la fortune de Cromwell, et Charles II s'échappa en fugitif de sa patrie.

L'histoire de cette fuite serait la preuve la plus convaincante du dévoûment des royalistes sur lesquels on jette le reproche des défaites de Charles II. Entre soixante personnes qui eurent dans leurs mains la vie du roi, avec l'échafaud en perspective pour châtiment de leur asile et de leur fidélité, et une fortune promise à leur délation, il ne se trouva pas un traître, pas un indiscret. Couchez Cromwell vaincu, dans les maisons où dormait Charles II, et dès le premier jour, sa tête était au gibet, et ses membres attachés aux tours d'une forteresse. Donc, ce qui a manqué à la cause de Charles II, comme ce qui a suffi à celle de Cromwell, c'est l'homme.

Toutefois, si le génie est partout, comme Dieu dont il émane, le corps qu'il anime n'a qu'un point où frapper de sa main, où marcher de ses pieds et parler de sa voix ; mais le génie a toujours cette faculté suprême dont les sots font, plus tard, ce qu'ils appellent le bonheur des circonstances, de créer autour de lui des hommes qu'il sature de sa puissance, et qui, dans les coups qu'ils frappent mettent de sa force dans leur marche, de sa célérité et de son inspiration dans leur voix. Ireton,

Ludlow, Monk, satellites entraînés dans le système de l'ambitieux, capitaines et politiques éclos à la chaleur de Cromwell, achevèrent, en Écosse et en Irlande, la soumission qu'il avait ouverte, tandis qu'il poursuivait à Londres toute sa destinée.

Pendant ce temps, Blake commençait à l'embouchure du Tage la servilité du Portugal, puni d'avoir osé soutenir Charles II. L'acte de navigation instituait la domination du commerce anglais ; la Hollande était vaincue, malgré l'habileté de Tromp et de Ruyter, par ce même amiral Blake ; et Cromwell trouvait partout des intelligences pour tous ses projets, des bras pour toutes ses volontés.

La France, l'Espagne, le Portugal, ces royales et catholiques nations à perruques, à baise-mains, à grands et petits levers, sollicitaient l'alliance de la république tête ronde et hérétique, et leurs souverains gentilshommes envoyaient des ambassadeurs dans les antichambres d'un fils de brasseur, qui avait fait trancher la tête de celui qu'ils appelaient leur frère. La roue de la fortune de Cromwell tournait à éblouir ; dans sa course, elle broyait les vains obstacles qui se jetaient dans sa voie, et brisait même, entre ses rayons ardents, les mains imprudentes qui l'avaient lancée et qui voulaient la retenir. Ainsi finit ce long parlement, complice, et non pas confident des pensées de Cromwell ; ainsi fut chassée cette autre assemblée flétrie du nom de *Barebone*, le jour qu'ils dressèrent leur tête à l'encontre de sa fortune.

Cromwell était protecteur. Nom heureux, sans définition et sans limites ; manteau de laine d'une puissance plus que royale. A son abri, Cromwell put tout prendre, parce que si ce titre ne lui donnait droit à rien, il ne lui défendait rien. Le jour où il aurait eu la faiblesse de se faire roi, sa part était faite. Il l'avait lui-même faite à Charles Ier. La part de Cromwell était celle du lion : le protectorat la lui donna.

Toutefois, soit égoïsme, soit manque de portée, ou peut-être mépris de ceux qui devaient lui succéder, Cromwell manqua la vraie gloire. En effet, ce qui distingua son génie de tous autres, ce qui fut à la fois sa force et son vice, c'est qu'il ne fut point fondateur. En religion, ni en gouvernement, il ne créa rien commandée, comme principe, comme institution morale ou politique. Ce ne fut point par l'enseignement d'une meilleure et plus tolérante doctrine qu'il fit taire les théologiens, et calma l'ardeur sanglante des controverses ; bien au contraire, il s'établit presque toujours dans le point le plus extrême de leur déraison et les contenta en déraisonnant comme eux. Enthousiaste à volonté et dans le goût de la circonstance, il conduisit les enthousiastes, mais ne les détruisit point. Donnant à ses soldats une paie qui obérait la nation, Cromwell eut une armée que l'Angleterre ne trouva plus après sa mort. Prenant de fait dans sa puissante main tous les pouvoirs, mais n'en attribuant aucun à la magistrature suprême qu'il occupait, sa magistrature ne fut plus qu'un nom après lui. Habile à se servir des talents qui l'entouraient, il usa les hommes à le servir. Royalistes et républicains, presbytériens et catholiques, instruments dociles à sa voix, se ruèrent les uns sur les autres, se déchirèrent à son plaisir, tandis qu'il élevait sa fortune sur leurs débris. Insouciant de la royauté et de la république, du catholicisme ou de la réforme ; peu jaloux du triomphe d'un principe, pourvu que lui-même triomphât, et profitant de tous sans profiter à aucun, Cromwell ne créa que Cromwell.

Mais ceci n'est pas une histoire politique, précise en ses détails, grave en ses considérations ; ceci n'est rien que le récit de quelques jours passés hors la vue du public ; ce livre n'est qu'une confidence d'amis, transmise à voix basse ; cachée dans des fatras de vieux papiers, et que je copie en nouveau caractère et récite à haute voix. Voilà tout.

Donc il faut laisser Cromwell protecteur, s'alliant à la France, battant les États, humiliant les Portugais, rétablissant les lois, régularisant la justice, enrichissant l'Angleterre. Rentrons dans son palais, car Cromwell a déjà un palais. L'y voici, entouré de sa famille, toute gauche en sa nouvelle grandeur, mal accoutumée de velours qu'il lui donne, ne répondant pas aux milord, milady, excellence, dont on l'affuble, tournant la tête pour voir qui l'on nomme ainsi ; prête à saluer le valet qui l'annonce ; baisant les pieds sur la trace desquels elle monte si haut.

Mais Cromwell grandit encore ; infatigable et rusé, il trompe Mazarin, s'allie à la Suède, dompte les puritains, et refuse d'être roi. Tout afflue à la gloire du Protecteur ; rien ne vient au bonheur de l'homme. Il est encore dans son palais, mais seul parmi les siens. Dénié par ses enfants, dont l'orgueil blasonné d'hier ne lui pardonne pas de les avoir fait naître roturiers ; accusé d'ambition par ceux-là qu'il a montés plus haut que leur mérite, et traité de parvenu par les nobles qu'il a faits ; menacé dans sa vie par le poignard toujours éveillé de la faction royaliste, punissant pour effrayer, pardonnant pour gagner les cœurs, et trouvant toujours ses ennemis plus nombreux que ses bourreaux, et leur haine plus persévérante que sa clémence ; souverain pour l'Europe, régicide pour ses enfants, Cromwell perdit à souffrir plus de force qu'il n'en avait mis à s'élever. Aussi arriva-t-il, jeune encore, aux dernières ressources de son corps, et dix ans n'étaient pas passés, depuis sa haute puissance, qu'il gisait sur son lit de mort, dévoré de fièvre, haletant de douleur, délabré de corps, mais intact de génie, puissant et vigoureux de pensées et de conceptions.

A nous maintenant appartient Cromwell ; Cromwell entre ses rideaux de soie rouge, reflétant des teintes de sang ; à nous Cromwell entre ses médecins et son tombeau ; à nous Cromwell descendu du théâtre de l'histoire. La mort vient ! voici nos heures et le temps de notre récit : je vois mon second cadavre.

IX. — RICHARD.

Il était près de midi, lorsque deux cavaliers, pressant leurs chevaux à coups d'éperons, entrèrent dans Londres. Ils étaient soigneusement enveloppés de leurs manteaux, et gardaient un absolu silence. Malgré leur marche précipitée, ils ne furent point remarqués, tant il semblait y avoir de préoccupation parmi les nombreux habitants de la ville. On les voyait s'arrêter les uns les autres, accourir dès qu'un groupe s'était formé et gesticuler avec des signes de désespoir. De temps à autre, on trouvait quelques membres du clergé presbytérien, qui appelaient les fidèles au temple et les invitaient à la prière. De loin en loin, quelques rassemblements faisaient entendre des lamentations douloureuses. Une fois, c'étaient des évangélistes tout déguenillés qui, arrêtés au milieu d'une place, écoutaient l'inspiration de l'un d'eux, le regard et les mains tendus vers le ciel dans une parfaite immobilité ; ailleurs, des trembleurs, vêtus de leurs habits de drap noir, récitaient, dans une sorte de convulsion extatique, les versets du livre de Job ; en d'autres endroits, la pompe du clergé catholique, promenant la croix et déployant l'austère harmonie de ses chants, faisait plier les genoux aux nombreux enfants de son giron, sans exciter le courroux ordinaire des protestants ou des presbytériens. C'était une sorte de prière universelle s'élevant de la ville de Londres, et montant vers l'Éternel, sous le caractère particulier de chaque secte, comme le soir s'échappe des bords de la Clyde, une vaste vapeur, poussée au ciel, et réfléchissant les vives couleurs de l'arc-en-ciel, que lui jette le soleil qui penche à l'horizon.

Les cavaliers continuaient à marcher avec une rapidité extrême sans se parler ni se découvrir ; seulement, l'un d'eux faisait remarquer à l'autre les principaux accidents de cet aspect général, soit en lui désignant de la main les églises tendues de noir, soit en lui faisant écouter le son des cloches qui retentissaient dans tous les quartiers de la ville.

Bientôt ils tournèrent dans l'une des petites rues de la Cité qui conduisent à la Tamise. Arrivés au bord du fleuve, ils abandonnèrent leurs chevaux à un domestique qui en reçut les guides comme un homme qui les attendait. Les deux cavaliers se placèrent dans un bateau qui semblait préparé pour eux ; et, profitant du flux qui se faisait encore sentir, ils remontèrent vers la Tour. Le but où ils tendaient était assez rapproché de l'endroit où ils s'embarquèrent pour qu'il fût facile de deviner que ce n'était que pour cacher leur entrée dans cette prison, qu'ils avaient pris cette route.

Le bateau arriva bientôt à sa destination. La grille de fer qui ferme l'arcade de la Tour sous laquelle pénètre la Tamise, s'ouvrit et se ferma avec le même silence de la part de ceux qui en tenaient les clefs. Les voyageurs descendirent à l'entrée d'une longue voûte, et en parcoururent rapidement les détours. Bientôt, le plus jeune de ces deux hommes, ne pouvant résister à son impatience, s'élança dans un étroit corridor, au bout duquel une main, qu'on apercevait à peine, tenait une porte entr'ouverte. Il la franchit et se précipita dans les bras d'une femme qui l'étreignit avec des larmes. — Ma mère ! ma mère ! cria-t-il. On entendit à peine le nom de Richard, mêlé aux longs embrassements de mistriss Barkstead.

Le colonel entra après son fils et s'arrêta pour contempler cette touchante réunion ; mistriss Barkstead, presque honteuse, se tourna vers son mari, et lui tendant la main sans se séparer de Richard :

— Pardonne, John, lui dit-elle, c'est un enfant dont la jeunesse est frêle et qui peut encore s'appuyer sur sa mère ; toi, tu es un homme, John, qui n'a pas besoin de moi. — J'ai besoin de ton amour, Marie, répondit Barkstead en embrassant sa femme, mais lorsque j'ai vu Richard me quitter pour voler vers toi, lorsque tu m'as oublié pour le presser sur ton cœur, j'ai senti qu'en vous aimant ainsi, vous deviez m'aimer, car je vous ai donné, à toi ce fils, à lui cette précieuse mère.

Une douce larme brilla dans les yeux de mistriss Barkstead. Le colonel continua, sans désigner celui dont il parlait, mais sûr d'être compris de sa femme.

— Va-t-il si mal que tout Londres soit dans la désolation ? C'est une prière unanime, une douleur universelle. J'en montrais les signes à Richard, en traversant la ville, afin qu'éveillant sa jeune mémoire, il puisse comparer ce qu'était le peuple anglais, quand périt le maître royal qui l'avait plongé dans la misère et les dissensions, et ce qu'il se montre aujourd'hui, lorsqu'est menacée la vie du héros qui l'a rendu si puissant. — Hélas ! répondit mistriss Barkstead, pourquoi rouvrir ce funeste souvenir ? n'est-ce pas assez de la douleur présente ? Il est vrai, milord protecteur est dans un état désespéré. — C'est ce que m'a écrit Andlay et ce qui m'a fait abandonner La Haye. Tu as des grâces à me demander, Marie ; le protecteur veut me confier un grand secret, et c'est par Andlay que je l'apprends ! C'est une étrange conduite ; n'importe, je suis parti sur-le-champ. J'ai fait comme vous avez voulu, je suis venu secrètement, j'ai suivi l'itinéraire que vous m'avez tracé, confiant dans la probité du docteur, mais alarmé de ce mystère, pour toi, Marie, que je sais faible et craintive, et surpris de ce que Cromwell ne me donnait pas directement ses ordres. — Tu as trouvé, n'est-ce pas, un valet au bord de la Tamise, une barque, et... — Oui, répondit le colonel, et me voici entré dans la Tour de Londres, dont le commandement m'appartient, comme y sont introduits les criminels d'État.

— Nous avons choisi des hommes étrangers au service de cette prison, pas un d'eux ne te connaît, John, et personne ne peut soupçonner ton retour à Londres.

— Je le crois, Marie, dit le colonel en souriant, les précautions ont été bien prises ; mais dans quel but ? voilà ce que je désire savoir, car jusqu'à ce moment j'ai obéi comme un aveugle à la lettre d'Andlay, tant il y avait d'instance dans ce qu'il m'a écrit. — J'ignore comme toi les motifs de cette conduite à ton égard. Andlay m'a dit que tels étaient les ordres formels du protecteur. Dès que la nuit sera close, le docteur a promis d'être ici. Il doit te conduire près de milord. Jusque-là tu demeureras enfermé dans cet appartement, où personne ne peut pénétrer.

— C'est étrange ! dit le colonel, en tombant dans une longue rêverie.

Tout le temps que mistriss Barkstead avait parlé à son mari, elle avait tenu les mains de Richard dans l'une des siennes, tandis que de l'autre elle caressait sa jeune tête, sur laquelle elle éparpillait ses beaux cheveux blonds en les faisant glisser entre ses doigts. Elle profita du silence méditatif où se plongea son mari pour considérer longtemps Richard.

Il avait alors seize ans ; toute la beauté de sa mère, toute la résolution du colonel, s'étaient alliées sur ses traits. Son œil bleu étincelait, sa bouche avait cette physionomie puissante qui caractérisait son père ; mais ce qui n'était pas un héritage de leur caractère à l'un et à l'autre, c'était une singulière expression d'ironie cruelle dont s'animait souvent son visage ; c'était ce rire terrible qu'il semblait avoir imité de Tom Love, lorsque celui-ci, qui n'avait pas cessé de visiter la demeure de Barkstead, enseignait à l'enfant, malgré les défenses de sa mère, à courir,

à boxer, à manier le bâton et le sabre, et qu'il le menait aux combats de coqs et aux courses.
— Qu'as-tu fait à La Haye, Richard? lui dit-elle en l'embrassant. La Hollande vaut-elle notre noble Angleterre et la mer t'a-t-elle fait peur?
— Ma mère, répondit Richard en souriant, je suis un bon Anglais : les États m'ont semblé aussi noirs auprès de mon beau comté de Middlesex, que leur bœuf sec et fumé près de nos bons rosbifs sanglants, et j'ai nagé deux heures dans la mer pendant que les matelots hollandais couraient effrayés sur le rivage. — Tu as fait cela! s'écria sa mère épouvantée; pourquoi as-tu fait cela, Richard? — Parce que, lorsque nous avons pris terre sur le continent, un navire avait échoué à l'entrée du port, et que sur ce navire hurlait un beau chien d'Espagne qu'on avait abandonné. La pauvre bête n'osait se jeter à l'eau, tant les vagues étaient furieuses. S'il voyait une barque flotter près de lui il sauterait dans la mer, et la force ne lui manquerait pas pour venir à terre; dit à mes côtés un matelot; mais quelle barque oserait s'aventurer sur cette mer? quelle barque ne serait brisée comme un verre contre la carcasse du bâtiment si elle tentait d'en approcher? — Et si ce chien voyait un homme, le suivrait-il? dis-je à ce marin.
— Peut-être! me répondit-il; son maître est mort dans ce naufrage, et souvent il m'a dit que Phann n'avait besoin que d'exemple.
— J'aurai ce chien, me dis-je en moi-même. — Richard, dit la mère presque en larmes, quelle folie! et tu n'as pas pensé à la mère, Richard, quand ce projet t'est venu, à la mère qui serait morte de douleur, enfant! — Pardon, ma mère! dit Richard en rougissant, j'ai pensé... — Tu as écouté une vaine gloriole, enfant; tu as oublié les cœurs qui tu as laissés ici; tu ne t'es plus rappelé ni ta mère qui t'aime, ni ta cousine Charlotte, qui pleure toujours quand nous parlons de toi.
— Charlotte m'avait demandé un chien d'Espagne, dit Richard en baissant la tête.
— Et, pour satisfaire le caprice d'une enfant de dix ans, reprit mistress Barkstead, trop occupée du danger passé de Richard, pour donner à cette réponse l'attention qu'elle méritait, tu as risqué ta vie et la mienne aussi, mon fils! — Non, ma mère, ajouta Richard avec un doux regard de prière, j'étais sûr de revenir; car les matelots hollandais s'étaient pris à rire, quand je leur avais dit mon dessein. Je m'élançai dans la mer; je nageai vers le navire, je parvins à m'en approcher assez pour que mes cris se fissent jour parmi le bruit des vagues. Le chien les entendit, il flaira le vent un moment, tourna avec ardeur autour de l'arrière, qui paraissait encore au-dessus de l'eau, s'arrêta immobile dès qu'il m'aperçut, et se précipita dans la mer d'un bond prodigieux. Je savais son nom et l'appelai : il vint à moi, passant tantôt d'un côté, tantôt de l'autre, et aboyant avec joie; puis, comme il vit que je regagnais la terre avec effort, il se plaça devant moi, nageant fièrement, coupant ainsi la violence des lames, retournant la tête à chaque instant pour voir si je le suivais; s'arrêtant quand je faiblissais, m'invitant de l'œil, inquiet, et mettant souvent sa tête sous mes bras, comme pour me soutenir. Une fois la vague me couvrit entièrement; j'eus éblouï, suffoqué, pour un instant de frayeur; car, tandis que je secouais l'eau qui ruisselait de mes cheveux dans mes yeux, je sentis une forte étreinte à l'un de mes bras, comme si une crampe m'eût saisi subitement; pourtant je voyais que j'avançais vers la terre : c'était Phann qui

Je priai, selon l'usage, pour que Dieu me gardât l'innocence de ma vie. — Page 9.

tenait avec force mon bras dans sa gueule; nous étions près du rivage; je fis un dernier effort et nous arrivâmes. — O Richard! dit la mère longtemps oppressée et haletante, Richard! — Elle ne put en dire davantage, mais tout son amour et toute sa terreur émurent le regard qui accompagna ce nom. — Je n'enchaînai pas le chien, je ne l'appelai pas, il me suivit, il m'a toujours suivi. C'est un ami. — Est-il ici? dit mistress Barkstead, désireuse de voir cet animal qui avait failli lui coûter son fils. — Phann, cria légèrement Richard. Une douce plainte s'entendit aussitôt à travers la porte. Richard l'ouvrit, et mistress Barkstead vit un énorme chien qui entra doucement et présenta humblement la tête aux caresses de son jeune maître.
— Phann, lui dit celui-ci, comme s'il parlait à un homme, voici ma mère.

En disant ces mots, Richard lui montrait sa mère de la main. Le chien vint se coucher à ses pieds en poussant cette douce plainte qui contrastait si fort avec sa haute taille, et en frottant sa puissante tête sur les pieds de la bonne mistress.

Le bruit que fit naître cet incident, éveilla le colonel de ses réflexions.

— Ce soir donc, je saurai la cause de tout ce mystère, dit-il à sa femme; mais il est une chose dont tu peux m'informer, toi, Marie : quelle grâce as-tu à me demander? la lettre du docteur en parle, et ce motif n'a pas moins précipité mon retour que les ordres du protecteur.

Mistress Barkstead hésitait à répondre.

— Hé bien! Marie, ajouta Barkstead; ne veux-tu rien me dire? est-ce un jeu que tout ceci, ne sais-tu pas même ton secret?

Un regard que mistress Barkstead dirigea furtivement vers Richard, avertit le colonel que la présence de son fils était un obstacle à cette confidence.

— Richard ne peut-il entendre ce que tu as à me confier, Marie? est-ce donc un secret honteux qu'il ne puisse frapper sans danger l'oreille d'un jeune homme?
— Non, John, je m'honore des paroles que j'ai à te dire, et cependant la présence de Richard, en cette occasion, m'inquiète, et... Elle s'arrêta. — Sa présence n'est-elle pas convenable? reprit Barkstead. — Elle pourrait l'être, répliqua sa femme, mais je crains... et elle hésita encore. — Ma mère, ma mère, lui dit alors Richard, n'êtes-vous pas le seul juge de ce que je puis entendre? — Non, Richard, dit son père en lui faisant signe de rester. Ta mère est la vertu sur la terre, mais son âme est celle d'une femme craintive. Tu es un homme, Richard, un homme qui doit apprendre à en avoir toutes les fortes qualités. Je t'ai de bonne heure accoutumé à regarder en face tous les périls de la nature; ni le fer, ni le plomb, ni les orages, ne t'épouvantent, Richard, ce n'est pas assez; il faut que les revers de la fortune te rencontrent aussi impassible, il faut que le malheur, s'il arrive, le trouve instruit à le braver. — Marie, ajouta-t-il en se tournant vers sa femme, est-ce disgracié? mon commandement m'est-il enlevé? ma fortune a-t-elle péri dans les mains de nos dépositaires? Réponds. — John, c'est une grâce que j'ai à te demander et non pas un malheur que j'ai à t'apprendre. — Cette grâce est-elle pour toi, et veux-tu demander à ton époux quelque chose qui doive être caché à ton fils? Marie, depuis un an que je t'ai quitté, Richard m'a accompagné dans de périlleuses expéditions, il a entendu de graves entretiens; j'ai voulu qu'il apprît de bonne heure ce que c'est que la vie qu'il va parcourir, et le monde au milieu duquel il va

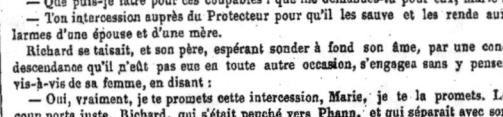

appelé ; j'ai intéressé sa discrétion dans de hautes affaires politiques, ne crains donc pas qu'il laisse échapper le secret de tes paroles. — Cette grâce n'est pas pour moi, répliqua mistriss Barkstead, de plus en plus embarrassée et presque tremblante, et ce n'est pas l'indiscrétion de Richard que je crains. — Est-ce donc pour lui que tu veux m'implorer ? et a-t-il commis une faute ou formé un désir qu'il n'ose m'avouer ? dit sévèrement Barkstead. — Oh ! non, non, ce n'est pas cela, se hâta de répondre la mère alarmée de la manière dont Barkstead interprétait son hésitation, c'est... Puis, après avoir réfléchi un moment, tandis que son mari et son fils échangeaient entre eux des regards surpris : — Oui, tu as raison, ajouta-t-elle, il entendra ma demande, et il recevra de toi un exemple de la modération et de la pitié qui manquent à son âme.

Un éclair d'intelligence s'alluma à ces mots dans l'œil attentif de Richard, et un sourire d'impitoyable amertume sillonna ses lèvres, sa voix douce et pure se couvrit d'un voile subit, comme si sa gorge eût été serrée entre des tenailles ; son visage devint livide, et il laissa échapper ces mots d'un ton sombre et étouffé :

— Ah ! les Salnsby, n'est-ce pas ? — Vois-tu, John, s'écria mistriss Barkstead, en se rapprochant de son mari, vois-tu que la haine bout encore tout entière en lui ? Richard, mon fils, pourquoi cet affreux sourire, cette pâleur, cette voix altérée quand tu as prononcé ce nom ? — La force de dompter ses passions n'est pas la plus facile à acquérir, dit Barkstead, en regardant son fils d'un œil sévère, qu'il en fasse aujourd'hui le premier essai. Parle, Marie, et dis-moi ce que tu demandes pour ces prisonniers.

Richard ne répondit rien ; mais ses joues devinrent plus livides encore, ses mains se serrèrent convulsivement, une larme parut dans son œil ouvert et immobile, et Phann, qui était à ses pieds, laissa échapper, en le regardant, sa plainte craintive. Mistriss Barkstead ne pouvait détacher ses regards de la figure de son fils, épouvantée qu'elle était de l'effroyable expression qui l'animait.

— Il vaut mieux qu'il apprenne à commander à son âme qu'à son visage, dit Barkstead ; parle, Marie ! — Elle répondit aussitôt :

— Tu sais par quel horrible complot sir Salnsby a voulu attenter à la vie du Protecteur ; l'empoisonnement d'une table entière qui pouvait entraîner la mort de beaucoup de victimes, ne lui avait pas semblé au moyen au-dessous de sa haine. Ce complot fut découvert. Sir Salnsby, son gendre Macdonnel et son fils... Elle hésita à prononcer le nom de Ralph, et jeta un regard à la dérobée sur Richard. Celui-ci caressait son chien et semblait étranger à ce qui se passait ; elle continua : — Sir Salnsby et son fils Ralph furent enfermés à la Tour. — Cela se fit il y a trois mois, répondit Barkstead. Okey, qui fut chargé de leur arrestation et qui commande ici en mon absence, m'en a donné avis ; c'est Tomlinson, à ce qu'il m'a écrit, qui, épouvanté de l'horreur du crime, l'a dénoncé à Cromwell, et c'est à cette occasion qu'on lui a rendu un régiment et qu'il est rentré dans le devoir. — C'est la vérité. Okey me l'a ainsi raconté, reprit sa femme, quoique le commandement des côtes de fer du Protecteur lui laisse peu d'instants libres pour donner ses soins à la Tour, et pour venir nous visiter. Maintenant tout est fini, et le jugement est prononcé, et tous trois ont été condamnés à subir le supplice des traîtres.

Barkstead pensait, en son âme, que l'arrêt était juste, et peut-être eût-il refusé d'écouter les prières de sa femme, si le sourire qui passa sur les lèvres de Richard, en entendant cette nouvelle, ne l'avait lui-même épouvanté. Le désir de donner une leçon à son fils domina le respect qu'il croyait devoir à ce qu'il trouvait juste, et il ajouta, en suivant l'effet de ses paroles avec anxiété :

— Que puis-je faire pour ces coupables ? que me demandes-tu pour eux, Marie ?
— Ton intercession auprès du Protecteur pour qu'il les sauve et les rende aux larmes d'une épouse et d'une mère.

Richard se taisait, et son père, espérant sonder à fond son âme, par une condescendance qu'il n'eût pas eue en toute autre occasion, s'engagea sans y penser vis-à-vis de sa femme, en disant :

— Oui, vraiment, je te promets cette intercession, Marie, je te la promets. Le coup porta juste. Richard, qui s'était penché vers Phann, et qui séparait avec son poignard les poils soyeux et pendants de l'animal, se redressa soudainement. Il regarda alternativement son père et sa mère avec une sorte de stupéfaction menaçante ; mais, rencontrant le regard austère du colonel, dominé à la fois par la sainte autorité qu'il exprimait et par ses propres sentiments, Richard laissa échapper un cri rauque et inarticulé où se peignait toute la rage d'une haine déçue, se détourna subitement, et, appuyant son bras sur le mur et sa tête sur son bras, il frappa de sa main droite la pierre comme un furieux, et son poignard tomba brisé à ses pieds.

— Qu'as-tu à dire ? dit Barkstead irrité ; d'où vient cette odieuse colère, Richard ? pourquoi ces fureurs, ces emportements ? Répondez, Richard !

L'enfant se tut et continua à frapper de son poing désarmé le mur de la salle.

— Richard ! cria d'une voix terrible le colonel.

L'enfant garda le même silence.

Barkstead s'avança vers lui ; Marie se précipita entre son fils et son mari en poussant un cri. Richard tourna à ce cri, les yeux baissés, dévorant ses lèvres pâles, mais la menace encore peinte sur le visage.

— Mon fils, lui dit le colonel, commandant lui-même aussitôt à son propre ressentiment, vous me suivrez ce soir chez le Protecteur, et je lui présenterai la requête de ces criminels. Je ne sais quelle sera la décision de Cromwell ; mais, quelle qu'elle soit, vous y puiserez un exemple de modération et d'oubli des injures. Si l'exemple de votre père ne vous suffit pas, vous ne refuserez peut-être pas celui du héros que le Seigneur a choisi entre ses élus pour le glorifier en force et en vertu.

— Mon père, répliqua Richard obéissant aux regards de sa mère, qui imploraient sa soumission, tout ce que vous dites est juste comme tout ce que vous faites. Si vous demandez le pardon des Salnsby, c'est qu'ils l'ont mérité.

Le colonel comprit la faute et le désir d'éprouver son fils lui avait fait commettre. Un morne silence succéda à cette pénible discussion ; chacun cherchait en sa pensée à sortir de la position embarrassée où il se trouvait, quand cette scène, déjà si pénible, vint s'aggraver d'un nouvel incident.

Pour bien comprendre ce qui se passa alors, il faut donner une idée exacte de la situation de la chambre où se trouvait la famille de Barkstead. Après plusieurs passages irréguliers qui conduisaient du bord de la Tamise à l'un des principaux bâtiments de la Tour, on arrivait dans un long corridor voûté. Tout à fait au bout de cette voûte se trouvait, à droite, la porte de la chambre où était Barkstead, à l'endroit précis où la voûte tournait à l'angle droit, en suivant le bâtiment en carré ; de cette façon la porte faisait face à cette nouvelle direction. Ce corridor étant le seul où l'on arrivât à la Tamise, il fallait que toutes les personnes qui étaient dans l'intérieur de la Tour, et qui voulaient profiter de cette issue, passassent devant la salle où venait d'avoir lieu la scène que nous avons rapportée.

On n'oubliera pas non plus que la nécessité d'introduire Barkstead secrètement avait fait éloigner de cette partie de la prison les gardes qui en surveillaient ordinairement le bon ordre et les guichetiers qui en avaient les clefs. Ce fut donc à la grande surprise de mistriss Barkstead, qu'un léger bruit se fit entendre à l'extrémité

C'était Phann qui tenait avec force mon bras dans sa gueule. — Page 16.

de la galerie ou corridor voûté qui conduisait dans l'intérieur. Phann pointa vivement ses oreilles en poussant sa plainte accoutumée et regardant son jeune maître. Richard le fit taire. Barkstead et sa femme se penchèrent pour écouter; mais le bruit avait cessé. Si léger qu'eût été ce premier mouvement de surprise, on l'avait sans doute entendu, et il avait fait naître un complet silence. Chacun pensait s'être trompé, et la conversation allait s'engager sur ce sujet, heureusement survenu pour trancher le commun embarras, lorsque Phann, qui était couché aux pieds de son maître, se dressa sur ses pattes, et laissa encore échapper ce gémissement qui lui était particulier, mais plus doux et plus prolongé. Richard éleva sa main, pour suspendre l'observation qu'allait faire le colonel.

— Il y a quelqu'un, à coup sûr, dit-il d'une voix presque insaisissable. Écoutons.

Il avança jusqu'à la porte et voulut regarder à travers le trou de la serrure, mais la clef s'y trouvait et le masquait complétement. Cependant, le bruit qu'on avait d'abord entendu se renouvela, c'était un léger frôlement comme celui de vêtements qui se touchaient; on pouvait deviner aussi qu'il s'y mêlait des pas assez nombreux, mais soigneusement étouffés.

— Ne vois-tu rien? dit tout bas le colonel à son fils, qui avait mis genou à terre pour être à la hauteur de la serrure.

— Rien, répondit celui-ci.

Le bruit continua: il devint constant que plusieurs personnes avançaient. Les plus singulières suppositions traversèrent l'esprit du colonel. Était-il victime d'une trahison? avait-on trompé sa femme et l'avait-on ainsi amené dans la Tour, pour s'emparer plus aisément de lui? Par un mouvement instinctif de défense, il porta la main à son épée et la tira du fourreau. Phann gronda sourdement à ce geste et le bruit cessa aussitôt.

Ce silence, qui survenait toutes les fois que le moindre bruit partait de la salle où était Barkstead, annonçait de la part de ceux qui venaient une attention si scrupuleuse que le colonel fronça légèrement son front avec l'expression d'un homme qui croit à un danger assuré. Il se penchait vers son fils pour lui ordonner de se relever, voulant mettre fin à cette incertitude, en entrant dans la galerie, lorsque l'approche de ceux qui l'occupaient devint de plus en plus certaine; on pouvait même distinguer que des paroles s'échangeaient à voix basse. Il était urgent de se décider. A ce moment, Richard, continuant à commander le silence à son père et à sa mère, posa sa main sur la clef; il se tourna alors vers Phann en imitant dans ses traits l'air d'un homme profondément désolé, et le chien, cherchant à lécher le visage de son maître, se prit à gémir avec tant de force, que Richard profita de ce moment pour arracher la clef de la serrure.

Cette fois, le bruit qu'on entendait ne cessa pas comme avant mais il s'éloigna rapidement dans la profondeur de la voûte, comme celui de gens qui retournent sur leurs pas. Richard regarda avidement, il crut voir s'agiter dans le jour obscur du corridor le reflet d'un vêtement blanc; mais avant qu'il pût être assuré de la vérité, tout avait disparu et rien ne s'entendait plus.

Cet incident changea le cours des idées du colonel. Le soupçon qui l'avait agité disparut complétement. La crainte que semblaient témoigner par cette retraite précipitée les personnes qu'il avait entendues, le rassurait contre la possibilité d'un complot; une tentative d'évasion de la part des prisonniers lui parut une supposition beaucoup plus probable et il demanda à sa femme, surprise et tremblante, quels étaient les prisonniers enfermés dans cette partie de la Tour. L'hésitation qu'elle mit à répondre lui inspira une nouvelle crainte, et lorsque, après l'avoir vivement pressée, il apprit que sir Salnsby son fils et son gendre, étaient enfermés dans les cachots qui se trouvaient à l'extrémité de cette galerie, il ne douta plus que la faiblesse de mistriss Barkstead n'eût consenti à faciliter leur fuite. Le regard qu'il lui lança sous l'émotion de ce soupçon sévère et douloureux à la fois, révéla toute sa pensée à Marie. Elle le comprit, et, s'approchant de lui, elle lui dit avec une solennité sûre et résignée:

— Sur mon âme, John, ce que vous croyez en ce moment n'est pas vrai. J'ai vu lady Salnsby: c'est une mère qui a pleuré devant moi qui suis mère. J'ai vu lady Macdonnel: c'est une épouse qui pleurait devant moi qui suis épouse. J'ai senti la pitié naître en mon cœur, et j'ai promis d'intercéder pour la vie des coupables. Rien au delà n'est vrai et ne m'est connu, je vous le jure, John. La prière est peut-être mon droit, mais la soumission à vous, qui êtes mon mari, et à nos lois, qui sont notre force, est assurément un devoir auquel je n'ai pas manqué.

Barkstead prit entre ses mains les mains de sa femme, et l'attirant sur son cœur: — Pardonne, Marie, lui dit-il, mais ce qui arrive est si singulier, que je ne saurais comment l'expliquer: maintenant comment espérer de rien apprendre, car tout s'est éloigné, et l'effroi qu'a dû inspirer le bruit fait par Richard, a sans doute fait rentrer les prisonniers?

— Cela n'est pas probable, répondit celui-ci; le cri de Phann ne ressemble à rien qui puisse attester la présence d'un homme, et ce cri a dû couvrir le bruit de la clef. Attendons; sans doute on délibère, je vais écouter. — A ces mots, il se coucha presque à terre, et Phann, qui semblait deviner les moindres désirs de son maître, recommença son gémissement, mais si faible que Richard seul put l'entendre.

— Ils sont dans le corridor, dit-il, cela est sûr, Phann les sent, il faut prendre un parti.

L'attention que Richard donnait à épier le moindre accident, ne l'avait pas empêché d'entendre le nom de Salnsby, ni la justification de sa mère. Pourtant il n'avait pas semblé y faire attention, et, sans le regard qu'il jeta de côté sur son poignard brisé, où se peignait un cruel regret, on n'eût pu rien soupçonner de ce qui se passait en lui.

En ce moment, un nouveau mouvement de Phann avertit Richard, et, sur un signe de son père, il se mit à regarder, quoique rien ne se fît entendre, confiant dans la sûreté des sens du chien d'Espagne, dont la délicatesse avait été saisie: Richard plongeait vainement son regard dans le jour douteux de la galerie, rien ne venait à sa vue ni à son oreille. Cependant, immobile, attaché à sa place, il redoubla d'attention, car une lueur blanchâtre flotta un moment devant lui tout au fond de l'obscurité. Peu à peu cette teinte incertaine se colora plus distinctement, puis en approchant elle brilla d'un éclat subit, et sembla disparaître tout à coup. Richard ne savait que penser; il n'avait pas complétement perdu de vue cet objet singulier, et un nouvel éclair plus vif et d'une blancheur plus éblouissante parut bientôt s'en échapper et s'éteindre encore, mais à une distance plus rapprochée. Quoique Richard cessât de voir distinctement comme la première fois cette lueur qui tantôt brillait et tantôt s'effaçait devant lui, il comprit la cause de cet accident. Toutes les fois que la figure, qui marchait dans la galerie, passait devant l'un des rares soupiraux qui lui donnaient jour, le soleil frappant sur son vêtement, en faisait jaillir l'éclat, et augmentait ainsi l'obscurité où elle rentrait dès qu'elle avait dépassé ce rayon. Richard ne doutait plus que ce ne fût une femme qui s'avançait ainsi: il en fit part rapidement et à voix basse à son père, en lui assurant qu'elle était seule, et il se remit sur-le-champ en observation.

Pendant ce temps, cette personne inconnue s'était avancée, et Richard put la distinguer facilement. L'exiguïté de sa taille et ses mouvements rapides, qu'aucun bruit ne décelait, ne le surprirent pas moins que l'apparition elle-même. Enfin elle arriva près de la porte derrière laquelle était Richard: un rayon de soleil l'enveloppa encore une fois de sa vive clarté, et Richard reconnut Charlotte, vêtue d'une robe blanche, marchant avec précaution, regardant de tous côtés avec anxiété, comme si elle allait à la découverte. Arrivée à l'angle des deux corridors, elle s'arrêta, sembla longtemps écouter si nul bruit ne se faisait entendre dans le couloir qui conduisait à la Tamise, et sûre de n'avoir rien à craindre, elle se retourna, et légère comme un jeune oiseau, elle franchit en un instant toute la galerie qu'elle venait de parcourir.

Richard, certain que sa voix n'arriverait plus jusqu'à elle, raconta alors au colonel et à mistriss Barkstead ce qu'il venait de voir. La surprise de son père fut au comble; mais sa mère, qui sans doute avait quelque raison de soupçonner la vérité, leur dit tout bas:

— Il n'en faut plus douter, c'est la fuite de sir Salnsby dont nous allons être témoins. Ceci éclaire enfin mes soupçons. Ils ont gagné cette enfant. Ils ont appris à son âge d'innocence et de pureté le mensonge et la trahison.

Son fils et son mari l'écoutaient dans la stupéfaction; rien ne s'agitait encore à l'extrémité de la galerie, mistriss Barkstead put donc continuer.

— Je trouvais toujours Charlotte sur mes pas, lorsque Andlay arrangeait avec moi les moyens d'éloigner la garde de cette partie de la Tour. Toutes les fois que lady Salnsby et sa fille venaient visiter les prisonniers, elle s'échappait de mon appartement pour aller causer avec ces femmes; et lorsque je me souviens que la direction de sa frêle conscience a été donnée à l'ancien évêque Juxon, je ne serais pas étonnée qu'elle eût écouté d'odieux conseils, espionné tout ce qui se faisait ou se disait, et profité de la sécurité qu'inspirait son enfance pour aider la fuite des coupables.

— Charlotte n'a pu faire cela, dit avec impatience Richard à sa mère, c'est l'âme d'un ange dans le corps d'une enfant; comment y supposer déjà tant d'ingratitude et de duplicité!

— Il n'est plante si fraîche, il n'est eau si pure, répliqua le colonel, que ne puisse flétrir et troubler le souffle d'un prêtre royaliste. Les misérables instruiraient le fils au meurtre de sa mère et l'ami à la délation de son ami, si cela servait leurs projets. Oh! s'il faut que Cromwell manque à la république, ils vont redresser leurs têtes de serpent, renouer leurs intrigues, essayer encore leur corruption. Malheur à Juxon, si ce que tu supposes est vrai, Marie; je lui pardonnerais plutôt d'avoir frappé cette enfant dans sa vie que de l'avoir souillée dans sa pureté.

— C'est vrai! c'est vrai! dit Richard avec une rage concentrée; voici le premier bruit qui recommence, celui de pas nombreux. Nul doute, ils ont envoyé Charlotte pour savoir s'ils n'ont pas eu une fausse alarme, et maintenant qu'ils s'imaginent que tout est désert, les voilà qui reviennent; mais ils nous trouveront ici, n'est-ce pas, mon père? ajouta-t-il. En disant ces derniers mots, son regard joyeux et cruel décela l'espérance qu'il avait, que son père ne consentirait pas à favoriser cette fuite par son silence.

Cette fois, les devoirs du gouverneur de la Tour l'emportèrent dans le cœur de Barkstead sur le sentiment qui lui avait inspiré de réprimer la haine de son fils.

— Oui, certes, Richard, dit-il, ils nous trouveront. Marie! ne t'alarme pas. Regarde, Richard, viennent-ils? — Je les entends — Les vois-tu? — Pas encore... Paix, Phann!... paix!... les voici. — Qui sont-ils?... — Ah! Charlotte d'abord... puis une... puis deux... oui, deux femmes. — Lady Salnsby et sa fille! dit mistriss Barkstead d'une voix mal assurée... — Puis... Ah! attendez qu'ils passent devant un rayon de jour. — Les voilà!... un, deux, trois hommes... — Les trois prisonniers, dit le colonel, c'est bien... Viennent-ils? — Ils semblent tenir conseil. Ah! ils s'arrêtent devant un soupirail, ils se montrent le jour, ils... un, deux, trois quatre hommes... Ils sont quatre hommes, dit Richard étonné. — Peux-tu les reconnaître? reprit Barkstead. — Ils parlent, sans doute: on dirait qu'ils ne sont pas d'accord, ils montrent la porte du doigt. Ah!... c'est Juxon! je reconnais Juxon. — Paix! Charlotte revient seule, ils nous entendent. — Ou plutôt, le jour qui passe par cette serrure, et qui disparaît toutes les fois que tu le caches en gardant, les a-t-il frappés? Reste immobile, dit le colonel.

Comme Richard l'avait annoncé, Charlotte accourut, mais plus rapide et moins craintive que la première fois. Elle vint jusqu'à la porte devant laquelle était genoux. Le colonel et sa femme ne respiraient pas. Richard posa sa main sur la tête de Phann, qui comprit le silence qu'il fallait garder, et, appuyant son œil presque sur la serrure, il intercepta toute lumière. Charlotte était déjà près de la porte, elle se pencha pour écouter, appuya son oreille sur le bois, et, de son côté, essaya de voir à travers la serrure. Richard entendit le bruit de son haleine précipitée par sa course; mais il sut se donner une si parfaite immobilité, il comprima si fortement sa respiration, qu'à deux pouces de son visage, Charlotte ne put rien soupçonner de sa présence.

Un signe qu'elle fit décida les fugitifs, et Richard les vit s'avancer avec moins de précautions qu'ils n'avaient fait d'abord. Toutefois, leur sécurité n'était point compiète; car tous les hommes, à l'exception de Juxon, tenaient une épée nue à la main. Ils étaient déjà assez près pour que Barkstead les entendît lui-même, lorsque Richard se releva en regardant le colonel comme pour lui demander conseil.

— Ouvre, lui dit-il en tirant sa dague, et que Dieu donne la victoire aux siens!

A ces mots, Richard ouvrit la porte, mais sans tirer son épée. Le colonel se présenta le premier, et ils se trouvèrent face à face avec les prisonniers. Le premier mouvement de ceux-ci fut de retourner sur leurs pas; mais lorsqu'à la clarté qui se répandit tout à coup dans le corridor, ils s'aperçurent qu'ils n'avaient pour adversaires qu'un homme et un enfant, ils reprirent courage. Il y eut un moment de silence, pendant lequel sir Salnsby prit toute sa résolution, et comprit qu'il fallait renverser cet obstacle, sous peine de se perdre. Comme il faisait signe à son fils et à son gendre de le suivre, Barkstead lui adressa la parole.

— Sir Salnsby, lui dit-il, ta fuite est impossible : ne fais pas une vaine tentative, à moins que tu ne préfères que l'épée d'un brave soldat remplace pour toi la hache du bourreau.

— Colonel Barkstead, répliqua le vieux cavalier, tu viens de me dicter ma conduite : puisque tu sais si bien qu'il y va de ma tête et de celle de mes enfants, ce serait folie à nous de ne pas la jouer à une partie si avantageuse : que Dieu te sauve!

— Non, non, s'écria mistriss Barkstead, en se précipitant entre eux, non, votre vie n'est plus en danger, sir Salnsby, mon mari m'a juré qu'il obtiendrait votre grâce du Protecteur. Au nom du ciel, ne levez pas votre épée contre celui qui vient d'engager sa parole pour le salut de vos jours!

Salnsby semblait hésiter sur ce qu'il devait faire; Ralph et Macdonnel, l'épée et la dague à la main, se tenaient prêts à s'élancer sur le colonel : car jusqu'à ce moment Richard était demeuré en arrière de son père, son épée dans le fourreau, et retenant d'une main le collier de Phann immobile comme lui. Juxon éleva la voix et répondit aux paroles de Barkstead :

— *Voluntas hominis ambulatoria usquè ad mortem*; qui sait si ce que Barkstead a promis ce matin, il voudra le tenir ce soir! qui sait si la bouche d'où doivent sortir les paroles de grâce a encore un souffle pour demander la sienne au Seigneur qu'il a offensé? Le salut est ici et la grâce est à Saint-James; une bonne épée vaut mieux que la plus haute protection : passe sur cet homme, sir Salnsby, la vie est de l'autre côté, la barque attend et l'échafaud aussi! — Les trois cavaliers firent un nouveau mouvement; Barkstead recula d'un pas pour se mettre en état de défense, Richard demeura encore immobile, et le combat allait s'engager, lorsque Charlotte, poussant des cris aigus, se jeta, comme mistriss Barkstead, entre les épées nues. Elle implorait Juxon et les prisonniers de ne pas tuer son oncle, ni son cousin Richard qu'elle aimait : elle s'attachait aux genoux de Ralph ou se jetait sous les pieds de son père. Il se fit un nouveau silence.

— Une femme et une enfant vous font-ils peur ou pitié à ce point que vous jouiez votre vie contre quelques larmes et quelques prières, dit lady Salnsby; j'écarterai donc de votre route ce vain obstacle : hommes, voici vos ennemis! — A ces mots, elle s'empara de Charlotte malgré ses cris, l'enleva, et, aidée de lady Macdonnel, la retint derrière les fugitifs, qui se trouvèrent alors en face de Barkstead, qui lui-même avait rejeté sa femme en arrière. Tous trois s'élancèrent sur le colonel. Ils n'étaient pas à deux fois la longueur d'une bonne épée, et pourtant ils n'avaient pas fait un pas que Macdonnel se débattait vainement sous la dent terrible de Phann, et que Ralph haletait, avec une rage impuissante, sous l'étreinte du genou de Richard : sir Salnsby avait déjà perdu son épée, et la victoire semblait décidée, lorsqu'une bruyante détonation se fit entendre : c'était Juxon, qui, au moment où Richard allait plonger son épée dans le cœur de Ralph, lui tira presque à bout portant un coup de pistolet.

— Ta main est celle d'un perfide et d'un lâche! cria Richard, tu assassines et tu trembles! En effet, la balle n'avait frappé que la lame de l'épée qui s'était brisée en éclats, de façon que la poignée seule restait dans la main du jeune homme. Il montra alors, avec rage, ce tronçon au prêtre épouvanté, en disant :

— Si ceci ne peut aller jusqu'à son cœur, voici qui lui brisera le crâne. Il n'avait pas achevé que Juxon lui tenait la main, et avait appuyé le canon d'un nouveau pistolet sur son front.

— Arrête, lui cria Barkstead, qui sentit son âme déchirée et presque faible à cet aspect : ne tue pas mon fils; parlez, que voulez-vous?

Tous s'arrêtèrent. Toutefois, sir Salnsby, désarmé, était au pouvoir de Barkstead; Macdonnel, poussant de tristes gémissements, ne remuait plus étendu à terre, tandis que Phann, qui levait un regard attentif sur son jeune maître, n'attendait qu'un signe pour en finir avec cet ennemi; Ralph n'échappait pas à l'étreinte vigoureuse de Richard, qui lui-même sentait toujours sur son front le pistolet de Juxon. Tout mouvement était suspendu, et, chacun gardant ses avantages, il s'établit entre les combattants une sorte de trêve comme pour traiter d'une capitulation.

— Ton fils est dans mes mains, dit Juxon à Barkstead, au moindre signe que vous ferez l'un ou l'autre, il tombe mort, veux-tu nous livrer passage?

Barkstead reprit tout son calme et calcula aussi les chances de sa position; les femmes, épouvantées, sans voix ni larmes, regardaient ce spectacle avec un effroi stupide.

— Si tu as mon fils sous ta main, répliqua le colonel, sir Salnsby est sous la mienne; Macdonnel mourra, et nous nous trouverons face à face. Le pistolet que tu tiens est-il sûr? songes-y bien; mon épée sera dans ton cœur, que la balle n'aura pas traversé la tête de mon fils.

A son tour, Juxon considéra la position des combattants; il craignit pour lui-même les résultats de ce qu'il allait faire, et toute l'âme du prêtre monta à son visage avec la pâleur dont il se couvrit, lorsqu'il vit Salnsby désarmé et Macdonnel terrassé. Oubliant, à cet aspect, la menace qu'il venait de faire :

— Que voulez-vous de votre côté? dit-il à Barkstead.

Le colonel aperçut à ce moment sa femme, qui, tombée à deux genoux sur les dalles de la galerie, levait ses yeux sur lui dans un état d'égarement indicible. Il comprit qu'il pouvait allier le salut de Richard avec l'exigence de ses devoirs, et il répondit : — Que ces criminels rentrent dans leur prison, et j'oublierai que ces femmes sont venues ici.

— Et moi, dit le prêtre en appuyant plus fortement son pistolet sur la tête de Richard, que deviendrai-je?

— Tu te retireras aussi, reprit Barkstead avec un regard de mépris; le gouverneur de la Tour ne doit compte à l'Angleterre que de ces trois hommes : qu'ils me soient rendus, vous pourrez fuir. — Ces conditions satisfaisaient Juxon; mais elles rendirent à lady Salnsby et à sa fille toute leur douleur.

— Est-ce donc pour les livrer au bourreau que tu demandes tes prisonniers? Alors il vaut mieux qu'ils meurent ici; l'épée leur épargnera du moins les tortures du supplice. Frappe, Juxon, tue l'ennemi qui tient Ralph entre ses mains, et, une fois debout, il te sauvera.

— Sauvera-t-il ton mari? dit Barkstead en appuyant sa dague sur la poitrine de sir Salnsby.

Macdonnel laissa échapper une sourde plainte.

— Mon père, dit la jeune lady, sauvez mon époux des morsures de ce chien féroce : il meurt, si vous n'acceptez.

— Oublies-tu le bourreau, lui répliqua sa mère, le bourreau qui l'attend avec des tenailles ardentes, dont la morsure sera plus douloureuse que celle dont il peut mourir maintenant?

— O mon Dieu! mon Dieu! cria lady Macdonnel en tombant aussi sur ses genoux, épouvantée de cette mort présente, sans pouvoir oublier la mort préparée pour le lendemain. L'anxiété de tous était à son comble. Pour les trois prisonniers, ce n'était qu'un horrible choix à faire; pour Juxon seul, il y avait une chance de salut. Il le comprit, et, prévoyant que la fougueuse lady Salnsby ne lui laisserait pas racheter sa vie, s'il abandonnait tout à fait son époux et ses enfants, il dit au colonel :

— Que les paroles que tu as dites portent tout leur fruit : tu as demandé que les prisonniers te fussent rendus, parce que tu en dois compte à l'Angleterre, il y a aussi un serment dont tu dois compte au ciel : n'as-tu pas juré d'obtenir la grâce des prisonniers de la clémence du Protecteur? Jure encore d'accomplir cette promesse, et nous nous retirons, ces femmes et moi, confiants dans ta parole.

— Je n'ai juré que ce qu'il est possible à l'homme de faire, j'ai juré de demander cette grâce et non pas de l'obtenir; je tiendrai le serment, non pas à toi qui me l'imposes, mais à celle à qui je l'ai fait, lorsqu'elle m'a imploré.

L'espoir, que fit naître cette proposition dans l'âme des femmes et des prisonniers, les arracha à l'incertitude de courir la chance d'un combat. Richard lui-même, qui avait vu la vie de Ralph échapper si soudainement à sa rage, n'éleva point la voix contre ces conditions; indifférent au salut de Ralph, pourvu que lui-même fût sauvé, il calcula en son cœur qu'il y avait gain pour sa cause dans cet arrangement, soit que l'intercession de son père fût inutile et livrât Salnsby au bourreau, soit qu'elle obtint son pardon et qu'elle le laissât vivant sous son ressentiment.

Cependant Juxon restait immobile, et ce qu'il y avait de plus remarquable dans ce qui venait de se passer, c'est que pas un mouvement n'avait été fait par aucun des interlocuteurs.

— Qu'attends-tu, Juxon? dit le colonel Barkstead.

L'ancien évêque hésita à répondre; soupçonneux selon sa propre fausseté, prévoyant aisément la perfidie qu'il était capable de faire, il sentait que sa proposition allait être injurieuse à l'honneur du colonel, sans pouvoir, cependant, dominer la méfiance qui la lui inspirait :

— Si je délivre ton fils de la mort que je tiens sur sa tête, dit-il, qui me répondra que tu me laisseras sortir de cette prison?

Barkstead fut indigné; sir Salnsby lui-même parut surpris.

— Mon père, dit-il à Juxon, la parole du colonel vaut mieux qu'un otage et un pistolet : délivrez ce jeune homme, je ne crains pas de laisser mon fils entre ses mains, si Barkstead donne sa parole de soldat que tout se passera comme il a été convenu.

— Je vous la donne, répondit le colonel. — Aussitôt il écarta sa dague de la poitrine du vieux cavalier; Juxon releva son arme; Richard abandonna son adversaire, et Phann, sur un léger signe qu'il lui fit, laissa Macdonnel presque évanoui par terre.

Quelques minutes ne s'étaient pas écoulées, que les prisonniers étaient rentrés dans leur cachot; Juxon et les deux femmes avaient quitté la Tour, et Barkstead, Marie et Richard, allaient rentrer avec Charlotte dans la chambre qui les cachait, lorsqu'un léger bruit, venu du corridor qui conduisait à la Tamise, annonça l'arrivée d'Andlay. Malgré son désir d'interroger l'enfant sur les moyens qu'elle avait employés pour procurer aux prisonniers tout ce qui était nécessaire à leur évasion, le colonel se retira avec le docteur et sa femme dans une pièce contiguë à celle où il se trouvait, et laissa ensemble Charlotte et Richard, après avoir dit à celui-ci de tâcher d'apprendre le secret de cette aventure.

X. — CHARLOTTE.

Attendre! avait dit Juxon à Cromwell, le 30 janvier 1649. Ce mot n'avait exprimé que la moitié de sa pensée; il avait compris que rien n'était possible aux intrigues des royalistes, le Protecteur vivant. Mais il avait senti de même qu'il fallait préparer le lendemain de la mort de Cromwell, et que le parti de Charles II devait se tenir la main haute, tout prêt à saisir l'occasion qui ne manquerait pas de se lever. Pour ce but, un homme était important à conserver, c'était sir Salnsby, aveugle partisan des Stuarts, prêt à toute action, et dont aucun revers ne pouvait lasser la persévérance. Son évasion, lorsqu'il fut arrêté, devint donc l'objet de tous les soins de Juxon, et il se trouva que, par une cruelle prévoyance, il en avait préparé les moyens depuis longtemps.

Ce qui se passa entre Charlotte et Richard, demeurés seuls, nous révélera, mieux que toutes les réflexions que nous pourrions faire, comment il avait entraîné cette jeune fille à servir la fuite de sir Salnsby, et combien, déjà, la puissance du prêtre avait jeté de fanatisme dans un âge qui semblait incapable de réflexion et de secret.

Tous deux étaient restés avec Phann dans la première chambre où avait été introduit Barkstead. Richard s'assit, prit l'enfant sur ses genoux, et la caressant doucement:

— Charlotte, lui dit-il, pourquoi donc as-tu voulu faire échapper de leur prison les coupables, que la justice avait condamnés?

Charlotte sourit dédaigneusement, sans répondre à cette question. Richard continua: — Comment as-tu fait pour en ouvrir la porte?

L'enfant garda le même silence, en secouant légèrement la tête.

— Ne veux-tu pas me répondre, Charlotte? Si tu me dis pourquoi tu as agi ainsi, je te donnerai mon beau chien d'Espagne que tu m'avais demandé, et que j'ai amené pour toi de bien loin.

— Si tu me donnais ton chien, Richard, pour mon secret, tu me l'aurais vendu, et je ne veux pas l'acheter à ce prix.

Richard demeura surpris à cette réponse; cependant il essaya de gagner la confiance de l'enfant, et il lui répondit :

— Je ne veux pas te vendre Phann, je te le donne, car j'ai été le chercher pour toi au milieu d'une mer furieuse.

Alors il lui fit le récit qu'il avait déjà fait à sa mère. La jeune fille avait écouté avec avidité ; puis, quand il eut fini, elle lui dit avec une surprise étrange :

— Mais, Richard, tu as donc du courage?

Cette question, et le ton dont elle était faite appelèrent une légère rougeur sur le front du jeune homme : Charlotte n'était qu'une enfant, et ces paroles étaient sans raison; mais cette enfant, Richard l'aimait avec une sorte d'enthousiasme inexplicable à cet âge, et ces paroles, qu'elle avait sans doute entendues dans la bouche d'un autre, exprimaient une opinion.

— Qui t'a dit que je n'étais pas brave? reprit-il vivement. Quelqu'un te l'a dit, j'en suis sûr; dis-moi son nom, Charlotte, et il paiera de son sang son infâme mensonge.

La petite fille, reprenant alors un air d'indifférence, lui répondit en passant négligemment ses doigts parmi ses blonds cheveux :

— Personne ne me l'a dit, Richard; mais je sais bien, moi, que toutes les têtes rondes sont des assassins et des lâches.

— Qui t'a parlé ainsi, Charlotte? reprit Richard avec colère, qui t'a dit cela ? on te l'a dit, n'est-ce pas? — Puis, feignant un calme qu'il n'avait pas, il ajouta : — Nomme-moi ceux qui te l'ont dit, je te jure que je ne leur ferai point de mal.

L'enfant sourit encore avec dédain et répliqua :

— Est-ce que les presbytériens ont le droit de jurer? Ne sont-ils pas tous des parjures et des traîtres?

Richard devina assez d'où venaient ces étranges discours; mais, étonné que la surveillance de sa mère n'en eût pas prévu le danger, il dit doucement à la jeune fille:

— Parles-tu ainsi à ma mère, et lui as-tu dit que les presbytériens étaient tous des parjures et des traîtres?

— Oh! non, répondit l'enfant, mistriss Barkstead me gronderait; je te dis cela, à toi, parce que tu es toujours cachée lorsque je faisais quelque chose de mal.

— Et pourquoi, reprit Richard, ne veux-tu pas me dire alors le nom de ceux qui t'ont appris toutes ces choses?

— Parce que tu les ferais juger par le colonel, par ton père, qui a autrefois fait périr le mien.

Richard ne put retenir une vive exclamation de surprise; mais l'enfant, se laissant aller à d'autres idées, lui dit brusquement:

— Pourquoi ne m'appelles-tu pas milady? ils ne me parlent pas autrement.

— Qui donc? s'écria Richard avec impatience.

La jeune fille se tut : Richard réfléchit un moment, et, malgré sa jeunesse, il fut épouvanté des idées qu'une haine implacable avait pris soin d'inspirer à cette douce créature; il pensait à Juxon, à lady Salnsby, et malgré lui, ce nom s'était échappé de sa bouche.

Charlotte, qui avait quitté le genou de Richard et qui jouait avec Phann, s'approcha en ce moment de son cousin.

— Ton père, lui dit-elle, tiendra-t-il le serment qu'il a fait, et demandera-t-il la grâce des prisonniers?

— Il le fera, puisqu'il l'a promis, répondit Richard; mais à coup sûr, il rendra un bienfait pour une perfidie. Ces Salnsby sont de grands misérables!!

— Tu vois bien, dit Charlotte à cette exclamation, que tu les insultes; tu as tort, Richard, vois-tu, parce qu'ils te feront punir à leur tour pour se venger, et alors,..

— Alors, reprit Richard, que cette conversation étonnait si cruellement.

— Alors, répliqua l'enfant, qui, se trompant à l'expression du visage de Richard, crut y lire la peur que lui causait cette menace; alors c'est Richard; j'implorerai le roi mon frère pour pardon, mais pour toi tout seul, Richard, entends-tu? — Et en disant ces mots, elle passa ses bras autour du cou de Richard, le regardant avec une expression de tendresse qui, dans un âge si tendre, ne pouvait venir que de cette sympathie innée et occulte qui enchaîne quelquefois deux existences l'une à l'autre.

Tout le souvenir de l'histoire d'Anna s'éclaira alors dans la mémoire de Richard. Mille circonstances confuses qui tournaient sans ordre dans sa tête se rallièrent aussitôt. La mort de Charles Ier, la naissance de Charlotte; les mots, enfant illégitime, sang royal, fille séduite, souvent prononcés par Barkstead et sa femme, prirent un sens dans son esprit. Cette éducation catholique donnée à Charlotte s'expliqua naturellement. L'accusation de l'enfant, qui disait que le colonel avait condamné son père à la mort; le sentiment qui le portait lui-même à douter de son avenir, remplacèrent l'ignorance où on avait toujours laissé Richard du nom du père de Charlotte par un doute qu'il chercha à éclaircir tout à fait. Dans ce dessein, il entra dans la fantaisie de la jeune fille et lui dit :

— Pourquoi, milady, voudraient-ils se venger de moi? quel mal leur ai-je fait?

A ces mots, l'enfance reprit tous ses droits ; Charlotte regarda son cousin avec terreur.

— Paix, Richard, lui dit-elle, ne m'appelle pas ainsi tout haut, ils m'ont dit que je serais battue et peut-être mise en prison, si le colonel apprenait que je sais qu'il a fait mourir mon père. Et puis, lorsque hier j'ai pris sous le chevet de ma tante les clefs de ce côté de la prison que lui avait rendues le guichetier, j'ai eu peur seulement d'y toucher : et lorsque je les ai portées à milord Juxon, qui m'attendait pour me confesser, je tremblais de tout mon corps : car il m'avait dit, vois-tu, que si je racontais ce qu'il m'avait ordonné de faire à mistriss Barkstead ou bien au colonel, j'irais tout droit en enfer.

— L'infâme! s'écria Richard, et mon père ne punirait pas ce serpent mitré, il implorerait la grâce de ces Salnsby! oh! ce serait folie, lâcheté... Il ne le fera pas... je vais lui dire.

— Oh! Richard, lui dit l'enfant en se jetant à son cou, ton père me tuera ; je t'en prie, ne lui dis rien ; ou bien ils me feront mourir aussi, vois-tu... ! mourir du supplice des traîtres!

En disant ces paroles, Charlotte pleurait à chaudes larmes et serrait convulsivement le cou de Richard : une frayeur sans raison altérait la jeune pureté de ses traits : elle semblait suffoquer.

— Charlotte, ma bonne Charlotte, lui dit celui-ci, Richard te défendra, ne crains rien, calme-toi.

— Oh! reprit la petite fille qui sanglotait violemment et qui, se laissant entraîner à l'horreur d'un tableau qu'on avait eu soin de lui montrer dans sa féroce vérité, s'en appliquait par crainte les longues souffrances à elle-même ; vois-tu, vois-tu, ce que le supplice des traîtres....? vois-tu, ils vous attachent au gibet bien longtemps, bien longtemps, jusqu'à ce qu'on n'en soit pas encore mort, vois-tu, Richard, quand on peut souffrir encore beaucoup, on vous descend du gibet : — Dieu! mon Dieu! ne dis rien, Richard, ne dis rien à ton père... car, vois-tu, après, on vous étend sur une grande table, puis le bourreau vous ouvre le ventre avec un couteau... O Richard!... vois-tu... ouvrir le ventre avec un couteau, puis... on jette les entrailles sur un brasier ardent. Comprends-tu, Richard? brûler les entrailles ! ! et enfin, ô Richard! Richard! si tu parlais! si tu me dénonçais à ton père!... oh! non... n'est-ce pas? car alors le bourreau met sa main dans votre poitrine, puis il prend le cœur... puis... ô Richard... vois-tu... puis... il le serre de toute sa force et vous l'arrache!... Pitié... pitié! Richard, ne me dénonce pas.

Charlotte, égarée, poussait des sanglots convulsifs; Phann, effrayé de ces gémissements, se prit à hurler tristement; le colonel, étonné de ce bruit, entr'ouvrit la porte de la chambre pour voir ce qui se passait. A cet aspect, la jeune fille, dont la frayeur avait perdu la raison, s'attacha au cou de Richard, cachant sa tête dans son sein, jetant des cris sourds et étouffés, le serrant de toute la force de ses faibles bras, haletante, appelant à son aide avec une si énergique terreur, que Phann trompé lui-même par cette crainte si désordonnée où s'abandonnait Charlotte, se tourna en grondant du côté de Barkstead, par cet instinct de la défense du faible qui domine cette noble et fidèle race.

Richard, embarrassé de la question du colonel et aux alarmes de mistriss Barkstead, ne pouvant calmer les terreurs de Charlotte qui redoublait ses cris et s'attachait plus fortement à lui toutes les fois que l'un ou l'autre voulait s'approcher, pria son père de s'éloigner; et comme celui-ci insistait pour savoir le motif de ces larmes cruelles, Richard, ne voulant pas être entendu de Charlotte, répondit en français :

— Retirez-vous, mon père ! je vous dirai tout.

A l'instant même, les bras de la jeune fille, comme frappée d'anéantissement, se dénouèrent du cou de Richard ; elle tomba sur ses pieds, puis sur ses genoux, et, levant sur celui qu'elle croyait son ami, demeurée debout devant elle, des yeux où l'égarement était à son comble, elle lui répéta en français :

— Tu lui diras tout, Richard!...

L'apparition d'un spectre au milieu de cette chambre n'eût pas frappé d'une plus grande surprise les acteurs de cette scène, que le firent ces mots, prononcés en français par cette jeune fille. Quelle longue et persévérante sollicitude il avait fallu à un prêtre pour enseigner à un enfant la langue qui servait aux catholiques, dont les intrigues correspondaient sans cesse à la cour de France! Quelles terreurs, pour en faire garder le secret à la vivante indiscrétion de cet âge frivole, il avait fallu inspirer à sa crédule conscience! Richard en fut si épouvanté, qu'oubliant combien ses paroles pouvaient encore aggraver la position de Charlotte, il cria à son père :

— Retirez-vous, mon père ! car grâce, mon père ! ou vous la tuerez.

L'accent de Richard détermina Barkstead à sortir ; mais ces mots imprudents, Vous la tuerez, donnèrent à l'effroi de l'enfant toute la certitude d'un malheur inévitable.

Alors, après que ces terreurs eurent dévoilé tout l'absurde du fanatisme haineux dont on avait souillé cette jeune âme, ce que toute exaltation même coupable a de grand se montra à son tour, la jeune fille, continuant à parler français, dit à son cousin :

— Richard Barkstead, vous direz tout à votre père qui me tuera? c'est d'un lâche! Puis se prenant à le regarder avec cette affection fatale qui unissait leur âme, elle lui ajouta : — Si vous m'aviez tuée, Richard, Charlotte d'Angleterre vous eût pardonné.

Rien ne saurait peindre l'angoisse du jeune homme. Comment arracher de cette âme, si odieusement abusée, cette horrible croyance que son père était un assassin? Mille sentiments brûlaient et glaçaient tour à tour son cœur ; il regardait Charlotte qui, pâle et droite devant lui, semblait une jeune victime résignée et fière ; elle priait sans pleurer. Il se retraçait, en lui-même, l'affreuse duplicité de Juxon, il ne savait quel parti prendre, lorsque Phann, dont tout malheur semblait devenir le maître, se coucha aux pieds de la jeune fille, en la regardant tristement, et l'appela avec son doux et long gémissement. Charlotte tourna ses yeux vers le chien, et Richard, profitant de cette circonstance, lui dit :

— Vois-tu, Charlotte, vois-tu, Phann, pour te le donner, j'ai passé à travers les vagues d'une mer cruelle, et dont les eaux bondissaient plus haut que cette tour. Si ce chien pouvait parler, il te le dirait; il te dirait que je lui ai appris ton nom à toutes les heures du jour ! — N'est-ce pas, Phann, que tu connais Charlotte? ajouta-t-il d'un ton particulier.

Le chien, ainsi appelé en témoignage, tourna la tête du côté de son maître, puis vers Charlotte, en agitant sa queue en signe de joie, et, se roulant doucement à terre avec un léger aboiement, il se plaça devant la jeune fille, en tenant ses yeux ardents et quêteurs fixés sur elle, comme pour attendre sa parole. Charlotte, détournée de sa pensée comme une frêle plante qui plie à tout vent, dit au chien avec un triste et léger sourire :

— Phann, aimes-tu Charlotte?

Le chien répondit à ce nom, en gémissant comme à l'ordinaire; mais ses yeux dardaient leur joie en rayons éclatants. Tout fut oublié; Charlotte prit l'énorme tête du chien dans ses petites mains, et se mit à l'embrasser; l'animal intelligent se prêta à ses caresses; lui-même il saisit dans sa gueule les bras blancs et doux de la jeune fille; elle les retirait d'abord avec effroi, puis en riant; elle agaçait Phann, le battait, voulait l'arrêter, et le chien lui échappant, elle courait après lui; puis, en voulant le retenir, elle tomba, Phann avec elle, et Richard cherchait encore un moyen de la consoler, qu'elle chantait et jouait, insouciante, oublieuse, et troublant des bruyants éclats de silence que tout à l'heure avaient interrompu ses cris d'effroi.

Le jeune homme se rapprocha d'elle alors, et ménageant avec art l'intimité qui s'était rétablie, grâce à l'intervention du chien, il apprit comment, par les indignes enseignements de Juxon, cette jeune âme avait été si perfidement imbue de haine et d'erreur. Satisfait d'avoir regagné, pour lui-même, cette confiance d'enfant, il lui promit tout ce qu'elle exigea de son silence. Mais il eut lieu d'être surpris, lorsqu'elle lui demanda d'aider son père dans ce qu'il tenterait en faveur des Salnsby.

— Si tu veux que je t'aime, lui dit-elle en le caressant avec cette douceur ineffable et familière de l'enfance, tu auras le pardon de Ralph ! Je le veux, Richard, entends-tu, je le veux, je l'ai promis. Ah ! bien ! si tu me regardes ainsi, je ne t'aimerai jamais; et, joyeuse et légère, elle attira Phann vers son maître en ajoutant :

— Pas vrai, Phann, je n'aimerai plus Richard, ni toi non plus, tu ne l'aimeras plus, s'il ne sauve pas Ralph?

Une inexplicable séduction était dans la voix de Charlotte, contre la volonté de Richard, contre sa haine même; il regarda un moment ce visage, où toutes les beautés semblaient devoir exprimer un jour toutes les passions, et il répondit à voix basse :

— Oui, Charlotte, j'essayerai de sauver Ralph de l'échafaud !

La jeune fille, transportée de joie, reprit alors son âme de dix ans. Sautant et riant, elle courut à travers les longs corridors, appelant Phann et Richard à atteindre les soupirails où passait le jour ; tandis que Richard, dont l'âme droite et pure ployait aussi, dans son honnêteté, sous le poids de sa haine, se disait en lui-même :

— Oui, oui ! je sauverai Ralph... j'y avais pensé. Ne vaut-il pas mieux que je me le garde ?

La conférence d'Andlay et du colonel était finie, et la nuit venue. Mistriss Barkstead emmena Charlotte, après avoir reçu, à la hâte, quelques confidences de son fils, et rentra avec elle dans l'appartement splendide réservé au gouverneur de la Tour. Le colonel, Richard et le docteur prirent tous trois le corridor qui mène à la Tamise, enveloppés soigneusement de leurs manteaux.

XI. — L'ANTICHAMBRE.

La barque dans laquelle entrèrent les trois personnes qui venaient de quitter la Tour, glissa légèrement sur la Tamise, et, après un quart d'heure tout au plus de navigation, les déposa presque en face de Saint-James. La distance entre ce palais et la rivière était encore considérable, et le silence absolu, qui avait été observé pendant que le colonel et ses compagnons voyageaient sur le fleuve, fut seulement rompu dès qu'ils furent seuls. Barkstead, ayant appris de Richard la cause de l'effroi de Charlotte, ne pouvait contenir son indignation. Toutefois, il se calma en pensant qu'une sévère interdiction de sa maison aux visites, et par conséquent aux perfides suggestions de Juxon, réparerait le mal qu'avait fait sa confiance imprudente en cet homme.

Andlay, pour qui la science médicale n'était déjà plus une vaine et superficielle observation des maux physiques, interrompit la conversation de Barkstead et de son fils.

— Aux symptômes que vous venez de décrire, jeune homme, dit-il, l'âme est gangrenée. Il faut y porter le fer et le feu, ou elle périra du principe du mal que l'on y a déposé. Il faut que tout ce qu'elle croit soit extrait à fond, ou le peu qui y restera germera toujours malgré vos soins.

— Sans doute, répondit le colonel, les calomnies qu'on lui a persuadées sur le compte des vrais fils de Dieu seront effacées de son esprit.

— Ce n'est pas cela, dit Andlay; quoique destinée à être catholique, l'exemple des vertus de mistriss Barkstead et celui des vôtres, colonel, peuvent redresser son esprit sur ce chapitre ; mais il y a, en tout ceci, une plus fâcheuse disposition à laquelle il faut couper court.

— Quelle est cette disposition, docteur, dit Richard, et quels sont les moyens de l'arrêter ?

— Ah ! les moyens sont aisés quand on veut les employer et la disposition est toute naturelle. Il faut lui dire que tout ce qu'on lui a raconté relativement à sa naissance est faux; il faut qu'elle croie être une enfant élevée par la charité : sans cela, quoi que vous puissiez faire, ni leçons ni exemples ne la ramèneront à être une fille honnête et soumise.

— Mentir à ce point, repartit le colonel, je ne le veux pas. Je pourrais lui cacher la vérité par le silence, mais je ne le ferai jamais par des assertions fausses.

— C'est un choix délicat, dit le docteur, entre deux manières de mentir. Vous préférez la première, je ne crois pas la seconde plus mauvaise ni plus coupable.

— De quelle importance est donc qu'elle ignore le secret pour rentrer dans de justes sentiments d'estime et de soumission pour sa famille? demanda Richard avec empressement.

— Votre question ne m'étonne pas, jeune homme, répondit le docteur; mais ce qui me surprend, c'est que votre père, homme qui a vécu parmi les hommes, et qui a dû les observer, et j'entends, par hommes, la race humaine y compris les femmes, c'est que votre père n'ait pas encore senti cette importance.

— J'avoue, docteur, reprit le colonel, que cette importance ne me frappe pas aussi lucidement qu'il le faudrait, veuillez m'expliquer en quoi elle consiste.

— Elle consiste, dit le docteur, en ce que l'enfant est mieux que perdue, si elle continue à se croire fille de roi, sœur de roi, à quelque titre que ce soit !

— Mais pourquoi ? dit Barkstead de plus en plus surpris.

— Parce que, répliqua sèchement le docteur, la jeune fille est atteinte de vanité, et qu'à tout âge c'est la maladie incurable des femmes. Maladie de l'âme, toutefois, ajouta le docteur, qui influe rarement sur le corps.

Le colonel comprit mieux que son fils la portée de l'observation d'Andlay; il prévit tout ce que cette chance de remplacer un état d'orpheline par la position brillante de sœur reconnue du roi Charles II, pourrait enfanter de folles prétentions et de dégoût de sa vie obscure dans l'âme de Charlotte. Il cherchait en lui-même quelques moyens de prévenir ce danger, lorsqu'il fut tiré de sa rêverie par une exclamation d'Andlay; ils étaient arrivés assez près de Saint-James pour remarquer qu'il y régnait un mouvement extraordinaire. Les principales salles en étaient éclairées, et les ombres tumultueuses qui s'agitaient sur les vitraux attestaient qu'il y avait foule.

— Qu'est ceci ? dit Andlay, serions-nous arrivés trop tard ? non, à moins d'imprudence, il passera la nuit, je en suis sûr ! L'insensé ! encore quelque folie ! Hum ! cet homme se croit immortel; ah ! ce soir il apprendra d'Andlay ce qu'il ne veut pas savoir.

Faisant alors allusion à une circonstance dont plus tard le secret se découvrit à Barkstead, il ajouta avec un sourire d'orgueil : — Il dort son arrêt de mort, le fou, et celui-là est plus assuré que celui de sa haute cour criminelle.

Ces paroles rappelèrent à Richard et à Barkstead la promesse relative aux Salnsby. Andlay introduisit ses compagnons à l'aide d'une clef qui lui avait été remise par Cromwell, et tous trois montèrent à tâtons jusqu'à ce qu'une nouvelle porte s'ouvrit encore, et qu'ils se trouvassent dans un petit cabinet éclairé par une lampe à feu suspendue à une chaîne de fer et contigu à une grande salle du palais d'où l'on entendait le murmure de voix nombreuses.

— Il y a du nouveau, dit Andlay. Comment ! il faut, à ce qu'il dit, que je vous introduise secrètement, et voilà que la salle par où nous devons passer ressemble au marché aux poissons ? Il n'y a pourtant pas de temps à perdre, car s'il veut vous voir, colonel, il faut qu'il passe sa fantaisie cette nuit, demain le Protecteur en aura fini avec la politique et les intrigues.

Barkstead parut étonné de la façon dont s'exprimait Andlay; le médecin continua en ricanant : —

— Vraiment oui, il ruse avec la mort, il nous fait des contes, il chicane avec son médecin, il n'est pas décidé à mourir.

— Croyez-vous, reprit le colonel, qu'il manque de courage à son heure suprême ?

— Hum! reprit le docteur, c'est une étude à faire, une étude curieuse sur un homme de cette trempe. Pour le moment il louvoie, nous verrons dans quelques minutes. Je ne le perdrai pas de vue. Mais la rumeur augmente, les braillards le tueront, sur mon âme.

Aussitôt il ouvrit la porte qui communiquait avec le lieu où se trouvaient les personnes qu'ils entendaient. Ils ne virent rien, parce qu'un épais rideau de soie, le premier qu'on eût fabriqué en Angleterre, masquait cette porte du côté de la grande salle, mais ils entendirent des cris nombreux de, Vive Cromwell ! que Dieu sauve le Protecteur !

— Imbéciles, murmura le docteur, il n'y aura plus de Cromwell dans six heures. Quod scripsi, scripsi.

De nouveaux hourras se firent entendre. Andlay réfléchit un moment.

— Je ne puis vous faire passer devant tout ce monde, venez, dit-il au colonel, voyons si le couloir qui mène au cabinet du Protecteur est ouvert. Aussitôt il frappa trois coups mesurés à une porte basse qui se trouvait dans un angle du cabinet. La porte s'ouvrit, et deux soldats, de ceux qu'on appelait les côtes de fer du Protecteur, se présentèrent en barrant le passage.

— Voilà qui va bien, dit Andlay, entrons par ici. — En disant ces mots, il fit signe à Barkstead de le suivre. Ce fut heureux pour le docteur, car le colonel l'arrêta au moment où il allait se planter une pique très-affilée de la pique des soldats qu'ils lui opposèrent au premier pas qu'il fit.

— Qu'est-ce que c'est que ces animaux ? s'écria le docteur; allons, drôles, laissez-moi passer, ou je vous ferai frotter les reins avec le manche de vos lancettes à éléphant.

Les soldats demeurèrent impassibles et relevèrent leurs piques. Le docteur voulut avancer encore, mais immédiatement les deux armes aiguës retombèrent horizontalement à hauteur de sa poitrine, et si à propos, qu'un demi-pouce plus loin, l'une d'elles emportait assurément le nez du docteur. Cette fois, Andlay s'emporta sérieusement; et, s'adressant tantôt au colonel, tantôt aux soldats, quelquefois à Cromwell, comme s'il pouvait l'entendre, il se prit à dire :

— Que l'enfer le brûle ! me prend-il pour un de ses valets, de me faire attendre ainsi ? Ma foi, messieurs, entrez comme vous voudrez, vous êtes témoins que j'ai fait ce que j'ai pu. — Voyez donc ces deux estafiers, qui veulent-ils ? hein ! qu'est-ce que vous demandez ? je suis le médecin du Protecteur, il m'attend. — Vieux fou, croit-il que ses hallebardes empêcheront la mort de passer. Ah ! tout à l'heure il saura... Mais, pour qu'il l'apprenne, il faut que je le voie, que je rentre, ah ! c'est ma gloire, il y va de ma gloire... — Oh ! les brutes ! les animaux ! les soldats ! vous verrez qu'ils ne me laisseront point passer.

— Ces hommes ont une consigne ou un mot d'ordre, dit le colonel, et ils doivent s'y conformer.

Une grimace semblable parut sur la figure de chacun des deux gardes, attestant que Barkstead avait touché le point juste de la question.

— Docteur, ajouta-t-il, il faut trouver une autre manière d'entrer.

Comme le docteur cherchait un moyen de faire prévenir le Protecteur de son arrivée, il s'opéra dans la salle voisine un mouvement tumultueux suivi d'un profond silence. Les gardes rentrèrent dans le passage, et la porte se referma.

Nos trois compagnons se rapprochèrent du rideau qui les séparait de la grande salle, et ce ne fut pas une légère surprise pour Andlay, d'entendre la voix de Tomlinson prononcer distinctement les paroles suivantes :

— Le Protecteur est sauvé, ainsi que vous en avez été informés. Confiant dans l'Esprit-Saint, il a éloigné de lui les secours humains et a cherché le Seigneur : dès ce moment le Tout-Puissant a pris le peuple anglais en compassion, et il a ravivé de son souffle le plus cher de ses élus.

Des hourras bruyants accueillirent cette première phrase ; Andlay demeura muet, et la voix continua :

— Le Protecteur, touché de votre douleur, recevra avec plaisir les témoignages de votre amour.

Les hourras recommencèrent plus bruyants que la première fois ; Tomlinson continua encore :

— Toutefois, le Protecteur, en écoutant les paroles que vous lui apportez, se dispensera d'y répondre, voulant ménager les forces que le Très-Haut lui a rendues ; et, pour que la présence d'un trop grand nombre de personnes n'altère point la pureté de l'air qui lui est nécessaire, c'est du bord de cette porte que vous lui adresserez vos félicitations, et c'est de son lit qu'il les entendra, heureux et triste à la fois de vous écouter et de ne pouvoir vous remercier.

Cette dernière partie de l'annonce de Tomlinson fut, comme les autres, applaudie par de nombreux *vivats*.

— Est-ce Harvey, disait tout bas Andlay, est-ce Harvey qu'il a fait appeler et qui l'a sauvé ? Car, pour ce qui est de chercher le Seigneur, je connais son Seigneur. Hum ! l'hypocrite ! se jouer d'un peuple à ce point ! Cromwell en est bien capable ! Pourtant si Harvey !....... Harvey ! hem ! il a beau avoir trouvé la circulation du sang. C'est immortel, messieurs, ce qu'a fait Harvey. Cela touche à Hippocrate, c'est du génie. Mais quand il n'y a plus d'huile, il faut que la lampe meure ; Harvey n'y peut pas plus à présent qu'un de ces grands mulets cuirassés qui étaient là tout à l'heure.

Cependant, le colonel, jaloux de voir ce qui allait se passer, entr'ouvrit légèrement le rideau de soie. En face de lui était ouverte une porte à deux battants, que gardaient quatre soldats de ceux qui se taisaient si bien, et gardaient si bien. Cette porte ouvrait sur la chambre de Cromwell, au fond de laquelle on apercevait son lit, dont les rideaux étaient soigneusement tirés. Le colonel vit alors qu'il y avait dans la salle une centaine de personnes de diverses professions, qui, à l'instant où il regarda, se réunirent en groupes séparés. Cette séparation s'expliqua bientôt, lorsque chacun de ces groupes s'avança successivement jusqu'à la porte de la chambre, et que celui qui en paraissait le chef prononça une courte harangue de félicitations.

Le lit de Cromwell était en face de la porte, devant laquelle passaient ces députations. Ce fut un curieux spectacle que le mélange singulier qu'offrait cette réception, et ce n'était pas une médiocre preuve de l'art de gouverner de Cromwell.

D'abord se présenta, au nom de l'armée, Monck, qui devait plus tard rétablir cette royauté dont il servait alors le plus ardent ennemi. Général froid et prudent, indolent politique, il trouva des paroles enthousiastes pour peindre les transports de l'armée à la nouvelle du rétablissement du Protecteur.

Ensuite vint Carr, fougueux puritain, qui le félicita d'avoir cherché et d'avoir trouvé le Seigneur. Ces mots, chercher le Seigneur, dans la langue de ces fanatiques, signifiaient la prière extatique à laquelle ils se livraient à tout propos, et pendant laquelle ils prétendaient communiquer avec la Divinité.

— Imbécile, dit tout bas Andlay en l'entendant, tire-bouchon que tu es !

Barkstead, surpris de cette exclamation, en demanda l'explication à Andlay. Celui-ci pendant que le prédicateur finissait sa harangue, répondit au colonel :

— Un soir, il n'y a guère plus d'un an, Cromwell avait invité quelques intimes à souper avec lui. Nous étions huit ou neuf athées et trois ou quatre déistes, tous de même opinion et nous souciant fort peu de la religion. Les valets avaient été renvoyés, selon l'usage, de façon que nous nous servions nous-mêmes Tout à coup Cromwell, voulant nous faire goûter d'un malvoisie qui remonte aux Lancastres, cherche le tire-bouchon. Point de tire-bouchon, il le demande ; on s'empresse, chacun se met en quête, Cromwell, non moins ardent que les autres. Au milieu de la confusion qu'avait fait naître cet accident, entre un officier. — Une députation des vrais enfants de Dieu, dit-il, voudrait implorer la sainte présence de milord. Cromwell s'arrête et répond : — Je ne puis la recevoir. — Que dirai-je donc à ces gens ? répliqua l'officier. — Mais, dites-leur, repartit Cromwell..., que je cherche le Seigneur. Et à peine l'officier avait-il fermé la porte, qu'il s'écria : — Ma foi, je l'ai trouvé, le voici ! Et il nous montra le tire-bouchon en riant. Le surnom est resté à l'instrument, et le Seigneur de Cromwell sera connu un jour.

L'austère vertu de Barkstead s'affligea de ce récit, sans pourtant s'en étonner : il connaissait Cromwell ; mais comme en lui le politique l'emportait sur l'homme religieux, il n'en avait pas moins fait son idole. Il continua à regarder de derrière son rempart de soie, et vit passer, l'une après l'autre, une députation du parlement, puis une du clergé catholique d'Irlande, puis une des serviteurs du Covenant. La plus curieuse, pour des spectateurs indifférents, eût été celle des millénaires, qui sommèrent Cromwell de déclarer s'il n'était pas Jésus en personne qui venait régner pendant mille ans sur la terre, le priant, s'il en était ainsi, de prolonger leur vie durant tout son règne. Mais celle qui surprit le plus Barkstead, fut la députation du clergé anglican de Westminster, à la tête duquel il reconnut Juxon, dont la harangue finit par une ardente prière à l'Éternel pour la conservation des jours du héros de l'Angleterre.

Barkstead en demeurait aussi surpris qu'indigné, lorsque le son d'une voix connue appela encore son attention. Richard lui-même, jusqu'à ce moment assez indifférent, se prit à écouter. L'orateur qui parlait en ce moment, était un homme de trente-six ans à peu près, vêtu comme un riche particulier, et portant au cou la chaîne qui distinguait les syndics des corporations marchandes. Il parlait au nom du corps respectable des bouchers, et c'était l'honorable maître Tom Love, que nous avons laissé croyant traîner le cercueil de Charles Ier à la Tamise ; à côté de lui était un jeune homme portant une sorte de corbeille ouverte que l'on supposait être un présent. Son discours eut cela de remarquable, que, dès les premiers mots, il appela toutes les attentions, et plus particulièrement celle d'Andlay.

— Milord, dit-il de sa voix toujours tonnante, milord, les médecins sont des ânes. Ils vous ont tué le corps en vous prenant le plus pur de votre sang et en vous faisant boire de l'eau chaude en place de bonne âle et de bœuf rôti.

A ce préambule, Andlay fut pris d'une irritation qui ne se manifesta d'abord que par des toussements muets, car la colère l'avait tellement pris à la gorge, qu'il ne pouvait plus parler. Tom Love continua :

— Si vous daigniez, milord, écouter les conseils de ceux qui vous aiment pour vous et non pour eux, vous feriez pendre quelques-uns de ces docteurs en maigre chère, cela ne pourrait vous faire que du bien, et vous vous en porteriez beaucoup mieux.

A ce moment, les exclamations d'Andlay commencèrent à devenir intelligibles, mais il ne les proférait qu'à voix basse. Les noms de manant, de scélérat, de juif, de voleur, de bourreau, sortaient convulsivement de sa bouche. Dans sa colère, il donnait à l'orateur les épithètes les plus incohérentes, le qualifiant des noms qu'il méprisait le plus, l'appelant tour à tour, Irlandais, prêteur sur gages, ménestrier. Cependant le syndic poursuivait toujours :

— C'est avec joie que le peuple anglais, et particulièrement l'honorable corporation des bouchers, a appris votre rétablissement, et que vous avez mis à la porte ces marchands d'huile épicée, de racine et de feuilles d'arbres.

Le colonel avait toutes les peines à retenir le furieux médecin, qui voulait aller se mesurer avec l'orateur. Enfin, Love acheva en disant :

— L'honorable corps des bouchers, touché de vous voir rentré dans la bonne route où marche la santé, m'a chargé de vous offrir ce présent, pour vous engager à y persister.

Et comme à ces mots, il découvrit un magnifique filet de bœuf, posé sur un plat d'argent.

— Brigand, bourreau ! assassin ! s'écria Andlay, en échappant à Barkstead et en entrant dans la salle, tu ne périras que de mes ordonnances, scélérat, usurier, comédien.

Ces exclamations troublèrent la réception plus qu'on ne peut le dire ; mais elles s'expliquèrent facilement pour tous ceux qui reconnurent Andlay, et qui avaient entendu Tom Love. Chacun s'empressa pour savoir ce qu'il allait résulter de cette étrange collision de deux autorités aussi puissantes. Mais, sans écouter personne, Andlay s'élança dans la chambre du malade avec une fureur toujours croissante, et, s'approchant du lit, il se prit à crier :

— Il vous sied bien d'écouter les hommages et les félicitations des corps de l'Etat, quand vous n'êtes plus qu'un cadavre, vivant par artifice, et qui n'avez de force que celle que ma science vous porte. Encore, s'il s'agissait d'entendre les saints avis d'un prêtre ou d'un docteur, mais c'est pour prêter l'oreille aux absurdes sottises d'un goujat, d'un va-nu-pieds.

Tom Love, à ces mots, se prit à jurer de toute la force de ses vastes poumons et à montrer son poing au docteur par-dessus les piques croisées des cotes de fer. Andlay, ne recevant pas de réponse du Protecteur, continua, la rage dans le cœur et dans la voix :

— Hé bien ! puisque tu te plais à prêter attention à ces infâmes invectives contre l'art qui t'a disputé si longtemps à la mort, apprends, Cromwell !..

Et pour rendre son arrêt plus horrible, il s'approcha de la couche magnifique du Protecteur, entr'ouvrit le rideau, se pencha sur le lit, et d'un ton d'oracle il cria :

— Apprends, Cromwell... Oh ! oh !

Et le docteur se releva stupéfait, la bouche béante et terrifié ; une sorte de rire convulsif et de colère menaçante se disputèrent quelque temps sur son visage et lui donnèrent l'air d'un fou. Mais la fureur l'emportant enfin, il sortit comme un insensé, de la chambre de Cromwell, écumant, poussant des sons inarticulés et gagnant les appartements intérieurs, sans que personne pût comprendre la cause de singulier état.

En ce moment, quelqu'un frappa sur l'épaule de Barkstead, qui était demeuré derrière le rideau, et celui-ci reconnut son collègue, le colonel Okey, qui lui fit signe de le suivre avec Richard, par la porte basse où s'étaient montrés les deux soldats qui avaient refusé passage à Andlay.

XII. — LA CHAMBRE.

Le colonel suivit son guide pendant quelques minutes à travers un dédale de passages et de chambres fort mal éclairés, mais terriblement gardés. De dix pas en dix pas, deux soldats immobiles comme des pierres milliaires, arrêtaient leur marche, pour échanger le mot d'ordre avec le colonel Okey ; et, de même que les bornes de la route mesurent la marche des voyageurs ; de même le nombre de ces gardes pouvait servir à calculer les craintes du Protecteur, et endonner une espèce d'approximation mathématique. Ce serait une échelle de proportion à établir pour le palais des souverains, et qu'on pourrait appliquer à l'amour du peuple, en calculant celui-ci en raison inverse de l'élévation de l'autre.

Toutefois, ce n'était pas contre la haine populaire que tant de précautions avaient été prises, c'était plutôt contre la curiosité de certains amis et l'attente de tous les partis. Barkstead suivait toujours Okey dans un parfait silence, et bientôt ils eurent gagné la partie de Saint-James opposée à celle où venait d'avoir lieu la réception des députations de la ville de Londres. Enfin, après bien des détours, Okey ouvrit une porte basse et étroite, et introduisit Barkstead et son fils dans une chambre assez spacieuse, dans laquelle se trouvait un lit. Au moment où le colonel entra dans cette pièce, il vit Andlay qui arrivait par la porte principale, ayant pris sans doute un autre chemin que celui que lui avait fait suivre Okey. Le docteur était toujours dans l'état d'exaspération où l'avait mis le discours du syndic des bouchers. Ce courroux semblait même s'être augmenté pendant le trajet qu'avait fait le médecin, et Barkstead allait le questionner, lorsqu'une voix, partie du lit, les interpella tout à coup.

— Hé bien ! mes fidèles, a-t-on débité beaucoup de sottises aux rideaux de velours de ma couche protectorale ? Je crois sur mon âme, ou sur la vôtre, ou sur celle de mon père, qui doit savoir maintenant s'il en avait une, qu'ils criaient : Vive le Protecteur ! Ah ! docteur, Cromwell n'a pas besoin de leurs vœux, il vivra bien assez de lui-même. Je veux vivre, docteur, j'en ai besoin !

— C'est donc vous, reprit Andlay indigné, qui avez fait jouer cette comédie, et avez annoncé votre rétablissement, arrivé par l'intercession du Seigneur ainsi que je viens de l'apprendre de vos secrétaires ? Et vous avez osé faire répandre dans tout Londres, il y a deux heures, qu'aussitôt que vous m'aviez chassé, l'Esprit-Saint s'était saisi de vous et vous avait soufflé une nouvelle vie. Vous êtes un fou.

— Crois-tu, médecin, reprit Cromwell, que j'aie besoin de toi pour me dicter ma conduite ? Silence sur ce qui vient de se passer, docteur, ou le plus malade de nous deux ne sera pas moi.

— A coup sûr, le plus malade de nous deux, c'est vous, milord, de corps et d'esprit, ajouta Andlay ; aussi ai-je amené Barkstead, le voici qui vient recevoir vos ordres.

— Demain je lui parlerai, ajouta Cromwell ; que dis-je, demain ? dans quinze ans. Ne me regarde pas ainsi, docteur, avec ta face refrognée ; tu viens jouer ta farce à mon chevet pour me faire peur et m'administrer tes drogues ; je n'en veux plus. — Allons, raconte-moi la réception ; qui est-ce qui a parlé ?

— Des sots, répondit Andlay furieux.

— Bien ! répondit Cromwell, et le nom des orateurs ?

— Pensez-vous, répliqua Andlay, que je méprise assez la mémoire, le don le plus précieux que le ciel fasse à l'homme qui aime l'étude, pour la charger des noms des gredins qui étaient là ?

— J'admire ta colère, reprit en riant le Protecteur ; mais d'où te vient-elle ? Est-ce donc manquer aux ordonnances de la médecine, que de s'aviser d'être bien portant à son insu ?

— Ah ! milord, répondit Andlay, en posant sa tête entre ses mains avec un profond désespoir ; vous m'avez déshonoré.

— Parce que je me suis guéri sans toi ; allons ! allons, mon brave docteur ! je suis bon ami, je te nommerai doyen des hôpitaux de Londres, console-toi !

— Milord, repartit Andlay avec un calme douloureux, je vous ai remis, il y a treize jours, un paquet cacheté, il n'a pas quitté votre chevet. Veuillez me le remettre, il sera ma justification, je dois me retirer ; je n'ai plus rien à faire ici.

— Te retirer ! s'écria vivement Cromwell, je ne veux pas ; et qui me soignera ? Ces mains de fer, dit-il, en montrant les soldats qui gardaient la porte, ma famille qui me hait et qui me trahit ? Non, docteur, demeure ! je souffre encore et je puis peut-être mourir. Mais non, je ne mourrai pas si tu restes... Tu me sauveras ! Andlay, sauve-moi ! La vie ! la vie ! docteur, il me la faut, j'en ai besoin.

— La mort vous fait donc bien peur, milord, dit gravement Andlay ?

— La mort ! cria Cromwell, que dis-tu là, misérable ? tu ne m'as jamais parlé de mort... Ah ! tu m'as trompé... Mais non, je ne suis que malade, n'est-ce pas, bon docteur ?... Réponds.

— Pourquoi avez-vous donc fait appeler le colonel Barkstead ? demanda Andlay, n'était-ce pas pour une mission de dernière volonté ?

— On fait son testament à table, entre deux bouteilles de vin, si l'on veut, repartit Cromwell ; je puis bien confier une dernière volonté à Barkstead, quoique je ne sois que malade. N'est-ce pas, docteur ? Mais réponds donc, infâme ! je ne suis que malade, je ne suis point en danger de mort ?

La voix de Cromwell tremblait en parlant ainsi, et ses yeux hagards décelaient un effroi qui étonnait et affligeait ses amis. Andlay, accablé, ne savait que répondre.

— Que faire ? dit-il tout bas à Barkstead.

— Lui dire toute la vérité, répondit celui-ci, également à voix basse.

— Que dites-vous là ? s'écria le Protecteur, vous complotez !... Répondez donc. Barkstead, que t'a-t-il dit ? c'est un traître ! Okey, emparez-vous de lui, il va partout semant le bruit de ma mort ; il est vendu aux royalistes, il soutient leurs espérances. Entendez-vous ce que je vous dis ? éloignez-le ! éloignez-le !

— Je vous laisse, dit Andlay avec un mépris mal déguisé, je vous laisse entre les mains de l'Esprit-Saint. Rendez-moi l'écrit que je vous ai remis, je souhaite qu'il soit un mensonge, et qu'au lieu d'être ma gloire il soit ma honte. Demain, il faut que je le dépose entre des mains qui signeront à quelle heure elles l'ont reçu ; donnez, milord, le temps presse.

— Qu'est-ce donc que cet écrit ? reprit Cromwell ; tu ne l'auras point, Andlay. C'est quelque infâme perfidie ! je ne te le rendrai point, je veux le connaître.

Aussitôt il chercha avec anxiété sous le coussin qui soutenait sa tête, et en retira un papier soigneusement fermé ; il allait en briser le cachet, lorsque Andlay s'écria :

— Arrêtez, milord, n'ouvrez pas ce paquet, il garde un secret de mort.

— Un secret de mort ! dit Cromwell épouvanté, en se mettant sur son séant et en laissant tomber le papier devant lui. Ah ! quelque poison subtil, enfermé là, n'est-ce pas, misérable ? Sais-tu quel supplice on garde aux assassins et aux traîtres, pour un pareil crime ?

— Milord, répondit Andlay, ce que j'ai déposé sur ces feuilles a été écrit le vingtième jour du mois d'août. Ce jour-là même, ce papier vous a été remis en présence de plus de dix personnes qui l'ont scellé de leurs armes, et demain seulement il devait être ouvert en présence de ces mêmes personnes.

— Je sais cela, dit Cromwell. Hé bien ! il le sera ce soir, ici même. C'est peut-être le secret d'une conspiration, ajouta-t-il en changeant de soupçon. Fou que je suis ! j'ai gardé ce papier treize jours entiers sans y penser, et cela pour te plaire. Mais je vais apprendre tout de suite...

— Apprendre ce que vous ne deviez pas savoir ainsi, dit Andlay en l'interrompant ; et ce que vous n'êtes pas capable d'entendre.

— Qu'est-ce donc, misérable ? cria Cromwell.

— La vérité, milord, répondit le docteur.

— Barkstead, reprit le Protecteur avec une colère extrême, ouvrez ce papier et dites-moi ce qu'il contient. Ah ! sans doute quelque infâme satire sur mon compte, ou bien quelques secrets que j'aurai révélés dans la fièvre. Tiens, Barkstead, prends et lis. Ah ! il me reste la force de te punir, Andlay. Ouvre donc, Barkstead.

— Mais, répliqua le colonel, ce papier est cacheté des armes de gens honorables, et il est écrit sur le dessus : *Pour être ouvert en notre présence le 4 septembre, quoi qu'il arrive*. Les signatures suivent cette suscription ; prenez garde, milord, ceci a toute la sainteté d'un dépôt.

— Veux-tu me dire ce que contient ce papier, Andlay ? dit Cromwell dans une anxiété extrême.

— Demandez-le à l'Esprit-Saint, répondit le médecin.

— Imbécile, repartit le Protecteur, qu'importe à ta médecine ce que j'ai fait annoncer au peuple ? Ne vois-tu pas, idiot, que si je meurs, on prétendra que c'est de ma faute parce que je t'ai renvoyé, et que je me soucie de ce qu'on dira de moi après moi, en fait de prévision, comme du bruit des cloches qui sonneront ; tandis que si j'échappe, le peuple croira de bonne foi que j'ai eu véritablement une conversation avec l'Esprit de Dieu en personne, et alors, comprends-tu ce que deviendra l'Angleterre sous ma main, m'adorant comme un élu, comme un fils du Seigneur, comme... Ah ! ajouta-t-il, en s'interrompant lui-même... si j'y avais pensé plus tôt, il y avait de quoi s'établir prophète... ah ! ah ! continua-t-il en riant, ce serait singulier... mais non, c'est assez. Oh ! que cette nouvelle me réussisse, et l'Angleterre est à moi, et le monde est l'Angleterre !

Andlay et Barkstead contemplaient Cromwell avec admiration, car alors il portait sur son front chauve et nu l'auréole de sa volonté puissante et active. Son œil vibrait, ses larges narines aspiraient l'air avec force, il continua :

— Crains-tu, maintenant, docteur, que je t'aie déshonoré en disant que je t'ai éloigné de moi parce que j'ai pris le bon Dieu pour médecin ! es-tu jaloux de ce rival-là ? Allons, calme-toi, vieux fou, et dis-moi ce qu'il y a dans ce papier.

— Un oracle comme le vôtre, milord, dit Andlay, et l'on saura dans quelques heures lequel est menteur du vôtre ou du mien.

— Et que dit-il donc, ton oracle ? repartit Cromwell, reprenant sa colère ; infâme histrion qui cherches à me tromper ; cœur sans foi ni probité, que dit-il donc de si contraire au mien ?

— Il dit, répliqua Andlay d'une voix solennelle, que le 3 septembre, avant minuit sonné, Cromwell, protecteur de la Grande-Bretagne, sera mort !

— Dit-il cela ? s'écria Cromwell en s'attachant avec force à ses couvertures, droit et immobile sur son séant, la bouche entr'ouverte et les lèvres agitées d'un tremblement effrayant : Barkstead, ouvre ce papier et lis-en le contenu : oh ! je ne peux pas mourir ainsi... Mourir ! mourir ! répétait-il d'une voix déchirante ; non, Andlay, tu me trompes, tu te venges ; tu n'as pas prévu cela, ce n'est pas vrai... réponds.

Le médecin garda le silence. Cromwell, plus furieux, continua :

— Et pourquoi, misérable, as-tu prévu que je pourrais mourir ! infâme scélérat, quel démon t'a poussé à faire cette supposition ! on t'a payé, hypocrite, pour la faire. Tu as vendu le secret de ma vie à mes assassins ! tu as osé dire que je pouvais mourir.

— Écoute donc, s'écria le docteur avec la même solennité et en prenant le papier des mains de Barkstead, jamais homme ne sacrifia à un homme plus que je fais en ce moment. Écoute, c'est l'immortalité d'un nom que je dépose en offrande sur ta tombe, car ceci, demain, eût semblé une révélation au monde entier ; non pas une de ces menteuses et fausses comédies que tu joues, mais le résultat de l'étude la plus sincère et la plus profonde. Et maintenant j'en détruis toute la puissance, pour toi seul et dans ton intérêt ; je la détruis pour que tu ne sois pas saisi, comme un soldat sans armes par son ennemi ; pour que tu saches enfin qu'il faut que tu te prépares à quitter cette terre sur laquelle tu as pesé si lourdement. Je la détruis, Cromwell, afin que ce mensonge dont tu te berces toi-même, que l'on te trompe sur ta vie pour te dominer et te conduire, s'efface de ton esprit, et que tu puisses faire les derniers actes d'un homme : prier et ordonner.

Tous se serrèrent près de la couche de Cromwell, le docteur au chevet, Okey et Barkstead debout près de lui, et le jeune Richard plus éloigné, tout à fait au pied du lit ; le Protecteur, toujours assis, s'était tourné vers le docteur. L'effroi qui l'agitait avait quelque chose de triste à voir ; c'était une cruelle déception pour ceux qui l'avaient aimé et admiré, que cette épouvante qui bouleversait son visage. La lampe, suspendue au plafond, jetait une clarté à peine suffisante pour cette lecture. Andlay brisa le cachet ; l'attention devint plus extrême, un profond soupir s'échappa de la poitrine du Protecteur. Andlay lut :

« Le 15 juillet 1658, appelé à donner mes soins à Olivier Cromwell, protecteur de la Grande-Bretagne, j'ai conçu le projet d'établir que l'art divin de la médecine est une science dont le pouvoir est basé sur les plus profondes connaissances de l'âme, mises en rapport avec l'appréciation la plus exacte du corps. »

Ce préambule étonna les auditeurs, Cromwell devint attentif. Andlay suivit sa lecture :

« Jamais plus illustre exemple ne pouvait appeler les regards du monde, je l'ai donc choisi comme le plus invincible qu'on pût opposer aux incrédulités des ennemis de l'art médical. »

— Hum ! dit Cromwell, voyons !... — Andlay continua :

« J'observais le Protecteur, je reconnus en lui un esprit intact et une volonté ferme ; je vis en même temps que ces nobles qualités n'habitaient plus qu'un corps usé. »

— Diable ! murmura Cromwell, après ? — Le docteur poursuivit :

« J'en recherchai les causes. Le cœur haletant, le front ridé et la face amaigrie portaient l'empreinte de ces chagrins qui ont, pour jamais, séché la source de l'existence. Je fus assuré que le puissant Cromwell avait passé de longues nuits le cœur brisé et les yeux en pleurs, cherchant à qui donner une part du pouvoir qui l'entoure pour un peu d'amour et de reconnaissance. Je compris que la douleur avait tué Cromwell plus que le travail : car le travail et le génie ont toujours, durant sa vie, trouvé dans le succès leur récompense, et par conséquent leur régénération ; tandis que les affections de l'homme, refoulées en lui par l'ingratitude et la trahison, l'ont séché comme une flamme intérieure. »

Le visage de Cromwell se peignit d'une singulière émotion à ce passage. Andlay lut encore :

« Je cherchai alors ce qu'était la maladie du Protecteur, et je reconnus qu'elle n'était qu'un dépérissement occasionné par une cruelle mélancolie, qui procédait, à pas lents, par la décomposition du corps, à la destruction du plus puissant esprit du monde, comme fait le ver qui perce le chêne immense des forêts, et le tue incessamment. J'épiai la marche de la maladie ; je la suivis pas à pas, jour à jour, heure à heure ; je pesai dans ma main ce qu'elle arrachait par minute à la vie du chef du peuple anglais ; et, après trente-cinq jours d'observation, je prononce aujourd'hui, 20 août 1658, que Cromwell, dévoré de déceptions et d'ennui, sans autre cause de maladie que le soupçon, les regrets, l'impuissance et le dégoût, sera usé jusqu'à son dernier souffle et sa dernière puissance de sentir, et qu'il sera ainsi tué et mort, avant que l'heure de minuit du troisième jour de ce mois de septembre ne soit sonnée. »

La lecture était achevée, et un morne silence régnait dans la chambre. C'est à peine si Barkstead osait lever les yeux sur le Protecteur. L'aspect de ses craintes lui déchirait plus le cœur que l'idée même de sa mort. Il s'attendait à de nouveaux cris, à des larmes et des fureurs ; il s'avança vers lui :

— Quelle heure est-il ? demanda Cromwell d'une voix calme.
— Huit heures, répondit Okey.
— C'est bien ! nous n'avons pas de temps à perdre, répliqua le malade. Okey, va prévenir ma femme et mes enfants que je veux les voir dans une heure. Docteur, il fallait me dire cela plus tôt. Au reste, Andlay, je te remercie, ceci est l'œuvre d'un génie profond. C'est une bien remarquable prévision, et pourtant l'étonnement que cela eût causé n'eût tenu qu'à l'ignorance où l'on est de ton art. Il doit avoir, comme toute chose, des règles et des lois reconnues dans la nature, et

Il se précipita dans les bras d'une femme qui l'étreignit avec des larmes. — Page 15.

d'après lesquelles on peut dire certainement ce qui arrivera le lendemain : car, moi aussi, j'ai deviné dans ma vie, deviné, à une heure près, la marche d'une armée et la chute d'un pouvoir. Puis, s'animant, il continua : — Il ne faut pas être si fier, docteur, d'avoir prévu que je mourrais aujourd'hui : car enfin, tu observais sur un corps, sur une substance qui tombe sous l'œil et sous la main, tandis que moi, je n'ai regardé et n'ai pu voir que des symptômes qui ne sont saisissables qu'à l'esprit, et pourtant, si je voulais prédire, moi ! le parlerais ni d'un homme, ni de quelques jours ; je prophétiserais le destin de tout un peuple, et j'embrasserais des années d'avance. Mais je déposerai quelque part la preuve de cette prévoyance, et tu jugeras alors si tu dois pleurer si fort ce que tu appelais ta gloire perdue, en comparant ta science à la mienne.

— Une toise n'ajoute rien à la hauteur d'un clocher élevé comme celui de Westminster, mais un pied grandit de beaucoup la quille qui n'a que six pouces de haut, milord, repartit le docteur. Cependant il importe peu maintenant, le sacrifice est fait, je n'y pense plus, je n'ai pas tout perdu, et je viens d'apprendre un secret du cœur de l'homme, que je soupçonnais depuis longtemps.

— Lequel ? dit Cromwell.
— C'est combien la certitude donne de courage.
— Ne va pas trop loin, Andlay, ce changement tient peut-être plus à mon caractère particulier qu'à l'humanité en général. Toutes les fois qu'il m'a fallu décider quelque chose, j'ai bataillé avec moi-même, tant que j'ai pu ; mais une fois mon parti pris, j'ai marché haut et droit. Tu me pardonneras peut-être bien d'avoir un peu biaisé avec la mort ; mais c'est fini, n'en parlons plus.

Okey rentra dans la chambre en ce moment ; il annonça que la famille de Cromwell se rendrait à ses ordres. Le malade lui fit signe d'éloigner les soldats qui étaient à la porte de la chambre immobiles et muets, et Barkstead, Okey, Andlay et Richard demeurèrent seuls avec le Protecteur.

XIII.

DERNIÈRE VOLONTÉ.

L'attente de ce qui allait se passer occupait particulièrement Barkstead ; il allait enfin apprendre le secret que Cromwell n'osait pas même avouer à sa famille. Sur un signe du Protecteur, toutes les personnes présentes s'approchèrent du lit, toutes demeurèrent debout, et Cromwell resta, comme il était, sur son séant.

— Écoutez maintenant, mes fidèles. Que ce que je vais vous dire soit un aveu de faiblesse, ou un caprice, ou le résultat d'un orgueil qui veut vivre au delà du tombeau, toujours est-il que c'est un ordre que vous devez exécuter en fidèles serviteurs ; une prière que vous ne pouvez oublier, si vous êtes vraiment mes amis ; jurez-moi donc de faire ce que je vais vous demander, sans que nulle considération puisse vous en empêcher.

Les deux colonels, Richard et le docteur, étendirent leurs mains sur le lit du malade, prêtèrent le serment qu'il leur demandait. Cromwell s'aperçut alors seulement de la présence de Richard.

— Ton âme est bien jeune, dit-il, pour lui confier le poids d'un secret. C'est là ton fils, Barkstead ? Me réponds-tu de lui ? Songe que je mets d'avance sur ta conscience la faute d'une indiscrétion. — Mon honneur est l'héritage de Richard, répondit Barkstead, je ne crains pas de le lui confier.

— Soit, dit Cromwell, écoutez maintenant; dès que je serai mort, ce qui ne doit pas tarder bien longtemps, n'est-ce pas, docteur ? vous ferez préparer pour moi de magnifiques funérailles; Barkstead, tu trouveras dans mon épargne une somme destinée à cette dépense ; je veux que la pompe la plus extraordinaire occupe l'attention de l'Angleterre ; mais, de même que le peuple traînait, il y a dix ans, à la Tamise, le cercueil vide de Charles Ier, il faut qu'il suive dans les pleurs et le recueillement le cercueil vide de Cromwell : après avoir trompé leur rage, je tromperai leur douleur ; car il ne faut pas que le corps de ceux qui ont tenu le sort des nations dans leurs mains soit traîné dans la fange et foulé sous les pieds de la populace.

Une surprise extrême se peignait sur tous les visages. Andlay interrompit le Protecteur.

— Nul doute, milord, que le peuple de Londres n'accompagne avec respect le cercueil de celui qui fut son héros : d'où vient donc cette précaution, que vous semblez prendre contre ses insultes ?

— A mon tour, docteur, reprit Cromwell en souriant. Prenant alors un air solennel, il continua d'une voix calme et presque prophétique, les yeux fixés devant lui, comme s'il lisait sur les pages d'un livre invisible, et prononça les paroles suivantes : — Enfants, nos jours sont passés, et notre règne fini; j'ai jeté sur l'Angleterre une semence qui fructifiera plus tard, mais qui dormira longtemps : avant que trois années soient écoulées, Charles Stuart sera roi de la Grande-Bretagne, et le nom d'Olivier Cromwell sera proscrit comme celui d'un brigand qui a volé son maître ; mais ce nom aura ma vie pour le défendre, et ni calomnie, ni jugement, ni proscription n'empêcheront ce qui a été d'avoir été. Ce qui restera, sans défense, de Cromwell, ce sera son corps, que la haine royale ne manquera pas de livrer à l'infamie des échafauds : eh bien ! Cromwell ne veut pas que le vaincu et les fugitifs aient droit de venir insulter à son cadavre sur le champ de victoire que la mort seule lui aura fait déserter. Livrez donc aux pompes de Westminster, aux prières du clergé, aux larmes du peuple, aux ovations des inspirés, le cercueil vide et froid de votre ami, et cachez profondément dans la terre sa dépouille mortelle, pour que les chacals royalistes ne viennent pas gratter sa tombe et assouvir leur vengeance des restes de leur ennemi.

Barkstead et ses amis se regardèrent entre eux : il y avait, dans le coup d'œil qu'ils échangèrent, une interrogation mutuelle, comme s'ils se demandaient si la raison du Protecteur était saine sous sa maladie. Cromwell les comprit.

— Ce que je vous dis, enfants, est vrai comme ce qu'Andlay vous a prédit tout à l'heure ; croyez-en un homme qui, comme lui, a pesé grain à grain la valeur des hommes, et calculé la durée des choses. Nulle main n'est assez forte, après la mienne, pour retenir toutes les factions qui divisent l'Angleterre : les amis de la liberté, réunis autour de Cromwell, s'éparpilleront demain, et quelque faible que soit la cause de Charles II, elle aura bientôt triomphé de tous les ambitieux qui se disputeront les débris du protectorat. Je connais cette faction ; durant les dix années de proscription qui ont pesé sur elle, pas un de ses liens ne s'est dénoué, aucun de ses hommes n'a été abandonné, aucune de ses heures perdue ; elle est persévérante et implacable, et le succès est toujours au bout de ces deux qualités ; croyez-en Crom-

Au moindre signe que vous ferez l'un ou l'autre, il tombe mort. — Page 19.

well, enfants, et protégez l'avenir de votre vie, comme je v ux protéger celui de ma mort.

Les confidents du Protecteur étaient confondus ; et, malgré leur incrédulité, chacun se livrait déjà aux réflexions cruelles que leur inspirait un si déplorable avenir, lorsque Cromwell les interrompit :

— Il y a dans le comté de Northampton, une prairie qui porte le nom de Naseby ; tu la connais, Barkstead, nous y avons combattu ensemble. Vous transporterez dans cette prairie le corps d'Olivier Cromwell, pendant une nuit sombre. Barkstead, tu trouveras dans ce coffre l'argent nécessaire aux frais du voyage et le laisser-passer qui vous permettra d'arriver sans que votre voiture soit visitée. Une fois dans cette prairie, vous enlèverez le gazon sur un espace de neuf pieds. Pour ce travail, vous prendrez un jardinier habile ; vous déposerez ce gazon, ainsi que cela se fait pour l'embellissement des jardins, avec soin et sans le briser, à côté de l'endroit où vous l'aurez enlevé ; vous creuserez alors une fosse de neuf pieds de profondeur ; la terre sera replacée sur une toile que vous étendrez tout auprès, afin qu'elle ne se mêle pas parmi les herbes et ne puisse pas attester qu'on a creusé une fosse en cet endroit : cela fait, vous descendrez mon cercueil dans la fosse, et vous le recouvrirez de la même terre, que vous aurez soin de fouler avec les pieds, afin que le sol, remué aussi profondément, ne puisse s'affaisser plus tard et créer un indice qui pourrait servir à découvrir où repose mon cadavre. Lorsque la fosse sera comblée, le jardinier replacera le gazon sur la place où on l'aura pris, et il sera immédiatement arrosé par vous, afin qu'il reprenne toute sa verdeur, car la moindre place flétrie pourrait appeler des soupçons. Le reste de la terre enveloppée dans la toile, sur laquelle on l'aura déposée, sera emportée par vous et dispersée dans quelque fossé, au moins à trois lieues de la prairie. L'homme, que vous aurez employé, arrivera, les yeux bandés, à l'endroit que vous aurez choisi, il en repartira de même, et, son ouvrage terminé, il recevra cinq cents livres sterling et devra quitter l'Angleterre.

Chacun avait écouté cette instruction détaillée avec une scrupuleuse attention, quel que fût d'ailleurs l'étonnement qu'elle lui causât.

— Est-ce tout ? demanda Barkstead, sont-ce là vos dernières volontés ?

— Ami, lui dit Cromwell, j'ai pris toutes les précautions qui sont au pouvoir de l'homme, pour rendre la terre discrète ; j'ai jugé que sa surface verte et unie était plus propre à tromper l'œil de nos ennemis sur le mystère qui lui était confié, que la pierre la plus dure et le monument le plus profond, comme le visage de l'homme couvre mieux un secret par un sourire, qu'il ne le cache par un aspect austère ; mais j'aurai vainement forcé la matière et le sol à obéir à ma dernière volonté, si je n'ai pas fermé de même votre bouche, et si vous n'êtes pas préparés à jeter sur cette confidence un voile de sérénité qui la rende insaisissable aux doutes les plus pénétrants. Écoutez, enfants, et comprenez-moi tout à fait : d'aucun de vous, je ne crains une indiscrétion venue de la peur, de la trahison, de la torture, ni même de l'échafaud. Entre les milliers d'hommes qui me doivent tout ce qu'ils sont, tout ce qu'ils n'auraient pas été, et souvent plus que rien ; à côté de ma famille, qui, après avoir vendu mon protectorat à qui voudra l'acheter pour prix du salut, de la richesse et de l'oisiveté, vendrait encore mon cadavre pour quelques livres sterling de rente ; c'est vous seuls qui m'avez paru dignes d'enfouir dans votre sein le mystère de ma dernière demeure : or, mes amis, pour que ce secret y soit à l'abri de toutes recherches, faites, pour votre visage et vos manières, ce que j'ai fait pour la prairie de Naseby. Ne vous fiez point en votre force pour retenir un secret que l'adresse pourra vous arracher, pas plus que je ne me suis fié à la pierre et au fer, pour défendre un cercueil que la haine peut y chercher. Il n'y a que celui qu'on n'interroge pas qui est sûr de ne pas répondre de mauvaises choses, et de même qu'on n'ira pas interroger la face pure et riante de la prairie, dont la verdure indifférente n'appellera l'attention de personne, de même on ne demandera rien aux hommes, s'ils savent éloigner de leur visage cet air de souci, cette réserve affectée qui invitent à la curiosité, et s'ils peuvent faire refleurir, sur leur figure, le calme et l'indifférence des gazons de Naseby.

Ils promirent d'accomplir la volonté de Cromwell dans toutes ses exigences ; et, en ce moment, il fournit lui-même à Barkstead et à son fils l'occasion de remplir le serment qu'ils avaient fait, l'un à sa femme, l'autre à Charlotte.

— Jeune homme, sais-tu écrire ? dit le Protecteur à Richard. Hé bien ! mets-toi là, et rédige, pour Andlay, sa nomination au décanat de l'Université de Londres. C'est une indemnité que je te dois, docteur. Quant à toi, Okey, tu régleras l'ordre de mes prétendues funérailles, de celles qui doivent mentir, par leur pompe, à l'Angleterre, et la dépouille t'en appartiendra. Et toi, Barkstead, que veux-tu que je te donne ?

— Je désire, répondit le colonel, que l'heure de votre mort soit, comme celles de toute votre vie, généreuse et clémente ; je veux vous demander la grâce d'un coupable.

— Est-ce quelque fou millénaire ? quelque ardent puritain qui t'intéresse à ce point, ou quelque républicain de ceux que Lambert a si souvent suscités contre moi ?

— Non, milord, repartit le colonel, c'est la grâce de sir Salnsby que je viens vous demander.

Okey ne put retenir un cri de surprise ; Andlay lui-même parut étonné, et le Protecteur répondit :

— Quel intérêt as-tu, Barkstead, à sauver ce misérable ? Est-ce que l'histoire de cette enfant, de ta nièce, n'est pas finie ? Cette petite fille te fera faire de grandes fautes, prends garde, Barkstead ! D'ailleurs, pourquoi laisser vivre cet homme ? Songes-y, c'est un ennemi implacable que tu te fais. Voyons, n'as-tu pas autre chose à me demander ?

— La vie de son fils et de son gendre, encore, dit le colonel.

— Barkstead, cria Cromwell, c'est trahison, même à l'heure de ma mort, que de demander la vie de mes plus cruels ennemis ; sur mon âme, tu es fou. Penses-tu donc que ces gens te paieront en reconnaissance, et calcules-tu déjà qu'ils te feront aide au retour des Stuarts ? Si tu le crois ainsi, c'est folie ! car, vois-tu, Barkstead, un royaliste brûle le toit qu'on lui offre pour asile, il mord la main qu'on lui tend dans le naufrage ; il empoisonnera tes enfants avec le pain de ta charité, pourvu que l'intérêt de sa cause le commande, et la proscription, Barkstead, est écrite dans toutes les âmes royalistes. As-tu donc oublié que tu as jugé Charles Ier ?

— Je n'ai rien oublié de ma vie, parce que tout ce qui s'y trouve m'y semble honorable ; mais je n'ai pas oublié non plus un serment fait aujourd'hui à une femme et renouvelé à ces coupables.

Barkstead raconta alors la scène de la prison : Cromwell réfléchit longtemps.

— Que demandes-tu, toi, jeune homme ? dit-il à Richard.

— La vie de Ralph Salnsby, répondit l'enfant.

— Que Dieu vous soit en aide, insensés ! dit Cromwell avec douleur ; vous ne savez pas ce que vous préparez de malheurs à votre avenir. Répandre un bienfait dans l'âme d'un royaliste, c'est verser de l'huile dans le feu ; c'est attiser la haine par l'ingratitude. Pauvres fous, vous le voulez !

— Oui, milord, répondirent ensemble le père et le fils.

— Hé bien ! donc, à chacun de vous une de ces vies. A toi, jeune homme, celle de Ralph, à toi, Barkstead, celle de Macdonnel. Quant à Salnsby, il faut qu'il meure ! entends-tu, Barkstead ? que demain il soit livré au bourreau, je le veux. Tout ce qu'il obtiendra de moi, c'est qu'on lui sauve le supplice des traîtres. Qu'il meure, c'est assez !

Se tournant alors tout à fait vers Barkstead et Okey, il leur dit avec un accent de douleur profonde :

— Oh ! puisse un jour une voix amie obtenir pour vous, enfants, que le supplice des traîtres ne soit pas votre mort ! Allons, il faut nous séparer, Barkstead, donne-moi ta main, l'heure de notre dernier adieu est venue !

Barkstead s'approcha pour prendre la main du Protecteur, et, en ce moment, il s'aperçut qu'une inquiétude légère se montrait sur son visage. Ses yeux avaient perdu de la fermeté de leur regard, il les jeta, à plusieurs fois, du côté de la porte secrète par où était passé Barkstead ; cependant, il continua :

— Adieu, mon noble compagnon, mon fidèle serviteur, mon précieux ami, adieu, vous tous, qui m'avez aimé et que j'aimais. Voici l'heure ! — Sa voix s'altéra à ces mots ; une agitation visible se répandit en lui, il la surmonta un moment et ajouta : — Si la bénédiction et les souhaits d'un mourant sont agréables devant Dieu et profitables à l'homme, recevez les miens, enfants !

En disant ces paroles, il leva ses deux mains comme pour bénir ceux qui l'écoutaient, et qui s'étaient mis à genoux autour de son lit. A cet instant, et au moment où il allait prononcer les paroles sacramentelles de la bénédiction, comme un arc ployé, dont la corde se brise, et qui se redresse de lui-même, Cromwell, poussé par une force inouïe, parut debout sur son lit : d'une main il s'attachait aux rideaux, dont les anneaux de fer criaient sur leur tringle, de l'autre il désignait la porte, où son œil fixe et hagard semblait découvrir l'objet de son épouvante. Les acteurs de cette scène n'avaient pas eu le temps de tourner la tête pour voir la personne ou la chose qui frappait la vue du Protecteur que, soit accident fortuit ou volonté étrangère, la lampe s'éteignit, et qu'ils se trouvèrent dans la plus complète obscurité. Cromwell haletait ; on sentait, aux grincements des anneaux, que la main qui tenait le rideau, vibrait d'un cruel tremblement ; chacun se préparait à aller chercher du secours, lorsque les paroles suivantes suspendirent tout dessein et troublèrent le silence qui s'était établi.

XIV. — LE FANTOME.

— Te voilà donc revenu ? Toi qui ne m'as pas menti, le jour où, abaissant ton vol sur ma tête, tu me prédis que je serais roi ! que viens-tu encore m'annoncer ? Est-ce la mort ? J'en sais l'heure ; je l'attends et la méprise.

C'est Cromwell qui parlait ainsi : sa voix sourde et entrecoupée dénonçait l'agitation de son cœur. Il s'arrêta, comme pour écouter une réponse. Nul bruit ne se fit entendre. Barkstead et ceux qui entouraient le lit du Protecteur, suspendaient leur haleine : ils semblaient, comme lui, attendre qu'une voix surnaturelle prononçât quelques mots, tant ils avaient été surpris de l'action de Cromwell et de sa singulière interrogation. Toutefois, rien ne parla, rien ne gémit ; ni cri, ni parole, ni soupir, ni lueur incertaine, ni brûlant éclair, rien n'altéra le silence et l'obscurité. La voix de Cromwell reprit seule :

— Le jugement de Dieu, dis-tu ? tu viens m'annoncer mon jugement. Dieu n'est pas mon juge, il est mon maître ! Punira-t-il l'instrument qui lui a obéi ? Quand il écrivait, dans son éternelle prévision, toutes les histoires de tous les peuples, ma destinée n'était-elle pas dans l'histoire de l'Angleterre, depuis le jour de ma naissance jusqu'à cette heure suprême, depuis la première page jusqu'à la dernière ?

Cromwell s'arrêta de nouveau. Le ton des paroles qu'il venait de prononcer avait quelque chose de triste et de moqueur, comme il lui arrivait à la tribune, quand il croyait avoir découvert quelque argument irrésistible. La surprise, qui avait commandé d'abord le silence, le maintint encore tout entier. Était-ce l'ange de Cromwell ? était-ce l'Esprit-Saint qui lui apparaissait une dernière fois ? Voilà ce que se demandait la foi crédule et ignorante du colonel Okey et de Richard. Était-ce une nouvelle comédie ? un nouveau jeu politique ? pensait en lui-même Barkstead. Un délire mental avait-il cette force de rendre sensible ce qui n'était pas ? se disait Andlay. Chacun restait immobile ; chacun écoutait ce dialogue avec le silence.

En ce moment, une suite d'interjections étouffées, de rires rapides, d'exclamations d'étonnement ou de dédain, annoncèrent qu'il était en proie à une vive agitation ; on eût dit qu'il entendait avec impatience un discours qu'il avait hâte d'interrompre. Tout à coup il éclata :

— Ma volonté ! tu me parles de ma volonté ! Fantôme, autant vaudrait dire aux navires que l'ouragan brise sur les côtes d'Écosse, qu'ils ont tort de se briser ; à la pierre qui roule au bas des montagnes, chassée par les torrents, qu'elle devrait rester inébranlable. Ne le sais-tu pas ? j'ai tiré l'épée contre l'épée, dressé l'échafaud contre l'assassinat, et proscrit contre la mise à prix de ma tête. Je n'avais nul droit, dis-tu, de juger mon roi, mon maître, l'oint du Seigneur ? J'avais pour droit les plaintes du peuple, la servitude de l'Angleterre et l'oubli des serments ; j'avais pour droit la dilapidation des fonds publics, l'insolence des courtisans, les charges livrées aux flatteurs, l'Angleterre prostituée à la cour ; j'avais pour droit la victoire que Dieu m'a donnée !

Un éclair de silence interrompit cette justification.

— Je mens ! cria Cromwell, comme s'il répétait avec terreur le mot qu'il venait d'entendre. — Je mens ! reprit-il une seconde fois ; puis il se tut encore. A coup sûr, il écoutait ; à coup sûr, une voix lui rappelait de cruels souvenirs, pénétrait dans les secrets de son âme et de sa vie ; les lui mettait à nu sous les yeux, et les dépouillait de cette vaine excuse du bien public, dont il les avait revêtus si longtemps, car on entendait que ses sanglots le suffoquaient et que ses dents claquaient avec rage. Il répondit alors :

— Moi ! dis-tu ; c'est moi qui ai été toute ma pensée ! damnation ! ! que m'a fait, à moi, cette tête de roi tombée sous la hache du bourreau ? que m'a fait, à moi, cette famille proscrite ? Elle a laissé un trône et un palais vides, sans doute, et j'ai pris le trône et le palais. Mais, est-ce donc un si grand bonheur que d'occuper un trône, ou d'ouvrir à sa famille un palais, où elle apprend l'ingratitude, pour que ce fût là tout le but de mes vœux ? Je te dis, fantôme, que j'ai voulu la gloire de l'Angleterre, que j'y ai livré mes nuits, mes jours, toutes mes heures, toutes mes pensées, toutes mes forces, pour qu'elle fût grande et puissante.

Encore un silence d'un éclair.

— Je mens ! cria de nouveau Cromwell. Oh ! miséricorde ! que me veux-tu, fantôme ? ne me montre pas ainsi cette tête de roi ! miséricorde ! Pourquoi agites-tu sur mon front les membres pantelants de Montrose ? Oui ! oui ! voilà tout le sang de Worcester et de Dumbar ! et tout cela pour rien, dis-tu ! tout cela pour un nom ! tout cela pour m'appeler le Protecteur et pour voir s'incliner devant moi les têtes des plus puissants de l'Angleterre ; pour marcher environné de soldats à longues arquebuses et dormir sous une tenture de velours ! Non, ce n'est point pour cela que Drogheda et Wexford ont été saccagées et leurs garnisons passées au fil de l'épée ; ce n'est point pour cela que l'évêque de Ross a été pendu à un infâme gibet ; ce n'est pas pour cela que Derby a eu la tête tranchée. C'est pour passer tous les jours de ma vie dans les terreurs, toutes les heures de mes jours dans les angoisses ; c'est pour marcher et sortir avec une cuirasse cachée sous mes vêtements, l'œil au guet de tous ceux qui m'approchaient ; c'est pour compter des nuits sans sommeil, errant de chambre en chambre, comme une bête fauve dans les repaires des forêts ; c'est pour dormir le poignard ou l'épée nue à côté de moi, et le cauchemar sur le cœur, pour m'éveiller en sursaut avec des cris et des menaces ; pour craindre mes amis pour être haï de ma famille ; pour être seul et maudit de tous ! Voilà pourquoi j'ai fait tout cela. Que me garde donc encore le jugement de Dieu ?

Une voix grave, qui se fût élevée en ce moment, une parole lente et solennelle qui eût prononcé la sentence éternelle, n'eût point surpris ceux qui avaient entendu Cromwell, tant il y avait dans ses paroles l'accent d'un homme qui répond à un autre. Mais le même silence absolu continua à régner ; seulement un soupir du Protecteur, un sourd gémissement vinrent le troubler. Tout à coup un cri aigu se fit entendre, le rideau se déchira comme sous le poids du corps qui y était suspendu, le lit s'ébranla.

— Damné! criait Cromwell. Grâce! fantôme, je me confesse! je suis coupable et mon ambition a été seule mon but. Oui, j'ai fait traquer Stuart de maison en maison, j'ai voulu laisser mourir sa veuve de faim, et j'ai cherché son fils à Dumbar, un pistolet d'une main, un poignard de l'autre. Je me confesse! Mes enfants ont demandé de cacher leur vie dans l'obscurité, et je leur ai mis un carcan d'or pour les attacher aux pieds de fer de mon trône de Protecteur. Je me confesse! Ma fille est morte après m'avoir appelé assassin! elle est morte devant moi, brûlée par son amour pour un cavalier, s'effeuillant jour à jour, comme une rose de mai, et je n'ai pas eu une heure de pitié. Je me confesse! j'ai promis à Lambert, à Fleetwood, à Harrison, pour prix de leurs vaillantes épées, la liberté de l'Angleterre, et je l'ai faite esclave. Je me confesse! j'ai prêché Dieu en public, et je l'ai renié en mon âme. J'ai tué Pantaléon Sa, pour un vain mouvement d'orgueil; miséricorde! fantôme, que Dieu me pardonne mes crimes!

Tout frissonnait, le lit sur ses ais, les cœurs dans les poitrines, la raison dans les têtes; il y avait convulsion du corps, horreur de l'âme, doute de l'esprit. Tout était vérité, dans ce moment, pour les témoins aveuglés de cette scène: la douleur était vraie, les crimes certains, le fantôme présent.

Cependant un calme horrible recommença, un silence de fer répondit encore à Cromwell. Mais Cromwell était mort, sans doute, car rien ne passait dans ce silence, pas un soupir, pas un souffle, pas une haleine entrecoupée et haletante; ni les interjections du premier silence, ni les sanglots du second. Rien!

— Dieu! Dieu! Dieu!

Ces trois cris retentirent comme le salut d'un navire à un port. Cromwell s'était redressé. Chacun put le voir: car, à la hauteur de son front, deux larges et rouges prunelles brandirent une lueur sanglante, comme fait l'œil d'un chat ou d'un tigre... A ce moment, il fit froid dans toutes les âmes qui entendaient!

— Dieu! Dieu! Dieu!

Les mêmes cris, plus éclatants, plus terribles, la même lueur plus sanglante. Le cœur faillit à tous.

— Dieu! Dieu! Dieu!

Ils tombèrent la face contre terre: ce n'était plus une voix humaine. Alors un murmure sourd bourdonna légèrement à leur oreille, il ondulait, venait et fuyait comme un bruit lointain de vagues irritées. Ce murmure grandit bientôt comme un roulement çà et là saccadé, suspendu et repris. Ce roulement s'éleva ensuite, s'accroissant toujours dans ses ondulations, comme le bruit d'un tambour qui approche: l'effroi serra la gorge des plus intrépides, il étreignit leurs reins et leurs entrailles. Ce bruit redoubla; il semblait le bouillonnement d'une immense chaudière; le sang reflua à tous les cœurs. Ce long bruissement vibra enfin avec toute sa force, c'était une voix: il éclata, c'était un rire, un rire qui roula comme un tonnerre, un rire qui hurla comme un cri d'hyène, rire inextinguible, bondissant, furieux, entremêlé de râle et de hoquets, se traînant tantôt sourd et bas jusqu'à toute l'extrémité de l'haleine, se reprenant bientôt rapide et perçant, fouettant l'air, jaillissant, s'élevant et s'abaissant tour à tour, jusqu'à ce qu'enfin, comme un ouragan qui passe, on l'entendit diminuer par degrés, se calmer, fuir et tomber tout à fait avec le corps d'Olivier Cromwell, dont la chute ébranla sa couche, et avec cette parole de mépris sur lui-même: — Oh! superstition d'enfant!

A ce moment, on frappa à la porte de Cromwell, on vit des flambeaux à travers les joints du chêne, et Andlay, qui n'avait pas oublié les ordres secrets du Protecteur, entraîna Richard et Barkstead.

— C'est affreux! dit l'enfant. — Triste, dit le colonel. — Curieux, dit le médecin. — Un fantôme lui a parlé, reprit Richard. — La voix de Dieu, reprit Barkstead. — Lui-même, reprit Andlay. — C'est son ange, ajouta le jeune homme. — C'est sa conscience, continua son père. — C'est un transport au cerveau, répliqua le docteur.

Après cela Cromwell eut une mort publique, vulgaire, hébétée. Le grand homme était fini. Il balbutia un nom pour lui succéder, on crut entendre celui de Richard, son fils aîné. Il se trouva qu'il y avait alors dans la chambre du mourant trente personnes et la famille de Cromwell qui ont cru depuis avoir assisté à sa mort. Il n'y avait plus de Cromwell quand elles entrèrent.

XV. — L'ANGLETERRE.

Une barque fuyait rapidement sur la Tamise. Le jour tombait et le bruit de Londres s'éteignait par degrés; le vent était triste et froid, et de temps à autre il apportait jusqu'au milieu de la rivière le bruit de fanfares éclatantes; des intervalles assez longs séparaient ces bruits de trompettes qui tantôt semblaient s'éloigner, tantôt se rapprocher. Enveloppée dans une mante noire, le regard triste, mais calme, une femme, assise dans cette barque, regardait les dernières lueurs qui brillaient aux fenêtres des hautes maisons de Londres; à côté d'elle, et debout, un jeune homme considérait aussi cette masse noire de maisons, qui se perçait çà et là de points brillants. Le canot passa devant Saint-James; on entendit le bruissement lointain d'un orchestre de danse, et presque aussitôt, comme lui faisant écho, un dernier cri de ces fanfares qui se promenaient par la ville.

A cet accident si indifférent, les deux personnes dont nous venons de parler ne se dirent rien, mais elles échangèrent un regard intelligent. Quelles paroles auraient-elles prononcées qui eussent parlé plus haut que ce regard, qui en eussent dit plus que le rapprochement de ces deux musiques? A Saint-James, fête splendide, bal, chant, festins, royales mascarades: dans les rues de Londres, un héraut et quatre trompettes; celles-ci convoquant, à sons redoublés, les habitants autour de leur triste cortége, l'autre lisant à haute voix la liste des régicides condamnés à mort pour forfaiture et trahison. A ce dernier bruit qui avait frappé les personnes que la barque emportait vers la mer, le héraut était devant la maison de Barkstead. Il s'était arrêté avec intention à cette place. Les trompettes y retentirent plus longuement et avec plus d'éclat que partout ailleurs; le héraut lut sa terrible liste et donna à sa voix toute l'âcre insolence dont elle était capable, quand il prononça le nom du colonel. Trompettes et voix s'étaient enflées avec rage pour supplicier des oreilles qu'elles supposaient aux écoutes. Il y avait à cette époque manie d'être bourreau, chacun le tentait à sa façon. Porte-clefs, geôliers, soldats, juges, accusateurs, chacun exerçait son devoir comme une torture. On y découvrait d'ingénieuses prérogatives de fers, de menottes, de privation d'air et de nourriture; on élargissait les priviléges d'insulter et d'invectiver: la restauration allait bon train.

Toutefois cette dépense de bruit n'amena aucune satisfaction au crieur royal. La maison sembla indifférente; nul bruit intérieur, pas un rideau légèrement écarté, pas de lumière subitement éteinte, ni allées et venues, ni cri d'effroi, tout fut immobile. Le cortége passa; mais le héraut, indigné de son mauvais succès, approcha son cheval de la maison, et du bout du long bâton qu'il portait en signe de sa charge, il frappa la porte avec colère, en disant:

— Oh! stupide maison! maison de trahison et de mort!

— Il n'a pas ce droit, cria dans la foule une voix puissante. Il outrage une porte d'Anglais libre, de citadin. — Le héraut remena son cheval dans son cortége et continua à s'avancer. Cependant ce murmure augmenta autour de lui, et dans le bourdonnement de mille voix, on entendait une voix plus retentissante:

— Sommes-nous donc des esclaves bâillonnés! ma maison est mon château: c'est la loi. Laisserons-nous attaquer nos maisons par cette vermine dorée? Bientôt, si on la laisse faire, ils nous pendront aux crochets de nos boutiques. A bas le héraut!

— A bas le héraut! répétèrent une foule de voix.

— Place! place à la justice du parlement! cria l'officier public; ne vous faites pas châtier comme vous le méritez.

— A bas le héraut! répéta la voix isolée qui avait excité le tumulte. Rien ne répondit, et Tom Love se retira triste et désappointé.

Il n'y a plus rien à faire, se dit-il en lui-même, ils peuvent nous cracher au visage. Un uniforme ou une livrée valent mieux qu'une maîtrise, maintenant; ils font galoper leurs dragons, le sabre au poing, dans les rues. Vraiment, on dirait que tous les vieux droits de l'Angleterre sont réfugiés dans la Cité. Mais si cela continue, ils y entreront, un beau matin, sans permission de maire ni d'alderman, et le sanctuaire une fois souillé, le tabernacle détruit, c'en est fait de l'Angleterre!

Ainsi pensait le boucher en regagnant sa demeure, située à Church-Hill, à quelques pas de la Tour. Pendant ce temps, la barque et les voyageurs descendaient la Tamise; Londres était déjà bien loin. Enfin, ils abordèrent un navire luisant, propre, caparaçonné de tous ses agrès, semblable à un cheval prêt à la course et qui attend son cavalier. Les voyageurs montèrent dans le navire: la légère embarcation qui les avait amenés s'éloigna, et le capitaine salua la dame qui entrait du nom de mistriss Barkstead; le jeune homme était Richard.

Le navire se mit en marche. La nuit était sombre. Richard et sa mère se retirèrent dans la cabine qu'ils devaient occuper. Ils s'assirent, en silence, sur un coffre qui en occupait la moitié; la petite lanterne qui pendait au milieu de cet étroit espace suffisait à peine pour l'éclairer. Ils restèrent muets encore bien longtemps; une même stupeur pesait sur leur âme comme ces énormes pierres dont on scellait autrefois la trappe des cachots où la féodalité enfermait ses victimes. Quelquefois un effort surhumain de quelque malheureux prisonnier raidi contre les parois de ces trous infects, soulevait de quelques pouces la trappe et la pierre; mais ce n'était qu'une seconde, pendant laquelle venaient un éclair de jour, une bouffée d'air qui rendait l'obscurité de la prison plus épaisse et la puanteur plus intense. Ainsi mistriss Barkstead et Richard, soulevant à grand'peine le poids de leurs pensées, essayèrent quelques paroles; mais ils ne pouvaient s'entendre ni se répondre, et tous deux retombaient dans leur muette et profonde douleur. Enfin, les larmes firent ce que n'avaient pu ni la fermeté ni la résignation, elles fondirent cet obstacle douloureux qui étouffait à la gorge la voix de mistriss Barkstead; la malheureuse mère se prit à pleurer, et de même que, lorsqu'une digue est rompue, tout se précipite à l'ouverture, onde, barque, hommes, débris entraînés pêle-mêle, de même quelques paroles s'échappèrent de son sein avec des larmes et des sanglots.

— Angleterre! ô ma belle Angleterre! dit-elle; crois-tu, Richard, que je la verrai encore demain?

— Il n'y a plus d'Angleterre! répondit Richard; la noble nation n'est plus qu'un troupeau d'esclaves, sur la tête desquels se reposent les pieds de prêtres infâmes et de voluptueux débauchés. Du courage, ma mère, dans quelques jours nous verrons mon père, il nous attend à Delft. La Hollande est hospitalière, vous y trouverez votre mari, et votre fils ne vous quittera plus; vous serez heureuse encore, ma mère.

— Et toi, Richard, seras-tu heureux? dit mistriss Barkstead.

— Moi!... Richard n'en put dire davantage, tant son désespoir muet et profond le reprit. Phann, couché à ses pieds, Phann, qui l'avait suivi dans le bateau, qui était monté sur le navire, triste et silencieux aussi, lécha légèrement les mains de son maître et se plaignit doucement. Richard le vit, et le considérant avec une attention douloureuse et continue, il sembla lui adresser du regard toutes les longues confidences de l'odorat et de l'ouïe du chien; mais combien il devine encore plus par le regard! A l'homme sourd qui n'entend aucune langue, il faut une pantomime du corps et des signes convenus pour qu'il comprenne; au chien, le visage de son maître suffit. Un tremblement inaperçu des lèvres, une ride qui trouble le front, une larme au bord de la paupière, et le noble animal penche aussi la tête, souffre et plaint; sa douleur traduit celle de son maître.

Mistriss Barkstead lisait aussi dans l'âme de Richard; elle savait quelle peine étreignait, à ce moment, son âme de vingt ans, car quatre ans s'étaient déjà passés depuis la mort de Cromwell. Ce n'étaient ni l'exil ni la sentence de mort qui pesaient sur la tête de Barkstead, qui faisaient ainsi gonfler avec rage les veines de son front: car l'exil était volontaire pour Richard, et son père était à l'abri des poursuites acharnées qu'on avait longtemps dirigées contre lui. Mais telle était cette blessure de l'âme, que nulle main ne pouvait y porter remède sans en accroître les brûlantes cuissons. La voix d'une femme est bien douce au malheur, et la voix d'une mère est la plus douce de toutes les voix; pourtant mistriss Barkstead se taisait ; car, pour toucher à la douleur de Richard, il fallait prononcer un nom, et autant valait lui appliquer un fer rouge sur la poitrine que de lui dire ce nom. Cependant, en le suivant de l'œil, elle le vit se perdre comme un insensé dans ses propres réflexions, s'éperonnant de ses pensées, se raidir dans son désespoir : elle l'appela plusieurs fois, il ne répondit pas, ou n'entendit pas; elle prit sa main, il ne sentit rien ; enfin, elle lui dit d'une voix si basse, qu'elle-même semblait ne pas vouloir s'entendre :

— Charlotte est-elle tout pour toi ?

Ce nom fut comme un magique talisman jeté dans le silence. Richard y répondit par un cri, Phann, par un farouche hurlement, et à travers la cloison qui séparait les cabinets les uns des autres, ils entendirent comme un râle d'enragé, comme si quelque forcené grinçait ses dents. Ce bruit étrange pénétra même dans la profonde préoccupation de Richard; c'était une sorte de rugissement si féroce et si singulier, que ni mistriss Barkstead ni Richard ne purent penser à eux-mêmes ; leur douleur en fut distraite l'effroi prit le dessus. Les poils de l'hann se hérissèrent comme à l'approche d'un tigre ou d'une panthère, quand l'instinct révèle aux chiens qu'il y a mort autour d'eux. Ils écoutèrent; mais ils n'entendirent plus rien. Mistriss Barkstead n'osa répéter le nom fatal ; ce n'était plus la colère de son fils qu'elle redoutait, c'était ce cri qu'elle craignait de réveiller une seconde fois. Enfin, la fatigue l'emporta sur la douleur. Mistriss Barkstead s'étendit sur un matelas, enfermé dans le coffre sur lequel ils étaient assis. Richard s'enveloppa de son manteau et monta sur le pont, il y trouva le capitaine : il s'appelait Jacques Downing, et avait gagné son grade sous le commandement de Blake, pendant le protectorat. Mais telles étaient déjà la nécessité et la puissance reconnues de la marine, que tandis que Charles II cassait les officiers de terre sur le moindre soupçon de puritanisme, et donnait des grades aux intrigues que ce qu'il appelait le dévouement, il respectait les droits des marins, et, malgré ses opinions républicaines, en n'avait point enlevé à Downing le commandement du brick le Bristol.

— Nous arriverons vite sur les côtes de Hollande ce ce train-là, dit Richard, en l'abordant, tandis qu'il se promenait sur le pont.

— J'allais vite quand j'allais y chercher des boulets et des ennemis, que lorsque j'y vais déposer des proscrits, répondit Downing.

— La Hollande n'est pas une terre de proscription pour moi, répondit Richard en soupirant, c'est une patrie maintenant.

— N'êtes-vous plus bon Anglais parce que le vent souffle du côté qu'il ne faut pas? Je l'ai vu plus d'une fois tourner contre moi dans un voyage plus long que celui-ci, sans que cela m'ait empêché de suivre ma route, droit où j'allais, autant cependant que le peuvent un homme et un navire. Eh bien, le vent revenait toujours tôt ou tard. Il faut savoir l'attendre, jeune homme.

— Mon père et moi nous sommes bourgeois de Hanau. Cette noble ville nous a couverts de son adoption ; l'Angleterre n'est plus qu'une terre étrangère pour nous.

— Pauvres gens ! dit le capitaine avec douleur et en se parlant à lui-même, c'est donc le seul moyen qui leur reste de sauver leur tête.

— Oui, répondit Richard, la haine royaliste ne laissait pas même l'exil aux proscrits. Ainsi l'honorable sir Miles Corbet, ainsi que le colonel Okey, a été saisi à Delft par l'ordre d'un agent anglais, et mis dans les cachots sans que les états généraux aient eu le courage de les défendre. Prisonniers contre le droit des gens, au milieu d'une ville libre, ils ont été abandonnés au misérable traître qui les guettait depuis longtemps. Et bientôt, ils paieront de leur tête leur funeste confiance dans l'hospitalité des états.

— Par quel piége infâme les a-t-on donc surpris ? demanda le capitaine.

— Appelés à Delft pour quelques affaires, le colonel Okey, sir Miles Corbet, mon père et moi, nous arrivâmes, il y a deux mois à peu près, dans cette ville. Le lendemain je devais m'embarquer pour venir chercher ma mère. J'étais allé sur le port pour quelques préparatifs ; je rentrais à l'auberge où mon père logeait avec ses amis, lorsque je le vois traîné par des misérables à la tête desquels marchait un homme qui semblait le commander. On criait de toutes parts : Voici les régicides que le roi d'Angleterre fait arrêter. La foule curieuse et indifférente grossissait à l'entour. Je m'élance vers l'officier, je lui demande la cause de cette violence ; je réclame les ordres qui l'autorisent à une pareille arrestation. Il me montre un mandat des états généraux autorisant le chevalier Georges Downing à s'emparer des trois personnes y désignées et arrivées de la veille dans la ville de Delft.

— Georges Downing ! reprit le capitaine avec stupéfaction, le lâche ! il a arrêté le colonel Okey !... lui ! Le capitaine se remit et ajouta : — Continuez, jeune homme, continuez.

— L'ordre était en règle, que je savais que faire; nous approchions de la prison. Tout à coup une idée me vient, je demande à examiner le mandat; l'officier me le donne avec un sourire d'assurance qui me fait craindre de n'avoir conçu qu'un vain espoir. Je le parcourus, et aussitôt élevant la voix de façon à être entendu : — Monsieur, dis-je à l'officier, l'homme que vous arrêtez n'est point celui que désigne cet ordre. — Qu'est-ce à dire ? s'écria-t-il en parcourant son ordre avec rage et en désignant, tour à tour, chacun de ses prisonniers. Celui-ci n'est-il pas, d'abord, sir Miles Corbet, gentilhomme du comté Norfolk, régicide ? — C'est moi, répondit sir Miles. — N'est-ce pas encore là le colonel Okey? — Il devait connaître celui-là, dit tristement le capitaine.

— Le colonel répondit comme M. Corbet, continua Richard : alors l'officier, s'approchant de mon père, ajouta avec colère : — Et celui-ci, n'est-ce pas le colonel John Barkstead ? — Continuez, lui dis-je, et lisez : — Le colonel John Barkstead, citoyen de Londres, régicide. — Celui-ci, m'écriai-je, est le colonel John Barkstead, bourgeois de Hanau. Downing demeura stupéfait ; il relut son ordre en pâlissant, le peuple cria : Justice aux états ! et nous fûmes entraînés à l'hôtel du bourgmestre qui reconnut honorable et vraie la patente du bourgeois de Hanau, et déclara que mon père ne pouvait être arrêté que pour un crime commis dans le pays

et jugé que par les tribunaux de Hollande, à moins qu'il ne rentrât sur le territoire anglais. Le lendemain je partis, et c'est à Londres que j'ai appris que le colonel Okey et sir Miles Corbet étaient à la Tour, et que, d'après une nouvelle proclamation, il ne s'agit plus de leur faire leur procès, mais seulement de constater l'identité de leur personne, puisqu'ils sont déjà condamnés à mort comme membres de la cour qui a jugé Charles Ier.

— Jeune homme, dit le capitaine en soupirant, votre père a un digne fils, et je sais que votre père est un homme vertueux et brave. Heureuse famille, où il ne se trouve pas d'infâmes délateurs, où chacun rend fier de son nom celui qui le partage avec lui. Je m'appelle Jacques Downing, jeune homme, et c'est mon frère qui a fait cette lâcheté.

— Votre frère, monsieur ? répondit Richard avec surprise.

— Oui, jeune homme, mon frère qui a mangé le pain du colonel Okey, qui a vécu dans sa maison, sous son toit, qui a été son hôte et son soldat, car il se fit prêcheur dans son régiment, et le colonel, malgré l'exaltation de ses principes, a souvent été obligé de réprimer les furibondes prédications de Georges, quand il ordonnait le meurtre de tout royaliste comme un acte de religion C'est mon frère, maintenant, jeune homme, qui traîne à l'échafaud celui qui l'a tiré de la misère et abrité sous sa vaillante et noble main. Malédiction ! je le trouverai à Delft.

Un silence assez long succéda à cette conversation. Le capitaine semblait s'être calmé, et Richard s'apprêtait à rentrer, lorsque Jacques Downing, l'entraînant sur l'avant du brick, lui demanda à voix basse comment il avait obtenu, lui fils de proscrit, un ordre pour s'embarquer sur un navire de la marine royale.

— C'est, répondit Richard, par l'entremise de l'arrière, mon père et le colonel Juxon, évêque de Londres ; il y a eu entre lui et mon père des rapports d'intimité et de services, qui l'ont rendu, sinon notre ami, du moins notre protecteur.

— Hum! reprit le capitaine, j'ai toujours peur que ces misérables ne tendent des pièges à la bonne foi des honnêtes gens. On en veut au colonel Barkstead plus qu'à personne ; on qu'on a manqué une fois, on l'essaiera une seconde. En tout cas, ne restez pas à Delft, la mer est trop près; on a bientôt pris un homme et on l'a bientôt jeté dans un bateau ; et, une fois là, il n'y a ni bourgmestres, ni Hanau. Adieu ! la nuit est froide, rentrez dans votre cabine.

— Demeurez-vous sur le pont ? demanda Richard, qui ne voyait pas le capitaine le suivre.

— Je vais aller dormir dans un hamac de matelot, dit le capitaine : un moment avant que vous n'arriviez, un homme s'est présenté à mon bord, amené par un canot de l'amirauté; m'a remis un ordre de le recevoir et de le cacher durant toute la traversée, même dans ma chambre s'il le fallait. Il l'a bien fallu, car il ne restait que celle-là de libre. Je suppose que c'est quelque proscrit, comme votre père, et qu'il trouve aussi quelque protection parmi les puissants du jour pour en avoir sauvé autrefois. Allons, tous ne sont pas ingrats, je le vois.

En disant ces mots, ils se rapprochèrent de l'arrière, et le capitaine montra du doigt à Richard un homme enveloppé d'un manteau, qui rentra aussitôt qu'il les vit venir de son côté.

— Le voilà, dit Downing ; s'il savait que nous sommes de vrais amis de la bonne Angleterre, il ne se cacherait pas ainsi ; mais le malheur est soupçonneux.

— Est-ce lui, demanda Richard, qui occupe la chambre à côté de la nôtre?

— Lui-même, répondit le capitaine.

Le singulier cri qui avait frappé Richard revint alors à son esprit. Mais, en rentrant dans la cabine, il vit sa mère qui dormait profondément ; il se mit à la considérer, et pour la première fois, au lieu de s'attacher à l'avenir qui allait s'ouvrir devant lui, retournant vers le passé. Il se rappela ces deux années qui suivirent la mort de Cromwell, écoulées près de Charlotte ; il se répéta pour ainsi dire, mot à mot ces longs et doux entretiens, où il avait cru que l'âme de la jeune fille lui appartenait tout entière. Il la revit elle qu'elle était alors, enfant ardente et folle, arrivée trop jeune à toute sa beauté. Il se retraça cette scène cruelle où elle lui fut enlevée par un ordre de Charles II, qui la remettait aux soins de lady Salusby. Il y avait plus d'une année que cette séparation avait eu lieu, mais au moment où sa pensée passa se souvenir, elle éveilla en lui une douleur aussi horrible que celle qu'il ressentit à cette époque, lorsqu'il vit Ralph emmener la jeune fille de la maison de son père, tandis que lui-même se débattait vainement entre les mains des dragons du roi. Il n'avait point vu Charlotte depuis ce temps ; depuis ce temps, il ne lui avait écrit cent fois il lui avait écrit de Londres, de Hanau, de la Haye, de Delft, de tous les lieux où il avait accompagné l'exil de son père, et, ce dernier voyage, qu'il venait d'entreprendre, à ce moment où il emportait avec lui tout espoir de retour, il avait demandé à Charlotte une heure, un moment, pour lui dire un dernier adieu; cette demande était restée sans réponse, et il savait, à n'en pouvoir douter, qu'elle lui avait été remise, qu'elle l'avait lue, et que le jour même de son départ, tandis qu'il passait en fugitif devant le palais de Saint-James, elle dansait à cette fête royale, dont le bruit était venu jusqu'à lui : ainsi, perdu dans ses pensées, accablé de ce demi-sommeil qui les fait planer sur l'âme comme des fantômes visibles, Richard atteignit le jour ; il se leva, courut sur le pont ; l'Angleterre avait disparu. Il demeura anéanti. La vue de cette terre était comme un reste d'espérance qui s'attachait à sa vie passée ; toutes les pertes qu'il faisait semblèrent se réunir à le frapper à ce dernier moment. Il rentra dans sa chambre, et bientôt le sommeil le domina à son tour, épuisé qu'il était de cette longue veille, et de toutes les douleurs où il s'était plongé.

XVI. — LA MER.

Rien ne troubla l'uniformité du voyage; à peine si l'on entrevit quelquefois vers le soir l'étranger qui se tenait dans la chambre du capitaine. Mais à cette époque tant de proscriptions s'abattaient sur l'Angleterre, que ce mystère n'étonnait personne. Toutefois, on aurait pu être surpris de ce qu'une fois en mer il ne montrât pas son visage. Mais, peut-être, se faire reconnaître eût été dénoncer son bienfaiteur, et l'on traduisit cette retraite et ce silence à l'avantage de l'inconnu.

Un matin, le 6 avril 1662, un cri, ce cri si connu, presque aussi doux à l'anxiété d'un navire que le premier vagissement d'un nouveau-né à l'oreille d'une mère; ce cri: Terre! précipita tous les passagers sur le pont du *Bristol*. Ce n'est pas après quelques jours de traversée que l'on peut trouver parmi l'équipage cette bruyante et tumultueuse acclamation dont il salue la rive après de longs mois de dangers et de travaux; mais il y eut entre les regards qui cherchaient à deviner cette terre, un regard d'une avidité triste et silencieuse. Mistriss Barkstead avait pleuré en quittant l'Angleterre, elle pleura en voyant la Hollande. Pourtant la Hollande lui rendait son époux et lui gardait son fils: n'importe, elle pleurait. C'est que l'amour d'un époux et d'un fils échauffent, sans doute, et fortifient l'âme, mais que la patrie seule la remplit: leur amour est peut-être le bonheur, mais la patrie, c'est la vie. Ces mille habitudes prises; cette cité où l'on sait marcher sans y prendre garde; cette maison si connue, que les pieds s'y arrêtent quand l'esprit en est loin; ce bruit accoutumé qui éveille et endort; cet aspect de tous les jours, où s'encadrent toutes les sensations, où habitent tous les souvenirs et tous les rêves; le bruit du marteau qui est devenu une langue habile à dire le nom de celui qui frappe; le cri d'un marchand qui passe chaque jour à la même heure; et puis la confiance de son nom, ce doux empire de la vertu, acquis par de longues années de séjour, et qui, dans la plus vaste cité, rayonne autour de soi; la salutation affable des nombreux voisins; cette langue maternelle facile à la bouche et à l'oreille, comme l'air à la poitrine; un pauvre qu'on connaît; une maison qu'on veut voir achever; un enfant qu'on a vu naître; un vieux serviteur qu'on aime: tout cela, ce n'est rien, ni le bonheur ni le devoir. Mais quand l'amour d'un époux s'est fondu dans les longues années d'une union douce et tendre; qu'il a pris sa place dans les habitudes; que l'amour maternel trouve un homme où était un enfant, et n'est plus une protection, mais seulement une sollicitude, et que ni l'un ni l'autre n'occupent plus toute l'âme, alors ces mille choses, dont aucune ne semble inhérente à la vie, entrent, à notre insu, dans son essence, s'y mêlent, la composent, et quand on les perd, la laissent égarée et déserte: on ne regrette rien, mais tout manque.

Aussi, quand se développa aux regards de mistriss Barkstead la côte nue et triste de la Hollande mal découpée sur un ciel gris et froid, elle se sentit plus triste que jamais.

— Ah! dit-elle à Richard, je ne serai jamais heureuse dans ce pays.

Bientôt, sur un ordre du capitaine, on descendit la chaloupe à la mer. Le voyage du brick n'ayant d'autre but apparent que de déposer quelques passagers sur le continent, on ne fut pas surpris de cette manœuvre; mistriss Barkstead s'assit dans la chaloupe près de son fils; quelques personnes, le proscrit inconnu, y prirent place, et Jacques Downing, revêtu de son uniforme, entra le dernier et donna le signal. Richard, en considérant le sombre regard du capitaine, se rappela ce qu'il avait dit en apprenant la conduite de son frère, et prévit quelque sinistre événement; et véritablement, un sinistre événement devait arriver bientôt.

Cependant, la terre apparaissait, et avec elle l'espérance d'une réunion longtemps désirée. Tout à coup, un point noir se détache de la large bande qui borde la mer à l'horizon. Est-ce un goëland qui rase l'eau, un canot, ou un navire qui approche? Sur une mer calme, sur cette surface plane, la perspective qu'aucun accident, qu'aucune saillie n'accuse, ne mesure et ne dégrade, la perspective trompe et fascine le regard! Ce qu'on voit à l'horizon est toujours un point; oiseau, barque ou vaisseau commencent de même à l'œil inhabile du passager; mais l'œil de Downing, un moment tourné de ce côté, découvrit sur-le-champ ce qu'était cet objet encore sans forme.

— C'est un canot, dit-il. Quelqu'un a ici des amis bien pressés, sans doute; et son regard adressa cette réflexion à l'inconnu qui, assis près du matelot qui tenait le gouvernail, restait enveloppé dans son manteau.

Tous les cœurs se tournèrent vers le canot; il était imperceptible à tout autre regard, peut-être, qu'à celui de Downing, et cependant, chacun déjà le voyait, chacun y plaçait le frère, l'ami, le parent qu'il allait retrouver, ou le spéculateur qui l'attendait: chaque intérêt se créait son illusion. Peu à peu, la barque approche, c'est une frêle embarcation conduite par deux rameurs; un homme est sur le devant, agitant un mouchoir. Cet homme eut un moment l'apparence de vingt personnes diverses; on lui voyait toutes les figures dont on cherchait l'aspect.

— C'est mon père! cria Richard. — Mon mari! dit la bonne mistriss. — Le colonel Barkstead! dit une voix sourde.

Cette dernière exclamation ne frappa aucun de ceux qu'elle eût pu intéresser, tant ils étaient sous l'empire d'une joie anxieuse. Richard ni sa mère n'entendirent pas plus ce mot, qu'ils ne virent le mouvement soudain par lequel l'inconnu se redressa debout sur l'arrière de la chaloupe.

Il venait! il venait! La vitesse de chaque barque, doublée à l'œil par la vitesse de l'autre, semblait prodigieuse. C'était Barkstead, debout sur son canot, saluant de la main, du geste; on voyait qu'il parlait, qu'il appelait, qu'il pressait ses rameurs; Richard et sa mère lui répondaient, les passagers eux-mêmes, le capitaine lui répondaient, les rameurs aussi, qui appuyaient plus lourdement la rame sur la scalme, lui répondaient. Ce n'était plus exil et désespoir dans l'âme de personne, c'était joie pure, bonheur, ivresse. Enfin il approche, on l'entend; des noms: Marie! Richard!!... des noms disent tant! encore quelques toises, encore quelques pieds; plus rien; c'est lui, le voilà!

Marie veut s'élancer, Richard aussi. Un baril, poussé par un pied inconnu, roule sous leurs pas; ils chancellent, ils s'arrêtent, et c'est Barkstead qui s'élance; il est dans la chaloupe, il est dans leurs bras.

A ce moment, plus prompt que le chat-tigre qui, d'un bond, saute des branches les plus hautes du tulipier sur sa proie qui passe, l'inconnu tombe debout au milieu de la chaloupe; d'un pied il repousse le frêle canot hollandais; du pied il frappe le plancher de la chaloupe; il dépouille son manteau et laisse voir un éclatant uniforme de capitaine; il tire son épée, l'étend sur la tête de Barkstead, et en frappant ainsi la chaloupe avec fierté, il s'écrie:

— Ceci est l'Angleterre!

Et en étendant son épée sur la tête de Barkstead, il crie encore:

— Colonel, je vous arrête sur le sol anglais!

Oh! jamais si soudaine stupeur ne frappa le cœur de proscrits! jamais désespoir plus épouvanté ne décomposa le visage d'une femme! jamais abattement plus complet n'anéantit le courage d'un homme. Barkstead et sa femme étaient demeurés dans les bras l'un de l'autre, immobiles, cloués à une place et à une pensée; mais ce qui ne saurait se concevoir sans en avoir été témoin, ce qu'on ne saurait décrire après l'avoir vu, c'est le visage de Richard, en reconnaissant Ralph Salnsby; c'est le son de sa voix quand il prononça ce nom.

Mais Ralph avait tout prévu: sur un signe, quelques matelots saisirent Richard. Richard ne remua point; il mesura tout autour de lui. Ainsi faisait-il toujours quand il avait un parti à prendre. Cependant Downing demanda à Salnsby de quel droit il commandait à bord de sa chaloupe, à des hommes de son équipage.

Sir Salnsby, car, depuis la mort de son père, Ralph portait ce titre, sir Salnsby, qui avait déjà remis l'ordre de ne pas conduire le brick jusqu'à Delft, présenta un nouveau titre à Downing. Mandat était donné par le chancelier à tous Anglais, requis en quelques lieux qu'ils fussent, et particulièrement au capitaine Downing et à son équipage, d'obéir à sir Ralph Salnsby. La chaloupe retourna au brick, tout était fini.

L'étonnement, la stupéfaction étaient à ce comble que nulle observation ne s'éleva. Barkstead se considérait perdu, Marie n'avait plus de pensée, Richard seul fit un geste, Phann se leva.

Chacun s'était ainsi placé, pendant l'explication de Salnsby et de Downing: ceux-ci sur l'arrière, près du pilote qui tenait la barre; Richard sur l'avant, entre quatre matelots qui l'observaient; Barkstead au milieu, debout près d'un banc, sur lequel était sa femme, étendue et suffoquée de désespoir. C'était un silence terrible, où chacun s'épouvantait de la première parole qui allait y éclater. Mais tout se taisait. Les yeux de Richard flottaient dans leur orbite ouvert, avec une sorte d'oscillation frénétique. Enfin, il les arrête un moment sur le canot, resté immobile au milieu de la mer, et que la chaloupe fuit avec rapidité; ce regard le décide; il écarte ses gardiens de ses deux bras puissants, atteint son père, le saisit violemment, le précipite dans la mer et se jette après lui. Une main de fer le saisit, dix mains d'hommes l'enlacent; Richard reste enchaîné à la chaloupe, Phann seul s'élance. Mais Phann, c'est assez pour sauver son père. Richard dit avec un sourire de sang à Ralph, dont la main le tient encore:

— Ceci, c'est la mer!... La mer est libre!

Dix ans plus tôt, sous Cromwell, cent ans plus tard, sous Chatam, un Anglais aurait répondu:

— Ceci est l'Angleterre! ceci est esclave!

Ralph rugit. C'était le cri de la cabine, le cri poussé au nom de Charlotte; la haine politique eut l'accent d'une jalousie d'amour; c'était atroce. Barkstead ne savait pas nager, mais il était fort de cœur, de courage, de sang-froid; il revint à la surface, il vit Phann, il saisit la queue flottante et soyeuse du noble chien.

— Au canot! cria Richard, et l'œil, à défaut du geste, apprit au fier animal où il devait aller. Le chien nagea, il traînait Barkstead. La chaloupe, lancée dans une direction contraire, était déjà loin; les rameurs y poussaient; l'attente était horrible; le canot immobile.

Mais Ralph revient de son étonnement: aussitôt il précipite ses ordres, il menace, il appelle à l'obéissance ces âmes poussées par l'humanité; la chaloupe s'arrête, elle vire de bord, on se lance à la poursuite de Barkstead. Cependant, à cette manœuvre, le canot devine la scène qu'il ne pouvait s'expliquer d'abord. Cet homme, jeté ou tombé à la mer, et qui nage vers lui, c'est le proscrit, sans doute. Les deux marins hollandais se penchent sur leurs rames, le canot revient, il accourt, il vole vers Barkstead, Barkstead sera sauvé! Mais Ralph éclate, commande, promet supplices et récompenses avec fureur; la chaloupe file et gagne. Richard excite Phann, il excite les rameurs à grands cris; Barkstead fuit, le canot approche. Rien ne s'entendait, du reste, que le bruit des rames et les cris de ces deux jeunes gens. Mistriss Barkstead regardait, les passagers regardaient, Downing regardait; joie ou malheur, rien n'était dans les cœurs, c'était une attente indicible, sans réflexion, sans vœux, sans crainte: on regardait!

Cependant une pâle espérance effleura un moment l'immobilité de cette attente; le canot gagnait de vitesse, Phann approchant toujours de son côté, mistriss Barkstead comprit un moment le salut de son mari. Toutefois, la chaloupe ne se ralentissait pas; elle ouvrait la vague, qu'elle échevelait de chaque côté, avec la rapidité d'une flèche. Ralph, debout, commandait toujours. Mais le canot semblait à peine frôler l'eau, il glissait dressé sur sa quille, comme une lame de patin sur la glace. Barkstead était sauvé! Ralph semblait désespéré et sa voix redevenait sombre et râleuse, quand tout à coup il réveille à cris éclatants les marins qui faiblissaient; il se ranime, reprend son accent pressé, ardent, triomphal. C'est que Phann, déjà fatigué, avait ralenti sa fuite, c'est qu'un moment ses pieds avaient battu l'eau et que sa tête avait disparu.

— Phann!! cria Richard.

Ce nom perça l'air comme un signal de désespoir. Le chien reprit courage, la course recommença plus ardente, l'attente d'abord inerte, ensuite presque espérante, s'endolorit alors au cœur des passagers.

Toutefois, rien ne se décidait et l'espace devenait moindre à chaque instant; Phann ne semblait pas s'être arrêté, il n'y avait plus de faiblesse dans sa fuite, aucun œil n'eût pu prévoir le résultat de cette course. Enfin l'avantage se décida, un des rameurs de la chaloupe perdit sa rame, le pied de Downing l'avait sortie de la scalme, tandis que Ralph, l'œil tendu, considérait sa victime, qu'il croyait déjà tenir. Encore dix toises de chaque côté, et Barkstead était sauvé ou perdu; mais le canot volait toujours, et la chaloupe, embarrassée de cet accident, malgré sa vitesse, se ralentissait un peu. A ce moment, quand tous les yeux étaient attachés sur cet homme flottant au milieu de l'Océan pour qui une seconde renfermait l'échafaud ou la liberté, Ralph ne pense plus à l'arrêter, il comprend que le canot sera, avant lui, arrivé à portée de la main de Barkstead; que Barkstead s'y attachera et que le doigt une fois sur ce bois, il sera dans sa terre, sa patrie, sa liberté. Animé d'un affreux désespoir, il s'élance lui-même à la barre, il incline légèrement le gouvernail; il passera près du bateau quand Barkstead y aura déjà touché, sans doute, mais il le broiera contre les parois de la barque, et s'il n'a pas son captif, on n'aura de libre qu'un cadavre. Richard comprit cette manœuvre. Enchaîné par dix mains de fer, il jeta un regard à Ralph, mais un regard si acéré, qui s'adressa si droit au cœur, que Ralph, qui en avait suivi la direction, porta la main à sa poitrine, comme si une lame de poignard y pénétrait.

— A bâbord, on vous aborde! cria Richard aux marins.

Il y a dans les grands dangers une puissance qui exalte les facultés de sentir et de comprendre à ce point qu'un son tient lieu d'un récit, une étincelle d'un flambeau; les marins se détournèrent légèrement pour éviter ce froissement horrible. Mais ce mouvement leur fit perdre un moment presque inappréciable, mais décisif. Les deux bateaux passèrent à côté l'un de l'autre, Barkstead entre les deux. A ce suprême instant, où le colonel tendait la main qu'il avait de libre, aux rameurs du canot, Phann, comme ce jeune Athénien qui mourut après une course surhumaine, en criant: Marathon! Phann poussa son dour gémissement et laissa passer sa tête sous l'eau, et le colonel, lui-même, fut couvert par la vague. Il fit effort, il reparut; mais, suffoqué, aveuglé par l'eau, il jeta çà et là ses bras au hasard; les Hollandais étaient penchés de tout leur corps hors du canot, ils allaient atteindre Barkstead; la vague le couvrit encore; un cri, un cri désespéré appela un dernier effort dans l'âme du colonel.

— John!! cria Marie, avec un accent de mère plus que d'épouse.

A ce cri, le colonel s'agite, il reparaît l'œil troublé et perdu, il voit un bras sur sa tête, il le cherche, il le saisit! c'est celui de sa femme qui le ramène à bord de la chaloupe.

— Ceci est l'Angleterre! répéta Ralph Salnsby, en posant la main sur le colonel, et d'une voix âcre comme le cri d'un fer rouillé, glissant entre les dents d'un chien. Rien ne répondit, ni mistriss Barkstead, ni Richard, ni Downing, ni Phann, qui ne reparut plus.

Pendant ce temps, les deux embarcations, lancées comme ces chevaux ardents dans ces tournois où se brisaient des lances et se rencontraient des chevaliers, les deux embarcations avaient un moment continué leur course! Enfin, retournant toutes deux à leur but, le canot revint lent et abattu sur ses rames comme un noble chevalier qu'une perfidie a vaincu, et la chaloupe, triste et pesante sous son captif, comme eût fait le vainqueur honteux sous sa victoire et accablé d'un remords éternel.

XVII. — LES DEUX MÈRES.

Les temps politiques dévorent les existences, elles font mûrir vite la jeunesse et jettent sur le milieu de la vie les rides et l'exténûment des dernières années. Le corps, incessamment frappé de commotions violentes, s'affaisse et se dégrade; le visage toujours tendu d'expressions extrêmes, se fatigue et s'avachit. On galope à la vieillesse. Mistriss Barkstead, belle et douce Marie, jeune femme aux beaux cheveux blonds, aux yeux calmes et caressants, aux formes saines et charmantes, gracieuse, pure, adorée, au commencement de cette histoire, déjà pâle, livide, courbée, vieille quatorze ans plus tard, à l'âge où tant de femmes resplendissent encore, mistriss Barkstead cheminait tristement dans les rues de Londres, par la nuit du 19 avril, douze jours après la scène que nous venons de rapporter.

Elle était sortie furtivement de la maison qu'elle habitait seule avec Richard. Elle avait vu son fils, empressé de se livrer au sommeil ou peut-être à la solitude, rentrer de bonne heure dans sa chambre et se jeter sur son lit. Débarrassée des soins d'excuser sa sortie à une pareille heure et d'y trouver des motifs; heureuse d'échapper aux questions inquiètes de Richard elle avait profité du premier silence qui lui avait fait soupçonner le sommeil, pour quitter sa demeure.

Où allait-elle ainsi, rapide et préoccupée? Le jour était fini, ce jour fatal et solennel où Barkstead, traîné devant la haute cour de justice, avait été condamné au supplice des traîtres. Ce supplice, où la mort était ménagée avec art et donnée avec économie pour qu'elle durât longtemps; ce supplice des traîtres, où le condamné prenait la mort souffrance à souffrance, comme un convive qui boit gorgée à gorgée un vin délicat et savoureux, ce supplice devait s'exécuter le lendemain. Une nuit restait donc à l'espérance, car l'espérance et la vie sont fondues au cœur de l'homme comme la lumière et la chaleur dans la flamme d'une torche. Elles ne s'éteignent qu'ensemble.

Mistriss Barkstead avait compté dans son âme les souvenirs qui devaient parler en sa faveur auprès de certains puissants du jour; elle avait pesé les chances de leur protection, et n'avait pas douté que la vie de son mari ne pût encore se racheter de l'échafaud. Elle se rendait donc, à cette heure, chez lady Salnsby; mais la crainte que Richard ne refusât la vie de son père d'une pareille main, l'avait déterminée à sortir seule, dans la nuit, à l'insu de son fils.

Agitée de mille pensées, prévoyant tous les refus et préparant, pour les combattre, des raisons qu'elle croyait invincibles, elle arriva à la porte de lady Salnsby. Un instinct de l'âme l'avertit de ne pas dire son nom, et un domestique alla prévenir sa maîtresse qu'une femme dans les larmes demandait à lui parler. C'était alors, comme de nos jours, une tactique de ce qui s'appelle aristocratie, d'accueillir vite et favorablement les personnes des classes pauvres. Là où la distance protége sa vanité, le noble se montre volontiers bienveillant: il ne hait véritablement que l'homme qui le touche et ne craint pas de donner la main au plus bas peuple, pourvu que ce soit par-dessus la tête de la bourgeoisie: ainsi, mistriss Barkstead, pauvre femme inconnue, supposée un moment venir tendre la main à une aumône, fut promptement reçue par l'orgueilleuse lady Salnsby. Elle fut introduite dans une chambre assez faiblement éclairée, et vit lady Salnsby assise dans un vaste fauteuil, et paraissant écouter avec plaisir le mouvement et la conversation qui avaient lieu dans un cabinet auprès de sa chambre. Au moment où mistriss Barkstead entra, un domestique remettait à la noble dame une longue rapière, dont la poignée de fer bruni était travaillée comme une dentelle; celle-ci congédia le domestique de la main en lui disant: Je la lui remettrai moi-même; faites avancer cette femme. Mistriss Barkstead sentit ses genoux trembler sous elle, toute sa confiance s'évanouit à l'accent froid et triste de cette voix bien connue. Elle ne put avancer; lady Salnsby, se tournant légèrement, vit son hésitation et l'invita à exposer sa demande.

— Ne tremblez pas ainsi, bonne femme, lui dit-elle; si votre prière est juste, je l'accueillerai: les larmes du peuple deviennent un torrent qui entraîne tout lorsqu'on ne les tarit pas: — parlez donc.

— Que Dieu soit béni pour ce que vous venez de dire, répondit mistriss Barkstead: il veut le succès de ma démarche, puisqu'il a mis de tels sentiments dans votre cœur.

Lady Salnsby ne reconnut ni la voix ni les traits de mistriss Barkstead; cependant elle se retourna vivement en l'entendant parler et la considéra avec attention. Les habitudes sociales, en changeant les relations de notre cœur, en leur imposant un aspect et des formes convenus, en donnant à notre vie une autre défense que notre propre nature; ces habitudes ont sans doute altéré le sens primitif qui protégeait l'homme dans son état de création. Cependant, aux âmes où les passions sont vives, dans les cœurs où elles brûlent de toute leur ardeur, il se conserve quelque chose de cette faculté de deviner l'essence de l'être qui nous approche. Ainsi, quand lady Salnsby eut entendu mistriss Barkstead, quand elle l'eut regardée, son visage se rembrunit, son œil devint soupçonneux, et elle répliqua d'une voix sèche:

— Hâtez-vous, bonne femme, j'ai mieux à faire qu'à m'occuper des lamentations de quelque marchande de la Cité, dont le mari a été ramassé dans une taverne.

Mistriss Barkstead ne savait comment déclarer ni ce qu'elle était, ni pourquoi elle venait. Il ne s'agissait pas pour elle d'un de ces intérêts vagues et froids, dont on guide la discussion avec calme et adresse, et pour lesquels on fait à l'avance une sorte de plan de campagne: chaque mot pouvait être fatal; elle ne savait par où commencer; toutes ses idées étaient bouleversées, toute l'éloquence qu'elle avait supposée à son malheur était perdue, elle n'avait plus rien à dire. Enfin son incertitude même lui inspira le seul mot qui pût la jeter, tout à coup, sans préparatif ni récit, au plus fort de sa démarche. Ainsi, balbutiant et cherchant des phrases pour peindre son désespoir, elle s'égarait déjà dans des mots sans suite et sans raison, elle sentait son cœur faiblir et sa tête tourner, lorsqu'elle laissa échapper, comme à son insu, cette seule parole: — Je suis mistriss Barkstead!

En effet, pour lady Salnsby, il n'en fallait pas davantage. Barkstead, arrêté par Ralph, enfermé à la Tour de Londres, jugé le matin même et promis au bourreau pour le lendemain; Anna, Charlotte, la Tour, le combat qui s'y était passé et la grâce demandée à Cromwell; tout cela était, pour lady Salnsby, dans ce mot: Je suis mistriss Barkstead! La présence de la malheureuse achevait tout ce qu'elle n'aurait pu dire, tout ce qui ne s'écrirait pas dans de longues pages, et qui pourtant frappa droit au cœur de lady Salnsby. C'était tout un long plaidoyer, toute une prière, armée des services rendus et des malheurs soufferts. Mais c'est au cœur que vivent la haine et l'orgueil aussi bien que la reconnaissance et la pitié; si donc tout cela frappa au cœur de lady Salnsby, ce ne fut point pour l'attendrir et l'apitoyer, mais bien pour irriter sa haine et faire dresser son orgueil.

— Mistriss Barkstead! s'écria-t-elle, que me veut cette femme de bourreau? qu'on la chasse de chez moi! Holà! quelqu'un.

— Miséricorde! s'écria la malheureuse, atterrée par ces paroles et fuyant vers lady Salnsby à l'aspect de deux domestiques accourus à la voix de leur maîtresse: miséricorde, milady! c'est moi qui vous ai introduite près de votre mari et de vos enfants, quand ils étaient détenus à la Tour; c'est moi qui ai obtenu de Barkstead qu'il demandât leur grâce au Protecteur.

— Folle! reprit lady Salnsby, avec un regard de mépris, ce sont tes crimes que tu invoques pour me toucher. Oui, je t'ai priée, et c'est ce qui t'accuse, car toi et les tiens étiez sortis de votre fange pour vous asseoir à notre place. Misérable femme de régicide, tes paroles sentent le sang! va-t'en!

— Mais sans ce régicide, s'écria mistriss Barkstead indignée, vous n'auriez ni fils ni gendre!

— Et faut-il, répliqua avec colère la vieille lady, que je sois reconnaissante au voleur de l'argent qu'il ne m'a pas pris, à l'assassin du peu de sang qu'il m'a laissé? et lorsque le jour de la justice est levé, serait-ce ingratitude de les punir, parce qu'ils ne nous ont pas achevés? Esclaves révoltés contre vos maîtres, le bourreau, le bourreau pour vous remettre dans le devoir!

Lady Salnsby se leva en disant ces paroles: la conversation qui avait lieu dans la chambre voisine, cessa tout à coup, et Ralph, accompagné de l'évêque Juxon, parut à la porte.

— Qu'est-ce? dit-il en entrant. Quelle misérable excite à ce point votre colère, madame?

— Mistriss Barkstead, lui répondit sa mère, en la lui montrant avec ce geste méprisant de la main qui mesure celui dont on parle des pieds à la tête, comme pour l'insulter tout entier; mais la douleur de mistriss Barkstead n'était pas accessible à une pareille injure. Le but qu'elle voulait atteindre, la vie de son mari à obtenir, était pour elle comme un de ces points éloignés, sur lesquels on fixe ses regards, et qui distraient l'attention de tout objet étranger. Quelle que fût l'horreur que lui inspirait la présence de Ralph, elle crut, à son aspect, qu'elle pourrait éveiller dans l'âme de lady Salnsby un de ces mouvements si faciles à la tendresse maternelle: elle crut qu'à certains noms, à certaines pensées, communes à toutes les mères, ses yeux, comme les siens, se tremperaient de larmes et que son cœur se désarmerait de sa vengeance politique. Elle s'approcha donc de lady Salnsby, le regard tristement levé sur elle, et saisissant sa main, elle lui parla d'une voix si grave et si douce que l'impitoyable vieille l'écouta presque avec pitié.

— Voici votre enfant, milady, il est votre orgueil! Dieu n'a pas mis en moi d'assez vives lumières pour décider si les volontés du peuple anglais, libres et puissantes durant dix ans, furent crime et révolte; mais cela fût-il ainsi, je sens que je pardonnerais beaucoup à celui qui m'eût sauvé les jours de mon fils. Je ne m'adresse point à sir Ralph, parce que je sais qu'un homme brave comme il l'est ne considère la vie que comme un bien incertain qu'il faut jouer à toute heure ; mais vous, milady, je vous parle un langage que nous comprenons toutes deux. Notre enfant, que nous protégeons de nos soins, même avant sa naissance ; notre enfant, pour qui nous supportons dans la joie des souffrances qui feraient crier le courage des hommes les plus résolus : ce frêle roseau que nous abritons si longtemps de nos soins, pour qui les insomnies nous ont semblé douces et qui nous a fait craindre le sommeil; cette existence, qui n'est pas la nôtre, mais qui retentit en nous à toutes ses sensations ; cette autre vie qui bat dans notre poitrine, vous l'avez, milady, et vous la devez à celui que vous pouvez sauver d'un mot. Refuserez-vous de prononcer ce mot ? le refuserez-vous en présence de votre fils ?

L'incertitude arrêta un moment la réponse de lady Salnsby, et mistriss Barkstead crut pouvoir espérer ; elle tenta un dernier effort, et continua :

— C'est mon mari, milady.. .. — Ton mari, misérable, répliqua lady Salnsby avec rage, et le mien, n'a-t-il pas péri sur l'échafaud ? Je te dois mon fils, dis-tu ? mais n'as-tu pas le tien ? tu veux encore ton mari ? Va donc ranimer dans son tombeau le cadavre froid du noble Salnsby; fais qu'il soit encore l'honneur de son nom et le soutien de son roi; et tu viendras me demander après la vie de ton mari. — Et parce qu'il n'a pu sauver toutes les victimes, s'écria mistriss Barkstead, vous ne lui tenez compte d'aucune ? — Et de quel droit, répliqua violemment la vieille lady, m'a-t-il choisi ma douleur, en désignant sa proie au bourreau ? — Aimiez-vous mieux qu'il laissât périr votre fils ! dit mistriss Barkstead épouvantée. — Ils étaient trois ! répondit soudainement lady Salnsby.

Mistriss Barkstead demeura stupéfaite. Cette sanglante désignation de Macdonnel lui sembla un crime. Peut-être, elle-même, dans la position de lady Salnsby, eut-elle conçu en son âme une semblable pensée; mais à coup sûr elle l'eût étouffée en elle, et sans doute cette pensée serait devenue un repentir, si le hasard eût servi ce choix secret de son cœur. Cependant elle ne désespérait pas encore. Ses idées, quoique bouleversées par la tournure violente qu'avait prise cette entrevue, sa raison, quoique incapable de discuter lucidement ses droits à la protection de lady Salnsby, retombaient cependant toujours sur ce terrain qui lui semblait inexpugnable : cette mère me doit la vie de son fils, se disait-elle ; et avec sa nature d'aimer, mistriss Barkstead ne comprenait pas que sa reconnaissance fût si tardive à lui rendre une partie d'un si grand bienfait. Elle essaya de se remettre et de reprendre l'entretien. L'évêque Juxon s'avança près d'elle au moment où elle s'approchait encore de lady Salnsby.

— Cessez, madame, d'importuner milady de vos lamentations, elle ne peut rien à cette affaire. Ce n'est pas auprès d'elle que le colonel Barkstead a des crimes à racheter, c'est près d'un juge placé au-dessus de vos sollicitations, et duquel vos prières ne sauraient être entendues.

— Le roi, milord, répondit la malheureuse femme, n'a-t-il pas le droit de faire grâce, et ses plus fidèles serviteurs ne peuvent-ils pas lui transmettre les larmes d'une misérable épouse, puisqu'elle-même ne peut y parvenir ?

— Le roi, madame, répliqua Juxon, est aussi impuissant que lady Salnsby dans le procès du colonel Barkstead : car c'est Dieu qui a été offensé dans le meurtre de Charles Ier, c'est son droit qui a été lacéré par la main des régicides ; et aucun serviteur de Dieu, fût-il roi, ne peut déserter sa vengeance sans renoncer à son salut. Le colonel eût-il sauvé la vie de Charles II, celui-ci manquerait à ses devoirs de roi et de chrétien si, pour sa reconnaissance personnelle, il usait du pouvoir qu'il tient de Dieu pour protéger celui qui a voulu frapper ce pouvoir de la hache et le couper dans sa racine.

— Ainsi donc, milord, reprit mistriss Barkstead, accablée de cette réponse, il n'y a plus d'espérance ! En disant ces mots, elle tomba assise sur une chaise, fondant en larmes et cachant sa tête dans ses mains.

Sur un signe de Ralph, sa mère et Juxon se rapprochèrent de lui ; il leur parla rapidement et à voix basse. Mistriss Barkstead s'aperçut de cet entretien, et, quoiqu'elle n'osât rien attendre de l'intervention de celui qui avait arrêté son mari, elle était cependant si désespérée que ce qui semblait mettre un doute ou un retard dans la mort du colonel, était comme une consolation. Bientôt, en effet, lady Salnsby s'approcha d'elle avec un regard qu'elle cherchait à rendre compatissant, elle s'assit à son côté et lui dit :

— Mistriss, voici une espérance qui se lève, c'est à vous à l'accueillir et à faire qu'elle soit féconde. Votre mari peut encore obtenir une grâce de la clémence de Charles II, et cette grâce, je puis vous la garantir, car elle sera la récompense d'une réparation des outrages faits à la majesté royale.

Le cœur de mistriss Barkstead s'ouvrit à ces paroles; elle demanda avec anxiété quelle était cette réparation demandée au colonel. Alors lady Salnsby lui expliqua que la chambre des communes avait voté une somme assez considérable pour l'érection d'un tombeau à Charles Ier, mais que jusqu'à ce jour toutes les recherches faites à Windsor avaient été vaines. Le duc de Richmont était mort et le marquis d'Hertford retenu dans son lit; quant aux deux comtes de Southampton et de Lindsey, ils n'avaient pu reconnaître l'endroit où avait été déposé le corps du feu roi L'inhumation ayant eu lieu la nuit, à la hâte et à la clarté de deux flambeaux seulement, ils n'avaient aucun souvenir exact de la partie de l'église où on les avait conduits, et les signes qu'ils avaient faits aux piliers les plus voisins de la fosse ayant été soigneusement effacés, rien n'avait pu les guider dans leur recherche. Nulle pierre tumulaire, nulle inscription ne désignant la place où était le corps du feu roi, on semblait devoir être obligé de renoncer à lui rendre ce pieux hommage, si la nouvelle recherche, qu'on ferait dans quelques jours sous l'inspection du marquis d'Hertford était aussi inutile que celle qu'on avait faite dans la journée. Cependant on présumait que Barkstead, qui avait été autrefois chargé de tous les détails de cet enterrement, devait connaître l'endroit précis de la fosse qui avait été creusée sous ses ordres. Arrivée à cette partie de son récit, lady Salnsby fut interrompue par mistriss Barkstead qui, pressentant aussitôt le service que l'on voulait demander à son mari, voulut en connaître la récompense.

— Et si Barkstead vous déclare où est le corps du feu roi, s'il aide son fils à honorer la mémoire de son royal père, quelle grâce lui sera accordée pour cette importante révélation ?

Avant de répondre, lady Salnsby interrogea de l'œil son fils et l'évêque Juxon.

— La grâce qui lui sera accordée, dit-elle enfin, sera la même que j'ai reçue de toi. — La vie ! s'écria mistriss Barkstead, toujours occupée de la pensée qu'elle avait sauvé Ralph et Macdonnel. — Non ; mais l'exemption du supplice des traîtres que tu as sauvé à mon mari.

Mistriss Barkstead se releva avec dignité.

— Oh ! c'est folie à moi, reprit-elle, de vouloir tirer une larme et une pitié de ces cœurs gorgés de sang et d'orgueil ! moi aussi, j'ai un fils, milady; puisse-t-il ne jamais apprendre ce qui vient de se passer ici ! sa vengeance vous serait funeste. Mais Dieu, qui m'a appris le pardon des injures, me détournera de lui porter les plaintes de mon cœur. — Qu'il vienne donc ! repartit la vieille dame avec colère; Ralph, voici l'épée que sa majesté le roi Charles II vient de t'envoyer en récompense de ta conduite, quand tu as arrêté le colonel Barkstead : apprends-en la longueur à son fils, s'il t'en demande vengeance : ce n'est pas moi qu'il te détournerait de combattre et d'anéantir cette race de révoltés furieux qui ont descendu l'Angleterre à leur bassesse, ta vie dût-elle y succomber. — Les devoirs d'une mère, réplique mistriss Barkstead, sont-ils d'exciter la haine et la fureur dans l'esprit de son fils ? — Les devoirs d'une fidèle sujette et d'une pieuse catholique sont de sacrifier son sang au service du maître que le Seigneur nous a donné, répondit gravement Juxon, et lady Salnsby les remplira en noble Anglaise.

Mistriss Barkstead allait se retirer lorsque Ralph s'approcha vivement d'elle et l'arrêta :

— Madame, lui dit-il, que votre mari fasse cette révélation ; vous-même, consentez à ce que je vais vous demander, et, sur mon âme, je vous jure que la vie de votre époux sera sauvée, sinon sa liberté.

Cette fois l'espérance ne rentra point au cœur de mistriss Barkstead. L'existence de Ralph et toutes ses actions semblaient une conjuration de malheurs contre elle et sa famille, et c'est à peine si elle s'arrêta pour l'écouter, même quand il lui parla de la vie de son mari. Ralph la retint encore.

— Un mot, madame, ajouta-t-il : lady Charlotte va descendre ; le roi m'a promis sa main, dès qu'elle aura quatorze ans accomplis, si elle consent à ce mariage; vous seule, peut-être, pouvez m'avoir sur-le-champ ce consentement, que le temps me donnera sans doute, mais qui pourrait, dès aujourd'hui, la lier irrévocablement. Obtenez d'elle qu'elle dise au roi qu'elle est prête à lui obéir, et je vous jure, moi, que votre époux ne périra pas.

Mistriss Barkstead était venue, à l'insu de son fils, pour demander la grâce de son mari à ses plus cruels ennemis. Pour obtenir cette grâce, elle vit d'abord que le colonel devait consentir à servir d'instrument à ce qu'il regardait comme un sacrilége, puisqu'il s'agissait d'honorer celui qu'il avait condamné comme coupable. Elle comprit qu'il ne le voudrait pas. Il fallait qu'elle-même achevât de porter le désespoir dans l'âme de son fils, en lui arrachant tout à fait le rêve de sa vie. Elle ne s'en trouvait ni le droit ni le courage. Cependant parmi tant d'angoisses elle demeurait incertaine de sa réponse, lorsque la voix de lady Salnsby ne lui laissa pas l'embarras d'une décision.

— Ralph, dit-elle avec colère, est-ce là ce que je vous ai appris ? Quoi ! vous cherchez l'accomplissement d'un vain désir dans une basse trahison : car ce serait trahison que d'obtenir de la faiblesse du roi le pardon d'un assassin de son père. Eût-il dans son âme assez de folle compassion pour donner ce pardon, ce serait à vous à l'armer contre lui-même, à protéger son honneur de roi contre sa faiblesse d'homme.

— Mais, ma mère, répondit Ralph avec emportement, il y va de mon bonheur; puis, se rapprochant de sa mère, il ajouta à voix basse : — Il y va de ma fortune ; c'est la sœur du roi, ma mère, la sœur du roi, à qui les charges les plus éminentes ne sauraient être refusées.

Lady Salnsby jeta sur son fils un regard où la colère et le mépris se peignaient ensemble.

— Vous n'êtes pas un gentilhomme, Ralph, si vous pensez ce que vous venez de dire.

— Vous n'êtes pas un vrai catholique, dit Juxon, si vous mêlez l'intérêt de votre avenir et de votre ambition au triomphe de la religion.

— Partez donc, reprit Ralph en s'adressant à mistriss Barkstead avec colère, et tâchez d'oublier que j'ai eu la lâcheté de vous demander votre appui; j'essaierai de l'oublier aussi.

Aussitôt, mistriss Barkstead sortit de la chambre et ensuite de la maison. Rien ne lui demeurait que le désespoir d'être assurée que toute tentative pour sauver Barkstead serait impuissante : car, pour ce qui pouvait être de la honte d'avoir prié et imploré vainement, c'était un sentiment qui ne pouvait entrer dans son cœur. En se rendant chez lady Salnsby, elle allait, selon sa conscience, remplir un devoir sacré, et comme le succès n'aurait pu être pour elle une excuse si elle avait cru ne pas bien faire, de même elle ne pouvait trouver de regrets parce qu'elle n'avait pas réussi. Elle s'éloigna donc, et elle s'apprêtait à regagner sa demeure, lorsque son nom, prononcé à côté d'elle, la tira du profond accablement où elle était plongée.

XVIII. — LA NUIT.

C'était une chose alarmante que de s'entendre appeler par son nom, à dix heures de la nuit, dans une des rues de Londres qui avoisinent la Tamise. La qualité de femme n'est guère respectable à cette heure; celle d'épouse de régicide pouvait être un motif d'insulte, et la voix qui nomma mistriss Barkstead n'avait rien qui pût adoucir l'effroi de cette interpellation. Cependant, lorsque Tom Love eut dit son nom, mistriss Barkstead se rassura et même éprouva quelque satisfaction d'avoir si inopinément rencontré un tel guide et un tel appui. Ce n'était pas pourtant le hasard qui l'avait amené là. Tourmenté d'une inquiétude dont ses paroles expliquèrent bientôt la cause, il attendait, à ce qu'il semble, depuis longtemps, la sortie de mistriss Barkstead.

— Enfin, vous voilà, dit-il, en lui donnant son bras sur lequel elle s'appuya tristement, bien loin, en ce moment, de la délicate retenue de cette jeune femme qui, quatorze ans auparavant, craignait l'aspect de ce farouche garçon boucher; — Enfin vous voilà, il était temps, sir Richard était au bout de sa patience. — Que voulez-vous dire? demanda mistriss Barkstead, mon fils sait-il que je suis venue? — Certes, il le sait, répondit Tom Love, et il en mugit comme un jeune veau, et au fond il a quelque raison. Le nom de M. Barkstead est son bien comme le vôtre, et vous ne pouvez pas ainsi le mettre à genoux devant des canailles royalistes; d'un autre côté, le colonel est un saint, une victime, et c'est trahison que de dépouiller les vrais enfants de Dieu et de l'Angleterre de la gloire de son martyre. J'espère bien que vous n'avez rien obtenu de cette infâme maison. — Hélas, répliqua mistriss Barkstead, je n'ai rien obtenu, rien qu'insulte et mépris! — Les lâches! murmura sourdement Tom Love, enchanté à la fois de ce qu'ils avaient été ingrats, et de ce que cette ingratitude servait l'exaltation de ce qu'il appelait sa politique; les lâches qui vous doivent tant, ils ont été sans pitié! Oh! que Dieu leur prête miséricorde, la vie est longue et le gibet de tous les fils de Cromwell n'est pas dressé pour demain. Ils nous reverront! votre fils l'a juré, madame, il l'a juré, et c'est un brave jeune homme. — Où donc est-il? reprit mistriss Barkstead, et comment avez-vous su que j'étais chez lady Salnsby? — Voici comment, répondit le boucher. Ce matin, quand votre fils vous entraîna hors de la cour de justice, et que le jugement fut prononcé, votre mari qui, vous le savez, était pâle et abattu durant toute l'audience, s'évanouit tout à coup. — Mon Dieu! dit douloureusement mistriss Barkstead, il est si souffrant, si malade, que je m'étonne qu'il ait pu supporter les fatigues de tout ce procès! — Et que s'en est-il suivi?

— On l'emporta hors de la salle de l'audience, et il se remit bientôt; mais, madame, savez-vous ce qui est affreux? c'est que tandis que les amis de la bonne cause s'affligeaient de sa faiblesse, les gueux royaux se sont mis à le huer, en sifflant, l'appelant de tous les noms infâmes: fanfaron, lièvre de mai, lâche, basset de Cromwell. Cela ne peut se passer ainsi, madame, le colonel était, après milord Protecteur, sinon le plus haut en dignité, du moins le plus vénéré des saints juges du Stuart; il ne peut pas faillir à sa cause, à son heure suprême, et nous y mettrons bon ordre. — Comment cela? s'écria mistriss Barkstead épouvantée. — Comment? voilà ce que je me suis longtemps demandé; enfin, une idée m'est venue, mais j'ai pensé que je devais en faire part au plus intéressé en tout ceci, à votre honorable fils, et je suis allé ce soir à votre maison. J'ai frappé longtemps à votre porte; depuis que la vieille Molly dort dans la terre chrétienne, on se s'éveille guère vite chez vous; enfin, M. Richard est venu m'ouvrir lui-même. Avant de m'écouter, il a voulu s'assurer par lui-même si le bruit que j'avais fait ne vous avait pas troublée. Quand il a trouvé votre chambre déserte, il est entré en désespoir, puis en fureur, car, à force de suppositions fausses, il est arrivé à la véritable. Nous sommes venus pour nous en informer chez lady Salnsby, et quand on nous a dit qu'une femme s'était présentée et avait été reçue, il n'a plus douté de votre projet. Je ne l'ai jamais vu si malheureux, pensant tantôt à la vie de son père, tantôt à l'honneur de son nom; quelquefois, pleurant avec faiblesse, d'autres, voulant forcer les portes et aller vous arracher de cette demeure. Enfin, je l'ai calmé, et il nous

C'était l'honorable maitre Tom Love. — Page 22.

attend ici près, à la porte du docteur Andlay, où je lui ai donné rendez-vous. — A quoi bon choisir cet endroit et ne pas rentrer sur-le-champ? dit mistriss Barkstead. — C'est que nous avons besoin de voir le docteur, vous et moi, et votre fils aussi! Et Dieu nous soit en aide dans la sainte entreprise que nous allons tenter!

En parlant ainsi, ils arrivèrent dans une rue obscure et entendirent les pas d'un jeune homme qui passait et repassait devant la porte d'Andlay, comme fait une sentinelle. Ces pas s'arrêtèrent soudainement, et Richard, malgré l'obscurité qui l'entourait, accourut au-devant de sa mère et de Tom Love. Il prit sa mère dans ses bras, et ni l'un ni l'autre ne purent prononcer une parole. Tom Love, seulement, dit à Richard d'une voix émue:
— Allons, consolez-vous, elle n'a rien obtenu!

Ils firent quelques pas en silence et se trouvèrent en face de la demeure d'Andlay: une lampe, placée derrière une vitre, annonçait que c'était la demeure du savant. L'habitude que les plus studieux avaient de veiller fort tard, avait fait entrer dans l'opinion populaire que tous les savants travaillaient au lieu de dormir. Tout ce qu'apprenait un docteur était, en style d'école, le fruit de ses veilles; et c'eût été un déshonneur pour un membre d'une société savante, que l'on passât de nuit, devant sa maison, sans voir la fenêtre de sa chambre d'études éclairée. Il en était résulté que quelques-uns, après avoir médité une ou deux heures, laissaient brûler leur lampe, après qu'ils ronflaient dans leur lit, tandis que d'autres avaient soin de l'allumer avant de sortir pour quelque joyeuse orgie. Peu à peu, c'était devenu une telle habitude, qu'au jour fuyant, la servante d'un docteur allumait sa lampe et la mettait à côté de sa fenêtre, fût-il malade, ou absent; quelquefois même l'habitude l'emportait sur la mort, et la lampe brillait derrière le vitreau plombé, que le docteur était enterré depuis un mois. Quelques voisins riaient de la distraction, mais deux ou trois vieilles femmes assuraient que c'était le défunt qui revenait terminer quelque nécromancie inachevée, et comme il y avait danger d'être lapidé, si l'on voulait leur prouver qu'elles se trompaient, les voisins se taisaient, et il passait pour constant que le savant étair un sorcier. De là, à conclure que tous les savants étaient sorciers, il n'y avait pas tellement loin que cette opinion n'eût été générale en Europe, deux siècles avant cette histoire, et qu'il n'en restât encore quelque croyance à l'époque dont nous parlons.

Richard et sa mère ne savaient pas pourquoi Tom Love les conduisait chez Andlay; ils voulurent l'interroger; mais il leur assura qu'ils devaient lui savoir gré de sa résolution, et qu'ils l'apprendraient suffisamment chez le docteur. Il frappa donc à la porte, et le mouvement soudain de la lampe leur apprit que, pour Andlay du moins, cette précaution n'était pas une formalité. Ils furent bientôt introduits dans le parloir, pièce vaste et sombre, et Andlay, qui avait promptement reconnu les voix de mistriss Barkstead et de son fils, accourut pour les recevoir. Sur la confidence que lui fit Tom Love qu'il s'agissait d'un grand secret, il les mena dans son cabinet particulier, où ils trouvèrent tout l'admirable désordre de la science

Paris. — Imprimerie WALDER, rue Bonaparte, 44.

Le seul fauteuil du docteur n'étant pas embarrassé de livres, mistriss Barkstead y prit place : les hommes demeurèrent debout. Andlay leur ayant demandé quel motif les amenait à pareille heure, et dans cette circonstance, Richard fit signe à Tom Love de répondre ; mais celui-ci, malgré son audace naturelle, était tout interdit, épouvanté qu'il était de la vue de quelques têtes de mort, dont la blancheur luisante saillissait sur le fond noir des vieilles armoires où elles se trouvaient pêle-mêle avec des livres. Cependant, surmontant son embarras et croyant avoir trouvé un expédient ingénieux, il tira de sa poche une énorme bourse pleine de pièces d'or, et la jetant sur la table, il dit aussitôt :

— Voici plus d'or que ne vous en donnerait un lord de la chambre des pairs pour lui faire avoir un enfant mâle ; et ce fils, une fois né, ne vous en promettrait pas davantage pour le débarrasser de son père. Donc ceci est une bonne somme ! Cependant, je ne vous demande, pour le gagner, ni un sortilège pour changer le sexe d'un enfant dans le ventre de sa mère, ni une conjuration pour faire mourir un père qui garde trop tard l'habitude de vivre : ce n'est rien de cela. Une simple nécromancie pour raffermir le cœur d'un homme dans sa poitrine, pendant six heures seulement, voilà tout ce qu'il me faut.

Alors il raconta à Richard et à Andlay la défaillance de Barkstead, après le jugement, et le triomphe des royalistes à cet aspect ; il continua ensuite :

— Quant à lui sauver la vie, c'est impossible. La Tour aux Salnsby ! Macdonnel y commande, et tout bête qu'il est, il a assez d'esprit pour être un bon geôlier. Voyez, docteur, c'est demain qu'on en finit ! Voici le plus clair de ma fortune pour payer votre science ; s'il est besoin d'un peu de sang pour votre conjuration, j'ai les veines faciles à piquer, vous pouvez en juger, elles courent sur mes bras comme des branches de lierre sur un chêne ; et, enfin, s'il faut engager le salut d'une âme, je vous livre ce que j'ai encore à perdre de la mienne, quoique, de ce côté-là, je craigne bien de n'avoir plus grand fond de réserve, et peut-être en ai-je un peu trop dépensé en coups de poings, en blasphèmes et avec les servantes du Roi Richard. N'importe, prenez tout ; l'argent et le sang remplaceront ce qui peut manquer de l'autre part.

Cette singulière proposition, qui ferait aujourd'hui douter de la raison de son auteur, n'étonna même pas ceux qui écoutaient Tom Love. Richard remercia le généreux boucher, en lui serrant la main en silence, et la malheureuse mistriss Barkstead, affaissée dans son désespoir, l'entendit sans en paraître émue. Le docteur s'était mis à réfléchir, et se promenait dans sa chambre. Quelquefois, il se grattait le front, s'arrêtait, grommelait tout bas quelques mots inintelligibles et semblait se consulter avec action. Enfin, il s'approcha de la table où Tom Love avait jeté l'or, et il le lui remit en disant :

— Ce n'est pas avec des sortilèges que l'on donne le courage à celui qui n'en a pas été doué par le ciel, et qu'on rétablit la fermeté d'une âme ébranlée par le désespoir. Gardez donc votre or !

— N'y en a-t-il pas assez ? reprit Tom Love avec résolution, je doublerai la somme. C'est que vous ne savez pas ce qu'ils ont annoncé dans cet affreux jugement. Des trois condamnés, de Miles Corbet, le colonel Okey et M. Barkstead, celui-ci sera le premier traîné sur la claie, depuis la Tour jusqu'à Tyburn, afin qu'il ait toute la première violence des insultes et des railleries du peuple, et il sera le dernier exécuté, afin qu'il voie le supplice de ses compagnons, tandis qu'on leur arrachera le cœur et les entrailles. Comprenez-vous qu'ils ont senti son courage faible et qu'ils y frappent de toutes leurs forces ! Quant au colonel Okey et à sir Miles Corbet, le consolateur ordinaire leur suffira ; mais si vous ne faites un miracle pour M. Barkstead,

Richard saisit violemment son père, le précipite dans la mer et se jette après lui. — Page 29.

la bonne cause est déshonorée. Voyons, docteur, je doublerai la somme ; la taverne du Roi Richard la triplera, s'il le faut.

— L'âme de mon père est forte ; mais son corps est si faible, ajouta Richard avec un cruel embarras, que nous pouvons craindre que sa mort ne soit pas digne de sa vie ! — N'est-il aucun moyen de le sauver ? reprit Andlay. — Aucun, répondit Tom Love ; j'ai tâté les maîtresses, j'ai trouvé les cœurs flasques comme de la vieille vache !

— Hélas ! ajouta mistriss Barkstead, j'ai cru pouvoir espérer il y a quelques heures ; mais le bienfait ne germe pas dans le cœur des serviteurs des Stuarts.

Elle raconta alors à Andlay sa visite chez lady Salnsby, dont ses prières avaient été repoussées, et la proposition faite de sauver au colonel une partie du supplice, s'il voulait enseigner où se trouvait la tombe de Charles Ier.

— Ils ne la découvriront de longtemps ! s'écria Tom Love avec un rire amer, j'ai bien promené les pierres tumulaires d'un bout de l'église à l'autre, pendant une des belles nuits de janvier 1660, que Dieu seul sait où retrouver le corps du tyran.

— Je m'arrêterais les yeux fermés sur la fosse, dit Richard : mon père me l'a montrée dix fois. Quoique alors rien ne la fît distinguer, pas même une simple inscription, et quelque changement qu'on ait pu faire depuis dans l'arrangement des pierres, je ne m'y tromperais pas d'un pas, en la comptant de l'entrée principale.

— Cela serait peut-être un moyen, dit Andlay ; mais il faudrait voir le roi lui-même, il n'est pas si clément que le font les courtisans qui le suivent. Mais c'est ce soir fête à Saint-James, et pour le distraire de ses plaisirs, il faut que lui d'un régicide et le cadavre de son père. L'Angleterre tout entière ne lui pèse pas un grain, quand il danse ou qu'il joue aux dés. Voyons, madame, ces Salnsby ne vous ont-ils rien dit de plus ?

Mistriss Barkstead aborda avec inquiétude le moment où sir Salnsby lui avait proposé la vie de son mari, à condition qu'elle déterminerait Charlotte à l'épouser. Richard contint la fureur qui le dévorait durant ce récit. Il frémissait de penser que les projets de Ralph n'avaient d'obstacle que la volonté d'un enfant de treize ans, et que l'appui du roi pouvait briser cet obstacle lorsque l'âge de la jeune fille lui permettrait de se marier. Cependant une espérance se glissa en même temps dans son cœur. Il devina les refus de Charlotte dans la proposition de Ralph, et les rêves de son amour flottèrent un moment doux et riants parmi le tumulte de ses pensées, comme passe dans les airs le parfum d'une fleur pendant les tourmentes d'un orage.

— Le salut est ici, dit vivement Andlay ; Charlotte peut vous rendre le colonel !

— Mais comment la trouver ? s'écria mistriss Barkstead ; lady Salnsby nous laissera-t-elle pénétrer jusqu'à elle ?

— Ce n'est pas chez lady Salnsby, c'est à Saint-James qu'il faut aller. Espérez, madame ; Richard va m'accompagner ; vous, Love, conduisez mistriss Barkstead chez elle et reprenez votre or. Si Dieu veut que notre démarche ne réussisse pas, il reconfortera l'âme qu'il appelle à lui, et je remettrai moi-même à Barkstead un élixir qui soutiendra son corps. Croyez-en un homme qui a étudié les ressorts des membres et ceux de l'âme, le courage de Barkstead n'a point failli dans son évanouissement, son corps seul s'est affaissé. D'ailleurs, n'a-t-il pas soutenu jusqu'au bout la justice de sa cause ?

— Sans doute, répondit Tom Love mal persuadé ; mais s'il allait déclarer, dans sa prière de mort, comme on le lui a demandé, qu'il n'avait pas le droit de juger Charles Ier, autant vaudrait qu'il mourût cent fois avant cette apostasie ; et si vous n'êtes pas bien sûr de lui au pied de la potence, gardez cet or ; je paierai aussi cher une goutte de poison qui le tue à la porte de la Tour, qu'un sortilége qui l'aurait rendu brave jusque sous le triangle de Tyburn.

— Rassurez-vous, dit Andlay ; Barkstead ne mentira ni à sa cause ni à lui-même; c'est la volonté la plus ferme que je sache dans le corps d'un homme. Ce corps est frêle, sans doute; mais nous le soutiendrons, dût même Macdonnel avoir mêlé des substances nauséabondes à ses aliments pour abattre encore sa force.

— L'oserait-il ? cria Richard, avec une surprise horrible.

— Ne l'ont-ils pas fait pour John Jones et Clément, exécutés en 1660, et portés au gibet comme des cadavres déjà froids? dit le docteur.

— Malédiction! murmura Tom Love; et il échangea avec Richard un regard qui semblait comme un serment que ces deux hommes se renouvelaient.

Cependant Andlay se hâta de prendre un long manteau noir; il se munit d'une petite lanterne et d'une clef. En même temps, mistriss Barkstead, à qui l'espérance venait ouvrir le cœur d'heure en heure comme pour y laisser plonger ensuite la douleur plus avant, mistriss Barkstead se prépara à rentrer chez elle, accompagnée de Tom Love. On sortit de la maison du docteur, et Richard quitta sa mère en lui promettant de ne point compromettre ni contrarier, par son imprudence, les sages projets d'Andlay.

Le docteur et Richard marchaient l'un près de l'autre, absorbés dans leurs réflexions. Telle était, pour Richard, l'émotion qu'il éprouvait à la pensée de revoir Charlotte, qu'il ne s'inquiétait point des moyens que le docteur emploierait pour lui parler ; et peut-être, si l'on avait suivi scrupuleusement toutes les espérances qui agitèrent son cœur durant ce trajet, eût-on trouvé que quelquefois l'idée d'un reproche ou d'un aveu de Charlotte l'occupa plus que la grâce de son père. Enfin, il demanda à Andlay comment il pourrait voir sa cousine et si leur entretien serait long.

— Je verrai Charlotte, répondit le docteur, au milieu de la fête qui se donne à Saint-James ; et si l'entretien que j'aurai avec elle n'est pas long, je suppose que celui qu'elle devra avoir avec son frère nous arrêtera plus longtemps. — Je ne la verrai donc pas, moi? reprit Richard. — Ah! jeune homme, répliqua le docteur, de la prudence, ou je ne m'en mêle plus. Dans la bonne conduite de cette affaire, vous ne devriez ni entrer avec moi à Saint-James, ni voir Charlotte, ni lui parler. Mais je pense me connaître en hommes, et je crois avoir remarqué que vous êtes de ceux qui ont pris leur parti avec la vie, et qui se sont, jeunes, décidés à la considérer comme un malheur, sans bercer tous leurs lendemains de folles espérances. Donc, si je ne me suis pas trompé, vous considérerez qu'il y a une demi-heure vous n'aviez aucune chance ni pour la vie de votre père ni pour revoir jamais Charlotte; qu'ainsi donc, s'il arrive que le hasard veuille que j'obtienne cette grâce, et que vous puissiez entrevoir un instant le visage de votre cousine, sans lui parler ni l'approcher, vous estimerez cela un assez grand bonheur sans rien demander davantage.

Ils arrivèrent enfin à la petite porte de Saint-James, qui ouvre sur le parc, et par laquelle le docteur et Richard avaient déjà passé une fois avec celui dont ils allaient solliciter la vie.

— Vous avez donc conservé cette clef depuis la mort de Cromwell? dit Richard au docteur. — Cette clef, jeune homme, m'a été remise par Charles II. Andlay, vois-tu, a, près des puissants du jour, un meilleur protecteur que tous ceux dont les courtisans quêtent l'appui : c'est la mort et la maladie. Charles II a pris le médecin de Cromwell, et le pape prendra celui de Satan s'il croit que cet homme peut prolonger d'un jour, d'une heure, d'une seconde, son infaillible existence.

Ils montèrent alors l'escalier qui conduisait aux appartements du premier étage. Ils entrèrent dans ce cabinet dont nous avons déjà parlé. C'était un bruissement égal à celui qu'ils y avaient déjà entendu; la porte qui menait à la grande salle de réception était fermée de même, et quand Andlay l'entr'ouvrit, Richard vit que des portières de soie la cachaient comme autrefois. Après s'être assuré que la fête était à son plus haut point de tumulte et que sa présence n'y serait guère remarquée, le docteur frappa à la petite porte basse qui conduisait dans les appartements particuliers. Deux soldats se présentèrent encore ; mais, cette fois, Andlay, plus heureux, passa sans difficulté : car c'était le seul chemin qu'il prît pour arriver près du roi, et on lui avait fait un mot d'ordre particulier. Avant de sortir le docteur s'approcha de Richard, et lui recommanda de se contenter de regarder à travers le rideau.

— Comme il arrive souvent, lui dit-il, que c'est une faveur accordée à quelque maîtresse obscure du roi ou de son favori, de venir voir ici les fêtes de la cour, on ne s'étonnera pas si ce rideau s'entr'ouvre légèrement; mais souviens-toi que mille regards chercheront à deviner le visage qui se tiendra caché là. Il n'y a pas un courtisan qui ne donnât un de ses doigts pour le savoir, dût-il avoir à baiser la main de quelque servante de taverne, pour qu'elle le nommât au roi pendant une orgie.

A ces mots, Andlay s'éloigna, laissant Richard seul dans cette chambre qu'il se mit alors à considérer plus attentivement qu'il n'avait fait jusque-là. Une seule lampe à un bec l'éclairait si faiblement, que bien que cette chambre fût petite par rapport à l'étendue qu'on donnait alors à la plupart des pièces, les angles se perdaient dans une obscurité presque complète. Du côté où se trouvait tournée la mèche, la clarté était suffisante, mais le corps même de la lampe jetait sur l'autre côté une ombre si épaisse, qu'il eût été possible à quelqu'un d'y rester inaperçu, surtout s'il avait pénétré sous le manteau de la cheminée qui se trouvait placée dans la partie la moins éclairée de l'appartement. Cependant Richard attendait avec impatience; chaque minute lui paraissait si longue, qu'au bout de quelques instants il regarda à une petite fenêtre pour voir si le jour ne paraissait point. Il chercha ensuite à voir ce qui se passait au milieu de la fête, et entr'ouvrit légèrement le rideau de soie, mais il ne put rien apercevoir. La plupart de ceux qui se trouvaient dans la grande salle n'étaient que des officiers de grades assez inférieurs. La seconde chambre, dans laquelle il avait vu autrefois le lit vide de Cromwell, semblait de même n'être réservée qu'aux hommes; mais les vêtements de ceux-ci étaient plus somptueux, la plupart étaient resplendissants d'ordres et de pierreries; Richard jugea que, conformément à l'étiquette, la salle où se tenait le roi devait être immédiatement après celle qu'il voyait, et il perdit l'espérance d'apercevoir Charlotte, qui sans doute devait être près de lui. Il se mit donc à parcourir à grands pas le lieu où il se trouvait, cherchant à dévorer le temps, s'arrêtant quelquefois immobile, d'autres fois reprenant sa marche avec une ardente activité. Il regardait tantôt à la fenêtre où la nuit restait obscure, tantôt à la porte entr'ouverte, où la fête semblait ne pas avoir changé d'aspect. Une fois, il se mit à compter les battements de son pouls, pour mesurer son attente; et, à l'impatience qu'il sentit à calculer ce qui devait faire une minute, à toutes les pensées qui s'agitèrent en lui dans ce court espace de temps, il comprit que ce siècle qui venait de passer sur son cœur n'était qu'un instant, et qu'il n'y avait guère qu'un quart d'heure qu'Andlay l'avait quitté.

Fatigué de son attente, il s'arrêta et se perdit dans ses funestes pensées. Il s'était machinalement placé sous le manteau de la cheminée sur un banc de chêne sculpté qui en décorait les deux côtés. A peine était-il assis dans le coin le plus sombre de cet endroit, qu'il vit s'entr'ouvrir la porte par laquelle était sorti Andlay, et, à son grand étonnement, une dame magnifiquement parée entra avec un cavalier, vêtu des plus riches habits. La surprise qu'il en éprouva lui fit garder le silence, et la curiosité que les premiers mots qu'il entendit lui inspirèrent le lui fit continuer, et détourna un moment son esprit du but qu'il s'était proposé en venant à Saint-James.

— Oh! disait à voix basse ce cavalier, qu'il en soit ainsi, belle lady! Tu vois tous ces passages secrets, tu pourras entrer et sortir du palais sans être aperçue. Oh! si ton cœur est vrai, épargne-moi ces vains détours des femmes, ces défenses calculées où elles donnent le bonheur faveur à faveur. Reviens cette nuit, je t'attendrai dans le plus secret de mes appartements, où l'air est chaud et embaumé; oh! que ma victoire ne soit pas un de ces combats où il faut surprendre les baisers, lutter avec effort, froisser de riches vêtements, et ne tenir embrassé qu'une belle et froide parure, au lieu d'un corps souple et brûlant. Comprends-tu, si tu veux me promettre de revenir, quel bonheur sera le mien pendant cette heure que tu vas encore passer au bal ? de reposer sur toi mes regards, en me disant : Bientôt tous ces joyaux seront tombés, ce velours, ces voiles brodés se détacheront, ces cheveux dénoués flotteront sur ces épaules nues et blanches, et elle s'élancera d'elle-même en mes bras, en s'écriant : Je t'aime et je suis à toi. Oh! tu trembles, belle lady! sur mon âme, c'est là le plaisir et la volupté, et non pas ces vaines retenues de dévotes, qui se signent à chaque baiser, et se livrent toujours en victimes et non pas en complices.

— Sortons! sortons! dit avec une émotion profonde la femme à qui s'adressaient ces paroles.

— Oh! ne crains rien ici, belle lady! répondit le cavalier, ici tu m'es aussi sacrée que dans l'église de Westminster; moi, chiffonner ta riche dentelle et froisser les nœuds d'or de mon pourpoint! non, sur mon âme, ces plaisirs surpris sont pour les amoureux de vingt ans qui croient aux résistances vaincues et aux cris étouffés. J'ai passé cet âge, et toi aussi, belle lady ; et, depuis douze ans que tu es l'épouse d'un sot, tu sais bien que tu as menti toutes les fois que, baissant les yeux, détournant tes lèvres d'un baiser, arrêtant une main audacieuse, tu as dit : Non, je ne veux pas ; jamais! assez, ou je me fâche!

— Milord, je vous jure que jamais!

— Hé bien, je te crois, dit le cavalier en l'interrompant; je veux croire qu'à trente ans tu n'as jamais eu d'amant : le bonheur que j'attends de toi sera plus complet; mais c'est ainsi que je t'ai dit que je le veux. Le gouvernement d'Écosse plaît à ton ambition, lord Macdonnel sera gouverneur d'Écosse; je te donnerai le pouvoir comme je te demande ton amour, sans te le faire acheter par de longues et fatigantes sollicitations, sans que tu l'attendes assez pour que le désir soit fatigué quand il arrive. Viens cette nuit, viens en pensant que tu vas te livrer à moi. Que te dirai-je? c'est un charme inouï que je rêve ; je rêve que c'est une volupté du cœur et des sens, au delà de ce que tu peux imaginer, que de posséder une femme qui, le premier jour, se donne tout entière comme ferait une maîtresse depuis longtemps obtenue. Savoir, pendant l'attente, qu'une femme belle et noble lady, quitte sa maison et son époux, qu'elle se confie à une barque, qu'elle descend la Tamise, tremblante et résolue, et traverse tout le parc Saint-James; écouter quand elle monte cet étroit escalier, quand elle parcourt ces longs corridors que nous venons de reconnaître ; ensuite, la voir entrer dans un appartement doucement éclairé, la voir là, honteuse, mais décidée, détacher elle-même ses vêtements un à un, et puis enfin, quand la frise transparente voile à peine les contours adorables de son corps, et que ses bras nus sont prêts aux embrassements, l'entendre s'écrier : Viens! oh! viens! je suis à toi!! Pour cela, belle lady, pour cela, je donnerais des trésors ; je t'ai promis le gouvernement d'Écosse : réponds, le veux-tu ainsi ? je te le donnerai, car je me suis imaginé que sous ce vêtement tu étais belle à faire fondre une âme de volupté! belle lady, le veux-tu?

— Mais comment m'échapper de mon époux ? reprit la dame d'un ton qui semblait prouver que son cœur seul n'était pas troublé. — Il est si niais! répondit le cavalier. — Il est encore plus jaloux, repartit la belle. — Ne peux-tu l'endormir si profondément, qu'il ne s'éveille demain qu'à l'heure de midi ?

Comme ils semblaient se consulter sur ce qu'ils pouvaient avoir à faire, la porte basse s'ouvrit de nouveau, et deux personnes entrèrent encore dans la chambre où était Richard. Le cavalier et sa dame, pour éviter d'être aperçus, se précipitèrent du côté de la cheminée, et furent très-étonnés d'y trouver un étranger. La dame en parut épouvantée, et, oubliant que son nom avait été plusieurs fois prononcé dans la conversation qui venait d'avoir lieu, elle ramena son voile sur son visage, et Richard, à plusieurs fois, l'entendit étouffer d'amers soupirs. Le cavalier s'assit sur le banc, et se plaça près de Richard, et, en s'asseyant, il lui dit tout bas, en lui prenant vivement la main :

— Qui que tu sois, je t'engage ma parole royale de te donner ce que tu voudras si ce que tu as entendu meurt dans ton sein.

Le sentiment qui agita Richard à ces paroles n'a pas d'expression possible pour le peindre. La surprise, la haine, l'effroi, l'espérance, le mépris, s'y mêlèrent confusément. Cet homme qui le touchait était le roi, celui qui ordonnait la mort de son père, celui qui avait le droit de le punir lui-même de sa présence en ce lieu, celui dont il attendait grâce et qui venait de déployer devant lui les désirs d'une débauche qui lui faisait horreur sans que toutefois il en comprît le hideux raffinement.

Cependant, il se prit à réfléchir, et déjà il calculait par quels moyens il arriverait au salut de son père, lorsque le nom du colonel, répété plusieurs fois, attira son attention.

— Je vous répète, dit l'un des nouveaux venus à l'autre, que le médecin est ici, qu'il a parlé à la jeune fille, qu'elle a promis d'obtenir la vie de Barkstead à tout prix, et que peut-être en ce moment elle cherche le roi par tout le bal pour se jeter à ses genoux.

— C'est Juxon! murmura sourdement Richard.

— Oui vraiment, c'est mon confesseur! répondit tout bas Charles II, en poussant Richard du coude, comme pour lui faire comprendre le plaisant de sa situation.

— Mais, répéta le second nouveau venu, le roi n'est plus dans le salon, Charlotte ne le trouvera pas; il est sans doute bien enfermé avec quelqu'une de nos belles ladys, de celles qui se donnent pour une promesse qu'il ne tient jamais.

— L'insolent! murmura le roi.

— C'est lui! dit de même Richard.

— C'est mon frère! ajouta avec effroi la belle lady, en se pressant contre le roi.

Charles, à cette découverte, retint à grand'peine un bruyant éclat de rire. Cependant la conversation de Ralph et de Juxon continuait.

— Serait-ce donc en vain, dit celui-ci, que j'aurai pris tant de précautions pour qu'il ne puisse nous échapper? Après avoir réussi au delà de nos espérances, en donnant un passage à sa femme et à son fils, sur le brick de Downing, faut-il qu'il nous échappe la veille de sa mort?

— Et lorsque les fatigues de la route et du cachot ont délabré ses forces, ajouta Ralph, et qu'il y a lieu d'espérer qu'il ira à l'échafaud pâle et chancelant, comme un lâche et un assassin! Macdonnel vient de me faire informer que ce soir il a eu plusieurs défaillances.

— Perdre cette occasion de détruire dans le peuple cette stupide admiration pour ce qu'il appelle les martyrs de la liberté: lui montrer celui, qu'après Cromwell, il considérait comme le plus saint d'entre tous; le lui montrer, dis-je, hagard, exténué de ce qu'il croira être des remords, tremblant, flétri, presque mort; ah! c'est un bonheur qu'il ne faut pas laisser échapper! dit Juxon, et il faut prévenir le roi.

— Il ne faut pas vraiment laisser échapper le bonheur que j'attends, dit tout bas Charles, et ces deux braves conseillers viennent de m'en fournir le moyen.

L'état de Richard, durant ces entretiens, ne saurait s'exprimer. L'incertitude qui l'agitait avait pour lui-même quelque chose d'effrayant. Se sentir côte à côte avec Charles II, entendre Juxon et Ralph révéler enfin que cette protection qui lui avait ouvert, ainsi qu'à sa mère, le chemin de la Hollande, n'était qu'une trahison de plus; apprendre quelle féroce espérance agitait leur cœur, sentir tout cela et demeurer muet, immobile, glacé, c'était un supplice au-dessus des forces de Richard. Quelques moments encore, et sans doute, il eût succombé à l'envie de punir Ralph et Juxon au risque de sa tête et de celle de son père. Déjà, ses idées tournoyaient confusément, la rage allait l'entraîner, lorsqu'un mouvement considérable se fit entendre dans la salle voisine. Une voix frêle, mais vivement accentuée, dominait par intervalle et en se rapprochant, le murmure qui bruissait confusément.

— Le roi! où est le roi? criait une voix de jeune fille. Sire, mon frère, répondez-moi! Charles, où êtes-vous?

Tout à coup la portière qui séparait le cabinet où étaient les personnes dont nous venons de parler, de la grande salle de réception, s'ouvrit vivement, et Charlotte s'y précipita. Avec elle, entrèrent plusieurs seigneurs, quelques dames et des valets armés de flambeaux: la plupart des courtisans, attirés à la porte, s'y étaient groupés comme un essaim d'abeilles. Lady Macdonnel, épouvantée, voulut se cacher; mais Charles, plus maître de lui-même, s'avança gracieusement vers sa sœur; Richard était resté enfoncé dans le coin où il était placé, et l'étonnement était si grand que personne ne prit garde à lui, occupés qu'étaient tous les regards d'examiner le visage du roi et la contenance de lady Macdonnel. Quelques regards furtifs s'échangeaient déjà entre les courtisans, lorsque Charles en prévint les malins commentaires en adressant la parole à Charlotte:

— Qui donc vous a dit, belle sœur, que je causais ici avec lord Juxon, sir Salnsby et sa sœur? C'était comme un conseil de famille, et vous n'êtes que la bienvenue.

A ces mots seulement, on s'aperçut de la présence de l'évêque et du capitaine des gardes, et les mille plaisanteries, déjà toutes tirées, pour en percer à jour la réputation de la belle lady, rentrèrent au fourreau, fort désappointées. Salnsby et Juxon comprirent seuls, et tous deux s'inclinèrent en silence; lady Macdonnel reprit quelque assurance, et l'on supposa aussitôt qu'il s'agissait de quelque mesure politique. Cette opinion se confirma lorsque Charles ajouta en s'adressant à Ralph, mais en regardant lady Macdonnel:

— Vous porterez au lieutenant de la Tour, lord Macdonnel, l'ordre de se tenir de sa personne dans la prison la plus sûre du château avec Barkstead, l'un des trois misérables qui doivent être exécutés demain à midi. Que du moment où il aura reçu cet ordre jusqu'à celui de l'exécution, il ne le perde pas un moment de vue. Des projets coupables de le délivrer sont venus jusqu'à nous, et le lieutenant de la Tour me répond sur sa tête de ce prisonnier. Se tournant alors vers lady Macdonnel, il ajouta: — Je comprends, milady, qu'un pareil ordre vous contrarie, mais je ne puis plus longtemps écouter vos sollicitations, il faut vous résoudre à céder, vous savez que je suis inflexible.

Lady Macdonnel baissa les yeux et répondit: — J'obéirai, sire. — Juxon et Ralph, quoique interdits de ce qui se passait, avaient compris que Barkstead était perdu, et leur haine, du moins en ce moment, ne demandait pas d'autre explication de cette singulière rencontre. Toutefois ils devinaient bien une partie de la vérité, c'est-à-dire que lady Macdonnel et le roi, cachés avant eux dans cette chambre à peine éclairée, ne s'y étaient pas occupés, à coup sûr, du sort des régicides; mais ils croyaient que l'ordre que venait de recevoir Ralph répondait à la conversation qu'ils avaient eue ensemble. Richard, lui seul, avait compris toute la duplicité féroce de cette précaution. Lord Macdonnel, ainsi enchaîné, laissait sa femme libre de se donner aux caprices dépravés de Charles II, et c'était Barkstead qui payait d'une dernière torture cette infâme volupté du roi. Richard chercha un moment sa raison dans le conflit de pensées et d'horreurs qui affluèrent alors à son âme; il était resté immobile, il demeura immobile encore: car, étonnement, rage, épouvante ou stupeur, il ne pouvait se rendre compte de ce qu'il éprouvait. Cependant la voix de Charlotte vint encore le frapper, et comme un vent frais elle dispersa l'orage qui roulait autour du cœur de Richard et y fit pénétrer un rayon d'espérance et de raison.

—Sire, mon frère, dit la jeune fille, sans doute il peut y avoir des projets coupables pour délivrer le colonel Barkstead; mais il y en a aussi qui sont innocents, et tel est le mien, sire: car c'est de vous que j'en attends le succès, et ce que vous aurez fait vous-même ne peut vous sembler criminel. Je viens vous demander la grâce du condamné.

— La grâce de l'assassin de notre père, belle sœur! tu es folle, enfant, Dieu me punirait comme un nouvel Absalon: car la cause de mon père, aujourd'hui, c'est la vengeance, et pardonner, c'est la trahir.

— Et si c'était la servir, reprit la jeune fille avec une instance résolue; la cause du roi notre père n'est point toute dans la vengeance, elle est aussi dans l'honneur qu'on peut rendre à sa mémoire et à son corps. Barkstead seul, peut-être, peut nous enseigner où repose celui de notre père. Achetez donc ce secret au colonel, car il serait décent à vous d'élever enfin à Charles Ier une tombe où les fidèles Anglais, vous, sire, et moi peut-être aussi, nous puissions aller porter le tribut de nos pleurs.

— Nos pleurs! répliqua Charles avec un léger mouvement d'impatience, nos pleurs et ceux de nos fidèles sujets n'ont pas besoin d'un vain marbre pour rendre hommage à la mémoire du martyr; ils ont souvent coulé et ne tariront jamais pour une douleur si légitime; mais le sang de ses assassins manque avant tout à sa vengeance, et je n'ai pas le droit de l'en sevrer.

— Cette proposition a été faite à Barkstead ou à sa femme, je crois, elle a refusé, dit Juxon, en s'avançant alors.

— Ma tante a refusé la vie de son mari? s'écria Charlotte, cela n'est pas possible!

Ralph, alors, crut devoir prendre la parole, et il dit avec une amertume que contenait cependant le respect:

— Elle a refusé, du moins, la promesse que lui faisait ma mère, de demander à sa majesté d'épargner à Barkstead le supplice des traîtres, en faveur de cette révélation; et dans l'état d'effroi où il est depuis la condamnation, cette grâce n'était pas à refuser.

— Je sais, sir Salnsby, répondit la jeune fille, avec un mépris indicible, qu'elle a refusé cette grâce, je sais même qu'elle a refusé la vie de son mari, que vous lui offriez, à condition qu'elle me déciderait à vous épouser un jour. Je la remercie de ce refus!

— Qu'est-ce à dire? reprit Charles II, d'un ton irrité, on dispose de ma volonté à mon insu; ainsi donc, sir Salnsby, vous signez des grâces pour être protégé près de la beauté: mais c'est agir en roi, en usurpateur, et vous ne me semblez pas de taille à faire un second Cromwell.

— J'avais espéré, sire, répondit Ralph confondu, qu'en récompense de mes services, que pour avoir arrêté le colonel...

— Aux chiens qui ont arrêté un noble cerf, on donne les entrailles pour curée, dit avec colère Charles II, si vous voulez celles de Barkstead, le bourreau vous les livrera; allez, portez l'ordre que je vous ai donné au lieutenant de la Tour, et ne reparaissez jamais devant moi.

A ces paroles insultantes, la pâleur habituelle de Ralph devint livide; mais sur un signe de Juxon, il se calma et demeura. L'évêque s'approcha alors du roi, et lui dit à voix basse et d'un air grave:

— Voilà les hommes qui meurent pour vous, sire, les hommes comme Salnsby acceptent tout de leur maître, excepté un affront aussi public: oubliez-vous que lui seul peut proposer et faire passer, à la chambre des communes, le bill contre les cadavres de Cromwell et de ses complices. Réparez donc le mal que vous venez de faire, sire; il y va de l'honneur de ce jeune homme; il y va du salut de la monarchie, que vous déshéritez ainsi de ses plus dévoués défenseurs.

Charles approuva d'un léger mouvement de tête les paroles de Juxon, et s'avançant vers Ralph, il lui dit avec cette courtoisie royale, dont il avait le tact mieux que personne:

— Bien que notre confesseur ne soit pas dans les hauts grades militaires, il en sait les convenances, monsieur, et il vient de me rappeler que j'y avais manqué. Ce n'est pas un capitaine qui est chargé d'ordinaire des ordres du roi, et je comprends que le capitaine à qui le roi les confie mette quelque hésitation à les exécuter; mais, sans doute, j'aurais droit de me fâcher, si le colonel Salnsby tardait d'une seconde à m'obéir.

Ralph, dont la figure rayonna à ces derniers mots, s'inclina et sortit à l'instant même. Le regard de mépris dont Charlotte l'accompagna fit bien au cœur de Richard, et pourtant elle ignorait que Ralph oubliait plus que sa honte personnelle et qu'il transigeait aussi avec le déshonneur de sa sœur. Au moment où elle allait de nouveau s'adresser au roi, celui-ci l'interrompit brusquement:

— Assez! assez! belle sœur, lui dit-il, voici une affaire qui nous a arrêtés trop longtemps. Ne demandez rien, car il n'est pas bon que votre jeune beauté s'accoutume à des refus, et c'est tout ce que vous trouveriez chez moi: allons, finissons-en et rentrons au bal.

— Pas avant que tu n'aies tenu ta parole royale! dit Richard en se levant et en s'avançant au milieu de la chambre.

La surprise générale fut extrême; celle du roi, qui avait oublié entièrement l'inconnu, près duquel il s'était assis, ne fut pas sans un mélange d'effroi, en voyant que celui qu'il croyait être un courtisan qu'il rendrait muet avec une poignée d'or, était un homme tout à fait étranger à sa cour. Richard s'était placé devant le roi; son manteau brun, ouvert, pendait de chaque côté jusqu'à ses pieds, ses mains, dont l'une tenait son large feutre gris, tombaient comme son manteau, et sa tête découverte laissait flotter, sur ses épaules, ses beaux et doux cheveux blonds: il avait une large dague à sa ceinture de cuir noir. L'inattendu de son apparition prêtait sans doute quelque chose d'effrayant et de solennel à son attitude : car un silence glacé, une attente universelle remplacèrent soudainement le mouvement qui ramenait tout le monde vers la grande salle de réception. Mais ce silence et cette attente prirent un caractère bien plus profond d'intérêt, lorsque Charlotte, poussant un cri, s'élança dans les bras de l'inconnu, en disant :

— Richard ! ô Richard !

— Qui ? Richard ! s'écria le roi stupéfait en considérant ce qui se passait avec des yeux effarés.

— Moi, Richard Barkstead, répondit le jeune homme, qui viens vous sommer de me donner la grâce de mon père.

Le mouvement qui s'opéra à cette surprenante déclaration, fut un vrai coup de théâtre ; quelques-uns se reculèrent épouvantés, comme s'ils avaient découvert la tête d'un serpent parmi des fleurs qu'ils caressaient ; mais les femmes regardèrent plus attentivement, car la beauté de Richard était alors dans toute sa pureté. Charlotte, appuyée sur lui, le contemplait avec des regards où Richard pouvait lire, qu'il n'avait pas perdu cette possession complète de l'âme de Charlotte, qui dès l'enfance les unissait si puissamment. Charles II, mécontent, se promenait dans la chambre, froissant son gant avec colère comme cherchant un expédient pour échapper à l'obligation qu'il s'était maladroitement imposée. Lady Macdonnel était plus interdite que jamais.

Tout à coup, Charles s'arrête devant Richard, en lui adressant brusquement ces mots :

— Hé bien ! jeune homme, lui dit-il, demande-moi ta vie, car tu as mérité la mort pour t'être introduit ici, et t'être approché de moi, armé de ce poignard ! c'est un assassinat que tu préméditais.

— Je suis entré ici, répondit Richard, pour obtenir par un moyen quelconque la vie de mon père ; quant à un projet d'assassinat, vous savez mieux que personne que j'aurais pu l'exécuter si je l'avais formé ; et cette noble dame peut témoigner de la vérité de mes paroles.

Charles, de plus en plus dépité, aperçut lady Macdonnel qui, déjà pâle et chancelante, semblait prête à s'évanouir ; il ne savait que résoudre, car il ne voulait ni pardonner, ni perdre sa nouvelle conquête. Il recommença sa promenade agitée et reprit encore soudainement :

— Après tout, qu'ai-je donc promis ? de t'accorder une faveur, un titre, que sais-je ! mais je ne t'ai point dit que je casserais, pour toi, les arrêts de mon parlement ; je ne suis pas au-dessus des lois.

— Vous m'avez engagé votre parole royale de m'accorder ce que je vous demanderais ! cette noble dame le sait, répliqua Richard.

— Oui, sire, ajouta lady Macdonnel d'une voix défaillante, c'est ainsi que vous avez promis.

Charles la considéra ; en ce moment elle lui parut plus belle que jamais ! il oublia donc et sa vengeance et sa résolution de ne pardonner à aucun régicide, et il dit avec une sorte de satisfaction :

— Hé bien donc, qu'il soit fait comme Dieu le veut, car lui seul a pu me pousser à engager si imprudemment ma parole royale à un inconnu, et lui seul a pu faire que cet inconnu fût le fils du régicide Barkstead ; sa main se découvre aisément dans cette réunion d'étranges circonstances. Va donc ! jeune homme, tu auras la grâce de ton père !

— L'aurai-je sur-le-champ, sire ?

— Il sera temps de l'expédier demain matin, dit Juxon ; on vous l'enverra.

— Mon oncle est perdu ! dit tout bas Charlotte à Richard ; demande la grâce sur l'heure, ou d'ici à demain Juxon aura détruit tout ceci.

— Pardonnez, sire, mais si votre clémence est aisée à votre cœur, dit Richard, il ne peut que vous être doux d'ajouter à la grâce de mon père la faveur de me la remettre immédiatement ; si, au contraire, cette clémence est un effort, délivrez-vous tout d'un coup d'un combat qui vous coûte et qu'il vous faudrait demain renouveler tout entier.

— Tu as raison, jeune homme ; allons ! page, qu'on m'apporte un vélin royal et une plume.

Juxon essaya de faire quelques objections ; mais Charles II ne lui en donna pas le temps, et lui répondit même assez sévèrement. Puis il s'approcha de lady Macdonnel et lui dit, à voix si basse qu'elle seule put l'entendre :

— Tu viendras, n'est-ce pas, belle lady ? car c'est pour toi seule, c'est pour l'ivresse de tes baisers que j'accorde cette vie ! Tu viendras, n'est-ce pas ?

Lady Macdonnel répondit en baissant les yeux. Pendant ce temps Charlotte parlait à Richard avec une rapidité singulière et d'une voix aussi basse

— Écoute, lui disait-elle, dans quelques jours je quitte Londres, je vais à Great-House, sur la route de Windsor. Viens la nuit, tu siffleras trois fois comme lorsque tu appelais Phann ; je reconnaîtrai ce signal, je descendrai, je te parlerai ; j'ai beaucoup à te parler ; mais à Londres, c'est impossible, tu en sauras la raison : entends-tu, à Great-House ? trois coups de sifflet !

— Oui, lui répondit Richard, dont les regards, plongeant dans les yeux de Charlotte, semblaient y chercher l'âme de la jeune fille et y porter la sienne. Oui !... Il ne put en dire davantage, sous l'oppression que lui faisaient éprouver tant d'émotions réunies.

Enfin, un page arriva chargé d'un vélin sur lequel était imprimé le sceau royal ; il tenait une plume, une large écritoire d'argent et une espèce de petite planchette en bois d'ébène, incrustée d'argent. Il posa le vélin, la plume et l'écritoire sur la planchette et la présenta au roi, la soutenant de façon à ce qu'il pût écrire debout. Cependant, au moment où Charles s'approchait pour prendre la plume, Juxon s'avance et, grondant le page de sa gaucherie et de sa maladresse, il s'empare de cette sorte de pupitre et se place lui-même devant le roi, en l'élevant en l'air de ses deux mains. Aussitôt Charles II se met à écrire ; mais il n'avait pas encore tracé une ligne, que Juxon, qui le suivait attentivement de l'œil, fait semblant de lâcher la planchette. Elle se renverse, tout tombe, vélin et écritoire ; l'encre s'échappe et coule presque entièrement sur le riche pourpoint du roi ; son haut de-chausses de soie blanche, broché d'or, en est inondé ; son justaucorps rouge en est souillé ; les dentelles qui pendent sur ses jambes et sur ses mains, tachées, salissent son manteau et ses bas ; quelques rires sont près d'éclater.

— Malédiction ! s'écria Charles au comble de la fureur, mon pourpoint et mes malines, stupide et lourd animal ! Retirez-vous, Juxon ; perdre mon plus magnifique habit ! un habit que j'avais composé moi-même ! Damnation ! je vous punirai. Juxon, vous l'avez fait exprès ! Sortez ! Et toi, que veux-tu ? ajouta-t-il en parlant à Richard, que veux-tu ? la grâce de ton père ! Enfer ! j'aimerais mieux le supplicier de mes mains que de la signer ! O mon habit ! mon pourpoint !

— Et si je disais que vous avez menti à votre royale parole ! s'écria Richard.

— Si tu disais cela, répondit Charles en se plaçant devant lui et en le mesurant des pieds à la tête, d'un regard où l'homme terrible et puissant perçait plus que le roi ; si tu disais cela, je t'arracherais la langue comme à un calomniateur, et cette dague, au bout de cette main, irait droit à ton cœur comme à celui de tout homme qui m'insulterait.

Charlotte, épouvantée, se plaça entre le roi et Richard. Mais c'en était fait, la cause de Barkstead était perdue. Charles II, dans une colère que rien ne peut exprimer, rentra dans son appartement après avoir donné l'ordre que la fête cessât et que tout le monde se retirât. Rien ne put l'arrêter, ni les prières de Charlotte, qu'il repoussa rudement, ni le souvenir de sa royale parole hautement invoquée, ni les regards suppliants de lady Macdonnel, à qui il dit en passant et fort sèchement, qu'il relevait son mari de l'ordre qu'il lui avait donné. Tel était Charles II : il sacrifiait le droit d'honorer la mémoire de son père à une affreuse vengeance ; cette vengeance, il l'abandonnait pour les baisers d'une femme ; mais, femme, vengeance et devoir filial, il oubliait tout pour un nœud de rubans ou une broderie.

Bientôt des soldats se présentèrent, et quatre d'entre eux s'emparèrent de Richard dont la stupéfaction l'avait rendu immobile, et le reconduisirent par le petit escalier jusqu'à l'entrée du parc. Il eut à peine le temps d'entendre la voix de Charlotte, qui lui dit tout bas :

— A Great-House !

Enfin, au moment où les soldats l'abandonnèrent, il était encore dans cet état de stupeur et semblait ne pouvoir en sortir, lorsque la voix d'Andlay, qui l'avait suivi et qui avait été le témoin muet de toute cette scène, le rappela à lui-même par ce peu de paroles :

— C'est la haine de Juxon qui a prévalu.

— O ma vengeance ! ma vengeance ! murmura Richard d'un ton qui effraya Andlay, quelque accoutumé qu'il fût à ses transports. Ils s'éloignèrent en silence : le docteur regagna sa maison, et Richard alla ajouter ce dernier coup aux horribles douleurs de sa mère.

XIX. — LA TOUR.

Le matin du 19 avril, mistriss Barkstead, son fils, le docteur Andlay et Jacques Downing, étaient à la porte de la Tour qui fait face à Church-Hill ; le jour commençait à poindre, et de différents côtés arrivaient les personnes qui, presque toutes silencieuses et isolées, venaient prendre leur rang pour pénétrer dans la forteresse. Là, se trouvaient la famille et les amis du colonel Okey et de sir Miles Corbet. Chaque arrivant allait se placer auprès du groupe à la parenté ou à l'intimité duquel il appartenait. Là, un mouvement de tête inaperçu, l'échange d'un regard, une main douloureusement pressée tenaient lieu de salut. Quelquefois une larme brillait dans l'œil de ceux qui attendaient, lorsque arrivait un ami plus intime du condamné. C'était une sympathie donnée à une douleur qu'on sentait devoir être plus cruelle. Cette arrivée successive et ce rang pris silencieusement avaient quelque chose de triste et de religieux, comme l'arrangement d'un convoi un jour de funérailles. Cependant, au milieu de cette douleur qui devait étreindre jusqu'aux entrailles ceux à qui on enlevait, par le supplice, leur mari, leur père ou leur ami, au milieu de cette douleur, se fit jour un sentiment qu'on pourrait appeler anglais. Que Richard éprouvât ce sentiment, cela se conçoit aisément, mais qu'il arrivât jusqu'à l'âme de mistriss Barkstead, cela ne peut s'expliquer que par cette faculté de l'homme, de s'imprégner des idées qui remplissent l'air autour de lui, ces idées fussent-elles étrangères à sa nature, comme il arrive qu'une fleur inodore se parfume dans l'atmosphère embaumée où elle vit. Ainsi, mistriss Barkstead, femme timide et réservée, qui avait toujours craint et évité l'éclat des manifestations politiques, la douce mistriss Barkstead mesurait d'un œil inquiet la ligne qui se formait à la suite de chacun des trois groupes qui étaient placés près de la porte d'entrée. Plusieurs fois elle regarda les rangs des amis ou partisans du colonel Okey et de sir Miles Corbet, et elle reconnut avec douleur qu'ils étaient plus nombreux que ceux de son mari.

— Richard, dit-elle tout bas à son fils, notre malheur ne manque d'aucune affliction, nous avions bien peu d'amis ! Hélas ! la faiblesse du colonel a-t-elle donc détourné de lui la vénération de tant de nobles cœurs qui le chérissaient ? Car ce ne peut être la crainte, puisque tu vois que les amis du colonel Okey et de sir Miles Corbet sont presque tous ici.

— Hélas ! ma mère, répondit Richard, je ne sais qu'en penser ; comme vous dites, Dieu ne nous épargne aucune torture de l'épreuve ; qu'il soit béni puisqu'il a mesuré notre courage à notre douleur. Un ami nous manque pourtant, sur lequel je comptais comme sur moi-même. S'il ne venait pas, ce serait une triste déception pour moi.

Comme il disait ces mots, on entendit le pas mesuré d'un grand nombre de personnes, et l'on supposa qu'un bataillon venait à la Tour pour renforcer l'escorte des prisonniers. Cependant, comme le jour n'était tout à fait levé et que le brouillard était fort épais, on ne pouvait rien distinguer. Ce ne fut donc qu'à quelques pas de la porte que Richard reconnut Tom Love, suivi de plus de quatre cents personnes ; Richard s'élança vers lui et l'embrassa les larmes aux yeux ; mistriss Barkstead lui tendit la main en signe de remercîment, et Jacques Downing et Andlay se mirent à battre des mains; tous les amis de Barkstead, déjà arrivés, imitèrent l'exemple du docteur et du capitaine, et la troupe fut accueillie par de bruyants applaudissements.

— Après vous avoir quittés, il y a quelques heures, dit Tom Love à mistriss Barkstead, je suis rentré chez moi; tout d'abord, j'ai éveillé, avec quelques coups de nerf de bœuf, mes paresseux de garçons qui, au premier moment, ont paru surpris de cette manière de les appeler. Mais j'avais mon idée. Si j'avais été les tirer, l'un après l'autre, par les bras ou par les jambes, il se serait passé une heure avant qu'ils eussent bâillé, qu'ils eussent étendu los bras, les jambes, et qu'ils se fussent frotté les yeux; au lieu que comme cela, avec deux ou trois tours de nerf de bœuf, j'ai eu tous mes gaillards sur leurs pieds et dégourdis comme des moineaux, avant une minute. Je leur ai expliqué alors qu'il fallait courir chez tous les amis du colonel Barkstead et les avertir de ne pas manquer à son exécution, ce matin; je leur ai dit de les prier de se réunir chez moi, qui ne suis pas éloigné de la Tour, et de les prévenir qu'ils y trouveraient de bonne ale pour tout le monde et quelques bouteilles de vin pour les plus huppés. Mes braves garçons, en apprenant ce dont il s'agissait, m'ont remercié comme leur père. Vous voyez que je ne m'y suis pas trop mal pris: car il me semble que vous mettriez les souteneurs du colonel Okey et de sir Miles au bout les uns des autres, qu'ils n'arriveraient pas à la moitié des nôtres.

— Je le vois, dit Richard, et je vous en remercie, Love.

— Il y a dans ces gens-là, répliqua tout bas le boucher, des hommes qui soutiendraient l'effort d'une foule de mille braillards! Hé bien! si le colonel bat la mesure trop vite avec les dents, nous l'entourerons et personne ne le verra. Savez-vous quelque chose sur son état?

— Rien, répondit Richard; mais le docteur est tranquille.

— Il est donc ici? a-t-il sa fiole? Voyez donc, ajouta Tom Love, en faisant remarquer à Richard l'air animé du docteur, il la tient à la main! il la goûte! Tudieu! quel air joyeux! il paraît enchanté.

Ils approchèrent tous deux du docteur qui causait vivement avec Jacques Downing. Dès qu'il les aperçut, il leur adressa vivement la parole.

— Voyez, dit-il, ce présent du capitaine: voici qui vaut mieux que tous les élixirs du monde! Sentez! vraiment c'est un parfum divin et une saveur parfaite.

— Qu'est-ce donc? demanda Richard.

— C'est, répondit Downing, une liqueur que j'ai rapportée de mes voyages dans les mers du nouveau monde; celle-ci vient des Antilles, et a été fabriquée à la Jamaïque.

— C'est admirable! répétait à chaque instant Andlay, en examinant soigneusement la bouteille et en la portant à chaque instant à son nez; et je suppose que c'est à Barkstead que vous destinez ce précieux flacon.

— Hélas! repartit le capitaine, après avoir été, bien malgré moi, complice de l'arrestation du colonel, je lui apporte le secours qu'aucun soldat ne peut refuser à un autre; je viens l'aider à mourir en brave, comme il a vécu: car il ne faut pas qu'il tremble devant une potence, après avoir souri devant le feu de vingt canons; donc, si un verre ou deux de ce rhum peuvent le soutenir, j'aurai moins de désespoir de ce qui s'est passé à bord du *Bristol*.

— Mettons notre espérance en Dieu, reprit mistriss Barkstead, qui s'était approchée pendant cet entretien, et dont le courage, en ce moment, débarrassé qu'il était des fausses espérances et des inquiétudes qui l'accablaient, s'était développé tout entier, comme grandit une plante qu'on a dégagée des herbes parasites.

Quelques minutes se passèrent encore, et la porte de la Tour s'ouvrit: on admit sans difficulté, toutes les personnes qui désirèrent entretenir les condamnés. Richard et mistriss Barkstead, tourmentés de la crainte que le colonel ne fût encore dans cet état d'abattement qui les désespérait, ne permirent qu'à peu de personnes de les suivre dans la prison. Ce fut le docteur qu'ils choisirent le premier; Tom Love et Downing obtinrent la même faveur. Ils s'avancèrent tristes et découragés, dans les détours de ces nombreux corridors où Barkstead avait commandé. Il serait difficile de se figurer l'inquiétude pénible qui arrêta un moment la main de Richard, lorsqu'il poussa la porte de la chambre où était son père. Il se présenta le premier, retardant pour les autres, autant qu'il le pouvait, le douloureux spectacle qu'il croyait rencontrer. Sa crainte ne cessa pas, lorsqu'il eut pénétré dans la chambre: car il vit son père à genoux, la tête appuyée dans ses mains; le bruit des clefs et des gonds, qui venaient de crier à ses oreilles, ne semblait pas même l'avoir arraché à son anéantissement. Richard appela son père d'une voix presque éteinte; le colonel ne répondit pas, et tous ceux qui étaient entrés avec Richard, se regardèrent entre eux, interdits et confus; Tom Love gronda sourdement, Richard, d'un geste, lui demanda grâce pour la faiblesse du colonel, et s'avança vers lui en pleurant.

Dans ce moment, Barkstead se releva; sa figure était calme; ses yeux, à moitié couverts par ses longues paupières, semblaient déjà regarder la terre d'en haut. Sa toilette était faite avec un soin particulier; nulle altération dans ses traits, nul tremblement dans sa voix, une démarche assurée, Barkstead avait tout l'apect de l'homme fort et sûr de lui-même, pour qui la mort n'est qu'un triomphe. La joie qu'en éprouvèrent sa femme, son fils et ses amis, remplit leurs yeux de larmes. Un sentiment inconcevable de satisfaction vint se mêler à la douleur de cette dernière entrevue. Le malheur que chacun attendait, en perdant une de ses circonstances les plus douloureuses, s'allégea plus qu'on ne saurait dire au cœur de ceux qui le supportaient. Certes, la douleur de voir périr son époux et son père, eût été plus cruelle pour mistriss Barkstead et Richard, qu'elle ne le devint alors, s'ils n'avaient pas craint, un moment avant, de le voir mourir en lâche. Ce qui leur restait de malheur était aussi grand que ce qu'ils en avaient jadis pu prévoir; et cependant ils en souffrirent moins, par cela seul qu'ils avaient été menacés d'une douleur plus vive; ce fut donc avec un calme inespéré, avec une tranquillité solennelle que se firent tous les apprêts pour le départ. Barkstead serra la main à son fils et à tous les hommes présents, il embrassa seulement sa femme sur le front et répondit plus gaiement qu'il ne l'avait jamais fait aux questions qui lui furent adressées sur sa santé. Andlay lui dit alors, en lui présentant la fiole qu'il tenait de Downing:

— Voici, colonel, un consolateur comme n'en pourraient fabriquer les plus savants alchimistes de Londres; goûtez-le, il vous réconfortera le cœur et vous soutiendra dans le combat que vous allez livrer.

— Mon consolateur est au ciel, repartit Barkstead, je l'ai appelé dans mes prières et il m'a répondu. Comme tout ce que j'ai fait a été pour sa gloire et pour celle du peuple qu'il protége, il ne m'abandonnera pas au haut de mon calvaire, bien qu'il fût permis à un indigne chrétien comme moi de succomber sous sa croix, lorsqu'il est écrit que Jésus-Christ plia les genoux sous la sienne, et qu'il appela le Seigneur à son aide.

— Je le crois, repartit Andlay, mais Dieu nous a donné les armes de la terre pour nous soutenir et nous défendre; goûtez ce précieux breuvage, il vous fera braver les fatigues temporelles qu'il vous reste encore à subir.

— Oui, mon père, dit Richard, prenez cette liqueur, c'est un suc précieux que le capitaine a apporté des terres les plus éloignées. Cet élixir vient de la Jamaïque?

— Est-ce vrai? s'écria Barkstead, en saisissant le flacon avec une joie inspirée, et en le contemplant attentivement; est-il vrai que cette liqueur vienne de la Jamaïque?

— Sur mon honneur, répondit Downing, je l'en ai moi-même rapportée.

— Je la reçois donc comme un présent du ciel, reprit Barkstead. Ce fruit de la plus noble conquête de Cromwell, ce n'est pas un vain hasard qui le fait remettre dans mes mains à l'heure de ma mort. Ne semble-t-il pas que le génie du Protecteur plane sur les enfants de l'Angleterre et accompagne leurs pas jusqu'à leur dernier soupir? Qu'il soit donc fait comme Dieu l'ordonne! je bois cette liqueur à la gloire de Cromwell! Que cette eau soit pour moi, à la fin de mes jours, comme celle du baptême à leur commencement, un gage de réconciliation entre l'humanité pécheresse et mortelle, et l'éternelle et infaillible Divinité!

Aussitôt il versa quelques gouttes de rhum dans un verre, et l'ayant élevé vers le ciel, il le but d'un seul trait. Il avait à peine achevé que le bruit des traîneaux retentissant sur les pavés de la cour, se fit entendre; il se mit à la fenêtre; et, après avoir considéré celui qui lui était destiné, il se retourna vers Andlay et lui dit:

— Voici sans doute ma dernière couche, docteur, car ils n'en accorderont pas une au misérable corps qu'ils déchireront en lambeaux.

— Oh! s'écria Tom Love avec colère, puissent-ils vous ouvrir une tombe honorable et décente! ou bien les tombes royales auront été vainement creusées pour garder les ossements des maîtres de l'Angleterre!

Richard, d'un coup d'œil significatif, imposa silence à Tom Love; et, un moment après, un officier de la Tour vint annoncer à Barkstead que tout était prêt et qu'on n'attendait plus que lui. Barkstead, après l'avoir remercié, pria sa femme de lui rendre les derniers soins qu'exigeait sa toilette. Elle attacha sur son épaule son long manteau brun, et lui remit, après l'avoir brossé, son feutre à larges bords, ainsi qu'elle faisait autrefois, lorsqu'il sortait pour une promenade. Les chevaux piaffaient dans la cour; huit heures étaient sonnées, lord Macdonnel entra lui-même pour enjoindre au condamné de ne pas retarder davantage le départ.

Pour mistriss Barkstead seule, ce moment était celui de la séparation, car Richard et les autres comptaient bien accompagner le colonel jusqu'à Tyburn.

Le courage de mistriss Barkstead eut, à ce moment, cette fatale mesure qui donne au malheur toute sa portée; ce courage ne fut point assez grand pour qu'elle pût réprimer ses cris et ses larmes, et pour qu'il ne fallût pas dénouer ses bras attachés avec désespoir au cou de son mari; elle ne fut point assez forte pour vaincre les sanglots, les convulsions qui brisaient sa poitrine et ébranlaient son corps, sans cependant avoir cette heureuse faiblesse qui, en la plongeant dans un long évanouissement, l'eût sauvée de ces horribles déchirements.

Richard, le docteur et Downing, parvinrent à l'arracher des bras de son mari, et celui-ci dit à son fils, au moment où elle cachait sa tête dans son sein:

— Après Dieu, à qui j'ai demandé pour elle la résignation et l'espérance, c'est à vous, Richard, que je la confie; n'oubliez pas qu'elle fut le bonheur de tous les jours que j'ai vécu, et que tant qu'elle vivra elle sera l'honneur des femmes.

Pour toute réponse, Richard pressa sa mère dans ses bras, et se dégageant à son tour de ses embrassements, il la remit à Tom Love, et suivit son père dans la cour où le traîneau l'attendait. Pendant qu'ils descendaient, mistriss Barkstead, ayant repris son courage, voulut parler encore à son époux; Tom Love s'y opposa; mais, forcé malgré lui de s'attendrir à ses prières, il lui promit qu'elle le reverrait avant qu'il n'arrivât à Tyburn. Il s'éloigna donc avec elle, évitant de passer par la cour où se trouvait Barkstead, et ils sortirent tous deux de la prison.

Pendant ce temps, le colonel s'approchait de la porte de la Tour, qu'on nomme porte du Lieutenant et à laquelle il avait tant de fois reçu les honneurs militaires dus à son commandement. Richard, les yeux fixés à terre, semblait éviter de regarder ces murs, dont le souvenir, rapproché de ce qui se passait, pesait à la fois à son orgueil et à sa tendresse. Mais déjà Barkstead, délivré en son âme de tous ces liens personnels qui enchaînent les hommes, regardait avec complaisance les lieux par où il passait. Cette comparaison, qui se tournait en amertume au cœur de son fils, lui rassérénait l'âme, et comme un dernier exemple des vanités présomptueuses et des infortunes de ce monde, elle reportait vers le ciel ses uniques et extrêmes pensées. Downing lui ayant dit tout bas: — Et pourtant ceci fut votre palais; ici, vous avez possédé des trésors! il répondit:

— Le palais que je vais habiter et les trésors que je possède sont autant supérieurs à ce que j'ai perdu que l'âme l'est au corps et l'immortalité à la vie: car mon palais sera le ciel, et mon trésor est le calme de ma conscience.

En parlant ainsi, ils arrivèrent à l'endroit où le traîneau était arrêté. C'était un énorme cadre de bois ayant à peu près six pieds de longueur sur trois et demi de largeur, et formé par quatre poutres solidement assujetties les unes aux autres. Des planches assez minces, clouées en travers, en remplissaient le vide d'un côté; c'était sur cette espèce de plancher que l'on asseyait le condamné; l'autre côté de ces quatre pièces de bois était garni d'épaisses bandes de fer qui empêchaient que le pavé ne les usât trop rapidement.

— Voici mon char de triomphe, dit Barkstead en souriant et en posant le pied sur cette lourde machine. Il s'assit alors et fit signe au conducteur de partir. A l'instant où il allait se mettre en marche, il entendit derrière lui le bruit des autres traîneaux qui, des cours plus éloignées de la prison, venaient rejoindre le sien. Il se retourna et vit ses deux collègues. Tous trois se saluèrent comme des convives qui se rendent au même festin, et le char de Barkstead sortit le premier de la Tour.

XX. — LE TRAJET.

Alors commença cette marche pénible qui, de la Tour, devait conduire Barkstead à Tyburn, où déjà les potences étaient dressées, où le bourreau attendait déjà. L'anxiété générale était grande, car il s'agissait comme d'une victoire pour les deux partis. Les royalistes ne doutaient pas que Barkstead, pusillanime et malade, ne vînt rompre cette chaîne d'impérieux trépas, dont l'héroïsme exaltait le peuple. Les républicains tremblaient que celui d'entre eux tous à qui le nom de vertueux n'était refusé par personne, ne démentît par ses lâchetés la vérité de leurs principes. Ils craignaient surtout que, dans le discours que les condamnés ont coutume d'adresser au peuple, il n'abandonnât le droit de juger les rois et qu'il ne confessât cet acte comme un crime.

Dans cet état des esprits, le traîneau sortit de la Tour et s'avança dans Church-Hill. Si, d'un côté, les amis de Barkstead s'étaient activement préparés à soutenir sa marche, d'une autre part, ses ennemis n'avaient rien négligé pour en faire un supplice anticipé. Dès que Barkstead parut, une nuée de quolibets, d'injures et de huées fondit sur lui. C'étaient d'amères dérisions sur sa religion, et sur lui-même; de cruelles comparaisons sur sa fortune passée avec sa position actuelle, et le plus souvent d'épouvantables descriptions des tortures qu'il allait subir.

— Ohé! Barkstead, Barkstead! le régicide! crièrent d'abord toutes les voix, puis on entendit çà et là :

— Ohé! le colonel! à la danse, à la danse des sorcières! à trois et sans toucher la terre!

— As-tu cherché le Seigneur ?— Certes, il l'a cherché et il l'a trouvé, car l'Esprit-Saint s'est mis à cheval sur son nez pour lui servir de lunettes!

— Si tu n'as pas bien déjeuné, tant mieux, Barkstead! on te servira un pudding au sang de tes propres entrailles, bien rôties.

— Voyez donc! qu'il est pâle! — Il a peur! — Il pleure! il demande grâce!

— Il vous méprise! cria Love de sa voix tonnante, en reprenant sa place à côté du colonel. Les quolibets s'interrompirent à ce cri, et l'on entendit la voix moins puissante, mais aussi sonore et plus ferme de Barkstead ajouter avec résignation :

— Je les plains et je leur pardonne.

Des hourras s'élevèrent de toutes parts, car Barkstead avait résisté à cette première attaque. Le traîneau s'avança paisiblement. Richard marchait à côté de son père. Tout à coup, au bout de Church-Hill, il vit le colonel qu'il suivait attentivement de ses regards, ôter son chapeau en saluant quelqu'un qu'il semblait apercevoir de loin. Richard leva les yeux et vit sa mère à l'une des fenêtres de la maison de Tom Love; elle agitait son mouchoir. Triste, mais résolue, elle s'était placée sur le passage de son époux; son visage était calme, un mélancolique sourire d'encouragement effleurait ses lèvres, et le mouvement de sa tête, qu'elle relevait avec fierté, semblait crier au colonel :

— Courage! et ne tremble pas, car moi, qui suis femme et qui resterai seule, je suis forte, et tu vois que je ne pleure pas!

Tous les spectateurs devinrent attentifs, car le traîneau était encore loin de la fenêtre; cette scène pouvait être longue et la résolution de l'un ou de l'autre pouvait y succomber. Les regards passaient rapidement du colonel qui s'avançait lentement, à sa femme qui ne quittait pas la croisée. La sainteté de cette dernière entrevue et cet intime adieu de deux âmes qui avaient été si longtemps et si parfaitement unies, se répandit parmi la foule qui attendait le traîneau et celle qui l'accompagnait, car nul cri, nulle injure, ne vint troubler cette scène muette. Seulement on entendit Barkstead se penchant vers Love lui dire en souriant :

— Dieu est le mari des veuves et le père des orphelins. Dites cela à Marie et à Richard après ma mort, pour qu'ils pleurent moins le mari et le père qu'ils auront perdu.

Cependant le traîneau avançait, et déjà il se trouvait sous la fenêtre où était penchée mistriss Barkstead. On s'attendait à quelques paroles de consolation descendues de sa bouche comme du ciel; mais il semble que le soin de sa contenance eût épuisé toute sa force, car elle demeura muette au moment où son mari était assez près d'elle pour pouvoir l'entendre. Seulement, elle se pencha tout à fait hors de la croisée et avec une dignité qui emprunta au souvenir de son jeune amour une grâce indicible, elle envoya à son mari un dernier et chaste baiser. Barkstead, en ce moment, était sous la croisée; et à ce mouvement de sa femme, il se leva debout sur le traîneau, ôta son large feutre avec une sorte de courtoisie galante; et, d'une voix où l'exaltation religieuse se mêlait à la plus intime émotion, il s'écria :

— Au ciel! au ciel! au ciel! mon amour, je vous laisse dans la tempête.

Ce fut un noble et doux sentiment qui s'empara du peuple à ces simples et solennelles paroles. Les hourras des amis du colonel ne répondirent pas à sa voix; mais de sourds sanglots se firent entendre; on vit bien des mains rudes et grossières essuyer furtivement une larme, tandis que Richard, les yeux fixés sur son père, le contemplait dans une muette extase, d'où on ne saurait dire que la joie fût entièrement bannie. A cette heure, il semblait que la mort ne fût plus qu'une circonstance presque indifférente de ce jour; toutes les inquiétudes des amis de Barkstead s'étant attachées à la manière dont il saurait mourir, il arriva qu'en le voyant plein de tant de courage et de force, leur satisfaction fut si vive que leur marche prit un air de triomphe, et qu'il sembla que ce traîneau menât Barkstead à quelque grande et magnifique cérémonie, où l'attendaient de glorieuses récompenses, plutôt qu'à Tyburn, où le gibet était dressé à côté du brasier pour les entrailles et des tenailles pour le cœur.

Les soldats qui menaient le cortége et l'officier qui les commandait en conçurent un tel dépit que, sur un ordre de celui-ci, le conducteur fouetta vivement les chevaux qui se mirent à trotter jusqu'à Tower-Gate, où la foule les empêcha de continuer à avancer aussi rapidement. Le mouvement donné au traîneau qui ressautait avec violence sur les pavés et secouait Barkstead à lui briser les membres, lui causa une si vive douleur, qu'il sentit sa force faillir et une froide sueur inonder son visage. Il jeta ses regards autour de lui et vit qu'il était séparé de tous ses amis. La populace, ameutée à cet endroit, pouvait donc approcher de lui, et les injures recommencèrent plus ardentes et plus atroces; mais lorsque la foule s'aperçut que personne ne semblait défendre le condamné, elle ajouta d'horribles menaces à ses insultes, et bientôt la boue fut jetée à pleines mains sur le traîneau et sur Barkstead. Un homme du peuple lui passa, à deux pouces du visage, une énorme barre de fer rougi, et comme Barkstead, dans un premier mouvement de surprise, rejeta sa tête en arrière, il fut hué et sifflé avec d'effroyables éclats de rire. Bientôt, on entendit un groupe de quelques misérables percer la foule avec des hurlements de joie; on leur faisait place et ils recevaient sur leur passage de bruyants applaudissements. Enfin, ils arrivèrent jusqu'à Barkstead, et se mirent à marcher à côté de son traîneau en jouant une épouvantable pantomime.

D'abord l'un d'eux éleva en l'air une longue perche, ayant à son extrémité une sorte de traverse qui imitait assez grossièrement une potence; au bout de cette traverse, il y avait une poulie sur laquelle roulait une corde soigneusement enduite de graisse. Il est à remarquer que l'on était déjà arrivé à Holborn et que, le chemin montant très-sensiblement, la marche du traîneau était extrêmement lente. Cette circonstance permit aux misérables d'exécuter leur affreuse comédie sans quitter d'un pas le traîneau du colonel.

Ils avaient donc dressé leur perche, et le peuple attentif se pressait en silence pour voir ce qui allait en arriver, lorsqu'on entendit les cris déchirants d'un chien qu'on attachait, et bientôt on le vit en l'air, hissé à la poulie qui tenait à la perche et figurant un pendu au gibet. La joie de la populace, à cet aspect, fit explosion par mille cris, par des éclats de rire sans fin et des applaudissements furieux. Ce qui, surtout, paraissait admirablement plaisant à la foule, c'est que l'un de ces hommes, monté sur les épaules d'un autre, tenait dans ses mains une des pattes du chien. Il paraissait consulter avec attention l'état du pouls du supplicié, et répondait doctoralement, et en imitant l'importance d'un médecin, aux questions de l'un de ses compagnons qui remplissait l'office du bourreau.

Barkstead, dès le premier aspect de cette longue perche d'où pendait une corde, avait compris l'intention des hommes qui la portaient, et il en avait détourné la tête avec dégoût. Mais, à l'instant même, les huées, les sifflets, les cris de lâche, de poltron, l'assaillirent avec tant de violence, qu'il comprit qu'il se devait à lui et à tous ceux de sa cause, de paraître indifférent à toutes les menaces et à tous les outrages, et il se condamna à regarder en face les tortures de ce pauvre animal. Quand il le vit élever en l'air et se débattre dans les angoisses de l'agonie, un triste souvenir vint au cœur de Barkstead; il se rappela Phann, il se reprit à se retracer cette lutte fatale de son arrestation, il se souvint du courage de ce brave chien, mort pour le sauver; il calcula en ce moment, plus précisément qu'il ne l'avait fait jusqu'alors, que sa vie avait tenu à un fil, à une seconde, à un regard troublé, à une main jetée plutôt d'un côté que de l'autre, et en pensant ainsi, son visage devint triste et soucieux, de graves réflexions rembrunirent son front, et il regardait si fixement le chien qu'on venait de détacher de la corde, que rien de ce qui se passait n'arrivait plus à sa pensée, et qu'on pourrait dire que sa vue était absente de ses regards.

Il fut tout à coup éveillé de cette sombre préoccupation par les douloureux hurlements du chien qu'on avait détaché. Imitant, dans tous ses détails, le supplice qui attendait Barkstead, les acteurs de cette horrible scène venaient d'ouvrir, avec un coutelas, le ventre du misérable animal, et l'un de ces cannibales lui arrachait les entrailles avec des tenailles et les jetait sur un brasier que d'autres hommes portaient à côté du traîneau.

C'est un secret inexplicable du cœur de l'homme que celui de sa force et celui de sa faiblesse. Ce supplice dont on lui étalait le sale simulacre sous les yeux, Barkstead allait le subir, et avant de le subir, il devait le voir infliger à deux hommes dont l'un était son collègue, et l'autre son ami; et cependant, en se représentant en lui-même cet horrible spectacle dans toutes ses atrocités, et en le mesurant à son courage, Barkstead s'était senti la force de le voir d'un œil calme. Cette confiance en lui-même n'était pas, à coup sûr, un mensonge : car, si, traîné par les soldats jusqu'au lieu de l'exécution, tout s'était accompli ainsi qu'il se l'était imaginé, non-seulement son visage fût resté impassible, mais encore son âme n'eût pas eu un combat à soutenir contre lui-même. Mais il ne fallait pas à ce courage une lutte au delà de ses prévisions. Le parti pris, ou pour mieux dire la provision de force que s'était faite Barkstead, suffisante pour tout ce qui était le plus redoutable, se trouva dépassé par un accident plus ignoble que cruel, et lorsqu'il vit le chien égorgé, ses entrailles grésillant et fumant sur les charbons; lorsqu'une main sanglante vint secouer devant ses yeux le cœur dégoûtant de l'animal, il se sentit pris d'un vertige horrible; sa vue se troubla, ses idées se confondirent, et sans doute il se serait évanoui, lorsque, soudainement, le traîneau s'arrêta. La foule suspendit sa marche, et Barkstead aperçut une femme voilée qui, s'approchant de l'officier, lui parla avec une autorité qui semblait ne point souffrir de résistance.

A la manière dont celui-ci répondait, on voyait clairement qu'il balbutiait des excuses que la jeune femme n'agréait point. Enfin, sur un geste impératif de celle-ci, il ordonna à ses soldats d'éloigner les misérables qui avaient exécuté cette sanglante parodie; et comme en toutes choses l'excès est le partage des caractères sans dignité, il chassa ces hommes avec une violence aussi brutale que l'indifférence avec laquelle il les avait laissés approcher.

Cependant le cortége ne continua point à marcher, et l'inconnue s'approcha de Barkstead; elle souleva son voile pour lui seule et l'appelant doucement, elle lui dit :

— Colonel Barkstead! voici une fille repentante qui vient vous demander votre bénédiction. — Barkstead la considéra avec étonnement; dans l'horrible état où l'avait mis l'incident qui venait de se passer, il ne put reconnaître ni les traits qui s'offraient à lui, ni la voix qu'il entendait.

— Enfant ! répondit-il avec une émotion qui avait quelque chose de surhumain, comme si déjà il avait dépassé le point insaisissable où finit la vie mortelle ; enfant, es-tu l'ange de ma mort ? et viens-tu me donner la main pour me soutenir en présence du Seigneur ?

La jeune fille s'aperçut du trouble qui régnait dans la voix et les regards de Barkstead. Elle en comprit la cause, et monta à ses côtés sur le traîneau immobile. Là, se penchant vers lui et élevant ses bras autour de sa tête, elle l'enveloppa de son voile blanc, comme eût fait un ange de ses ailes, et elle lui dit à voix basse :

— Ne me reconnaissez-vous pas ? vous qui fûtes un père pour moi !

— Oui, dit le colonel, en ressaisissant quelques lambeaux de sa mémoire, dispersée par le choc violent qu'il venait d'éprouver : oui ! j'ai aimé, comme un père, une enfant qui avait ta voix et tes regards ! Mais cette enfant est morte, et je l'ai tuée ! Pauvre Anna !

— Pauvre mère ! répéta la jeune fille.

Cette exclamation rappela tous les souvenirs de Barkstead.

— Charlotte ! s'écria-t-il.

— Oui, dit la jeune fille, Charlotte, qui s'est échappée de la prison où on la garde, pour venir vous demander votre bénédiction de mourant et pour vous avertir ! Écoutez, mon père, car vous êtes mon père, vous qui m'avez nourrie enfant ! Écoutez, préparez vos forces et votre courage ! car ils ont résolu d'abattre votre courage et de faire chanceler vos forces. Ils vous attendent à Tyburn. Ralph est au pied de l'échafaud, et c'est Juxon qui l'a voulu ; ils tramaient cela à côté de moi, chez ma geôlière. Ce qu'ils peuvent et veulent faire, je ne le sais pas ! mais les tenailles rouges et le bûcher ne sont pas le supplice à craindre ! car Ralph a ri longtemps après avoir parlé bas à Juxon, et Juxon a répondu : — C'est bien ! — Vous le voyez donc, mon père, il vous faut du courage. Je ne suis pas l'ange de votre mort qui vous donne la main devant le Seigneur, mais je suis votre enfant qui viens vous soutenir devant le bourreau ! me voulez-vous pour compagne ?

— Merci, Charlotte, répondit Barkstead, cela ne va ni à ta position de sœur du roi qui me condamne, ni de jeune fille faible et tremblante ! laisse-moi ! Vois-tu cette colline d'Hoborn ? regarde bien, et si tes yeux sont aussi clairvoyants que les miens, tu verras Jésus-Christ qui me tend la main et qui vient me soutenir !

En disant ces paroles, la figure de Barkstead rayonna d'une suprême extase, et Charlotte, abaissant ses yeux, la dévoila radieuse et sereine aux regards de la foule immobile. Le temps écoulé pendant cette interruption de la marche du cortége avait permis aux amis de Barkstead de le rejoindre, et Richard se précipita vers son père. Aussitôt, Charlotte ramena son voile sur son visage, sauta légèrement à bas du traîneau, et fit signe à l'officier d'avancer.

— Mon père, dit-elle rapidement à Barkstead, je demeure près de vous, mais que Richard l'ignore ! j'ai encore une bénédiction à vous demander.

Le cortége se remit en marche, mais calme et solennel : nul n'osait troubler le religieux silence du colonel qui, les yeux levés vers le ciel, y faisait monter déjà son âme sur les ailes de la prière. Richard marchait à la gauche du traîneau, Charlotte à la droite. Ces deux jeunes compagnons du coupable, à l'âge où la vie n'est que pureté, devinrent, dès ce moment, la plus sûre égide de Barkstead contre les insultes préparées sur son passage. Ce candide dévouement qui rayonnait autour de sa claie infamante, éclaira la marche de Barkstead d'un jour d'innocence qui éblouit les plus résolus à être infâmes ; et le traîneau arriva à la place de Tyburn, accompagné et accueilli par un religieux silence et de muettes bénédictions.

XXI. — L'EXÉCUTION.

La multitude était immense et pressée sur la place de Tyburn. Il y régnait une agitation active qui ne se manifestait point par ce flux et reflux de la foule qui roule, et bat les murs des maisons comme fait la mer au pied des falaises ; mais cette agitation s'exhalait en un murmure continu et dense comme celui d'une ruche d'abeilles en travail d'essaimer. Des cavaliers formaient un carré de vingt pieds environ autour de la potence qui était dressée à l'une des extrémités de la place. Trois cordes pendaient des trois énormes anneaux de fer fixés sur les trois branches qui s'élançaient de l'énorme potence qui les supportait. Ces trois cordes avaient à leur extrémité un nœud coulant dans lequel on passait le cou du condamné. Au lieu de la trappe qui s'ouvre aujourd'hui sous les pas du coupable et qui le laisse tomber d'une assez grande hauteur pour que les vertèbres se brisent par la violence de la chute, une charrette, attelée d'un cheval, était placée sous le gibet. Au moment désigné pour la mort, la charrette avançait et laissait le condamné suspendu à un pied de la terre tout au plus. Le mouvement progressif de la charrette qui, en s'éloignant, serrait insensiblement le nœud coulant, et le peu d'élévation de la chute lorsque le corps la quittait, ne procurait au condamné qu'une strangulation lente et qu'il sentait dans tous ses degrés. Cette manière avait encore cet avantage que, ne donnant pas une mort immédiate et complète, elle permettait au bourreau de couper la corde aux dernières convulsions du supplicié, de façon à ce qu'il pût encore sentir les tortures qui lui restaient à subir.

Cromwell, pour qui la mort était simplement la radiation d'un homme du nombre de ses ennemis, épargna les détails de la torture à presque tous les condamnés. En les frappant, il ne voulut jamais les punir de ce qu'ils ne pensaient pas comme lui, parce qu'il savait qu'on pouvait penser honorablement sans être de son avis ; et n'essaya pas non plus d'épouvanter ses antagonistes par des supplices, parce qu'il s'était assuré que le sang des échafauds est fécond en vengeances ; il fit seulement que ceux qui le combattaient n'existassent plus, par cela seul que leur vie lui était contraire. Il les tua comme on écrase un insecte parce qu'il vous pique ; sans prétendre réformer sa nature ou avertir ses semblables. Ce n'était pas ainsi dans la pensée des royalistes. Avoir porté le regard ou la main sur les droits de la royauté était le plus grand de tous les crimes ! c'était désobéissance, révolte et sacrilége. Les châtiments devaient donc s'élargir pour s'égaler à tant de méfaits. Aussi, jamais la restauration n'épargna une torture à ceux qu'elle fit mourir ; et si l'on ajoute qu'on avait fait une sorte de religion de l'amour de la royauté, on comprendra aisément que toute vengeance y devînt implacable et tout pardon impossible.

Le supplice était donc prêt dans toutes ses horreurs. A deux pas, en avant de la charrette, un feu de charbon de bois brûlait dans un énorme vase circulaire en fer, de la forme d'une chaudière. Ce brasier était sans grille ni trous qui vinssent l'alimenter d'air et l'exciter ; aussi l'un des valets du bourreau était-il occupé à l'animer à l'aide d'un énorme soufflet, et les longues tenailles introduites parmi les charbons faisaient l'office de ces piques de fer dont on perce encore, en Angleterre, les feux de charbon de terre pour les faire mieux brûler.

Lorsque Barkstead arriva, la foule était si pressée qu'il fut impossible de faire avancer le traîneau et qu'il fut forcé de descendre et de marcher à pied jusqu'à la potence. Il faut encore le faire observer, car ce fut là le caractère bien particulier de ce jour ; l'attention générale s'était tellement attachée à la conduite et au courage du condamné, que sa mort n'entrait plus dans les craintes ni les espérances de personne. Ainsi il se trouva un moment où Barkstead, descendu du traîneau et entouré de ses seuls amis, eût pu tenter un coup désespéré. Lui et les siens pouvaient se ruer dans la foule, y jeter le désordre, et peut-être, parmi le tumulte de ces milliers d'hommes, tandis que la multitude se serait précipitée et roulée en tous sens, la fuite devenait possible et le salut pouvait l'accompagner. Mais à ce moment, nul ne pensa à la vie, ni Barkstead ni ses amis. Ceux-ci ne profitèrent de cet instant que pour encourager le colonel, et lui-même ne s'occupa qu'à rassurer ceux qui l'approchaient. Les soldats eux-mêmes, qui devaient entourer Barkstead, ne semblaient pas craindre une pareille tentative : car l'officier qui les commandait, et qui dans ce moment aurait dû faire redoubler de surveillance autour du condamné, s'éloigna précipitamment et fendit la foule à grand'peine. Il s'approcha de l'officier qui était à cheval au pied de la potence avec les dragons du roi, et parut lui faire le rapport de ce qui s'était passé pendant le trajet. Richard remarqua cet incident, et comme il suivait leurs mouvements avec attention, il s'aperçut que l'officier du détachement qui les avait accompagnés désignait la jeune fille qui était près de son père. A ce mouvement, le colonel des dragons se pencha sur son cheval comme pour écouter plus attentivement ce qu'on lui disait : puis, tout à coup, il se redressa de toute sa hauteur sur ses étriers, et plongea un regard stupéfait dans le groupe où la jeune fille était près de Barkstead. Richard reconnut Raph Salnsby ; et, à la pâleur de son visage, au geste avec lequel il désigna la femme voilée, au regard dont il semblait la frapper, Richard reconnut Charlotte. L'âme de Richard, à l'âge où les voix d'amour et d'affection devaient seules y retentir, déjà flétrie et desséchée, n'était plus intelligente que pour les sentiments de haine. Le pur dévouement de cette jeune fille auprès de son père, la grâce de sa démarche, l'attention aimante avec laquelle elle posa plusieurs fois sa main dans celle de Barkstead ; rien n'avertit Richard durant un trajet de plus d'une demi-heure que cette femme était Charlotte, mais le regard de Raph le lui apprit. Ce regard eût dévoilé cette femme et montré son visage nu aux yeux de Richard qu'il n'eût pas été plus assuré que c'était Charlotte.

Il s'approcha d'elle et l'appela tout bas avec une tendresse honteuse de son inintelligence.

— Pas encore ! lui répondit-elle.

Barkstead et ses amis percèrent enfin la foule, et le colonel entra dans le carré que formaient les cavaliers. Avec le colonel furent admis Richard, Love, Andlay et Charlotte, les autres restèrent en dehors, mais le plus près possible de la potence.

A peine Barkstead fut-il arrivé qu'on le fit monter dans la charrette, le bourreau s'approcha de lui et lui lia les mains derrière le dos avec des rubans de laine noire. Sur un signe de Ralph, les nœuds furent serrés avec tant de force que les mains devinrent noires, et que le visage du colonel pâlit sous la violence de la douleur. Quelques sourds murmures se firent entendre ; mais Salnsby, tirant son sabre, sembla prêt à faire justice des mécontents, et l'on se tut, tandis que Barkstead demeurait immobile. Le bourreau s'approcha de nouveau de Barkstead ; mais la voix de Love, qui venait toujours s'interposer, puissante et sans peur, dans les moments critiques, l'arrêta soudainement. Un parchemin venait de lui être glissé entre les jambes des chevaux ; il l'avait communiqué à Andlay, et il s'avança du côté opposé à celui où était Ralph. Là, se tenait monté sur un cheval de haute taille, portant sur sa housse traînante les armes de Londres, le shérif du comté de Middlesex, qui devait présider à l'exécution.

Aussitôt que Love fut assez près de lui, il éleva la voix, et lui présentant le parchemin, il dit :

— Moi, Love, boucher, citoyen de Londres, je vous présente requête pour que l'exécution de la sentence qui condamne Barkstead soit faite selon l'usage et les règlements du supplice, et sans qu'il y soit rien ajouté.

— Votre requête est-elle en forme, et deux témoins vous assistent-ils pour la présenter avec vous ?

Mille voix s'élevèrent à cette question et répondirent en jetant des noms en foule à l'appui de la requête, tous ces noms suivis de la qualification de citoyen de Londres.

— Hé bien, continua le shérif, puisque la requête est appuyée, parlez, de quoi vous plaignez-vous ?

— De ce que les nœuds qui attachent les mains du condamné sont serrés plus qu'il ne faut pour la sûreté de l'exécuteur, et que c'est une torture inutile et contraire à la loi.

— Y a-t-il ici un homme de l'art qui puisse en juger ? dit le shérif.

— Me voici, moi Andlay, doyen de la faculté et citoyen de Londres ! répondit le docteur.

— Qu'il soit donc fait droit à la requête, répliqua le shérif, et il tourna son cheval du côté de la charrette et s'en approcha aussitôt. Ralph, qui avait tout entendu, s'élança à côté de lui, et se penchant à son oreille, il lui dit à voix basse :

— Le roi le veut, monsieur, faites attention à ce que vous allez faire !

— La loi le défend, répondit tout haut le shérif. A votre place, colonel ! vous n'êtes ici qu'un assistant du bourreau, à mes ordres comme lui ! à votre place !

Des hourras et des battements de mains éclatèrent dans le peuple à cette réponse de son magistrat, et Ralph, la rage dans le cœur, reprit sa place près de la charrette, en tête du cheval qui s'y trouvait attelé. Le shérif la ﬁa monter Andlay à côté de Barkstead, puis, sur son rapport, il ordonna au bourreau de desserrer les rubans qui attachaient les mains du colonel. Immédiatement après, l'un des aides de l'exécuteur coiffa Barkstead d'un bonnet de laine feutrée, assez long pour qu'il pût couvrir tout son visage au moment de l'exécution. Après le bonnet, il fallut passer au cou du condamné la corde qui lui était destinée. Mais la corde se trouvait tellement courte que le nœud coulant ne restait ouvert qu'autant que Barkstead se tenait sur la pointe des pieds. Les murmures recommencèrent encore, car l'usage voulait que le fût avec la corde au cou que les condamnés prononçassent leur discours, et ceci était un moyen infaillible de supprimer celui du colonel. En voyant cela, le shérif, sans attendre une nouvelle requête de Tom Love, ordonna que la corde fût changée malgré les réclamations de Ralph, qui criait qu'il fallait en finir. Le bourreau défit quelques uns des nœuds qui attachaient la corde à la potence et bien qu'elle ne devint pas flottante comme celles qui attendaient le colonel Okey et sir Miles Corbet, elle se trouva cependant assez longue pour que Barkstead pût se tenir debout et parler sans difficulté.

Lorsque tous ces préparatifs furent terminés, le shérif, s'adressant à Barkstead, lui dit :

— Maintenant, monsieur, dites ce qui vous reste à régler entre vous et Dieu, mais qu'il ne s'y mêle pas une parole pour votre justification, ou je serai forcé de vous interrompre. Vous pouvez parler.

— Je ne dirai pas un mot, répondit Barkstead, que mes collègues ne soient à mes côtés ; il y a entre nous une solidarité de vie et de mort que je ne puis rompre. Je leur dois mon exemple comme j'attends le leur, et je ne parlerai pas qu'ils ne soient ici.

— Cela est juste, dit le shérif. Faites donc vos adieux à vos amis et nommez les deux assistants qui doivent rester près de vous ; car je vois les traîneaux qui approchent, et une fois ces messieurs arrivés, on éloignera tout le monde de cette enceinte.

Barkstead fit un geste de la main en signe de consentement et déclara qu'il désirait que son fils et Tom Love demeurassent à ses côtés. Il appela Charlotte qui s'approcha et lui dit alors : — Enfant, tu m'as demandé ma bénédiction, viens, que je l'appelle sur toi, du haut du ciel que je vois ouvert déjà devant moi.

— Richard, dit la jeune fille, viens partager cette bénédiction avec moi. — En disant ces mots, elle tendit la main à son cousin et monta sur la charrette par la petite échelle qui y était appuyée. Dès qu'elle fut à côté de Barkstead, elle rejeta son voile en arrière, et montrant sa figure d'enfant au peuple étonné, elle dit au colonel d'une voix assez douce pour qu'elle ne dépassât pas le rempart des cavaliers, mais pourtant assez ferme pour que Ralph l'entendît :

— Mon père, mon âme est faible devant la douleur et devant la séduction. Déjà une fois on a égaré ma raison jusqu'à me faire croire que vous n'étiez qu'un lâche assassin. L'exemple de vos vertus et l'absence d'odieux conseils m'ont ramenée de cet égarement. Depuis, vous avez été proscrit, et les fastes de la cour ont tellement rempli ma vie, que votre souvenir s'y noyait inaperçu. C'est l'heure du malheur et de la mort qui vous a seule rappelé à moi ! Vous le voyez donc bien, je suis une enfant sans raison ni force, qu'on arrachera demain, peut-être, à ses bonnes résolutions et à sa vertu. Je viens donc vous demander de m'attacher par un lien que rien ne pourra briser dans mon cœur.

Elle éleva la voix et regarda Ralph en prononçant ces derniers mots.

— Que veux-tu ? dit Barkstead, qui ne comprenait pas ce que demandait la jeune fille.

— A défaut de ma volonté, trop jeune pour être puissante, répondit Charlotte,

— Je suis mistriss Barkstead ! — Page 30.

à défaut d'un prêtre qui n'oserait lier, sans l'aveu du roi, la destinée d'une fille d'Angleterre; vous, mon père, dont la mort va sanctifier les paroles, bénissez-moi comme la fiancée de Richard Barkstead, et que cette bénédiction brûle et dévore ma vie comme la malédiction d'un père, si jamais je l'oublie ou si j'en romps le lien sacré.

Elle se mit à genoux à ces mots, et Richard à côté d'elle. Ralph, le sabre levé, se précipita vers le milieu de la charrette, pour frapper le condamné dans sa rage, et prévenir le bourreau. Le shérif, élevant la baguette d'ébène qui était le signe de sa dignité, opposa ce frêle morceau de bois à la large épée de Ralph, et cette épée s'arrêta sans frapper la baguette : car cette baguette c'était la loi, et la force brutale du colonel des dragons du roi n'osa pas y toucher, tant le respect dû à la puissance dominait même les plus décidés à la méconnaître. Chacun était resté immobile, Ralph le sabre levé, le shérif tenant sa baguette entre lui et la tête de Barkstead. Celui-ci, calme comme s'il eût été sous l'abri du plus épais bouclier, leva les yeux au ciel, invoqua le Seigneur et prononça tout haut ces paroles :

— Charlotte Stuart, je te bénis comme fiancée de Richard Barkstead ! Richard, je te bénis comme fiancé de Charlotte Stuart !

Ces mots excitèrent un long murmure dans la foule : le nom de la sœur du roi courut de bouche en bouche, allumant la curiosité comme une traînée de poudre enflamme les charges d'une mine.

— Je suis forte contre la vie maintenant, s'écria Charlotte ; viens l'avenir, je l'attends.

Profitant aussitôt de la stupéfaction et du trouble qu'avait causés son action, elle descendit rapidement de la charrette et Richard seul entendit qu'elle lui disait tout bas :

— A Great-House !

Chacun la suivait des yeux. Elle s'avança vers l'officier qui avait accompagné et protégé le cortège de Barkstead ; sur un signe il lui ouvrit un passage avec ses soldats, et la précédant dans sa course rapide, il lui fit bientôt traverser la foule. Ce qui surtout aida sa retraite fut que, presque au même instant qu'elle s'éloignait, les traîneaux du colonel Okey et de sir Miles Corbet arrivèrent sur la place et que l'attention du peuple, qui n'avait rien compris à cette scène, s'adressa de nouveau aux condamnés et à leur supplice.

— Maintenant, dit le shérif, le temps est venu ! Parlez, colonel Barkstead, et n'oubliez pas que vous ne devez rien dire pour la justification de votre crime. — Qu'on le pende ! qu'on le pende ! cria Ralph, pendez-le avant qu'il ne soit tout à fait mort ! ne voyez-vous pas qu'il s'évanouit ?

Aussitôt, de la pointe de son sabre, il piqua le cheval attelé à la charrette pour le faire avancer. Le cheval se cabra et se débattit, mais la charrette demeura immobile. C'est que Tom Love avait passé un levier dans les rais de la roue, et que, tenant ce levier de sa main de fer, les efforts du cheval furent impuissants à ébranler la charrette d'un pouce. Ralph, furieux et trompé dans toutes ses espérances, rugissait et ordonnait au bourreau, avec d'effroyables menaces, de faire avancer la charrette. Mais la voix du shérif intervint encore, et la loi si indignement violée dans l'arrestation et le jugement du colonel, fut du moins respectée dans son supplice.

Barkstead levant alors les yeux au ciel, dit d'une voix ferme :

— J'espère qu'on nous laissera dire ce que nous avons sur la conscience, soit que nous nous estimions coupables, soit que nous soyons innocents : car ce n'est pas l'heure maintenant de mentir à Dieu ni aux hommes, c'est l'heure de la vérité.

— Parlez donc ! reprit le shérif.

Barkstead prit la parole ; il dit :

— Je demande que Dieu m'assiste à mon heure suprême et je le lui demande avec l'espérance d'une âme qui a regretté tous ses péchés. J'en ai demandé pardon, en mon cœur, à Dieu et à tous ceux que j'ai offensés. Vous qui m'entendez, s'il en est parmi vous qui puissent élever une parole contre moi, je vous implore de me pardonner, car je me repens. Vous qui recueillerez, en dehors de cette enceinte, des accusations contre moi, priez ceux qui reprocheront quelques fautes à ma vie de me pardonner, car je me repens!

On entendit à ces paroles un long murmure; il s'y mêlait de la tristesse et du mécontentement. Barkstead reprit :

— Oui, je me repens pour ce que j'ai fait de contraire aux commandements de Dieu, qui ordonnent la douceur, la patience et la charité; mais, s'il en est ici, s'il en est ailleurs qui m'accusent pour la cause de ma mort, qu'ils se taisent, car je m'en glorifie! je m'en glorifie devant vous et devant la terre! je m'en glorifie devant Dieu!

Le shérif leva sa baguette pour arrêter Barkstead, mais c'était inutile. Les acclamations du peuple éclatèrent comme un tonnerre et suspendirent son discours mieux que n'aurait pu faire le meilleur bâillon. Ces acclamations, mêlées de cris et d'applaudissements, durèrent avec une frénésie inexprimable, jusqu'à ce que le colonel Okey parût sur la charrette et annonçât par sa présence qu'il allait parler.

On l'écouta. Après lui, on écouta sir Miles Corbet, et aucun d'eux ne confessa comme crime le jugement pour lequel il mourait. Mais cette bruyante confirmation de la sentence prononcée contre Charles Ier ne reprit pas à leur discours le caractère exalté qu'elle avait eu aux paroles de Barkstead.

Cependant ces discours s'achevèrent, et l'office des bourreaux commença.

Après avoir extrait ce que nous venons de raconter des procès-verbaux de la mort et de l'exécution de ces trois régicides, nous ne suivrons pas le greffier du shérif dans le détail affreux du supplice des condamnés. Il nous importe peu de savoir que les convulsions de l'un durèrent une minute de plus que les convulsions de l'autre; que le colonel Okey brisa dans son agonie les liens qui attachaient ses mains et qu'il les leva en signe de malédiction sur ceux qui l'entouraient; que sir Miles Corbet poussait encore de longs soupirs que ses entrailles fumaient déjà sur le brasier. Toutes ces affreuses circonstances ne sont rien pour notre récit. C'est l'âme des partis et non leurs actions que nous avons cherché à étudier. Qu'il nous suffise donc de dire que Ralph Salnsby et Richard demeurèrent tous deux témoins jusqu'au bout de cette terrible exécution. Tous deux, ils semblèrent la savourer, chacun selon sa position; l'un s'enivrant de joie, l'autre se saturant de douleur. Puis, quand tout fut fini, ils se regardèrent, échangèrent un sourire entre eux, et s'éloignèrent en même temps de Tyburn.

XXII. — ARRÊT DU PARLEMENT.

Maintenant, il est juste de supposer que la plupart de ceux qui liront ce récit diraient à l'auteur, s'il était à côté d'eux : Pourquoi ce livre s'appelle-t-il les deux cadavres? Véritablement, voilà sept ou huit des acteurs de cette histoire morts ou exécutés, et par conséquent voici autant de cadavres qui ont droit de compter pour le titre. Est-ce que l'auteur pense que le titre d'un livre est devenu, ainsi qu'un titre de noblesse, la chose la plus insignifiante du monde, et qu'ils ne prouvent plus rien l'un et l'autre pour ou contre celui qui les porte! ou bien faut-il l'accuser, comme quelques-uns de ses jeunes et illustres confrères, d'avoir épuisé son imagination à trouver à son œuvre un nom bizarre et saisissant; libre ensuite à lui de débiter, sous cette prétentieuse annonce, une histoire toute simple et toute vraie?

Avec le dédain convenable que tout écrivain doit avoir pour la critique, sans abandonner rien de ce privilége d'auteur, qu'a tout homme de lettres, de traiter de sots et d'ignorants ceux qui ne reconnaissent pas la supériorité de tout ce qu'il écrit, je crois devoir m'empresser de répondre à ces observations.

— Pas avant que tu n'aies tenu ta parole royale, dit Richard. — Page 35.

En cherchant à représenter avec détail le coin le plus obscur d'un immense tableau, en prenant pour ma toile de chevalet les personnages, que, jusqu'à présent, les peintres d'histoire avaient relégués dans l'ombre, je n'ai pas pu échapper aux vérités cruelles de la source où je puisais. Peut-on s'étonner, dans un récit qui traverse les années de la révolution et de la restauration anglaise, de rencontrer des condamnations, des gibets et des bourreaux? Ce n'est donc pas sur ce nombre de morts et de suppliciés que je dois m'excuser, c'est sur le choix que j'ai fait des uns et le mépris que j'ai eu des autres. Voici mes motifs.

Pour la plupart des personnages qui ont vécu et qui sont morts dans les premières pages de ce livre, tout fut fini avec la vie, et une fois livrés à la terre, ils y pourriront sans la soulever d'un pouce. Mais, pour deux de ces personnages, il n'en fut pas ainsi; car la haine des partis, s'emparant de leurs cadavres et le redressant sur son galvanisme politique, leur prêta une vie posthume qui pesa encore sur l'Angleterre et enfanta sa part des malheurs qui la déchirèrent. Ces deux cadavres sont ceux de Charles Ier et d'Olivier Cromwell.

On se rappelle sans doute la vaine tentative de Charles II pour rendre au corps de son père les honneurs funèbres : on n'a pas oublié non plus l'insinuation de Juxon à son maître au sujet du bill que devait rendre la chambre des communes contre les restes de Cromwell; c'est ici que commence la justification de mon titre.

Cependant, depuis la mort de Barkstead, rien n'était changé dans la situation des héros de notre histoire, et l'on était déjà arrivé au mois de janvier 1663. Richard vivait, retiré avec sa mère, dans sa maison jadis si joyeuse. Souvent Andlay, quelquefois Downing, venaient leur donner une distraction dans leur retraite. Love, aussi fidèle à leur malheur, arrivait chaque soir leur apportant des nouvelles de Londres et de la cour. La plupart du temps il s'agissait de persécutions contre les puritains, ou des folles dépenses du roi, auxquelles ne pouvaient suffire ni les douze cent mille livres sterling que lui avait votées le parlement, ni la pension que lui faisait la France, ni la part secrète qu'il retirait des confiscations et des libéralités qu'il faisait, ni le prix du port de Dunkerque, qu'il vendait à Louis XIV.

D'un autre côté, Charlotte, enfermée chez lady Salnsby, n'avait pu communiquer avec Richard. Son audacieuse démarche, le jour de l'exécution de Barkstead, avait eu pour résultat de la soumettre à la plus scrupuleuse surveillance; et diverses circonstances ayant empêché son voyage à Great-House, rien n'avait rapproché les deux fiancés. Sir Ralph Salusby, colonel des dragons du roi, poursuivait avec persévérance ses projets d'ambition. Son amour pour Charlotte était devenu une passion dont la violence, bien que renfermée en son cœur, éclatait souvent en menaces si odieuses et quelquefois en soumissions si basses, qu'il n'en recueillait que haine pour les unes et mépris pour les autres. Quant à la source et à l'essence de ce sentiment dans le cœur de Ralph, il serait difficile de l'expliquer et d'en séparer tous les éléments. Certes, sa tendresse pour Charlotte n'était pas cette adoration pure et une qui n'a d'autre raison que son existence; ce n'était pas cet amour qui répugne à se donner une cause et un prétexte; ce n'eût pas été pour cette sorte d'homme une phrase claire à son esprit et à son cœur que celle-ci : Je t'aime parce que c'est toi et parce que c'est moi ! Non, certes. Cette intimité de deux âmes qui, pour se réunir, ne tiennent compte ni des qualités ni des défauts personnels, et qui se cherchent malgré les différences et les difficultés des positions; cette union abstractive de deux êtres, que les puristes en passion regardent comme le seul et véritable amour, n'était pas ce que Ralph portait en lui, ce qui le brûlait et le torturait incessamment. A vrai dire, il aimait Charlotte, parce qu'à quatorze ans elle était une de ces fraîches et jeunes créatures, dont l'aspect enivre les regards. Charlotte, à la considérer comme femme, était belle à arrêter les passants et à faire mourir d'envie ses rivales. Svelte et souple, quand rêveuse et triste elle se renversait sur sa chaise, les yeux fixés au ciel, chaque pli de ses vêtements, appuyé sur ses formes virginales, retenait le regard et l'invitait à achever par l'imagination la ligne interrompue de ses gracieux contours. Ses pieds délicats et étroits, ses mains blanches et effilées portaient cette empreinte de beauté élégante et supérieure qui ne se trouve que parmi les classes nobles et oisives de la société; son regard, au fond duquel on voyait dormir le courage et la fierté à travers un voile de mélancolie; sa longue et blonde chevelure; sa bouche légèrement dédaigneuse : tout cela était beau à étourdir la raison d'un homme, et Ralph voyait Charlotte tous les jours. Il l'aimait donc, parce qu'elle était belle, peut-être aussi il l'aimait parce qu'étant la sœur du roi, l'ambitieux et l'amant eussent trouvé à s'enivrer à la même source, et, s'il faut peser tout ce qu'il y avait dans l'âme de Ralph, il est hors de doute qu'il aimait encore Charlotte de toute la haine qu'il avait pour Richard. Mais quels que fussent les éléments de cette passion, que le désir, la haine ou l'ambition en fussent plutôt la base que le respect et le dévouement; toujours est-il qu'elle était effrénée, capable de tous les combats pour vaincre et de tous les crimes pour se satisfaire.

Richard le savait, et cependant il demeurait calme. Il y avait en lui la conviction que Charlotte lui appartenait, non parce qu'elle le lui avait dit ou parce qu'ils avaient été bénis et fiancés au pied de l'échafaud, mais parce qu'il le sentait, parce qu'ils étaient nés tous deux avec une âme trempée du même aimant et qu'ils s'attiraient l'un l'autre, aussi ignorants et aussi innocents de la force qui les gouvernait que l'aiguille qui tourne au pôle. Dans cet état de son cœur, Richard attendait. Sa coutume, comme on l'a vu, n'était pas de hâter ses actions. Il agissait dans sa vie comme un bon tireur d'arquebuse qui prépare et charge son arme lentement, et qui vise longtemps avant de tirer le coup qui doit retentir et voler comme la foudre. Ainsi faisait Richard; il n'avait pas cherché Salusby et l'avait à peine regardé quand il l'avait rencontré; de temps à autre il était allé jusqu'à Great-House, dont il avait vu les fenêtres fermées et dont il avait écouté le silence : quelquefois il accompagnait Love à la taverne du Roi Richard à Temple-Bar, et il se mêlait aux conversations des buveurs. Mais jamais rien n'avait pu faire soupçonner qu'il ne fût pas résigné à son malheur, ni qu'il méditât quelque vengeance. Sa mère en était heureuse, quoique au fond elle en éprouvât une vive surprise; et Tom Love témoignait parfois son mécontentement de ce qu'il voulait n'appeler qu'une honteuse apathie : mais Richard continuait à s'occuper exclusivement du soin de consoler sa mère et ne répondait rien aux reproches de Love.

Un soir donc, il était près d'elle et lui faisait une pieuse lecture; la nuit commençait, et il était à peu près quatre heures lorsque Tom Love entra, la figure triste et le maintien abattu. Mistriss Barkstead s'en aperçut, et, lui adressant la parole :

— Vous est-il arrivé quelque malheur? dit-elle, la persécution qui tombe sur les vrais enfants de Dieu vous a-t-elle particulièrement frappé?

Le maître boucher ne répondit rien; mais, poussant un profond gémissement, il s'assit d'un air consterné.

— Que vous a-t-on fait? dit Richard en se levant soudainement et avec un intérêt qu'il n'avait plus coutume de laisser arriver jusqu'à son visage.

Love semblait suffoqué de douleur et de colère, et ce fut à grand'peine qu'il prononça les paroles suivantes :

— Il ne m'est rien arrivé, à moi personnellement, et l'on ne m'a rien fait; et plût à Dieu qu'il me fût arrivé ou que l'on m'eût fait quelque chose : car je suis homme à ne pas me laisser renverser par un malheur qu'on peut combattre ni par une persécution à laquelle on peut résister; mais ce qui arrive, ou plutôt ce qui va arriver, est capable d'anéantir le courage d'un homme, parce que ni vous ni moi n'y pouvons rien, et que de toutes les persécutions la plus lâche est d'insulter à ce qui ne peut plus se défendre, et de condamner ce qui ne peut invoquer ni la loi pour sa protection, ni son propre courage pour son honneur.

— Quelles nouvelles victimes ont-ils donc découvertes? s'écria Richard; ont-ils fait encore enlever des fugitifs dans des pays étrangers pour les livrer au bourreau du comté de Middlesex?

— Oh! ceci n'est qu'une vengeance honnête et loyale pour les royalistes, répondit Tom.

— Font-ils peser, ajouta mistriss Barkstead, font-ils peser sur les veuves et les orphelins le poids de leur haine?

— Les veuves et les orphelins, repartit Love, ont une voix pour se plaindre et des larmes pour apitoyer les bourreaux; ce ne serait donc rien que de s'adresser à eux pour les punir.

— Ont-ils donc inventé des victimes? s'écria Richard.

— Oui, répliqua le boucher, la voix presque éteinte; lorsque les vivants leur manquent, ils s'adressent aux morts.

— Qu'est-ce à dire? reprit Richard stupéfait.

— C'est-à-dire, continua Love, en se levant et appuyant son poing fermé sur la table où brûlait la lampe, c'est-à-dire que le corps de tous les enfants de la vraie foi, que la sainte dépouille de tous ceux qui ont été enterrés à Westminster sera arrachée de la tombe et jetée aux chiens.

— C'est impossible! dit Richard.

— Écoutez, dit Love, entendez-vous les trompettes qui sonnent? c'est le héraut qui lit l'arrêt du parlement! ils vont venir par ici et vous les entendrez.

— C'est donc un arrêt du parlement? demanda Richard.

— Oui, répondit le boucher; ce n'est pas une proclamation royale dont un homme et trois courtisans gardent la honte; c'est un arrêt de la chambre des lords et de la chambre des communes, c'est une tache à l'Angleterre, c'est une lâcheté nationale.

Tous trois demeurèrent interdits. Ils se taisaient encore, qu'un coup violent fut frappé à la porte de la maison, et bientôt Andlay parut.

— C'est vrai, dit-il en entrant; ils ont fait cette infamie.

Il n'avait rien entendu, sans doute, de ce qui venait de se dire, mais la tristesse étonnée qui se voyait sur le visage de Richard et de sa mère lui avait appris suffisamment le sujet de la conversation, et il la continuait comme s'il y eût pris part.

— C'est vrai! répéta Richard; ils ont proscrit des cadavres!

— Oui, dit Andlay, ils ont fait mentir la belle parole de Johnson : que la vengeance anglaise périt sur la tombe des morts : les morts sont proscrits, et lorsque la tombe n'a pu les protéger, vous ne vous étonnerez pas si rien n'a pu protéger leur tombe. Ni bienséance, ni pudeur, ni gloire, ils n'ont rien respecté! Ainsi, ils livreront aux regards de la populace des cadavres de femme, auxquels la pudeur aurait dû garder le cercueil comme un dernier voile. Ainsi, la gloire ne servira pas de bouclier à la tombe de l'homme qui fut celui de l'Angleterre! Oui, Richard! continua Andlay, en élevant la voix avec une indignation croissante; oui! ils prostitueront demain aux chiens de Tower-Gate le corps d'Elisabeth Cromwell, mère d'Olivier, et celui d'Elisabeth Claypole sa fille, et ils feront traîner dans la fange de Smithfield les restes de l'amiral Blake, qui vainquit le Portugal, l'Espagne et la Hollande.

— Malédiction! murmura Richard; oh! les misérables! les misérables! — Puis il tomba anéanti sur sa chaise. Le silence recommença. Andlay se promenait rapidement. Jamais tant d'agitation ne s'était montrée en lui; il se parlait bas, puis s'arrêtait soudainement. Tout à coup il s'adressa à Richard et lui dit, comme si celui-ci avait entendu tout le monologue de ses pensées :

— Et pourtant cet homme a un tempérament sanguin, il est léger et amoureux du plaisir; un projet ne dure pas plus dans sa tête qu'un éclair au ciel; il n'a pas cette âcre chaleur des gens bilieux qui enfante et mûrit les fortes pensées et les mène à exécution : il ne devait être qu'un libertin joyeux, et ils en ont fait un tyran!

— De qui parlez-vous donc? reprit Richard étonné.

— De qui je parle? répliqua le docteur; je parle de Charles II, déjà détourné de sa nature facile et indulgente par l'adresse féroce de ceux qui l'entourent; je parle du roi d'Angleterre, déjà esclave de l'évêque Juxon!

— Est-ce donc le roi qui a dicté cet arrêt? dit mistriss Barkstead.

— A quoi donc a servi une bonne part des deux cent cinquante mille livres sterling, pour lesquelles il a vendu Dunkerque à Louis XIV, si ce n'est à acheter les membres du parlement qui se refusaient à voter cet acte épouvantable? Oh! vous ne savez pas en quelles mains il est! Un libertin qui croit aux prêtres, c'est comme un poignard vivant. J'aime mieux un assassin de grand chemin : celui-là, du moins, n'a que la haine d'un cœur à apaiser et que la pensée d'une tête pour y satisfaire; mais être l'instrument, et l'instrument tout-puissant, des prêtres, s'irriter pour toutes leurs colères et frapper pour toutes leurs vengeances, c'est un rôle à fatiguer la voix du juge, et à user la hache du bourreau.

— Mais, dit Richard curieux de connaître toute l'étendue de cette odieuse mesure, les noms que vous m'avez dits sont-ils les seuls que porte l'arrêt du parlement?

— Je n'en ai pas écouté davantage, répondit le docteur; je me suis enfui tandis qu'ils débitaient le reste de leur infâme liste.

— Ils en ont nommé dix-sept devant ma porte, répondit Love. Et d'abord ils ont nommé sir John Pym.

— John Pym! s'écria Andlay, que le parlement en masse conduisit religieusement à sa dernière demeure!

— J'ai encore entendu le nom de Thomas May!

— L'illustre et intègre historien du long parlement?

— Je me rappelle aussi le docteur Dorislaus et le colonel Edward Popham, amiral.

— Oui, certes; l'un fut ambassadeur en Hollande, et il a fait reconnaître l'acte de navigation par ses habiles traités; et l'autre fut un des amiraux qui l'ont assuré par ses victoires; ils avaient des droits à la proscription de celui qui vend les villes de son royaume.

— Ecoutez! s'écria tout à coup mistriss Barkstead, les voici qui viennent de ce côté; nous allons entendre l'arrêt. On ne manquera pas de le prononcer devant notre porte.

— Hélas! dit Tom Love avec une émotion de désespoir qui surprit tous ceux qui l'écoutaient, cet arrêt n'est pas seul, et ils en prononceront un plus affreux encore.

— Un plus affreux! reprirent à la fois Andlay et Richard.

— C'est celui, répondit sourdement le boucher, qui condamne les cadavres d'Henri Ireton, de John Bradshaw et d'Olivier Cromwell à être pendus aux potences de Tyburn, et à être mis en pièces par le bourreau.

— Oh! qu'Olivier Cromwell les connaissait bien! dit Richard avec une indignation où se mêlait un sourire de triomphe.

Andlay, qui devina sa pensée, le fit taire d'un signe, et presque aussitôt les trompettes retentirent devant la porte de la maison. Elles firent d'abord trois appels aux habitants, en laissant un assez long intervalle entre chacun de ces appels. Il faisait déjà nuit, et deux soldats marchaient à côté du héraut portant des torches. Un petit nombre de curieux se réunirent autour du cortége, et le héraut commença sa proclamation. Outre les noms fameux que le docteur et Tom Love avaient déjà cités, on entendit encore ceux de William Constable, et du docteur William Twiss: après ceux-là on en nomma encore quelques autres. Enfin, comme l'avait annoncé le maître boucher, la liste des cadavres proscrits se monta à dix-sept. On écoutait avec attention dans la maison de Barkstead, et chacun de ces noms était suivi d'amères réflexions, soit de la part d'Andlay, soit de la part de Tom Love. Il est à remarquer que l'arrêt du parlement, qui venait d'être prononcé, s'était servi du mot ordinaire: *Le corps*, pour désigner les cadavres condamnés à l'exhumation. Ce ne fut donc pas sans quelque étonnement qu'on entendit les ignobles expressions du second arrêt. En effet, les trompettes firent entendre de nouveaux appels, et le héraut, reprenant sa lecture, annonça qu'en vertu d'un arrêt du parlement *les odieuses carcasses* d'Olivier Cromwell, d'Henri Ireton et de John Bradshaw seraient, le 30 janvier, suspendues aux potences de Tyburn, et coupées en quartiers par la main du bourreau, pour être envoyées, comme un exemple de justice, aux principaux comtés de l'Angleterre.

Tandis que Love, Andlay et mistriss Barkstead témoignaient leur indignation de cette profanation, Richard, silencieux et préoccupé, semblait méditer et développer en lui-même toutes les chances d'un projet qu'il venait de concevoir. Pendant ce temps, le héraut et son cortége s'étaient éloignés, et Love s'écriait avec amertume:

— Quoi! nous laisserons traîner à la potence le corps d'Olivier Cromwell! Les lois se sont-elles enfuies de l'Angleterre en même temps que l'honneur? n'est-il pas un moyen de prévenir cet attentat?

— Non, certes, répliqua le docteur; d'ailleurs, ne peuvent-ils pas faire moins qu'ils n'ont déjà fait? Avez-vous donc oublié que le roi Jacques fit comparaître devant la cour de justice d'Édimbourg le corps de sir Francis Mowbray, que ce corps y fut interrogé, et que, faute par lui de répondre, la torture lui fut infligée? Des témoins furent produits contre lui; l'orateur du roi fut entendu dans son accusation, et, après quatre heures de cette dégoûtante folie, le corps de Mowbray fut solennellement condamné à être pendu comme coupable de haute trahison.

— Suivront-ils cette marche pour le corps d'Olivier Cromwell, demanda mistriss Barkstead, et le fera-t-on comparaître devant la cour de justice de Londres?

— Non, sans doute, répliqua le docteur, ils demeureront conséquents à leur justice, pour les morts comme pour les vivants. Après avoir prononcé que tout régicide subira le supplice des traîtres, ils se borneront à faire constater l'identité des cadavres, comme ils ont déjà fait pour les personnes qu'ils ont immolées.

— Et s'ils trouvaient vide le cercueil d'Olivier Cromwell? s'écria Tom Love; si quelques vrais enfants de l'Angleterre ne craignaient pas de dévouer leur vie et leur fortune à cette pieuse expédition! Il reste encore deux nuits et un jour pour pénétrer dans les caveaux de Westminster et en arracher le cadavre de Cromwell. Personne ne veut-il aider Tom Love dans cette tentative désespérée?

Andlay, qui voulait détourner le boucher d'une entreprise qu'il savait inutile, sans lui dire cependant le secret de la tombe de Cromwell, lui répondit avec quelque embarras:

— Dieu, qui a protégé la vie d'Olivier, ne laissera pas sa mort à l'abandon: espérons qu'il y pourvoira.

Love le regarda avec surprise. — Vous n'êtes pas de ceux, lui dit-il, qui ont coutume d'invoquer le secours de Dieu, quand ils peuvent agir eux-mêmes; et jusqu'à présent vous ne nous avez pas appris à croire à votre confiance en l'Éternel; mais, rassurez-vous: ce n'est pas pour vous que j'avais parlé, et je croyais qu'il y avait ici d'autres oreilles que les vôtres qui avaient entendu mes paroles et les avaient comprises.

Le docteur fit un nouveau signe à Richard qui sembla le rassurer, en souriant, sur les craintes qu'il éprouvait. Andlay sortit et mistriss Barkstead l'accompagna. Tom Love, s'approchant alors de Richard, lui dit à voix basse:

— Je croyais que l'heure était venue de tenir nos serments; mais je vois que je me suis trompé. N'importe, le 30 janvier ils trouveront vide la bière de Cromwell, ou il y aura un cadavre de plus à pendre à Tyburn.

— Non! non! répondit Richard, également à voix basse et avec un cruel sourire de joie: non! il faut qu'ils trouvent cette bière pleine le 30 janvier! car, comme tu l'as dit, l'heure de la vengeance est venue!

— Que prétendez-vous donc? demanda Love.

— J'entends ma mère qui revient: ce soir, à dix heures, il faut m'attendre à la taverne du Roi Richard. Il nous faut un souper, une chambre séparée, du vin et de l'or. Faites ce que je vous dis, et je vous promets une vengeance plus terrible que toutes celles que vous pouvez espérer.

Il ajouta encore quelques mots, mais si bas que c'est à peine si Tom Love les entendit, et prononça deux noms qui firent tressaillir le boucher.

— Quoi! dit-il stupéfait, ces deux frères! ces hommes de résurrection!

— Il me les faut absolument, répliqua Richard.

Mistriss Barkstead entra, et, bientôt après, Tom Love partit. Richard demeura avec sa mère et l'heure du repos sonna sans qu'elle eût soupçonné que l'âme de son fils fût sortie, un moment, de l'apathie où elle était plongée depuis le supplice de Barkstead.

Ils se séparèrent enfin, et dix heures sonnaient lorsque Richard arriva à la taverne. C'était l'heure où les gens paisibles se retiraient; c'était l'heure où venaient les mauvais sujets, quelques privilégiés de Temple-Bar qui bravaient les chances d'une arrestation, et les larges buveurs qui ne quittaient la taverne qu'au jour naissant.

A ce moment, quoiqu'il ne restât pas autour des tables la dixième partie des habitués de la taverne, elle devenait plus bruyante que jamais. Aussitôt que le dernier contrevent des fenêtres était fermé, le tapage commençait comme à un signal donné; les propos des buveurs, les ordres donnés aux garçons, les injures sur leur paresse, les saluts entre connaissances, perdaient soudainement cette retenue qui, pendant tout le jour, ne laissait entendre dans la taverne qu'un sourd murmure, et éclataient mêlés de chants et de rires, ainsi que la joie des écoliers, lorsque le maître s'est éloigné. Il était rare que Richard fût demeuré ou fût venu, après cette heure, dans cette maison; cependant, il en connaissait les habitudes, et il fut singulièrement surpris, en entrant dans la grande salle, d'y voir plus de monde qu'à l'ordinaire, et pourtant plus de tranquillité.

Lorsqu'il entra, chacun se retourna et le salua, comme si on l'avait attendu. Les visages étaient tristes; il était facile de deviner que la publication des arrêts du parlement avait, pour ainsi dire, blessé le cœur du peuple anglais, jusque dans ses parties les plus inertes et les plus gangrenées. Richard traversa la salle et se dirigea vers Tom Love, dont la voix le guidait au milieu de ce labyrinthe redoutable, comme la cloche appelle et conduit les secours et la dévotion des habitants des campagnes. Dès que Richard fut arrivé près du boucher, celui-ci se leva de la table où il discutait chaudement avec sept ou huit bourgeois qui avaient, ce jour-là, rompu leurs habitudes d'ordre et dépassé le moment accoutumé de leur retraite.

— Ce n'est pas là ce que j'avais demandé, dit Richard à voix basse: quand j'ai parlé de vin et d'or, ce n'était pas pour me rencontrer avec d'honnêtes citoyens qui déplorent, à coup sûr, le malheur de la patrie, mais à qui je ne voudrais pas dire la première syllabe de mes projets.

— Ce ne sont pas non plus ceux-là qui nous attendent dans la chambre particulière où le souper est préparé; mais puis-je empêcher que tout ce qui reste d'honnêtes Anglais ne fasse des vœux pour qu'un homme se lève enfin et mette un terme à la tyrannie de Stuart? D'ailleurs, la malédiction du ciel ne nous frappe pas seulement par la main de ceux qui tiennent et gouvernent l'Angleterre. De grandes calamités s'amassent sur nous, et il est arrivé de singulières choses dans la Cité. Des hommes y sont morts subitement, les uns le visage noir, comme s'ils avaient été étouffés, d'autres devenus maigres et livides, en quelques heures, comme s'ils avaient succombé à une longue maladie. La plupart tombant par lambeaux, et quelques-uns dont les chairs fétides se détachaient de leurs os comme des viandes bouillies. L'anathème éternel pèse sur la vieille Angleterre, et Dieu nous punit d'avoir lâchement supporté le retour de cette race maudite de rois.

— Le moment annoncé depuis si longtemps est donc arrivé, dit Richard pensif; que de fois Andlay me l'a prédit, en m'engageant à éloigner ma mère de Londres! Mais l'espoir de ma vengeance était ici, et j'ai oublié la sûreté de ma mère. Damnation sur moi si elle périt, pourvu que je me venge! J'ai déjà donné ma vie terrestre à cette pensée, je puis bien y engager ma vie éternelle. Venez donc, Love, et hâtons-nous.

A ces mots, il saisit la rampe d'un petit escalier qui, de la salle basse où il se trouvait, conduisait à la chambre où l'attendait son nocturne festin. Depuis qu'il était entré, un silence respectueux avait régné parmi tous les buveurs. On semblait espérer qu'il apportait quelque nouvelle consolante, ou qu'il venait proposer quelque entreprise hardie; aussi, en le voyant prêt à sortir, un des bourgeois, qui causait avec Tom Love avant son arrivée, l'appela à haute voix et lui dit:

— N'y a-t-il rien à faire, monsieur Barkstead? et devons-nous souffrir patiemment tout ce qu'il plaira à la cour de faire peser sur nous d'insultes et de vexations?

Richard, qui avait déjà monté quelques marches de l'escalier, se retourna à cette interpellation, et, du haut de cette espèce de tribune, il répondit avec un mépris mêlé de colère:

— Et quel droit avez-vous de ne point souffrir les insultes de la cour, bourgeois de Londres, qui avez pavoisé vos maisons et semé vos rues de feuillages, lors de la rentrée de Charles II? Vous prend-il pitié pour des cadavres, lorsque vous avez laissé pendre au gibet de Tyburn les corps vivants de vos plus nobles défenseurs?

Cette réponse injurieuse n'eût pas été supportée par ceux auxquels elle était adressée, si la pensée que ces paroles pouvaient s'excuser dans la bouche du fils du colonel Barkstead, si cruellement supplicié, n'avait retenu la colère des bourgeois. Celui qui avait déjà parlé, continua:

— Oh! s'il y avait un homme pour diriger la bonne volonté des honnêtes gens, cela ne se passerait pas ainsi! Qu'il se trouve encore une tête pour concevoir la liberté et la gloire de l'Angleterre, qu'il se trouve un cœur capable de braver les dangers de cette pensée, et les bras ne manqueront pas pour lui obéir et le seconder.

— Anglais, répondit Richard, cette tête que vous demandez a cessé de penser, et ce cœur a fini de battre, le jour où Olivier Cromwell est mort.

— Oui! oui! s'écrièrent tumultueusement tous les assistants, Olivier Cromwell était le génie de l'Angleterre.

— Et nous ne permettrons pas, reprit le même bourgeois, que son corps soit pendu comme celui d'un empoisonneur ou d'un assassin aux potences de Tyburn.

— Nous l'arracherons au bourreau! dit l'un.

— Nous renverserons plutôt Westminster jusqu'à sa dernière pierre, ajouta un second.

Des cris tumultueux et des menaces horribles se proférèrent aussitôt dans toutes les parties de la salle; Richard, craignant que ce tumulte, s'il le laissait s'accroître, n'enfantât une de ces émeutes sans résultat, qui troublaient souvent la Cité, redoutant surtout que ces vaines clameurs ne missent obstacle au projet qu'il avait médité, en redoublant autour de Westminster la surveillance de l'autorité, Richard résolut d'arrêter l'orage prêt à se former. Il monta donc encore quelques marches de l'escalier, pour mieux dominer toute l'assemblée, et, d'une voix retentissante, il lui adressa ces paroles:

— A quoi pensez-vous donc de vous occuper de vengeance et de cadavres insensibles, lorsque ceux d'entre vous, à qui la religion de leurs pères est respectable, devraient être à genoux dans les églises, implorant la miséricorde de Dieu, tandis que les autres, dont la vie a été jusqu'à présent consacrée au jeu et à l'ivresse, seraient plus sages de les suivre pour se repentir, que de perdre ici leurs derniers jours: car, ne vous y trompez pas, nul de vous ici n'a un lendemain, ni pour lui, ni pour sa femme, ni pour ses enfants; Londres est frappée au cœur; Londres, qui se débat sous la tyrannie, succombera bientôt sous un plus terrible adversaire!

Chacun se regarda, épouvanté de ces paroles et de l'accent avec lequel elles étaient prononcées. Richard continua :

— N'êtes-vous donc avertis par rien? n'avez-vous pas vu, depuis quelques jours, des hommes tomber morts comme s'ils étaient frappés de la foudre? d'autres dissous jusque dans la moelle de leurs os, comme si le cercueil les avait gardés de longues années? n'y en a-t-il pas ou dont les membres se sont racornis comme un cuir jeté dans une fournaise?

— C'est vrai! c'est vrai! répondirent sourdement quelques voix.

— Hé bien! reprit Richard, c'est que vous n'avez encore supporté que les plus légers des fléaux qui vous sont destinés; c'est que les exactions de la cour, l'humiliation de l'Angleterre, la brutalité des soldats, l'insolence des catholiques, les supplices des vivants, la profanation des cercueils, ne sont que des malheurs d'enfants dont le Tout-Puissant vous a flagellés ; c'est que l'heure est toute sa vengeance a sonné; c'est que la peste est à Londres!

Une stupeur effroyable se répandit parmi les auditeurs à ce mot terrible; Richard fit signe à Tom Love de le suivre, et disparut aussitôt. Toutes les personnes réunies en ce moment dans la taverne, étaient restées immobiles et comme frappées d'anéantissement. Ce mot peste, sourdement prononcé, se répéta bientôt de bouche en bouche; mais ce fut à peine si chacun prit le temps de chercher les objets qui lui appartenaient pour s'éloigner et rentrer dans sa maison; les amis se séparèrent sans se dire adieu : les plus intrépides buveurs n'achevèrent ni le pot d'ale ni la bouteille de vin commencées ; les réfugiés de Temple-Bar, qui passaient pour n'avoir crainte de rien, se hâtèrent de gagner leur repaire, comme s'il devait être aussi un asile contre le fléau, et deux minutes ne s'étaient pas écoulées, que la taverne était vide et silencieuse comme un cloître, et que Richard, resté seul avec Tom Love, de tous ceux qui étaient dans la grande salle, entrait dans la chambre particulière où l'attendaient deux nouveaux convives.

Le repas fut long, car la nuit était presque aux trois quarts passée lorsque Richard rentra chez lui. Le jour qui suivit cette nuit n'eut rien de remarquable. Cependant le bruit que des symptômes de peste s'étaient déclarés dans la Cité agita un moment la ville. Mais personne n'avait vu les prodiges dont on parla ; et le spectacle qui se préparait pour le lendemain occupait si profondément les esprits, qu'on attendit, pour craindre et même pour s'informer, d'avoir laissé passer le supplice du cadavre de Cromwell. Il y a pour les peuples comme pour les princes une heure où ils disent : A demain les affaires. Pour les princes, cette heure est presque toujours celle des fêtes et des orgies; pour les peuples, il est cruel d'avouer que cette heure est particulièrement celle des supplices.

Quant à Richard, retiré comme à l'ordinaire près de sa mère, il parut avoir oublié jusqu'aux proclamations de la veille. Cependant, lorsque le jour tomba, il sortit en disant qu'il allait dans la ville pour apprendre la source des bruits qui couraient; il avertit sa mère qu'il irait peut-être jusqu'à Great-House pour s'assurer si l'appréhension de l'épidémie dont Londres était menacée n'avait pas déterminé lady Salnsby à s'y retirer; que, dans ce cas, il essaierait de voir Charlotte, et qu'ainsi sa mère ne devait s'alarmer s'il ne rentrait pas d'aussi bonne heure qu'à l'ordinaire. Quoique les circonstances dussent éveiller la sollicitude de mistriss Barkstead, Richard annonça cette courte absence avec tant d'indifférence, et d'ailleurs son caractère semblait avoir subi un si complet changement, que la bonne mistriss ne conçut aucune inquiétude et recommanda seulement à son fils d'éviter toute rencontre avec sir Salnsby.

XXIII. — WINDSOR.

On pourra s'étonner, sans doute, des événements qui font le sujet du chapitre qu'on va lire, de leur singularité et de la rapidité avec laquelle ils se succèdent. Mais l'auteur de ce livre déclare n'en pas accepter la responsabilité. Il raconte simplement ce qui se passa, comme il pourrait le prouver en jetant au bas de chaque page un appel à quelque vieille chronique ou à quelque pièce judiciaire de l'époque. Mais, outre que cette manière a une prétention scientifique qui convient mal à un livre qui a, tout au plus, droit au nom de roman, rien n'est plus indifférent au lecteur que ces certificats d'authenticité, que souvent il ne regarde pas et qu'il ne vérifie jamais. Après cette déclaration, qu'exigeait peut-être la nature des événements qui vont suivre, continuons ce récit et accompagnons Richard dans l'entreprise qu'il avait concertée avec Tom Love.

A peine avait-il quitté sa maison, qu'à une très-petite distance de la maison il trouva le maître boucher, enveloppé d'un long manteau et tenant en main deux chevaux. Love donna à Richard un manteau pareil au sien, et tous deux, soigneusement cachés, gagnèrent la route de Windsor. Ils ne remarquèrent cependant qu'un homme était resté immobile à l'embrasure d'une porte lors de leur départ, et que cet homme s'éloigna dès qu'ils furent à cheval. Ils marchèrent d'abord en silence et avec une extrême rapidité. Une fois sortis de la ville, ils parurent encore plus pressés, car ils firent prendre le galop à leurs montures mais en même temps ils se montrèrent moins inquiets d'être reconnus, et ils échangèrent quelques mots.

— Le chariot est en avant, dit Love, il sera à Windsor en même temps que nous.

— Pourquoi Drake n'est-il pas ici? demanda Richard, c'est un drôle que je serais bien aise d'avoir à la portée de mon poignard, en cas qu'il prit fantaisie à son frère de nous trahir.

— D'abord, je ne les ai pas quittés depuis la taverne ; ils ont passé la journée enfermés chez moi, et ensuite ils n'ont aucune idée de ce qu'ils vont faire et pensent aller à la recherche d'un riche trésor, dont ils auront une bonne part.

— Vous êtes donc sûr de l'habileté de ces hommes?

— Andlay pourrait vous la garantir mieux que moi. Ils ont plus d'une fois approvisionné son laboratoire, car ils sont toujours sous la terre et le gazon, mais le plus souvent sous le marbre et le fer qu'ils ont été lui chercher des sujets d'étude. Car Andlay n'est pas comme les autres médecins, il n'estime guère le cadavre d'un boxeur, tué d'un coup de poing, ou d'un matelot noyé, il lui faut le corps des gens marquants, et jo lui ai entendu dire qu'il donnerait sa fortune pour avoir seulement la tête du docteur Milton.

— Et le gardien de Westminster? dit Richard.

— Cinquante livres sterling ont fait l'affaire! répondit Love, et nous pourrons... Paix! ajouta-t-il, en ramenant son manteau sur son visage, nous approchons d'une voiture, entendez le pas des chevaux et le bruit des roues. Malgré l'obscurité, il est bon de se mettre en garde contre des curieux. Taisons-nous.

Love et Richard reprirent leur silence; et, continuant à marcher avec la même rapidité, ils furent bientôt arrivés à peu de distance de la voiture. Elle paraissait accompagnée par quelques cavaliers, et l'on entendait distinctement un bruit de voix. L'une des personnes qui causaient ainsi était dans la voiture, l'autre à cheval, et par conséquent, elles étaient obligées de parler très-haut pour pouvoir s'entendre.

— Ainsi donc, dit une voix de femme, la cour quitte Londres dans quelques jours, et la présence de la peste dans la Cité est certaine?

— Oui, vraiment, répondit le cavalier.

— C'est Ralph Salnsby sa mère! dit Richard en tressaillant malgré lui.

— Ils se rendent, sans doute, à Great-House, pour fuir la maladie, ajouta Love.

— Je suppose que Charlotte est avec eux, reprit Richard.

— Ralentissons le pas de nos chevaux, et écoutons si nous voulons le savoir, dit le boucher.

D'après cet avis, ils se tinrent à une petite distance de la voiture, mais sans doute, leur approche avait mis fin à la conversation, car ils n'entendaient plus que le bruit des roues et celui des chevaux; seulement sir Ralph cria au postillon de se hâter, attendu qu'il devait retourner cette nuit même à Londres, après avoir déposé sa mère à Great-House. Cette recommandation n'apprenant rien à Richard, il se décida à dépasser la voiture.

— Allons! allons! se dit-il tout bas à lui-même, ce n'est pas l'heure de pareilles pensées ; avançons! Love, avançons!

Ils mirent encore leurs chevaux au galop et passèrent à côté de la voiture, qui était escortée par quatre dragons du régiment de Ralph.

— Le fin renard a senti les chiens sur la route, dit Love, quand ils furent hors de l'ouïe de Salnsby; il s'est fait prudemment accompagner. Cependant, si nous n'avions rien de mieux à faire, comme il n'y a que quatre porteurs de manteau qui nous empêcheraient de lui tailler la peau du ventre, de manière à ce que ses tripes lui fissent des creux à l'espagnole, d'un nouveau genre.

— C'est une affaire qui me regarde, dit Richard, et qui ne regarde que moi; dépêchons, il est près de six heures, et nous sommes encore loin de Windsor.

Ils repartirent au galop et ne s'occupèrent plus que du soin de maintenir leurs chevaux dans cette rapide allure. Ils approchent bientôt de Great-House; ils ne pouvaient apercevoir le château, entouré qu'il était d'un petit bois qui arrivait jusqu'au bord de la route; mais lorsqu'ils passèrent en face de l'avenue qui perçait ce bosquet et conduisait du chemin à la maison, ils virent qu'elle était éclairée. Ils s'arrêtèrent un moment et remarquèrent que les lumières allaient et venaient de chambre en chambre, comme si on les préparait pour en recevoir les habitants. Après cet instant de repos, qui donna à leurs chevaux le temps de reprendre haleine, ils se remirent en marche toujours avec la même célérité.

Comme ils se trouvaient dans les nuits les plus longues de l'hiver, bien que l'heure ne fût pas très-avancée, l'obscurité était profonde et la route solitaire. Ils arrivèrent donc sans rencontrer personne à un quart de mille de Windsor. A cet endroit, ils trouvèrent un petit chemin qui tournait à droite à travers la campagne, à quelque distance, dans ce sentier, un homme assis sur une large pierre et dans une parfaite immobilité, fredonnait d'une voix indifférente une chanson dont l'air ressemblait à une sorte de déclamation chantée qui affectait le retour constant de certains sons.

Ce chant semblait d'abord monotone et ennuyeux à écouter; mais, à mesure qu'on l'entendait, la modulation lente et régulière de sa voix prenait quelque chose de solennel et de triste; puis, peu à peu, cette phrase musicale qui revenait toujours, cette mélodie pour ainsi dire inflexible, qui reparaissait sans cesse à l'oreille comme un fantôme aux yeux, résolue, uniforme et implacable, finissait par saisir l'âme, l'importuner et la remplir d'une terreur inexplicable, mais réelle. Love et Richard s'arrêtèrent soudainement, et si nous le pouvons reproduire l'expression singulière de l'air qu'ils entendirent, voici, du moins, à peu près le sens des paroles de la chanson :

> Vois-tu, du fond des noirs caveaux,
> Où nos comtes ont leurs tombeaux,
> Remonter avec des flambeaux
> La comtesse qui se désole,
> Son beau page qui la console,
> Le prêtre avec sa noire étole,
> Le fils aîné, qui parle en roi,
> Ses deux frères transis d'effroi,
> L'argentier et l'homme de loi?
> Tais-toi!
> Mais ce soir, prends limes et pinces,
> Car, des comtes de nos provinces,
> Tout-puissants comme des princes,
> Celui qu'on disait le plus fier
> Doit avoir un tombeau fait de marbre et de fer.

— C'est un de nos hommes ! dit Love ; ils auront caché leur chariot par ici. Voyons! Aussitôt il arrêta son cheval ; puis, donnant à son cri toute la portée dont il était susceptible en appelant à voix basse :

— Hé, Bob! dit-il, — Bob!

On ne fit point de réponse, mais le chanteur impassible continua le second couplet de sa chanson :

> Pendant huit jours, au prieuré,
> En chantant le *Miserere*,
> En chœur les moines ont pleuré.
> Mais ce matin, tu peux m'en croire,
> Ils sont rentrés au réfectoire;
> Puis, ils sont allés après boire,
> En habiles ambitieux,
> Élire prieur le plus vieux,
> Pour bientôt lui fermer les yeux
> Tant mieux !
> Prends un levier que rien ne brise,
> Car les dalles de pierre grise
> Qui pavent le chœur de l'église
> Où reposent les prieurs morts,
> Sont lourdes à lever pour les bras les plus forts.

— Au diable le chanteur ! murmura Love ; il paraît que ce n'est pas Bob. Drake aurait bien pu répondre pour son frère. Mais voilà comme ils sont, ils n'ont pas l'air d'entendre quand on ne leur parle pas comme ils veulent. Pourtant si j'avais crié : Bob, je vais t'envoyer une balle, il aurait bien compris. — Hé ! Drake ! Drake !

Love n'obtint pas plus de réponse que la première fois. Alors l'immobilité de l'être auquel il s'adressait, la singularité de son chant, l'heure de la nuit et peut-être aussi le projet pour lequel il venait à Windsor, tout cela troubla si étrangement le boucher qu'il n'osa continuer à appeler, et qu'ils purent entendre la troisième partie de cette romance sépulcrale que le chanteur débita avec la même impassibilité :

> Sous l'ombre des aulnes tremblants,
> Vois s'en venir à pas lents,
> Les vierges aux vêtements blancs ;
> Le fiancé qui crie et pleure
> En retournant à sa demeure
> Veuve de baisers avant l'heure.
> Et le père, qui, seul de tous,
> Mort à son espoir le plus doux,
> Reste à pleurer à deux genoux !
> A nous !
> Cette nuit nous prendrons la bêche,
> Avant que la terre ne sèche ;
> Car, ravi sous sa tombe fraîche,
> C'est un rare et riche butin
> Qu'un corps de jeune fille éteinte à son matin.

— Ce n'est point un homme qui chante ainsi, dit le boucher avec un embarras qui déguisait mal son effroi ; nos gens sont plus loin sans doute.

— C'est pourtant ici le lieu du rendez-vous, répondit Richard, et, fût-ce le diable, il faut que je sache qui est là !

A ces mots, il tira son épée et poussa son cheval dans le sentier, en criant :

— Hé ! l'ami ! qui êtes-vous ?

Il n'avait pas prononcé ces mots, que le chanteur, jusque-là immobile, se leva et se plaça en face du cheval ; Richard s'arrêta soudainement et l'étranger lui dit d'une voix sombre :

— L'ami est un nom auquel tout homme peut répondre, dans quelque lieu qu'il se trouve, quelque peur qu'il ait fasse, quelque heure qu'il puisse être, quel que soit le dessein pour lequel il est parti. Mais Drake et Bob sont des noms trop connus de la justice pour ceux qui les portent se retournent, lorsqu'on a la maladresse de les leur dire, dans la nuit, et à un quart de mille d'une abbaye où sont enterrés des rois.

— Pourquoi n'as-tu pas répondu, Drake ? dit Love, qui s'était approché.

— Parce que, répondit Drake, car c'était lui, si je vous criais, tout à l'heure, à tue-tête : Hé ! maître Love, le boucher de Church-Hill ! peut-être trouveriez-vous qu'il faut me serrer la gorge pour m'empêcher d'apprendre à tout le voisinage où vous êtes ici, au lieu d'être à boire à la taverne du Roi Richard, selon votre habitude.

— C'est bien, dit Richard, qui craignait une discussion entre les deux interlocuteurs ; où est Bob avec le chariot et les ustensiles ?

Drake ne répondit point, mais il laissa échapper un cri rauque et inarticulé qui n'appartenait ni à l'homme ni à aucune autre sorte d'animal. Un cri semblable lui répondit : les chevaux se tressaillirent d'effroi. Un moment après, Bob arriva avec son chariot. C'était une voiture forme l'est de nos jours un fourgon d'artillerie, avec son couvercle en toit. Il était monté sur quatre petites roues basses, dont les jantes étroites étaient garnies d'un cuir épais. Il n'y avait pas de siège pour un cocher, mais à l'extrémité qui reposait sur le train de devant, on avait établi sur le fourgon une espèce de selle sur laquelle était Bob, dirigeant, avec une longue houssine, quatre chiens qui traînaient lestement ce singulier équipage. C'étaient d'énormes animaux, les yeux sanglants, la gueule pendante et baveuse, aussi capables de déchirer un homme que de traîner un fardeau. La pensée qu'ils accompagnaient toujours leurs maîtres dans leurs hideuses expéditions, et que peut-être ils avaient arraché quelques lambeaux de leur sinistre butin, cette pensée vint à l'esprit de Richard et le troubla d'un dégoût qu'il put à peine surmonter.

— Donnez vos chevaux à Bob, dit Drake ; maintenant, il nous faut quitter la grande route, et Bob va cacher vos montures dans un endroit où personne ne pourra les voir ni les entendre, et où elles trouveront de quoi se rafraîchir et recommencer la route.

Love et Richard descendirent de cheval, et Bob s'en retourna du côté où il était venu. Drake se mit en marche et les chiens le suivirent, car il ne monta point sur la selle où Bob était placé d'abord ; il marcha à pied devant les nouveaux compagnons, auxquels il fit signe de le suivre, et à quelques pas de l'endroit où ils se trouvaient, il tourna subitement à droite avant d'arriver au grand chemin. Drake marchait le premier avant du chariot, et Richard, qui le suivait ainsi que Love, admirait la marche silencieuse de cet homme et de son équipage. On eût dit qu'ils avançaient sans se mouvoir, comme font nos sorciers de théâtre sur les trappes à coulisses, qui les promènent sur la scène : car on n'entendait ni le bruit des pas, ni celui des roues, ni les cahots de la voiture. Ils n'étaient plus qu'à une très-petite distance de l'abbaye, et ils allaient tourner dans un nouveau sentier, lorsqu'un corps opaque passa légèrement à la hauteur de la tête de Richard et tomba sur le devant du chariot. C'était Bob qui, s'élançant comme les enfants qui jouent au cheval fondu, venait de reprendre sa place. Aussitôt, Drake allongea le pas, et toujours silencieux, il arriva, après une foule de détours, à un bouquet de bois qui était tout au plus à cinquante toises des murs de l'église.

Arrivés là, on cacha le chariot parmi les arbres, et Bob détela deux des chiens qui s'éloignèrent aussitôt.

— Voilà, dit-il, des sentinelles qu'on ne surprendra pas, ils devineraient un malintentionné à un demi-mille de distance, et je crois qu'ils sentiraient un constable d'ici à Londres.

Au même instant Drake tira du coffre quelques objets dont il se chargea, et il s'avança seul vers l'église. Bob, mettant son doigt sur ses lèvres, recommanda le plus profond silence à ses deux compagnons, et il se coucha par terre, l'oreille parfaitement appuyée au sol. Il y demeura quelque temps immobile ; puis, à plusieurs fois, il fit quelques signes d'impatience, mais si imperceptibles, qu'il fallait toute l'attention que Richard donnait à son moindre mouvement, pour les apercevoir. Il reprit enfin son immobilité, et, par une sorte de gémissement prolongé, il sembla répondre à un signal que lui seul avait entendu. Il se releva presque aussitôt, prit dans la voiture quelques nouveaux instruments, détela un des chiens qui restaient au chariot, et attacha ces objets aux courroies qui lui servaient de harnais. Le chien disparut à l'instant, et Bob, reprenant sa position, dit tout bas à Richard :

— Il paraît que les serrures sont bonnes et les verrous cadenassés ; c'est désagréable, parce qu'il lui faudra bien dix minutes pour scier la pierre où sont scellés les gonds.

Le chien revint bientôt ; mais il ne rapportait aucun des objets que Drake avait pris d'abord, ou que lui-même avait portés. Bob l'examina avec soin pour voir si rien n'était suspendu à ses cuirs ; il remarqua enfin quelques nœuds, faits à la corde qui servait de trait, et il dit à Richard, en les dénouant pour rattacher le chien au chariot :

— Drake me dit qu'il garde les ustensiles de peur que nous ne trouvions quelque porte intérieure aussi solidement fermée.

Les dix minutes que Bob avait annoncées, comme le temps nécessaire pour scier les pierres des gonds, n'étaient pas écoulées, qu'il se releva en disant :

— Voilà qui est fait ! Il faut que vous m'aidiez maintenant, parce qu'il est inutile que Drake revienne, nous le retrouverons là-bas.

Immédiatement, il remit à Love un levier en fer d'une longueur et d'un poids considérables, chargea Richard de deux boîtes, exactement fermées et lui-même attacha autour de ses reins une ceinture, où étaient artistement passés des poinçons, des limes, de petites scies, des lames d'acier flexible, et particulièrement une paire de pistolets qui semblaient excellents et un poignard qui parut être à Love d'une longueur raisonnable. Bob se munit quant à lui d'une ceinture pareille pour son frère, et avertit Richard et le boucher de le suivre vers l'abbaye, après avoir commandé aux chiens, par un signe, de se tenir au quet.

Pour le jeune Barkstead ni pour Love ce n'était plus l'heure de reculer ; et certes, ni l'un ni l'autre n'étaient gens à renoncer à une entreprise fortement résolue ; mais la singularité de ce qui se passait, cette correspondance muette entre les deux frères, l'intelligence merveilleuse de leurs chiens, l'importance et l'horreur de l'action qu'ils allaient commettre, leur association avec des hommes réprouvés et sacrilèges, dont on ne parlait qu'avec effroi : tout cela saisit leur âme d'une froide appréhension, et ne fut que sur une seconde invitation qu'ils suivirent Bob.

Ils atteignirent bientôt les murs de l'abbaye et trouvèrent Drake, debout près d'une petite porte qui semblait ne pas avoir été touchée. Richard craignit un moment d'avoir été trompé. Mais il s'aperçut bientôt qu'il devait admirer, plus que jamais, l'adresse et la prudence de ses complices.

— Cette porte est trop lourde pour que je puisse maintenant la détacher et la retenir tout seul, dit Drake, et si je l'avais laissée tomber en dedans, elle aurait fait un bruit à éveiller les morts.

Les deux frères enfoncèrent aussitôt de fortes vis dans le bois, et à ces vis, qui avaient des anneaux à leur extrémité, ils passèrent des cordes qu'ils remirent à Love et à Richard : Bob en prit également une, et Drake, armé d'un levier, commença à ébranler la porte du côté des gonds. Elle se sépara aisément de la muraille et laissa bientôt un espace suffisant pour qu'un homme pût y passer ; Drake entra le premier et soutint la porte de l'autre côté, pendant que Richard venait. Richard se joignit à Drake, et Love passa à son tour, puis, tous trois soutinrent la porte, jusqu'à ce que Bob eût dévissé les anneaux et porté dans l'intérieur tout le bagage qui leur était nécessaire. On replaça la porte avec soin, et Drake posa un levier en arc-boutant pour l'empêcher de tomber.

Ils étaient donc à l'intérieur de Windsor, mais non pas encore dans l'église. Il leur fallut suivre un long couloir obscur, monter et descendre plusieurs escaliers dans une complète obscurité, avant d'arriver à une seconde porte qui se trouva encore fermée. Ce fut l'affaire d'un moment pour Drake, que d'en démonter la serrure.

La nuit était froide, aucune lumière ne veillait dans la nef solitaire, le vent se plaignait sourdement dans les arceaux, et chaque mouvement retentissait, comme un bruit lointain, sous ces voûtes nues; la sourde clarté de la nuit semblait se coller aux vitraux sans pénétrer dans l'église et dessinait dans l'ombre les longues fenêtres du temple comme d'immenses fantômes. Love se rapprocha de Richard et lui serra silencieusement la main. Drake dit alors à celui-ci :

— Maintenant, jeune homme, c'est votre affaire, comptez bien vos pas, prenez bien vos mesures, car nous n'avons pas le temps de dépaver cette église d'un bout à l'autre.

— Menez-moi à la porte principale, dit Richard, et je vous conduirai droit au trésor que je veux enlever.

Drake le plaça à l'entrée qui fait face au chœur, et Richard marcha devant lui à pas lents et mesurés. Il les compta jusqu'à vingt-un, puis se tournant subitement à gauche, de manière à décrire un angle droit avec la ligne qu'il venait de quitter, il compta douze nouveaux pas et s'arrêta en disant :

— C'est ici qu'il faut creuser !

— C'est bien ! dit Drake, maintenant laissez-nous faire, et n'essayez de nous aider qu'autant que nous vous le demanderons.

Bob et Love approchèrent de l'endroit où Richard se tenait immobile.

— Retirez-vous, dit Drake, j'ai marqué la pierre, faites silence surtout, voilà l'essentiel. Mais voulez-vous absolument que toute trace de ce que nous allons faire disparaisse ? prenez garde! cela nous obligera à avoir de la lumière, et c'est là le plus grand danger.

— Il le faut absolument ! répondit Richard.

— Allons donc ! repartit Drake.

En un instant, Bob eut allumé une petite chandelle; il la promena rapidement sur toute la surface de la pierre et l'examina cependant attentivement, puis il en suivit le contour, remarqua quelques endroits où le ciment débordait les fentes, et d'autres où il semblait manquer. Après cette inspection qui avait été minutieuse, mais qui semblait légère à Richard, il éteignit sa lumière, et, aidé de son frère, il se mit à l'ouvrage.

Les yeux de Richard et de Love s'accoutumant peu à peu à l'obscurité, il leur fut possible de suivre les mouvements des travailleurs. D'abord, ils les virent verser avec soin, tout autour de la pierre qu'ils voulaient enlever une liqueur, qu'à l'odeur ils reconnurent pour être du vinaigre. Ils glissèrent ensuite une lame d'acier mince et flexible entre le joint des pierres, et, faisant aller et venir cette lame avec une rare rapidité, comme ils eussent fait d'une scie, arrosant de temps en temps l'interstice des pierres, ils commencèrent à séparer la dalle qu'ils voulaient enlever de toutes celles qui l'entouraient. Pendant près de trois quarts d'heure que dura ce travail, Drake et Bob, assis par terre, n'échangèrent pas un mot, et Richard, ainsi que Love, demeura immobile.

Cette opération finie, ils introduisirent le bout aminci d'un levier entre deux dalles et commencèrent à soulever celle qu'ils avaient détachée. Drake, qui tenait le levier, ne faisait que des mouvements très-lents et semblait à peine remuer la pierre ; mais à chacun de ses efforts, Bob glissait un petit coin de bois dans l'intervalle qui s'agrandissait, de façon que si le levier fût venu à manquer, elle ne pût rentrer dans son cadre. Par ce moyen, ils l'eurent bientôt détachée complétement, et ils purent placer en dessous un petit rouleau qui la soutint en l'air.

Pendant la durée de son immobilité physique, la pensée de Richard avait eu le temps de se livrer à toute son activité. Love lui-même, bien que son imagination n'aidât guère aux impressions qu'il recevait des objets extérieurs, s'était abandonné à de longues réflexions. Ce fut donc, d'abord, avec une curiosité intéressée qu'ils examinèrent le travail continu et silencieux de Bob et de Drake; bientôt après, tandis que sans relâche, usant et coupant le ciment de ces pierres sépulcrales, ces deux hommes indifférents semblaient oublier qu'ils eussent des témoins, Richard, en les considérant, se sentit étonné comme s'il les voyait pour la première fois. Cette continuité de mouvements réguliers, cette persévérance silencieuse, mal dessinée au regard par la clarté incertaine de la nuit, prirent enfin un caractère si singulier, que Richard imagina que deux démons venant déterrer un damné pour l'emporter aux enfers, n'auraient pas d'autre aspect : peu à peu, cette supposition qui n'était arrivée à son esprit que comme l'application que fait un poëte ou un peintre de l'observation d'une action réelle à un fait imaginaire, cette supposition couvée, pour ainsi dire dans sa tête par le silence et les ténèbres, finit par éclore et grandir comme une réalité, et Richard fut presque atteint de la certitude qu'il assistait à une opération surnaturelle. Mais cette conviction, loin de se tourner en crainte dans son âme, s'y exalta si chaudement, qu'il se sentit heureux de cette possibilité et qu'un sourire d'orgueil agita ses lèvres. Love au contraire, en appliquant sa réflexion aux mêmes objets, y trouva d'autres sentiments : la réalité resta pour lui où elle était, c'est-à-dire dans des hommes qui commettaient un sacrilége et dans le cercueil qui renfermait un roi. Mais ce sacrilége était puni de mort et de damnation, et ce roi qu'on exhumait, lui Love, lui avait craché au visage : voilà à quoi il pensait et ce qui lui troublait l'âme, lorsque Drake lui dit :

— Allons ! aidez-nous à mettre la pierre de côté !

Tous deux, Tom et Richard, s'empressèrent, le premier, pour se défaire de ses réflexions; le second, pour pousser les siennes jusqu'à une coopération personnelle à l'œuvre infernale à laquelle il croyait assister. L'ardeur qu'ils mirent à exécuter ce qu'avait dit Drake, leur prêta tant de force que les deux frères échangèrent, à travers l'ombre, un signe de surprise et de désappointement.

La pierre était donc levée, et la grande question de savoir si Richard avait bien désigné l'endroit allait se résoudre. Cette observation, faite par Drake, ramena Richard à la vérité de ce qui arrivait. Aussitôt, avec l'ardeur qu'inspire un premier obstacle heureusement vaincu, ils déblayèrent l'espace que recouvrait la dalle énorme qu'ils avaient enlevée, de la chaux, du ciment et des pierres qui la soutenaient. Ils creusèrent ainsi un pied et trouvèrent la terre. Arrivés à cette profondeur, ils tâtèrent et ne rencontrèrent rien. Love, presque découragé, laissa échapper un soupir de mécontentement. Richard, aidé des deux frères, continua à enlever la terre avec persévérance; ils creusèrent encore un pied, et, en appuyant fortement leurs bêches aiguës sur le sol, ils ne sentirent aucune résistance. Richard fut déconcerté. Drake murmura avec humeur :

— On n'enterre jamais si profondément dans les églises !

— Sondons ! dit Bob ; il est inutile de perdre notre temps, s'il n'y a rien.

Il tira aussitôt de sa ceinture une baguette de fer de deux pieds et demi de long à peu près, qu'il enfonça tantôt à un endroit, tantôt à l'autre de la fosse qu'ils creusaient : la baguette entra sans trouver d'obstacle d'aucune façon.

— Vous vous êtes trompés, dit Drake, tant pis pour vous ; n'oubliez pas notre marché; cent guinées si nous ne trouvons rien, la moitié du trésor si nous le découvrons.

— Essayez donc ! dit Richard, et sondez plus profondément.

Drake prit la baguette des mains de son frère, en vissa une seconde au bout de la première et sonda de nouveau la terre. Cette fois, il fut plus heureux. Il n'avait pas enfoncé sa sonde de trois pieds, qu'il éprouva une forte résistance.

— Je crois que nous y sommes, dit Drake, d'un ton joyeux.

Cependant, au lieu de retirer son instrument sur-le-champ, il le fit tourner à la place où il avait cessé de pénétrer dans le sol, puis il le ramena lentement à lui. Dès qu'il fut sorti de terre, Bob s'en empara, en mit l'extrémité dans sa bouche, puis, après un court examen, il le rejeta avec un air de mécontentement, en disant :

— C'est un morceau de brique que tu as rencontré, il n'y a rien là! allons-nous-en.

Love ne savait que penser. Drake se levait pour partir, Richard insista de nouveau, et, prenant lui-même le fer des mains de Bob, il le plongea de toute sa longueur, qui était d'à peu près cinq pieds dans la terre. Il le fit avec tant de colère et de force que le fer ploya sous sa main, en rencontrant un corps dur qui l'arrêta.

— C'est encore quelque pierre ! dit Bob.

— Non ! non ! répondit Drake qui avait saisi la baguette dans les mains de Richard, c'est du bois ; la pointe de la sonde y est entrée, car elle est difficile à retirer.

Drake ramena la sonde une seconde fois, et Bob en goûta encore l'extrémité.

— C'est du bois, dit-il, et du bois d'excellente qualité ! A l'œuvre ! à l'œuvre !

Tous quatre reprirent leur travail avec vigueur, et en moins d'un quart d'heure, ils eurent dégagé de la terre qui l'entourait, une bière de chêne parfaitement conservée. Richard, qui avait été agité de la crainte de ne rien découvrir, une fois lancé dans cette voie d'incertitude, calcula encore que dans cette abbaye, pavée de cercueils, il y avait chance d'en rencontrer partout où l'on aurait fouillé, et qu'il n'était pas certain que celui qu'ils avaient découvert fût le but de ses ardentes recherches. Il ne fit point part de ses doutes à ses compagnons pour ne pas les décourager ; mais ces doutes cessèrent bientôt lorsque Drake et Bob, qui étaient dans la fosse voulant enlever la bière, purent à peine la soulever, tant elle était lourde. Richard se rappela que cette enveloppe de chêne recouvrait un cercueil de plomb, et il se crut certain qu'il avait trouvé enfin ce qu'il cherchait. C'était une opération fort difficile que d'enlever d'une fosse, qui avait près de sept pieds de profondeur, un cercueil d'un poids aussi considérable : aussi Drake, s'arrêtant après le premier effort, dit à Richard :

— Puisque c'est là le trésor, nous n'avons qu'à briser ces planches et nous emporterons l'or et l'argent qu'il renferme par parties et plus aisément qu'en masse.

— Ce ne sont pas là nos conventions ! dit Richard, vous avez promis d'enlever le cercueil, et, une fois hors de ces murs, si la moitié de ce qui s'y trouve ne vous convient pas, je vous ai promis cent guinées; les voulez-vous sur-le-champ ?

— Cent guinées, répondit Bob, sont un bon dédommagement d'une nuit perdue mais, au poids de cette bière, il est juste de penser que notre nuit vaudra mieux que cela. Nous allons encore essayer.

Ils se mirent donc à l'ouvrage, et, passant des cordes sous le cercueil, ils l'élevèrent tantôt d'un bout, tantôt de l'autre, glissant en dessous des fragments de pierres dès qu'ils l'avaient soulevé de quelques pouces et y replaçant de la terre de manière à ce qu'il ne pût retomber. Enfin, à force de travail, le cercueil fut déposé sur le bord de la fosse, et les deux frères s'occupèrent immédiatement à faire disparaître les traces de cette sacrilége soustraction. Ils rejetèrent la terre dans le trou jusqu'à sa moindre parcelle; ils replacèrent la pierre comme elle était, sinon aussi solidement, du moins assez sûrement pour que dans une église aussi peu fréquentée il pût se passer bien du temps avant que rien ne se découvrît. Ils tirèrent alors d'une des boîtes qu'on avait confiées à Richard un ciment pareil à celui qui scellait les pierres. Après avoir allumé leur chandelle, ils en regarnirent le tour de la dalle et, comme ce ciment frais était d'une couleur plus apparente que celui des autres endroits de l'église, ils y répandirent une poudre d'une finesse extrême, qui était renfermée dans la seconde boîte, et qui le brunit suffisamment. Bob, ensuite, alla dans le coin le plus retiré de la nef, y ramassa une assez grande quantité de poussière, puis, en la laissant glisser entre ses doigts, il la sema si adroitement sur l'endroit qu'ils avaient occupé, que l'œil le plus prévenu ne pouvait y voir la moindre différence avec le reste du pavé.

Toutes ces précautions, que Richard avait jugées nécessaires à la réussite de son projet, étant exactement prises, ils s'occupèrent, tous ensemble, à traîner le cercueil hors de l'église. Cette fois, voulant éviter toutes les difficultés qu'ils auraient eues à reprendre leur premier chemin, à travers des corridors étroits et des escaliers tournants, ils profitèrent de ce qu'ils étaient dans l'intérieur pour ouvrir la grande porte, et Bob sortit, dès qu'elle fut entr'ouverte, pour aller chercher le chariot. Pendant ce temps, Drake, Love et Richard, fatigués des efforts qu'ils avaient faits, s'étaient assis tous trois sur le cercueil dans lequel l'un d'eux croyait trouver des trésors, et les autres le cadavre de Charles Ier.

Le doute entra encore une fois dans l'esprit de Richard et il allait presque se décider à faire ouvrir le cercueil, déterminé à l'abandonner à ses complices, avec la récompense promise, s'il s'était trompé. Mais il pensa que ce cadavre devait porter une marque terrible qui pouvait le faire reconnaître à ces misérables; et qu'alors peut-être ils refuseraient de l'emporter, ou bien qu'ils iraient le dénoncer avant que son projet ne fût accompli. Il se décida donc à tenter l'aventure jusqu'au bout, et Bob arriva presque aussitôt avec le chariot, attelé de ses quatre chiens.

Grâce à l'adresse des deux frères et à la force prodigieuse de Love et de Richard, le cercueil fut bientôt placé dans le fourgon et l'on se mit en route. Cette fois Bob, qui conduisait le chariot, prit le grand chemin. On arriva bientôt au sentier où Drake avait été aperçu par Love et Richard, et il leur amena, en peu d'instants, leurs chevaux, largement repus et rafraîchis. Dès que chacun fut prêt, Drake s'élança derrière son frère, et, Bob animant ses chiens par un sifflement aigu, ils partirent tous avec une rapidité qui leur promettait un prompt retour à Londres.

XXIV. — LE BOIS.

Pendant que nous suivions un à un les mouvements extérieurs de Richard et de ses compagnons, nous n'avons pu donner une exacte relation de ce qui se passait en eux, et cependant il est probable que l'action qu'ils venaient de commettre les avait diversement troublés. Ce dut être surtout lorsque toute la difficulté matérielle de cette action se trouva épuisée, que chacun d'eux put réfléchir à ce qu'il venait de faire, et la course silencieuse et rapide qui les ramenait à Londres était propre à cette méditation. Pour les deux frères, le résultat des pensées qui galopaient dans leur cerveau plus vite que les énormes chiens qui les traînaient, ce résultat n'était autre que le calcul de ce qu'ils espéraient trouver dans le cercueil. D'abord, c'étaient des pièces d'argent qui, partagées par moitié entre eux et leurs acolytes, devaient leur fournir de quoi acheter dans la Cité une maison modeste où ils se retireraient, ayant chaque jour trois bons repas à faire avec de l'ale à discrétion et quelquefois une bouteille de vin de France. Ensuite, ils réfléchirent au soin qu'on avait mis à ensevelir ce trésor dans une église, à l'importance des personnages qui, ayant pu obtenir une sépulture dans l'abbaye de Windsor, s'en étaient servis à un pareil usage, aux risques qu'il avait fallu courir pour mener à bonne fin cette supercherie. Or, toutes ces raisons pouvaient faire croire assez vraisemblablement qu'un pareil trésor devait être bien supérieur à quelques misérables sacs d'argent, qu'on aurait enfouis dans quelque parc ou tout au plus au pied d'une croix dans un cimetière. Donc, Drake et son frère Bob pensèrent que certainement ce ne pouvait être que de l'or qui était enfermé dans la bière qu'ils emportaient, et, en conséquence de cette supposition, ils se voyaient déjà possesseurs, comme de riches bourgeois, non-seulement d'une honorable maison dans la ville de Londres, mais encore de quelque ferme riche et vaste dans le beau comté de Middlesex ou autre. Une fois en route dans ce pays de chimères, ils avancèrent rapidement ; le trésor, qui, d'argent qu'il était d'abord, s'était transformé en or pur, subit une nouvelle métamorphose ; car il pouvait arriver que ce fussent les pierreries de quelque illustre famille proscrite sous Cromwell qu'on avait ainsi ensevelies, et alors la fortune à partager devenait incalculable, et ce n'étaient plus ni ferme ni maisons de bourgeois qui convenaient à l'ambition de Bob et de Drake : c'étaient des palais et des châteaux avec d'immenses domaines qui se bâtissaient dans leur imagination, et bientôt, grâce à sa puissance créatrice, ils se promenèrent dans leur parc et chassèrent le renard dans leurs forêts. Mais l'ambition est une boisson d'une ivresse si facile et si rapide qu'elle égare jusqu'aux plus folles prétentions, et quelquefois jusqu'aux plus coupables, ceux qui y goûtent même par la pensée. Il arriva donc que l'ambition des deux frères, comme un cheval qui a pris le mors aux dents, courut au delà de tout ce qu'il était permis au délire le plus extravagant d'inventer. Après avoir épuisé toutes les suppositions pour porter aussi loin que possible la richesse présumable qu'ils avaient acquise; altérés en eux-mêmes, comme des buveurs que brûle le vin, par tout ce dont ils avaient abreuvé leur soif imaginaire, haletants d'un besoin insensé et furieux de fortune, ils se demandèrent pourquoi ils partageraient cet or, ces pierreries, ces diamants, ces châteaux, ces domaines, ces palais, qu'ils venaient de conquérir, et avec cette question la pensée d'une trahison entra dans l'esprit des deux violateurs de tombeaux.

Dans ces deux êtres unis par le sang, par l'intérêt, par le métier, les habitudes et les dangers, il y avait ce qu'on peut appeler un parallélisme d'âme et de pensée qui les faisait marcher de concert dans toutes les occasions de la vie et qui les fit tous deux arriver, à peu près au même instant, à la même question et au même doute. Ils se tournèrent donc l'un vers l'autre et leurs regards pénétrèrent aisément dans leurs desseins mutuels. Ils commencèrent alors une conversation à voix basse et concertèrent un projet dont ils arrêtèrent l'exécution dès que la route leur en offrirait une occasion favorable.

Pendant ce temps, la pensée de Richard sortait de même de sa voie accoutumée; mais ce n'était ni par de vains calculs ni par la discussion intérieure de ce qui lui restait à faire. Un sentiment de joie inouï l'exaltait: comme un captif qui, délivré de la prison, dévore l'espace de la course et du regard, il donnait carrière à son âme à qui il ouvrait, comme un champ libre, la vengeance dans laquelle il allait enfin s'ébattre avec plaisir, se ruer avec délices. Son cheval filait à côté du traîneau sépulcral, et Richard attachait sur ce bois insensible qui gardait un insensible dépôt, ces regards doux et complaisants, dont une mère protége le berceau de son enfant, souriant comme elle à ce qui était sa joie et son avenir. Quant à Love, ce qui restait de difficile à surmonter pour accomplir la vengeance désirée, suffisait à occuper ses réflexions. Chacun en était donc au plus haut point de ses méditations, c'est-à-dire que la détermination des deux frères n'avait plus de scrupules ; que le délire de Richard, excité par la course ardente qu'il faisait, avait quelque chose de furieux, et que l'embarras de mener cette aventure à bonne fin semblait inextricable à Love, lorsqu'ils arrivèrent en vue de Great-House.

Cette habitation, comme nous l'avons dit, était à quelque distance de la route, et cette distance était remplie par un bois qui s'étendait assez loin à droite et à gauche et qui en dépendait immédiatement. Un mur défendait l'entrée du bois et l'approche de la maison du côté des champs, mais ce n'était qu'un fossé assez large qui le séparait de la route. A peine le chariot et les cavaliers approchèrent-ils de l'endroit où les arbres joignaient le chemin que, sans qu'aucun signe apparent semblât les y exciter, les chiens montrèrent quelques marques d'insubordination, et, qu'à vingt pas de là le chariot roula dans le fossé. Quel était le projet de Drake et de Bob, à qui tout retard pouvait être aussi fatal qu'à leurs compagnons? Ce ne fut qu'après quelques réponses grondeuses des deux frères que Richard commença à soupçonner leurs desseins, et que Love les devina complétement.

— Malédiction! dit Richard, en descendant de cheval, ceci va vous faire perdre une heure.

— Que dites-vous? une heure! répondit Drake, qui s'était lestement dégagé, ainsi que Bob, de son espèce de selle, notre opération est manquée pour cette nuit, le chariot doit être brisé et il n'y a plus rien à faire.

— Plus rien à faire ! dit Richard, avec une colère qui fit siffler ses paroles entre ses dents violemment serrées. Plus rien à faire! vous êtes fous ou traîtres! plus rien à faire!

— Ni fous ni traîtres, répondit Bob, qui semblait examiner la voiture avec attention, et qui en avait déjà dételé les chiens ; il faut ôter ce cercueil de là dedans, le cacher quelque part, et nous reviendrons le prendre la nuit prochaine.

— La nuit prochaine ? répliqua Richard ; la nuit prochaine, je ne donnerais pas un penny de ce cercueil et de tout ce qu'il renferme.

— Il faut pourtant y renoncer pour cette nuit, ajouta Drake.

— Cette nuit! reprit Richard, dont la fureur augmentait par degrés, pour le titre de duc et pair et la possession du plus beau comté de l'Angleterre, je ne renoncerais pas à cette bière cette nuit ; non, sur mon salut éternel, je n'y renoncerais pas !

— C'est donc un singulier trésor que celui-ci, dit Bob, en détachant le couvercle du fourgon, qui, tout à fait couché sur le côté, laissa rouler le cercueil par terre; cependant, il me semble d'un poids à ne pas s'évaporer en une nuit, surtout si nous lui mettons quelques pieds de terre par-dessus.

— Or çà! reprit Richard avec plus de sang-froid qu'il n'en avait eu jusqu'à ce moment; or çà, drôles, quel est notre marché?

— Cent guinées, ou le partage du trésor, dit Bob.

— A quelles conditions? continua Richard.

— A condition que nous le tirerions de terre et que nous le porterions jusque dans la maison de Love, avant que trois heures de la nuit fussent sonnées.

— Tenez donc votre promesse!

— C'est impossible! dit Drake.

— Impossible! dit Love; les drôles y mettent de la mauvaise volonté, voyez plutôt.

Pendant que Richard disputait avec les deux frères, Love était descendu dans le fossé qui était complétement sec. Il avait à son tour examiné le chariot; puis, le soulevant dans ses fortes et larges mains, dès qu'il fut dégagé du poids énorme du cercueil, il le rétablit sur ses roues.

— Voyez, continua-t-il, il a résisté à cette secousse, il n'y a qu'à remettre cette boîte à roues sur la route, à y replacer le cercueil et à repartir.

— Et comment, dit Drake avec humeur, après être remonté sur la route à côté de son frère, voulez-vous ôter cette masse pesante de la terre où elle s'est enfoncée?

— Comme vous avez fait pour la retirer d'une fosse étroite, où vous ne pouviez agir que deux, tandis que, dans cet endroit, nous pouvons y employer nos forces tous les quatre.

— Ici, Fox! ici, Mab! dit Drake, sans répondre à Love, en appelant ses chiens qui s'éloignaient sur la route et en les faisant coucher à ses pieds.

— Ces drôles, dit tout bas le boucher à Richard qui était près de lui, trament quelque trahison ; il serait peut-être prudent de leur briser les os.

Richard, qui commençait à partager ses craintes, lui répondit de même, mais il lui fit observer que l'essentiel était de faire arriver le cercueil à Londres et qu'il fallait plutôt transiger que recourir à la violence. En conséquence, pendant que les frères semblaient se consulter tout bas, il leur adressa la parole.

— Eh! mes maîtres, leur dit-il, voulez-vous ou non remplir vos engagements? N'oubliez pas que si vous vous y refusez, nous portons de bonnes épées et d'excellentes dagues qui peuvent vous y forcer.

— N'oubliez pas non plus, reprit Drake, que nous avons de bons pistolets, qui touchent de plus loin que vos longues épées : et que voici des auxiliaires, ajouta-t-il en montrant ses chiens, qui sont las de charogne et qui ne demanderaient pas mieux que de goûter de la chair fraîche. Ici, Fox! ici, dit-il, en remarquant que les animaux ne se tenaient pas tranquilles, comme à l'ordinaire.

Cette affreuse menace n'effraya ni Love ni Richard, mais elle leur mit à découvert la mauvaise volonté de leurs complices, et, sans beaucoup chercher d'où pouvait venir cette disposition hostile, il fut facile à Love de deviner que c'était l'appât du trésor qui les tentait et qui leur inspirait cette résolution; il crut donc prévenir toute dispute en leur apprenant qu'ils bâtissaient leur espérance sur un fond creux.

— Vous me prenez pour un oison, dit-il alors, et vous me traitez comme tel, de vouloir me persuader que vous ne pouvez enlever ce cercueil et de croire me faire peur de vos roquets. Sachez que maître Love a une demi-douzaine de ces gaillards-là au service de sa boucherie, dont chacun ne ferait qu'une bouchée de vos quatre joujoux, et que lorsqu'ils s'avisent de grogner trop haut et que je leur ai donné, sur le bout du nez, une sorte de chiquenaude qui m'est particulière, il ne leur arrive plus jamais de montrer les dents. N'oubliez pas non plus que vous êtes restés une heure dans une fosse humide, et que la poudre a besoin d'être sèche pour prendre. Ainsi, ne faites pas les rodomonts, car vous n'y gagneriez rien ; et je dis que vous n'y gagneriez rien, quand bien même vous deviendriez seuls maîtres de ce coffre mortuaire, attendu que vous n'y trouveriez qu'un cadavre pourri, qui n'a pas à coup sûr dans sa poche les cent guinées que mon camarade vous a promises.

Les deux frères répondirent à cette espèce de harangue par un rire d'incrédulité, sourd comme leurs gestes et leurs paroles. Drake tira un de ses pistolets de sa ceinture, Love et Richard dégaînèrent; mais Bob, posant soudainement la main sur le bras de son frère, l'arrêta au moment où il allait diriger son arme contre le boucher. Il lui dit quelques paroles inintelligibles, et ajouta, de façon à être entendu de Love et de Richard :

— On vient, malédiction ! on avance, nous sommes perdus !

Il se fit un silence profond ; Love et Richard n'entendirent rien : mais ils avaient acquis une connaissance si incontestable de l'intelligence de Bob, en de pareilles rencontres, qu'ils ne doutèrent pas de la vérité de ce qu'il disait. Au même instant, les deux frères se glissèrent comme des couleuvres du haut de la route où ils étaient remontés, jusque dans le fossé où se trouvaient nos deux héros.

— Alerte ! mes maîtres, leur dit Bob au même instant, il y va de la potence pour nous tous, entrons tout ce bagage dans le bois, ou c'en est fait, non-seulement du trésor, mais encore des cent guinées, du cadavre pourri et de nos carcasses.

Le danger commun étouffa tout dissentiment, et, en moins de rien, le cercueil, à l'aide des cordes et des efforts réunis de tous les intéressés, fut enlevé du fossé et caché dans le bois ainsi que le chariot. Richard aidait Love à le pousser plus avant dans l'intérieur, pendant que Drake et Bob étaient allés, disaient-ils, cacher les chevaux que l'on avait laissés sur la route, lorsqu'ils se sentirent violemment tirer par les pieds. Ils furent renversés du coup, et ils n'étaient pas revenus de leur étourdissement, que chacun des deux frères leur avait tourné plusieurs fois une corde autour du corps. Cette corde, passant par-dessus leurs bras, les rendait incapables de tout mouvement. C'est Bob qui, pendant qu'ils étaient occupés à pousser le chariot, leur avait lentement glissé un nœud coulant dans les jambes, et c'est par ce moyen qu'il les avait si facilement renversés.

Ils étaient dans le bois, à douze ou quinze pieds du fossé, étendus sous les broussailles qui les cachaient sans cependant les empêcher de voir sur la route. Quoiqu'on n'entendit rien, malgré ce qu'avait dit Bob, Richard n'en persista pas moins à penser qu'ils avaient réellement été arrêtés par l'arrivée de quelqu'un.

— On vient, misérables ! dit-il ; on vient et vous recevrez le prix de votre infâme trahison.

— Qu'on vienne ! dit Bob, et il arrivera l'une des deux suppositions suivantes : ou il nous plaira de vous laisser crier, et alors, comme nous serons tous arrêtés, il faudra bien que nous disions la simple vérité, c'est-à-dire que vous

— Ne me reconnaissez-vous pas? dit Charlotte. — Page 39.

nous avez séduits par des promesses d'or pour nous faire commettre un crime qu'on punit de mort. D'après cette révélation, vous serez les instigateurs et nous les exécuteurs ; vous aurez persévéré, et nous aurons reculé devant cet attentat ! Et vous savez que la loi dit : Mort aux violateurs des tombeaux ; et plus bas : Les révélateurs seront récompensés.

— Chiens ! voleurs ! mangeurs de charogne ! murmura Love : vous serez pendus avec nous, je l'espère, et je vais appeler, fût-ce le diable qui doit me répondre.

— Paix ! ajouta Bob, car une seconde chose peut arriver encore : c'est qu'il nous déplaise de vous entendre crier, et alors nous mettrons à profit votre recommaandation, nous n'oublierons pas que vous avez d'excellentes dagues, et vous pensez bien que nous avons trop d'habitude du corps humain pour ne pas savoir juste entre quelles côtes il faut les laisser passer pour que le patient n'ait pas à se plaindre de l'opération.

Richard sentit que sa position était désespérée. La nuit se passait, emportant avec elle l'espoir de sa vengeance, le reste de sa vie. Il tenta un dernier effort.

— Écoute ! Drake, dit-il rapidement, sur mon honneur, sur mon âme, sur celle de mon père, mort pour la sainte cause anglaise, il n'y a qu'un misérable cadavre dans cette bière. Vérifiez-le sur l'heure et si vous le voulez ! Hé bien ! je vous ai promis cent guinées pour le porter à Londres, vous en aurez deux cents ! oui, deux cents ! mais il faut repartir.

— J'en mettrai cent de plus, ajouta Love.

Les deux frères furent surpris de cette proposition ; mais Drake poussa le cercueil du pied et répondit :

— Cette bière pèse plus de trois cents guinées ; vous voulez nous tromper.

— Fous ! dit Richard, ce poids est celui d'un cercueil de plomb ! voyez plutôt !

Cette explication, si naturelle, frappa les deux frères de stupeur : — Un cercueil de plomb ! reprirent-ils à voix basse. — Hé bien ! soit, voyons !

Aussitôt, ils prirent dans leur chariot quelques instruments qui leur étaient propres, et se mirent en devoir de détacher le dessus du cercueil. Pendant ce temps, Love et Richard, roulés dans leurs cordes, restaient étendus sur le dos, à côté de la bière que défaisait Drake. Ce travail, ainsi que tout ce qui concernait leur métier, ne prit que peu de temps aux deux frères, et dès qu'ils eurent fini, ils plongèrent les mains avec une féroce avidité dans le cercueil ouvert.

— C'est un cadavre ! dit Bob.

Ils passèrent leurs mains le long de la paroi de plomb d'un bout à l'autre.

— Et il n'y a que le cadavre, ajouta Drake.

Ils prirent le linceul, le déchirèrent et parcoururent le corps avec la même avidité.

— Le cadavre est nu ! dit Drake.

— Point de bague aux mains ! ajouta Bob.

— Ni collier au cou ! reprit Drake.

— Rien au cou ? s'écria Richard d'une voix creuse, en se relevant sur son séant par un effort convulsif, et en plongeant son regard où étaient les mains des complices : n'a-t-il rien au cou ?

— Au cou ? répondit Drake, et y repassant la main : oui ! — Une vraiment ! — Une cicatrice ! elle est bien longue : elle coupe tout le gosier.

— C'est-à-dire elle tourne autour ! c'est...

— C'est lui ! dit Richard à haute voix, avec un cri de joie qu'il ne put contenir.

— Vous êtes fou ! dit Bob ; voulez-vous nous faire pendre ? Il y a de quoi éveiller un shérif de Londres, fût-il à dix milles d'ici.

— Hé bien ! dit Love, qui jusque-là avait gardé le silence, les trois cents guinées vous vont-elles ?

Drake, dont la main n'avait pas quitté le cadavre et qui semblait vouloir en reconnaître les traits au toucher, répondit lentement, comme en méditant ses paroles et en se parlant à lui-même :

— Un cadavre enfermé dans un cercueil de plomb, un cadavre embaumé, entouré d'un linceul de velours, un cadavre avec la marque du bourreau venant de Windsor et payé trois cents guinées par Richard Barkstead, fils du régicide, et par Love qui cracha à la face du roi martyr ! Ce cadavre est celui de Charles Ier, roi de la Grande-Bretagne !!

Après ces paroles, qu'il avait prononcées une à une mesurément, et pendant que chacune des idées correspondantes se créait dans son esprit, il se tourna vers Love, et ajouta avec un rire amer :

— Trois cents guinées, mes bons maîtres ! ce cadavre rapportera mieux que cela à ceux qui l'ont découvert. D'abord il y aura deux cordes et deux potences pour vous, mes seigneurs, et au moins deux mille guinées pour chacun de ceux qui l'auront rendu à son fils, Charles II ! Allons ! Bob, à l'œuvre, il faut repartir.

C'en était fait encore une fois des espérances de Richard : non-seulement il perdait en cette occasion l'espoir de sa vengeance, il était en outre menacé du supplice, et rien ne semblait pouvoir l'y arracher. Le désespoir était entré dans le cœur de Love qui n'avait plus ni pensée ni projet, et Richard se dressait vainement à l'encontre de ce malheur : il ne prévoyait ni ne décidait rien, lorsque le hasard, qui sert si souvent les combinaisons des faiseurs de romans, et qui, bien plus souvent, régit la destinée humaine, vint le secourir pour un moment. A vrai dire, le hasard, en cette circonstance, n'entra dans les faits qui se passèrent que pour la forme seulement : car le fond était le résultat d'un calcul et d'une prévoyance bien fondés en raison. Voici quelle fut cette intervention.

Aux paroles que Drake venait de prononcer et que nous avons rapportées plus haut, Bob ne répondit rien, car, l'oreille collée à terre, il écoutait attentivement.

— Ce criard-là, dit-il à voix basse, nous a trahis! Cette fois-ci ce n'est plus une ruse, on vient! on vient véritablement du côté du château !

— Qu'importe! dit Drake.

— Il importe, repartit Bob, qu'on ne nous surprenne pas avant que nous ayons fait notre déclaration, parce que, une fois arrêtés, on tiendra compte de nos aveux, comme on remercie un chien muselé de ce qu'il ne mord pas.

— Hé bien, dit Drake, laissons passer les importans.

comprise, par conséquent, de Richard seul. Nous pourrions donner comme explication de ce que nous nommons hasard, que le séjour de Charles II sur le continent, et l'appui qu'il avait cherché dans toutes les cours d'Europe, avaient attaché des gens de tous pays et particulièrement des Français à son service. Mais notre fait a une meilleure excuse que celle-là, c'est qu'il est exact, et la raison ni la vraisemblance n'ont rien à dire contre la vérité.

Après les paroles de Ralph, il se fit un moment de silence, comme si les personnes qui étaient sur la route écoutaient de même si rien ne venait. Mais Ralph ajouta tout à coup :

— Allons! vous autres, l'oreille et l'œil au guet. Voici minuit, il faut que je retourne à Londres.

Ces mots furent encore dits en français, et les chevaux partirent au galop. Ce bruit couvrit pour les deux frères celui que firent plusieurs hommes en se glissant de droite à gauche dans le fossé. Bien que les sens de Richard fussent moins exercés que les leurs, il devina aisément ce qui arrivait au frôlement des broussailles, parce qu'il était averti de ce qui allait se passer; tandis que les deux frères, qui n'écoutaient que les chevaux, ne s'aperçurent de rien.

— C'est le cri de ce jeune amateur de chair royale qui aura éveillé l'attention des gens de la maison, dit Bob. Dépêchons, l'heure marche, et il ne faut pas penser à em-

Bob dirigeait avec une longue houssine quatre chiens qui traînaient lestement ce singulier équipage. — Page 45.

Les deux compagnons et leurs chiens se couchèrent dans les broussailles, et bientôt après l'on entendit les pas de chevaux. Ils suivaient l'allée qui venait de Great-House, et une fois arrivés au grand chemin, ils le remontèrent jusqu'au coin du bois où étaient nos gens. Comme les nouveaux arrivants approchaient de cet endroit, les deux chevaux qu'on avait oubliés sur la route s'enfuirent épouvantés du côté de Windsor. Les paroles suivantes, que Ralph Salasby prononça distinctement, quoique à voix basse, en entendant le galop des chevaux, prouvent que ce qui arrivait n'était pas un effet du hasard.

— Je suis sûr que ce sont eux qui fuient; mon domestique les a vus monter à cheval. Je me doutais, d'une façon ou d'une autre, Richard apprendrait le départ de Charlotte et je l'ai fait guetter. C'est lui et son digne acolyte, le boucher, qui nous ont dépassés ce soir sur la route; j'avais cru le reconnaître, et mon espion qui les suivait de près a confirmé mon soupçon. Cette nuit, Richard tentera, à coup sûr, de voir Charlotte; mais, quoique je regrette de ne pas faire moi-même bonne justice de ce misérable, je serai content si la besogne est bien faite. Allons! cachez-vous près du fossé, tout à fait sur le bord, et au premier coup de sifflet, de quelque part qu'il vienne, feu! d'abord de vos arquebuses, et puis que la dague finisse le reste. Au premier coup de sifflet! entendez-vous? c'est le signal dont il est convenu avec Charlotte.

Un oui, colonel! répondit à cette instruction qui, on le voit, était suffisamment basée sur un calcul de prévoyance de la part de Ralph Salasby. Mais la partie de cette aventure, qui appartient tout à fait au hasard, ou pour mieux dire au bonheur de certains hommes, c'est que cette instruction fut prononcée en français et

porter le cercueil; nous envelopperons soigneusement le corps dans les manteaux de ces braves camarades, et le chariot sera bientôt en route.

— Mais les camarades? reprit Drake.

— En serrant un peu les nœuds de ces cordes, et en les assujettissant à un arbre pour qu'ils ne puissent se traîner l'un vers l'autre, et les ronger avec leurs dents, ils pourront attendre la visite des gens de justice que nous leur enverrons demain. Allons! Mab, allons! Fox, au traîneau.

Le froid et le désespoir engourdissaient Love; et Richard, toujours calme quand le danger semblait désespéré, attendait en silence.

— Hé bien! dit Bob, les chiens n'avancent pas; on dirait qu'ils sentent quelqu'un.

— Rien! dit Drake; l'odeur d'aromates que répand ce corps leur a gâté l'odorat: poussez-les!

— Impossible! dit Bob, ils grognent et restent couchés.

— Ils sont dépistés! viens jusqu'au fossé, ils nous suivront et reconnaîtront qu'ils se trompent; là, d'ailleurs, ils seront hors de l'odeur de ce cadavre !

Bob et Drake marchèrent donc vers le fossé, appelant leurs chiens à voix basse, mais sans y mettre de précaution; les animaux, dont l'instinct était si sûr, les suivirent humblement et à regret, et ils arrivèrent près du fossé. A ce moment, trois coups de sifflet, poussés par Richard et aigus à déchirer l'air une lieue à la ronde, retentirent dans le bois, et cinq ou six coups de feu y répondirent aussitôt. Love et Richard entendirent une balle mal dirigée passer au-dessus d'eux; un moment après la chute de deux corps, qui tombèrent dans le fossé avec de sourds gémissements, retentit lourdement à leurs oreilles.

4

— Ils sont touchés tous deux! dit une voix.

— Oui! certes, répondit un autre; mais as-tu entendu quel singulier sifflet, on eût dit qu'il partait du milieu du bois.

— Nous y verrons, reprit le premier qui avait parlé, mais ils ne sont pas finis, car je crois qu'ils gémissent encore. Allons, la dague au poing!

A ces mots une demi-douzaine d'hommes coururent vers le lieu où les deux frères gisaient par terre. Mais les chiens fidèles, dont ces deux misérables avaient négligé les avertissements, comme il semble que cela doive arriver pour leurs vrais amis, à tous ceux qui s'égarent au delà de ce que peut raisonnablement espérer leur fortune, les chiens fidèles, qui léchaient les blessures de leurs maîtres, se tournèrent contre leurs meurtriers, et une lutte acharnée s'engagea dans le fossé.

Quelque terrible courage que montrassent ces braves animaux, ils ne pouvaient rien contre des hommes armés et dont le corps était défendu contre leurs morsures par des justaucorps de buffle, des cuirasses ou des cottes de mailles. Ils furent bientôt massacrés, et l'un des hommes qui avaient parlé d'abord, s'écria assez haut et en riant:

— Ah! les gardes du corps du boucher étaient braves et fidèles. Camarades, j'en souhaite à sa majesté d'aussi dévoués! Allons, rentrons, et laissons là toutes ces charognes, il sera temps demain de les enlever.

A ces mots, ils retournèrent du côté de la maison: mais au lieu de regagner l'allée qui montait à Great-House, ils passèrent à travers le bois assez près de Love et de Richard pour les effrayer. Toutefois les soldats se croyaient si certains d'avoir achevé leur besogne qu'ils marchaient rapidement et furent bientôt loin de nos deux captifs.

— Que faire maintenant? dit Love toujours couché par terre et lié jusqu'au menton.

— Le voici, dit Richard, obéissant à l'ardeur de sa pensée (car ayant conçu, dès le départ de Ralph, un plan de délivrance, le succès du commencement semblait lui garantir celui de la fin, sans nouvel obstacle); écoute, il faut tâcher de rattraper les chevaux; nous arrangerons le cadavre, comme ont dit ces traîtres; nous l'envelopperons de nos manteaux; nous le lierons avec ces cordes qui nous tiennent, comme faisaient les Égyptiens de leurs momies, ou comme on ficelle à la Haye un saucisson fumé, et nous le placerons sur l'arçon de notre selle chacun notre tour! Courage! Oh! Love, nous serons vengés.

— C'est très-bien, répondit le boucher; mais pour tout cela il faudrait avoir au moins une jambe libre pour courir après les chevaux, ne fût-ce qu'à cloche-pied, et une main déliée pour enlever le cadavre; et nous n'en sommes pas là.

— Hé bien! dit Richard, ils nous ont fourni tous les moyens de salut: je vais me traîner jusqu'à toi, tu as de bonnes dents et le goût de corde ne t'épouvante pas.

— Il le faut bien, dit Love, quoiqu'il me semble qu'elle sente le cadavre d'une lieue. Allons! venez.

Souple comme une couleuvre, Richard se glissa jusqu'à Love, et, s'étendant sur la poitrine, il présenta aux dents du boucher la partie de son cou où la corde était assujettie. Love, par un effort vigoureux, se mit dans la même position, et, posant sa tête sur celle de Richard, il commença à mordre la corde de toutes ses dents. On eût volontiers dit de l'ombre de Roger et d'Ugolin couchés dans la forêt des arbres de fer, si ce n'eussent été les deux corps séparés de nos héros. Cependant, les efforts de Love avançaient peu, lorsque son travail fut troublé par un nouvel incident. Un bruit de pas se fit entendre: celui d'une robe de soie frôlant les arbres, et criant comme fait cette étoffe, l'accompagnait. Love et Richard levèrent leurs regards du côté du bruit, et virent une femme vêtue de blanc qui, poussant des sanglots inarticulés, s'approchait du côté où ils étaient. Ils demeurèrent muets de surprise: mais à l'instant où Love perdait courage, Richard reconnut Charlotte.

XXV. — . . . .

C'est ici le moment de poser quelques principes à l'encontre des opinions communes et depuis longtemps établies; c'est ici le cas de dire, à propos d'une scène de nuit et d'amour entre une enfant de quatorze ans et un jeune homme dont la vingtième année était à peine écoulée, que c'est une absurde méconnaissance du cœur humain que la règle de législation, qui punit la préméditation comme plus coupable dans le crime que l'instantanéité. Sans doute, la société qui se protége et qui se venge, lorsqu'elle poursuit un attentat contre sa vie, tient compte d'autre chose que du fait en lui-même, puisqu'elle ne le punit pas de la même peine selon la circonstance qui l'a précédé. Ainsi le meurtre parti d'une main furieuse et irréfléchie trouve plus de grâce que l'assassinat conçu par une âme patiente, et exécuté par un bras ferme et constant. Or, du moment que le résultat est le même et le salaire différent, ce n'est donc plus à l'action que le législateur s'est adressé par le châtiment, comme cela devrait être: c'est à l'homme, c'est à l'individu. Une fois arrivée à ce point, la loi, sous le nom de circonstances, a fait entrer la nature et la constitution du coupable dans la rigueur ou l'indulgence de ses arrêts. Elle a beau parler dans sa rédaction menteuse de circonstances atténuantes ou autres, c'est l'homme, c'est son humeur, sa constitution, son caractère, qui se trouvent au fond de la question. En effet, si, sur cent hommes qui reçoivent un soufflet, il n'y en a qu'un qui tue immédiatement l'agresseur, la loi dira vainement que le soufflet atténue le crime, la raison répondra que c'est la violence de la passion qui l'a fait commettre. Qu'on s'enquière soigneusement des crimes commis sans préméditation, et l'on reconnaîtra qu'ils arrivent presque toujours à la suite de querelles qui, avec les mêmes injures, les mêmes agressions, souvent de plus terribles, et enfin, dans ce que la loi appelle les mêmes circonstances, ont laissé d'autres hommes calmes et innocents. Ainsi donc, la loi fait entrer dans les raisons de sa justice, non plus les faits matériels qui n'ont pas agi sur certains individus, mais la nature de l'homme dans qui ces faits ont produit le crime.

Cette considération, la loi y obéit bien plus évidemment dans la recherche de la préméditation, puisqu'à cet égard toute sa sollicitude tend à découvrir les circonstances qui attestent une résolution prise, et par conséquent une nature lente et persévérante. La loi s'est donc faite anatomiste, physiologiste, médecin; elle a compté pour quelque chose l'ardeur du sang, l'âcreté des humeurs, l'irritabilité des nerfs, le tempérament enfin, dans les degrés de sa pénalité. Alors la loi a fait un choix entre les hommes à passions impétueuses et soudaines, et les hommes à désirs recueillis, à impressions profondes et à actions méditées. Ce choix a été en faveur des premiers, qu'elle a protégés contre l'infâme supplice dans le plus extrême des crimes et qu'elle a sauvés de la mort dans le cas de meurtre. Le choix de la loi est-il juste? — NON.

A une époque où aucun des grands principes qui régissent le monde n'échappe à la discussion, où les esprits sont accoutumés à frapper du bélier de la parole toutes les vaines théories qui ont soutenu, pendant des siècles, une organisation sociale absurde, il doit être moins étonnant de voir donner un démenti si formel à la loi et à la consécration que le temps semble lui avoir acquise.

Mais ce que nous avons avancé reste vrai, c'est que la loi a admis la constitution physique de l'homme dans la mesure de ses arrêts. De là à y faire entrer sa constitution sociale, il n'y avait pas loin. Car il n'y a pas plus de raison pour pardonner à un homme de tuer, parce qu'il est né sanguin, que parce qu'il est né marquis. Le marquis n'est pas plus coupable de sa naissance que le sanguin, et si l'éducation et la loi ne viennent pas réprimer l'orgueil de sa gentillâtrerie, il sera tout aussi excusable de céder aux transports qu'il lui inspire, que le sanguin d'obéir aux fougues de sa nature. D'ailleurs, n'en a-t-il pas été ainsi? la loi n'a-t-elle pas trouvé, pendant des siècles, de fort bonnes raisons pour démontrer qu'un coupable né gentilhomme ne pouvait être traité comme un autre, comme elle en donne aujourd'hui pour prouver qu'un homme colère est moins criminel qu'un homme patient? Les révolutions politiques ont fait justice de la première de ces sottises, les sciences sociales devraient bien se charger d'effacer l'autre.

Quoi qu'il en soit, pour nous, la question n'est pas là, elle demeure tout entière dans cette opinion que nous avons émise contre la loi, c'est qu'elle a été injuste lorsque, tenant compte, dans sa pénalité, du tempérament des coupables, elle a préféré, pour les protéger, les caractères irréfléchis et violents aux caractères calmes et persévérants. Non-seulement la loi, en cette occasion, a été injuste, mais encore elle a été ignorante et petite. Car, divisant la société en deux catégories, elle devait non plus s'occuper de tel ou tel individu, mais des classes entières qu'elle créait, en les soumettant à une législation différente: hé bien! elle a été injuste, car l'homme patient est le seul qui ait le germe des forces et des vertus qui rendent les sociétés puissantes et durables; tandis que l'homme emporté, dont la pensée n'a qu'une heure d'avenir, est un brouillon qui en trouble sans cesse la marche; la loi a été ignorante en ce qu'elle n'a pas compris qu'on peut laisser la vie à un homme dont les actions dépendent de sa volonté, parce que cette volonté peut changer de voie par la réflexion, tandis qu'il y a danger à pardonner à celui dont le sang l'enivre comme une boisson spiritueuse, et qui, à chaque colère, bien ou mal excusable, peut être atteint d'une attaque d'homicide; elle a été encore ignorante en ce qu'elle n'a pas compris que, mettant l'action de côté pour remonter à la cause, elle a protégé la colère et l'irréflexion, qui sont des vices, pour punir la patience et la fermeté, qui sont des vertus; la loi a été surtout petite, en ce qu'elle a tué sans rémission, et comme avec peur, l'homme fort et constant qui avait marché dans une fausse voie, au lieu de le combattre et de lui faire rebrousser chemin, tandis qu'elle donnait l'avenir, pour réfléchir et se corriger, à celui à qui la nature défend les réflexions, et ne permet qu'une inutile résolution de vertu, puisqu'il porte dans ses veines le poison qui l'a déjà égaré.

Disons-le donc, la loi a été en tous points hors de la justice et du bon sens, et avançons que celui-là vaut mieux qui peut concevoir, méditer et préparer une vengeance pendant de longues années, que l'étourdi qui, sous le fond de sa colère, frappe sans voir et sans savoir. Celui-là est un homme d'une précieuse nature, à qui une pensée peut rester longtemps au cœur, y mourir, s'y éteindre et s'y accomplir comme elle a été résolue; et celui-ci est une méprisable création, qui fait au hasard tout ce qu'il fait, sans savoir ce qu'il fait, sous l'inspiration qui ne lui laisse ni concevoir, ni méditer, ni diriger son action. Et si cela est vrai, gardez à la nature supérieure sa supériorité, même quand elle arrive au crime, et puisque la loi avait un choix à faire entre ces hommes, elle aurait dû au moins conserver les mieux constitués.

Toutes ces réflexions, venues au moment où Charlotte apparaît dans le bois, sont nées de ce que Richard nous semble moins coupable d'avoir fait, de sa détermination, ce qu'il fit alors, que de s'y être laissé entraîner. Mais, à vrai dire, malgré leur forme dogmatique et sentencieuse, c'est plutôt le plaidoyer d'un avocat pour un client qu'il aime, que l'opinion réfléchie d'un jurisconsulte, sur une question abstraite.

Quoi qu'il en soit, quelque opinion qui doive résulter de ce qui advint de l'entrevue de Richard et de Charlotte, il nous faut le raconter. Car c'était bien cette jeune fille qui accourait à travers les arbres noirs, comme une ombre légère, qui épouvanta Love et fut reconnue de Richard.

Charlotte avait entendu les trois coups de sifflet, et, immédiatement après, la détonation des arquebuses; aussitôt elle était descendue effarée, remplie de crainte et de désespoir. Elle avait rencontré les soldats de Ralph, et quoiqu'elle eût évité leurs regards, des mots sinistres et des éclats de joie sanglante étaient parvenus jusqu'à son oreille. La nuit était noire, et les derniers râles d'un homme ou d'un chien la conduisirent jusqu'au bord du fossé. Charlotte portait en son âme une affection particulière et sympathique, qui devait la tuer de la mort de Richard; pourtant, à l'aspect informe qu'elle découvrit à ses pieds, malgré l'obscurité, elle s'arrêta droite et immobile. Il y avait trop de sang, trop de meurtre étalé, c'était un entassement trop hideux de membres épars, ouverts de larges plaies, pour qu'elle échappât au dégoût de ses sens, même sous l'exaltation extrême de sa douleur.

Elle ne pensait pas à descendre dans le fossé, et, fascinée d'un spectacle qui lui paraissait plus redoutable que la mort, elle regardait : car ce n'était pas ainsi que la mort lui était apparue, ou plutôt, ce n'était pas ainsi qu'elle se l'était figurée. En effet, à quoi ne rêve-t-on pas à quatorze ans? quelle est la chose au monde qu'on ne pare pas à cet âge? La mort même s'y décore d'entours nobles et gracieux. Sous l'influence d'une jeune imagination on se la représente, au champ de bataille, éteignant un fier regard et flétrissant un doux visage ; on la voit belle sur une mer furieuse, frappant de la foudre un matelot qui lutte contre l'orage déchaîné ; on la contemple, avec des pleurs, sur un lit de souffrances, où s'effeuille une existence pure et gracieuse ; on l'admire même sur l'échafaud, où on l'honore du nom de martyre. Mais la mort avec des blessures béantes, des lambeaux de chair pantelants, des cheveux traînés dans la boue, souillés et pendants sur un visage tors de rage ; la mort, sous cet aspect, est neuve et triste à un œil de quatorze ans, comme toute vérité à une âme si jeune, et Charlotte regardait, non plus Richard, non plus celui pour qui elle aurait donné sa vie, mais la mort, la mort vraie, qu'elle n'avait pas encore comprise. Richard, que l'arrivée de Charlotte avait d'abord ravi d'espérance, mais qui, presque au même instant, avait craint que sa cousine ne fût pas seule, Richard, en voyant son immobilité, se hasarda à l'appeler. Charlotte, arrachée à la cruelle contemplation qui l'absorbait tout entière, fit un mouvement convulsif. Richard dit son nom une seconde fois, et Charlotte, étendant la main dans la direction de la voix qui lui parlait, parut interroger ce son inattendu, et auquel elle ne croyait plus avoir à répondre. Richard la comprit et lui répondit doucement :

— Oui ! Charlotte, ici !

Elle courut, légère comme une fée, et tomba à genoux à côté de Richard.

— C'est moi ! dit-il, je suis lié ! captif, délivre-moi.

Charlotte, sans répondre, déchira ses doigts délicats à défaire les nœuds qui enchaînaient Richard. Active et silencieuse, elle les défit tous, jusqu'au dernier, et se remit sur les genoux ; toujours sans paroles ni cris, elle prit les mains de Richard, éloigna sa tête d'elle pour mieux le regarder ; puis, séparant ses blonds cheveux sur son front, elle lui sourit, chercha à murmurer son nom ; et, laissant échapper deux ou trois gémissements où l'on sentait venir les pleurs, elle tomba dans ses bras, suffoquée de joie et de larmes.

Que d'étranges sensations s'étaient succédé depuis quelques heures dans le cœur de Richard, et combien celle qui y pénétra dans ce moment, bien différente des autres, fut vive et délicieuse ! Elle y régna un instant, unique, pure et divine, tandis qu'il séchait sous ses baisers les yeux inondés de Charlotte. Mais cet instant fut court comme tout bonheur, et la voix sombre de Love l'éteignit tout à coup dans son cœur.

— Oubliez-vous, dit-il avec humeur, que je vous attends, et qu'un autre nous attend tous deux ?

Ces mots, ainsi qu'un signal de combat, suscitèrent à la fois au souvenir de Richard tous ses projets et toutes ses espérances. Tant qu'ils n'avaient fait que se succéder en lui, ses espérances et ses projets s'étaient trouvés faciles à sa volonté ; mais lorsque cette parole les eut mis en présence et les eut croisés, pour ainsi dire, les uns contre les autres, comme des épées nues et ennemies, Richard tressaillit ; et quoique, d'une part, Charlotte ignorante et dévouée restât abandonnée entre ses bras et que le cadavre de Charles Ier fût demeuré muet, il lui sembla cependant un instant qu'ils s'étaient dressés tous deux de chaque côté de lui et qu'ils l'avaient appelé ensemble. Ce fut donc un combat, dont les acteurs étaient présents, quoiqu'ils y restassent étrangers, qui se livra dans l'âme de Richard entre la jeune fille adorée et le père détesté, entre la douce et chaude étreinte des bras caressants de Charlotte et l'attente froide du cadavre proscrit, entre le cœur voué à l'amour et le cœur voué à la vengeance.

Une minute de doute et de silence se passa. De quel côté fut la victoire? est-ce l'amour, est-ce la vengeance qui l'emporta ? Oh ! le cœur de l'homme est un profond abîme, c'est un volcan terrible dont les feux une fois allumés font aliment de tout, brûlent par ce qui devrait les éteindre et s'exaspèrent jusqu'à d'épouvantables explosions. Ainsi fut-il dans l'âme de Richard ; il ne choisit pas, mais il jeta son amour dans sa vengeance pour qu'elle fût plus affreuse et plus complète. Une fois qu'il eut mis le pied dans le crime, il voulut y nager, et rêva qu'il rendrait son attentat respectable s'il le faisait immense. Richard se leva donc, prit sa dague, et coupa les liens de Love.

— Fais comme je t'ai dit, murmura-t-il d'une voix âcre au boucher attentif ; va chercher les chevaux et reviens me trouver dans ce bois ; je t'y attendrai.

Love s'éloigna. Richard et Charlotte demeurèrent seuls.

Qu'on se rappelle maintenant les réflexions qui commencent ce chapitre, et qu'on ose décider entre l'âme qui s'avança hardiment au crime, que résolut Richard, et celle qui, sous l'empire d'un désir amoureux, fût arrivée à la même profanation. A coup sûr, celle qui prémédita l'attentat était plus haut placée que celle qui eût pu le commettre par entraînement. En effet, que Richard eût été un de ces hommes à impressions fugitives, pour qui la parole qui se prononce résonne seule à l'oreille, et, qu'à deux pas du cadavre de Charles Ier, dont il avait résolu l'outrage, il eût négligé sa vengeance qui serait devenue son infamie, pour parler d'amour et de baisers à sa fille vierge et adorée, et que ce crime ne fût pas devenu le complément du premier, c'eût été l'oubli d'un lâche, l'ivresse d'un brigand ; mais une âme de démon, puissante et implacable, l'animait sans doute, lorsque attirant Charlotte sur son cœur et l'enlaçant de ses bras, pendant que, renversée en arrière, les yeux levés comme vers le ciel, pliée sous son regard, ainsi qu'une fleur sous le soleil, s'abreuvant de ses paroles comme d'une rosée brûlante, il lui disait :

— Écoute, Charlotte, aucune existence humaine n'a de longues heures d'avenir, il en est même qui sont marquées à part pour s'éteindre jeunes. Ta vie et la mienne sont de celles-là, nous mourrons bientôt.

La jeune fille l'écoutait, et cette prédiction la laissait heureuse et ravie de l'écouter, car elle ne s'enquérait pas de ce dont Richard pouvait la flatter ou la menacer. Il y avait dans les paroles qu'il avait prononcées, un mot, un sens qui absorbait toute sa puissance de sentir; c'est ce mot *nous*, dont Richard unissait leurs destinées. S'il avait dit : Tu vivras, tu seras puissante, tu seras heureuse, elle se fût arrachée de ses bras avec des larmes. Il avait dit : Nous mourrons, et elle s'était pressée contre lui.

— Nous mourrons, Charlotte, ajouta-t-il : car, vois-tu, ce n'est pas une existence jetée dans une voie ordinaire que la nôtre, avec des circonstances communes. Non, nos pères sont morts sur l'échafaud, le tien par le jugement du mien, le mien pour la vengeance du tien, et tout n'est pas fini dans ce duel de bourreaux et de gibets !... N'importe, ne tremble pas ! mais rappelle-toi qu'il a fallu le supplice de ton père, d'un roi, pour que ta naissance vînt s'abriter sous le toit de ma famille ; rappelle-toi que pour nous séparer il a fallu la mort du plus grand génie de l'Angleterre et la destruction de son œuvre : enfin, Charlotte, rappelle-toi que pour nous revoir et nous fiancer il a encore fallu à notre destinée une tête et un échafaud, la tête de mon père et l'échafaud de mon père ; et, maintenant que tu frissonnes dans mes bras, n'oublie pas que si tu m'écoutes et que si je te parle, c'est parce que la peste est venue dévorer Londres, et peut-être aussi, parce que c'est déjà à cette heure le 30 janvier, et qu'une potence est encore dressée à Tyburn.

— Richard ! Richard ! murmura la jeune fille d'une voix éteinte et presque perdue tandis qu'elle haletait épouvantée, et que ces paroles sinistres pesaient sur sa poitrine plus lourdes que le plus lourd cauchemar pendant une nuit fiévreuse.

— Oui, Charlotte, continua le féroce jeune homme, nous mourrons bientôt : car, tu le vois bien, chacun des jours qui nous a réunis a coûté de nobles existences, et sans doute bientôt notre vie sera le dernier salaire qu'acceptera le sort pour une dernière entrevue. Hé bien ! si c'est là notre destinée, veux-tu, toi, consentir à jeter à la mort notre vie toute voilée de malheur, toute noire de deuil, sans l'avoir un seul jour, une seule heure, parée d'habits de fête et inondée de joie ?

— Ce que tu voudras, je le voudrai, dit la jeune fille avec un rapide enthousiasme.

— Tu veux donc être à moi ? reprit Richard en l'appuyant sur son cœur.

— A toi, répondit Charlotte, je suis à toi, de mes vœux, de mes pensées, de mes larmes, de mes sourires, de mon âme, de ma vie, de toutes mes forces ! à toi, Richard, dans mes rêves, endormie ; à toi, Richard, dans mes rêves du jour, quand je demeure de longues heures silencieuse et les yeux immobiles ! à toi, Richard, quand je prie ; à toi, quand je souffre, à toi, quand j'espère.

— Oh ! plus encore ! ajouta le jeune homme, sois à moi, non plus comme amie, comme fiancée, mais comme épouse ; non plus de ton cœur et de ton âme seulement, mais de ton corps, de tes caresses, de toi tout entière !

— Ce que tu voudras, je le voudrai, dit l'ignorante jeune fille : et, nouant ses bras autour du cou de Richard, elle unit ses lèvres aux siennes et comprima, sous son sein bondissant, la poitrine haletante du jeune homme.

Ce baiser anéantit Richard. Ah ! il avait espéré une résistance, un combat, une victoire, et en ce cas il n'aurait pas failli à tordre les bras délicats qui l'entouraient, à meurtrir de baisers furieux cette bouche qui respirait son haleine ; il eût renversé ce faible corps, déchiré les vêtements, étouffé les cris et dévoré la victime sur le cercueil de son père ! Mais, ainsi qu'il arrivait, il fut anéanti. Maintenant que Charlotte, innocente et pure, avait cru se donner toute dans un baiser; que, pour elle, tout le bonheur et tout le remords de l'amour étaient épuisés et bravés dans un baiser, que pouvait encore demander Richard ? Quoi ? tout ce qu'un homme demande à une femme ! Mais, après ce complet et ignorant abandon, une autre étreinte, un autre bonheur, un autre crime, n'étaient plus que la froide et infâme flétrissure d'un débauché. A cet enfant qui palpitait sur ses lèvres, mais qui n'avait des sens qu'à l'âme, que pouvait demander Richard? que pouvait-il lui dire? que pouvait-il tenter ? Quelle parole et quel geste pouvaient venir après ce baiser, qui ne descendissent cette sublime union à une sale violence, et cette possession de l'âme à la hideuse possession du bourreau qui déflorait la vierge qu'attendait la hache romaine !

Richard demeurait donc anéanti. Mais, poussé par une soif de vengeance indicible, déterminé à ne pas abandonner une circonstance de ce qu'il avait médité comme but de sa vie, et se sentant faillir dans sa résolution, il trouva d'instinct un atroce secours. Comme la pythonisse, épuisée d'oracles et de frénésie, qui s'asseyait de nouveau sur le trépied qui lui communiquait le souffle du dieu ; comme le malade dont la force se détend, et qui touche de sa main le fil électrique qui le ranime et le galvanise ; Richard de même, espérant que l'horreur d'un si épouvantable rapprochement rallumerait son délire au point de tout lui inspirer, Richard s'assit sur le cercueil de Charles Ier, et assit la fille de Charles Ier sur ses genoux.

A son tour, Charlotte dominait de sa tête gracieuse le visage pâle de Richard ; à son tour, son regard plongeait dans l'œil sinistre du forcené ; à son tour, elle disait :

— Je suis à toi maintenant, Richard, sans retour, sans que nulle puissance puisse faire que cela ne soit pas. Je suis ton épouse devant Dieu ; si tu savais comme je suis joyeuse ! comme je suis forte ! Oh ! je ne les crains plus maintenant.

En parlant ainsi, l'innocente fille, se penchant d'elle-même sur le front de Richard, y déposait un baiser qui frissonnait d'un sourire céleste. Le jeune homme, qui n'écoutait que sa propre pensée, qui ne méditait que les moyens d'accomplissement de son funeste projet, fut cependant frappé des derniers mots de Charlotte. Il lui demanda quelles étaient les personnes qu'elle ne craignait plus maintenant.

— Qui ? répondit-elle, ne le sais-tu pas ? Juxon, lady Salnsby et l'odieux persécuteur Ralph ne disent-ils pas que les serments que nous avons faits, que les liens qui nous unissent sont vains, et que la bénédiction de ton père n'est qu'une stérile parole ! Ne m'ont-ils pas annoncé que ce ne serait pas un obstacle à mon mariage avec sir Salnsby ?

— Avec sir Salnsby ! dit Richard en serrant sa cousine dans ses bras, et en sentant sa rage renaître implacable et furieuse à ce nom. Parle ! Charlotte, parle ! que disent-ils encore ?

— Ils disent qu'avant un an écoulé, je serai l'épouse de Ralph Salnsby, par la volonté du roi ; mais je leur dirai que je suis l'épouse de Richard Barkstead, par ma volonté à moi.

— Non, dit Richard, qui prévit que Charlotte l'entraînait sur le terrain où il retrouverait l'occasion perdue : non, tu n'es pas mon épouse devant Dieu ni devant les hommes ; aucun lien, de ceux que l'homme respecte ou n'ose braver, ne nous unit, surtout quand, comme Salnsby, on n'a dans le cœur ni grandeur, ni générosité, ni honneur.

A ces mots, l'enfant craintive, cachant sa tête sur l'épaule de Richard, et croyant aborder les plus extrêmes limites de la hardiesse, répondit à Richard avec une voix doucement entrecoupée :

— Au moins, Ralph aura-t-il cet honneur de ne vouloir pas épouser la maîtresse d'un autre, et je suis la tienne, maintenant, car je me suis donnée à toi, et je le lui avouerai, vois-tu, Richard, je m'en vanterai à ses yeux et à ceux du roi mon frère. Je leur dirai que je ne suis plus la fiancée, mais l'épouse, mais la maîtresse de Richard Barkstead.

— Tu les tromperas, répliqua Richard d'une voix sourde.

— Je les tromperai! dit Charlotte.

— Oui, reprit Richard; écoute, Charlotte; ton baiser c'est le bonheur; mais, enfant, ce n'est pas là se donner. Un baiser ne fait pas une épouse, une maîtresse, une femme, et tu veux être la mienne!

— Oui! oui! Richard, répondit Charlotte épouvantée de l'altération de la voix de Richard; oui, je veux être à toi: mais pourquoi trembles-tu en me parlant? pourquoi ta poitrine se gonfle-t-elle à se briser en me pressant ainsi?

— C'est que l'enfer est dans mon cœur, ange! et qu'en te sentant confiante et folle de sécurité entre mes bras, je me sens de la pitié dans ma colère.

Puis, frappant le cercueil avec fureur, il ajouta:

— Oh! si seulement un sourd gémissement sortait de là si la foudre roulait au ciel! si une ombre se levait! ou si tu me comprenais! alors j'oserais, vois-tu, alors! exécration! je braverais l'Éternel, la mort, la damnation! je braverais tes cris! tes prières! mais, rien! rien!

Charlotte, que, pendant ces paroles, Richard pressait avec rage contre lui-même, épouvantée de ce délire, voulut se dégager de ses bras. Une joie sauvage éclaira la figure de Richard.

— Ah! tu veux me fuir! tu me fuis, Charlotte! dit l'insensé, en la retenant violemment; oh! tu commences à me comprendre! Béni soit l'enfer! tu seras maudite et flétrie avec moi!

— Richard! Richard! cria la jeune fille en le repoussant, oh! tu me fais peur!

— Tu as peur, répondit-il avec son rire si cruel, à la bonne heure; tu vois bien que tu vas être à moi maintenant! croyais-tu donc que c'était félicité pure que de t'attacher à ma destinée? Non! non! c'est honte et sacrilége, vois-tu! Viens! viens donc! toi, qui veux être mon épouse et ma maîtresse!

En disant ces mots, il approcha Charlotte de lui, et, appuyant ses lèvres brûlantes sur celles de la jeune fille, il lui donna un baiser long et dévorant, et l'entoura de ses bras avec une étreinte désespérée.

— Oh! laisse-moi! dit Charlotte; laisse-moi! Richard! grâce! grâce!

— Enfin! dit Richard, tu me résistes! Enfin, tu te livres! à toi ce baiser, Charlotte, fille de Charles Ier!...

L'enfant, par cette nature pudique qui s'épouvante instinctivement de ce qui est flétrissure et infamie, l'enfant se débattit entre les mains de Richard; elle ne parlait plus, elle ne pleurait pas, mais ses sourds gémissements, ses cris étouffés, attestaient une lutte terrible. Ce fut son malheur, car le furieux y puisa sa persévérance et sa rage. Ils glissèrent du cercueil. La malheureuse Charlotte tomba, et, dans les efforts inouïs qu'elle tentait pour échapper à ce qu'elle comprenait être un crime, sa tête heurta le cercueil de son père. L'angle de chêne ouvrit son front virginal; elle poussa un cri et resta immobile et évanouie à terre à côté du cercueil. A cet aspect, ivre de son atroce combat arrivé à tout ce qu'un attentat peut offrir de plus lâche violence par l'évanouissement de Charlotte, à tout ce qu'il peut avoir de plus sacrilége par la présence du cadavre de son père, Richard se pencha vers la jeune fille, et, la prenant morte et sans défense entre ses bras, il lui cria d'une voix où dominait un infernal mélange de sarcasme, de triomphe et d'insulte:

— Et lui aussi te livre à moi, Charlotte! Viens donc, fille de Charles Ier!...

. . . .

— C'est aujourd'hui le 30 janvier, dit une voix sourde, à quelques pas de Richard, et il est bientôt deux heures du matin!

C'était Love qui avait ramené les chevaux. Richard s'élança près de lui, et l'arrêta un moment.

Quand il se rapprocha de l'endroit où il avait laissé Charlotte, elle était à genoux, la tête appuyée sur le cercueil, immobile, sans pleurs, déshonorée et le comprenant enfin. Richard l'appela doucement.

— C'est aujourd'hui le 30 janvier, le jour anniversaire de la mort de mon père! dit Charlotte, avec un accent solennel.

Puis, elle se releva et ajouta avec un calme inexplicable :

— Nous mourrons bientôt, n'est-ce pas, Richard? tu me l'as dit! Nous mourrons, n'est-ce pas, quand je te reverrai, quand tu reviendras?... Maintenant, il le faut... vois-tu, je le veux. Maintenant, je n'ai plus que la mort pour me défendre, car je n'oserai plus dire que je suis ton épouse! Richard, je ne l'oserai pas! Dis-moi donc, alors, quand tu reviendras, quand je te reverrai.

— Demain, à pareille heure, dit Richard avec la même solennité.

— Demain je t'attendrai, répondit la jeune fille.

Au même instant, un mouvement se fit entendre du côté du château, et Charlotte s'élança au-devant de ceux qui accouraient: car lady Salnsby, s'étant sentie indisposée, l'avait envoyé chercher, et toute la maison s'était mise en émoi, quand on s'était aperçu qu'elle n'était pas dans son appartement. Elle rencontra bientôt les premiers valets, et, les ramenant avec elle, elle protégea ainsi l'exécution du dernier projet de Richard.

XXVI. — LE RETOUR A LONDRES.

Ce que Richard avait arrêté pour l'enlèvement du cadavre s'exécuta et réussit au delà de ses espérances. Enveloppé dans deux manteaux, étroitement lié avec des cordes tournées en spirale, depuis les pieds jusqu'à la tête, le corps offrait une masse à la fois ferme et souple, et qui, jetée en travers sur l'arçon de la selle, s'y maintenait comme les sacs de blé que les meuniers placent devant eux sur leur cheval. Dans l'impossibilité où Richard se trouvait de faire disparaître toutes les traces du crime, il les abandonna toutes. Il espéra que sa vengeance serait consommée avant qu'on eût expliqué la présence des morts gisants dans le fossé et l'abandon du chariot et du cercueil vide dans le bois.

Richard et Love remontèrent donc à cheval, et celui-ci, maintenant le cadavre devant lui, ils prirent rapidement la route de Londres. Ils cheminaient en silence, l'un près de l'autre, tous deux arrivant à la conclusion de leurs projets, exécutant, dans tous leurs détails prévus et arrêtés, les représailles qu'ils avaient décidées; exacts envers eux-mêmes et leurs résolutions, mais tombés tous deux de leur frénésie, presque froids et se laissant aborder par de tardives réflexions sur leur crime, sur sa lâcheté, et peut-être sur son danger.

Toutefois, c'était à l'esprit de Love que se présentaient plus particulièrement ces pensées. Bien qu'elles ne fussent pas étrangères à Richard, il y avait une si profonde confusion de remords et de joie, de désespoir et d'attente dans son âme, que rien de particulier n'y apparaissait. Il avait la fièvre, non cette fièvre ardente et décidée qui brûle et crée à l'homme une imagination surnaturelle, mais lucide; non cette fièvre où il voit ce qui n'est pas et ce qui n'a jamais été, où il entend des paroles qui n'appartiennent à aucune langue, mais où les fantômes qu'il voit sont nettement dessinés et se meuvent dans une action intelligible; la fièvre qui pesait sur Richard était comme une lourde somnolence, où la vérité entre pour quelque chose, mais défigurée et impossible; tout ce qui se passait autour de lui prenait une figure monstrueuse, tout ce qu'il entendait affectait un bruit confus et inexplicable; lui-même participait de cet état d'hébétement insensé, et son individualité se perdait dans cet océan de ténébreuses sensations; tantôt il lui semblait être à la fois attaché au corps palpitant de Charlotte et emporté sur un cheval de fer; bientôt après c'était la jeune fille qui était le cadavre qu'il emportait, tandis que Charles Ier se débattait vivant sous ses baisers; une autre fois, son pied posé dans l'étrier pesait à sa jambe comme un poids insupportable dont il voulait vainement se débarrasser; en même temps, les doigts de sa main lui semblaient inextricablement mêlés à la bride, et il se perdait en efforts superflus pour les démêler; enfin, le bruit de sa propre respiration lui paraissait un son étranger qu'il cherchait à fuir comme un cri vengeur. Il chancelait ainsi sur sa selle, sa tête flottait incertaine sur sa poitrine ou tombait d'une épaule à l'autre. Il était dans un horrible état.

Soudainement son cheval s'arrête, et le ressaut que Richard en éprouve le tire de sa fantastique rêverie. Il regarde autour de lui et voit Love et son cheval immobiles. Le boucher avait arrêté sa monture, et celle de Richard, que sa main ne guidait plus, s'était arrêtée d'elle-même et par instinct. Quelques idées moins indécises rentrèrent aussitôt dans l'esprit de Richard, et se penchant vers Love il lui dit :

— Si ce fardeau vous fatigue, je m'en chargerai à mon tour, donnez.

— Ce fardeau est lourd, répondit Love d'une voix sourde, et si lourd que ni vous ni moi ne pourrons peut-être le porter plus loin! Ne voyez-vous rien au bout de la route?

Richard regarda. Une lueur rougeâtre semblait y poindre; cette lueur était triste, elle vacillait à l'horizon, était peu considérable, et semblait ne pas s'accroître.

— Ce n'est pas un incendie, à coup sûr, dit Richard, il n'y a, à cette distance, ni maison, ni bois, ni rien qui puisse lui donner aliment.

— Ce n'est pas un convoi de ceux qu'on fait la nuit, répondit Love, ni le voyage de quelques courtisans accompagnés de valets et de torches, car la lueur n'approche pas.

— Est-ce un poste de soldats qui se chauffe à quelque feu et qui attend le jour? dit Richard.

— Ce doit être le sabbat lui-même, murmura Love, qui vient nous saluer en grande pompe. Tenez, monsieur Richard, nous faisons un métier de damné, et à l'heure qu'il est je donnerais deux doigts de ma main pour n'avoir pas commencé ce que nous allons faire.

— As-tu peur? dit Richard.

— Vous dites là une chose inutile, je n'ai peur de personne ni de rien. S'il faut que je sois pendu pour ce que j'ai fait, j'irai à la potence en sifflant l'air du vieux Noll, et je n'en serai pas moins fier pour ça; mais j'aurais pu ne pas m'exposer à être pendu.

— Hé bien! répliqua Richard, laisse-moi, je saurai bien accomplir ma vengeance tout seul.

— Ce que vous venez de dire est encore inutile, ajouta Love, parce que vous savez bien que je ne vous quitterai pas, à moins qu'on ne me coupe les jambes pour m'empêcher de vous suivre, fût-ce au sabbat ou en enfer; mais enfin j'aurais pu rester dans mon lit, et je ne serais pas inquiet de cette rougeur qui flambe là-bas.

— Il faut savoir ce que c'est, avançons.

Ils se remirent en marche, mais plus lentement et avec quelques précautions. Bientôt un long murmure de voix qui s'élevaient et qui s'abaissaient comme les ondulations du vent lorsqu'il gémit sous de longues voûtes, leur apprit qu'une foule considérable se trouvait à cet endroit. Ils comprirent qu'elle devait barrer la route, et que probablement il leur serait impossible de passer.

La nuit avançait, et ce nouvel obstacle les découragea presque tout à fait.

— Il est dit que nous ne réussirons pas! s'écria amèrement Love, c'est un avertissement, monsieur Richard, c'est un avertissement, n'allons pas plus loin.

Richard ne répondit pas; son cerveau fatigué n'avait plus de ressort, car l'obstacle qui se mettait en travers de ses desseins n'avait plus rien d'irritant. C'était quelque misérable rassemblement sans doute, que le hasard jetait sur la route, et il ne se trouvait ni désir ni puissance pour le surmonter. Love, qui avait compris le silence de Richard, lui dit :

— Qu'allons-nous faire de ce paquet maintenant? Le laisserons-nous là abandonné et livrerons-nous aux royalistes le cadavre qu'ils cherchent depuis si longtemps?

Richard demeura encore muet. Un long hurlement arriva, comme un dernier aiguillon, de l'horizon rouge jusqu'à lui ; ce hurlement l'éveilla un peu de son apathie.

— Avançons encore un peu, dit-il, nous verrons si l'on peut passer.

Ils approchèrent encore, et s'aperçurent qu'il y avait une troupe considérable d'hommes et de femmes répandus sur la route et dans un champ voisin ; la plupart étaient armés de torches et couraient comme des insensés en les agitant avec de grands cris. Love et Richard firent descendre leurs chevaux dans un champ. Là, se tenant en dehors du cercle de lumière que répandaient les flambeaux, et par conséquent enveloppés d'une épaisse obscurité, ils purent distinguer suffisamment les mouvements de toute la troupe sans crainte d'être aperçus de son côté. Les cris forcenés qu'elle poussait couvraient le bruit des pas des chevaux, de façon qu'ils approchèrent insensiblement et se placèrent de manière à tout observer.

La foule, alors amassée dans un champ, entourait deux énormes chars sur lesquels des hommes étaient montés. Ces hommes se baissaient de temps à autre et prenaient dans les charrettes des objets dont on ne distinguait pas la forme et qu'ils jetaient à terre. A chaque fois qu'un de ces objets tombait sur le sol, il partait de grands cris de joie et de longs éclats de rire de la foule.

— Ce sont des paysans qui déchargent des engrais, dit Love.

— A cette époque, dit Richard, et à cette heure ! ce n'est ni possible ni croyable. Il faut approcher encore.

Ils firent quelques pas en avant, et virent que le travail du déchargement était achevé. Aussitôt un spectacle étrange commença à se passer sous leurs yeux. Les voitures s'éloignèrent et se portèrent sur la route. Il se forma un immense rond dans le champ où était la foule, et puis un murmure gronda tout autour. Ce rond immobile, dans son ensemble, mais agité dans toutes ses parties, semblait une couronne de torches dont chacune s'abaissait et se relevait successivement. Ce mouvement s'accrut de rapidité, et bientôt ce fut un balancement continuel et désordonné de tous ces flambeaux ; à force de regarder, Love s'aperçut que ce mouvement n'était autre chose que l'action des hommes qui portaient ces torches, et qui se baissaient pour prendre des pierres et les lancer contre les objets qu'ils entouraient. Des cris et des rires accompagnaient cette sorte de lapidation, et l'éclat de quelques-uns semblait un applaudissement à quelque coup bien dirigé, ou à quelque accident singulier.

Bientôt cet ordre qui était dans ce cercle d'hommes fut troublé légèrement, sans cependant se rompre tout à fait. Quelques-uns des porteurs de torches se détachèrent des rangs et traversèrent l'espace vide en agitant leurs flambeaux, comme font les enfants dans le midi de la France, aux fêtes de Saint-Jean, lorsqu'ils traversent les feux de joie, tandis que les jeunes filles dansent autour et que les hommes font le cercle. Ces allées et venues se multiplièrent bientôt et se croisèrent en tous sens, toujours avec des cris et des rires, car quelques-uns tombaient et d'autres se heurtaient violemment. A l'élévation des torches, au moment où elles étaient au centre du rond, on voyait qu'il y avait une sorte de monticule à franchir, formé sans doute par les objets qu'on avait jetés des chariots.

Au moment le plus actif de ces courses transversales, un cri soudain partit de la foule, un long hurlement y répondit, et le cercle se reforma complétement.

Aussitôt il commença à tourner sur lui-même, d'abord lentement, puis plus rapide. Il augmenta de vitesse, et la flamme des torches, penchée par l'action de l'air, se courba alors comme une moisson sous les vents ; les cris, d'abord confus, se réunirent dans une sorte de rhythme, se concentrèrent dans un son unique, et il fut certain que l'on chantait une vieille ballade ; le chant se hâta et les tournoiements avec lui ; la flamme des torches se coucha presque horizontalement : on eût dit une ronde de comètes échevelées ; peu à peu, danse et paroles se précipitèrent avec fureur, les pas et les chants coururent rapides comme le galop d'un cheval, se ruant et tournant avec rage ; bientôt ce fut un tourbillon frénétique ; la flamme, déjà couchée, s'allongea, se tendit, et s'atteignant de torche en torche, dessina à l'œil une couronne d'un seul jet de feu, sous laquelle roulait une chaîne vivante d'hommes ou de démons.

Love et Richard n'avaient plus de respiration : ils ne savaient quel parti prendre. Tout à coup, la ronde, trop violemment lancée, se rompit, et tous ces hommes, poussés par la rapidité de leur course, s'abattirent les uns sur les autres comme des épis fauchés. Ce fut l'occasion d'un long et effroyable hurlement, et d'une dispersion dans toute cette foule. En effet, quelques-uns se relevèrent et se précipitèrent vers les objets déposés au milieu d'eux ; ils semblèrent se les disputer quelque temps ; puis, comme des chiens irrités, ils en arrachèrent quelques parties, et chacun emportant la sienne en triomphe, courut la jeter loin du cercle. Quelques-uns avaient à peine commencé cette nouvelle course, que presque tous s'élancèrent à l'œuvre ; ils allaient au tas qui se trouvait au milieu du champ, et enlevaient quelque chose et allaient le disséminer de tous côtés, les uns traînant leur proie avec effort, d'autres l'élevant sur leurs têtes, quelques-uns la portant à deux, tous agitant leurs torches et poussant des cris.

Enfin, deux de ces êtres *singuliers* se saisirent d'une partie considérable de ces objets si *singulièrement* apportés et lapidés, sur lesquels et autour desquels on avait dansé et qu'on jetait maintenant çà et là. On voulut leur disputer leur proie qu'ils défendirent avec vigueur et qui leur resta.

Alors, chacun d'eux la prenant par une extrémité, ils se mirent à courir de concert et avec une rapidité extrême, en se dirigeant du côté où étaient Richard et Love ; et, à la lueur des torches, nos deux compagnons reconnurent que c'étaient deux femmes en haillons, les cheveux épars, dégoûtantes d'ivresse et de misère, qui traînaient un lambeau de cadavre. Les chevaux frissonnèrent à cet aspect et se cabrèrent sous les cavaliers. Les femmes, furieuses, approchèrent quelques pas, elles jetèrent leur fardeau en criant :

— A lady Claypole ! à présent à lady Claypole !

Et aussitôt elles s'en retournèrent au monceau qui diminuait à chaque course.

— Ce sont les cadavres proscrits ! dit Richard ; oh ! béni soit Dieu ! Vois-tu, Love ? vois-tu où ils en sont ? et la nuit se passe, et nous sommes encore ici !

— Allons ! allons ! dit Love en rugissant, à nous deux aussi !

A l'instant même, chacun d'eux passa sa main dans l'un des tours de la corde qui liait le cadavre à ses extrémités, et le soutenant entre leurs chevaux, comme on porte une corbeille, ils remontèrent sur la route.

Là, comme deux coureurs qui ramassent toute leur force et toute leur adresse, ils s'affermirent sur leur selle, se donnèrent signal de l'œil, enfoncèrent leurs éperons dans le flanc de leurs chevaux et partirent.

Ils partirent rapides comme le regard ; les fers de leurs chevaux mordaient la route et la martelaient, plus pressés que les coups de cent forgerons acharnés sur une enclume. Ils couraient, ils couraient, si ardents que l'air les suffoquait, que les plumes de leur feutre, fouettées par la course, s'arrachaient brin à brin, et que l'écharpe de soie de Richard se déchirait en sifflant derrière lui.

Pendant ce temps, la semence des traîtres se continuait dans le champ qui bordait le chemin ; les têtes roulaient au hasard, les membres déchirés jonchaient la terre et la joie s'exhalait en longs hurlements. Cependant, lorsque les chevaux passèrent sur la route, la foule s'arrêta toute à regarder cette course effrénée, qui disparut presque aussitôt qu'aperçue ; elle en rit un moment, persuadée qu'elle avait vu de pauvres voyageurs épouvantés, qui croyaient fuir des brigands ; puis les vengeurs furieux de la royauté achevèrent de disperser, avec des cris, les membres des juges de Charles Ier, tandis que les deux farouches puritains emportaient silencieusement au gibet le cadavre de ce roi.

Une heure après, Love et Richard étaient entrés à Londres.

Une heure après, ils étaient sortis de l'abbaye de Westminster et rentrés dans leurs maisons, avant que le jour fût levé et que personne ne parût encore dans les rues de la Cité.

XXVII. — LA MÈRE ET LE FILS.

Le matin de ce terrible jour, mistriss Barkstead se leva de bonne heure. Elle se sentit faible, et des vertiges troublaient ses regards ; mais, pleine d'une pensée heureuse, elle surmonta ce pénible malaise et commença à se vêtir.

Ce fut une grande surprise pour Betty qui l'aidait à ce soin, de voir que pour la première fois, depuis de bien longues années, mistriss Barkstead abandonnait ses simples et tristes habits de deuil, pour s'occuper de sa parure. En effet, elle s'assit devant une table d'ébène sur laquelle reposait un miroir depuis longtemps oublié. Elle sépara ses cheveux, comme lorsqu'elle était jeune et belle, et jeta l'ombre de leurs boucles soyeuses sur son front pâle et terne et sur ses joues amaigries ; elle attacha à ses oreilles et à son cou ses beaux pendants et son collier d'or pur. Une agrafe de pierreries serra sa taille et de riches bagues ornèrent sa main. Une fois tous ces préparatifs achevés, elle essaya de se lever de la chaise où elle était assise : ses jambes ne purent la supporter, et un moment, appuyant son coude sur la table et sa tête dans sa main, elle s'abandonna à une amère réflexion.

Betty, qui considérait sa bonne maîtresse, n'aurait pu suivre, à coup sûr, le cours rapide des souvenirs qui se succédèrent dans la pensée de mistriss Barkstead ; mais Betty avait coutume de la voir souffrir, et, lorsqu'une larme tomba de son œil immobile et ouvert, la pauvre servante comprit que ses douleurs s'enflammaient en cette occasion. Se mettant alors humblement à genoux devant elle, elle prit une de ses mains et lui dit en pleurant aussi :

— O ma bonne maîtresse ! soyez forte durant ce jour, ce doit être le dernier de ceux que vous avez à souffrir.

— Oui ! répondit mistriss Barkstead, je le crois le dernier ; j'ai passé la nuit à écouter mes pressentiments, et ce qu'ils m'ont annoncé est prochain et funeste.

— Oh ! ce n'est pas ainsi que je l'entends, reprit Betty. Ce jour sera le dernier de votre souffrance : car, après ce qu'ils font, après le supplice d'aujourd'hui, de quelle nouvelle douleur peuvent-ils vous frapper ?

Marie se contenta de sourire douloureusement, en levant les yeux au ciel ; et, après avoir fait signe à Betty de se relever :

— Où est Richard ? lui dit-elle.

Betty parut confuse et hésita à répondre, mais devinant l'alarme que son trouble jetait dans l'âme de sa maîtresse, elle reprit :

— Mais, sans doute, il dort...

— Sans doute il dort, répéta mistriss Barkstead, en appuyant sur les mots qu'elle venait d'entendre. Vous n'en êtes donc pas sûre ? et elle se souleva sur sa chaise.

— Je le suppose, dit Betty rapidement, car il est rentré si tard !

— Il est donc rentré ? ajouta mistriss Barkstead, en se laissant retomber ; vous m'avez fait peur... cruellement peur ! — En prononçant ces mots, elle passa plusieurs fois la main devant ses yeux, comme pour écarter un voile importun et laissa retomber sa tête sur sa poitrine, en se replongeant dans sa première et amère réflexion.

Betty qui voulait l'en arracher, l'appela plusieurs fois sans qu'elle répondît, et enfin, elle lui dit, en élevant la voix pour la tirer de sa préoccupation :

— Voulez-vous que j'aille chercher M. Richard ?

— Richard ! dit la mère que ce nom eût éveillée du plus lourd sommeil, Richard ! Non, j'irai moi-même. Venez, Betty, aidez-moi.

Elle prit le bras de Betty, et, faisant un effort pénible, elle se remit debout et s'avança vers la chambre de Richard. Contre son attente, elle le trouva levé : son lit qui n'était pas défait attestait qu'il avait passé cette nuit sans se reposer. Soit qu'une même pensée préoccupât, à l'insu l'un de l'autre, la mère et le fils, soit que tous deux, dans un but différent, se fussent rencontrés dans l'exécution, tous deux témoignèrent quelque surprise du soin apporté à leur parure : car Richard avait mis ses plus élégants vêtements ; il avait soigneusement arrangé sa coiffure ; une dague et une épée, dont les poignées étaient d'acier damasquiné, brillaient suspendues à son ceinturon, et les molettes de ses éperons dorés sonnaient à chaque pas qu'il faisait.

Quant à son visage, il avait toute la beauté de la jeunesse unie à ce charme indicible de la pâleur, lorsqu'elle n'est pas le résultat d'une santé fétide et délabrée, mais lorsqu'elle vient de l'âme et qu'elle est le symptôme d'une souffrance morale.

Ses longues paupières, légèrement brunies par la fatigue de la nuit, faisaient ressortir d'un éclat inaccoutumé le bleu céleste de sa prunelle ardente et le blanc azuré de ses yeux; ses lèvres, dont les coins légèrement baissés affectaient une expression de dédain, étaient pâles et agitées d'un frémissement presque invisible, tant les mouvements en étaient succincts et pressés : toute son attitude avait quelque chose de solennel et son visage était empreint d'un calme désespéré.

— Richard, lui dit sa mère en lui tendant la main, Dieu sans doute a présidé à nos pensées en ce jour, puisqu'il les a fait se rencontrer dans un même soin.

— Dieu, répondit lentement Richard, n'a point présidé aux pensées de ce jour : car les pensées de mort et de vengeance naissent loin de sa présence et de son esprit.

— Ce sont donc celles-là qui t'agitent, Richard, reprit mistriss Barkstead; écoute, enfant, ton indifférence depuis longtemps, le calme et la résignation de ta vie m'avaient fait espérer que le bonheur ne serait pas tout à fait exilé de ton avenir.

Richard sourit amèrement.

— J'avais cru, continua sa mère, que tant de malheurs soufferts avaient éclairé ton âme, et qu'impuissant à combattre la main qui nous frappe, tu cacherais ta tête à ses coups et demanderais repos et consolation à une vie intime et obscure.

— Ne l'ai-je pas fait jusqu'à ce jour? répondit Richard : impuissant jusqu'à ce jour, ne me suis-je pas caché?

— Mais ce jour, dit mistriss Barkstead en s'asseyant devant son fils, est un jour d'épreuves difficile à passer. Il peut rallumer en toi cette soif longtemps assoupie de combats et de vengeance; la haine peut bien se redresser ardente et envenimée dans ton âme de vingt ans, puisque je l'ai sentie murmurer dans mon cœur usé et flétri à l'annonce de leurs détestables supplices. Je le crains du moins, et au bout de cette lutte contre toi-même, où tu triomphes depuis si longtemps, j'ai cru que je devais t'apporter mon secours et t'aider dans ta dernière victoire.

Richard ne répondit rien; il ne voulait pas détruire d'un mot tout ce passé dans le cœur de sa mère en lui révélant que sa résignation n'avait été qu'une longue attente d'un moment favorable; mistriss Barkstead se méprit au silence de Richard; elle crut qu'il évitait de s'expliquer sur ses projets, et décidée à les prévenir, elle invita son fils à s'asseoir et continua ainsi :

— Tu vois, Richard, que je ne m'étais pas trompée, et toutes tes bonnes résolutions sont venues se briser contre l'attentat de ce jour. Tu as passé cette nuit hors du logis, sans doute dans une nocturne réunion, où vous avez préparé pour aujourd'hui quelque folle résistance à l'exécution des arrêts du parlement. On compte sur toi, n'est-ce pas? ton nom et ton bras seront les premiers exposés dans cette lutte inutile; on a réchauffé dans ton âme le souvenir de ce jour marqué par le sang dans notre histoire; on a exalté tes ressentiments et on t'a égaré jusqu'à te faire participer à quelque tentative désespérée.

Richard appuya sa main sur celle de sa mère, et, balançant lentement sa tête en signe de dénégation, lui répondit :

— Non, ma mère, toutes vos suppositions ne sont point vraies : je n'ai point passé la nuit parmi des ennemis des arrêts du parlement, et nulle volonté étrangère n'a commandé à mes actions.

— Cependant, dit mistriss Barkstead, un billet a été remis ici hier soir lorsque la nuit était déjà fort avancée; la personne qui l'a apporté t'a demandé avec trop d'instance pour que je n'aie pas dû être alarmée, surtout en pensant au jour où nous sommes.

Richard prit ce billet déployé sur une table, et le montrant à sa mère, il lui répondit :

— Lisez, ma mère, vous voyez que Downing me prie de passer chez lui pour une affaire de famille, et vous le savez, c'est un homme sage et prudent.

— En effet, dit mistriss Barkstead, en rendant le billet.

Elle se tut un moment; puis, avec un regard où elle semblait implorer son fils de ne pas abuser de sa facilité à croire tout ce qu'il voulait, elle reprit :

— Pourquoi donc, Richard, ces habits de fête, cette épée et cette dague qui brillèrent jadis à la ceinture de ton père? Est-ce pour demeurer aujourd'hui près de moi?

— N'est-ce pas un jour de fête et de joie pour l'Angleterre? répondit Richard avec un singulier sourire, et ne fais-je pas bien de me parer pour assister à ses pompes?

— Iras-tu à cet horrible spectacle? dit mistriss Barkstead, en se saisissant vivement de la main de Richard.

— J'y vais, répondit le jeune homme en se levant et en dégageant sa main.

Mistriss Barkstead se leva aussi, et, se plaçant entre son fils et la porte, elle lui dit avec force :

— Tu me trompes, Richard, il y a quelque projet arrêté, quelque révolte qui doit éclater : car enfin tu n'iras pas, sans but, offrir ton âme à la torture de ce spectacle; tu n'iras pas boire jusqu'à la lie l'affront que tu ne voudrais pas venger; tu ne présenterais pas ton flanc à l'aiguillon pour rester immobile; tu ne vas pas pour rien recueillir la douleur, la colère et l'humiliation.

— C'est que c'est vous qui vous trompez, ma mère, dit Richard avec une amère fierté, en prenant son chapeau et en s'apprêtant à sortir; c'est que je n'y recueillerai que joie et triomphe.

— Richard! Richard! s'écria sa mère en tombant à genoux devant lui; tu ne peux pas sortir aujourd'hui! tu ne peux pas sortir avant de m'avoir entendue! écoute-moi! écoute-moi!

Mistriss Barkstead était si faible qu'elle ne put rester dans cette position, et qu'elle s'affaissa jusqu'à terre après ce peu de paroles. Richard rejeta son chapeau et, l'enlevant dans ses bras, la posa sur un fauteuil; elle était pâle et oppressée, quoiqu'elle eût gardé toute sa connaissance. Richard l'appelait douloureusement; elle serrait ses mains en signe de réponse; peu à peu elle revint à elle, rouvrit les yeux et sourit à son fils en le voyant à son tour à genoux devant elle, épiant chaque mouvement de son visage : elle prit alors la tête de Richard dans ses bras et l'embrassa longtemps; elle puisa une nouvelle force dans cette étreinte maternelle et put continuer à parler. Richard s'assit de nouveau à ses côtés; elle lui dit :

— Tu le vois, enfant, ma vie s'en va, et je sens que ce qu'il m'en reste s'éteindra bientôt! plus tôt peut-être que tu ne penses!

Richard la regardait avec anxiété; elle ajouta, en suspendant de temps à autre ses paroles et en répondant à l'impression du visage de son fils, qui restait muet :

— Oui, Richard, une voix m'a parlé cette nuit, une voix qui m'a appelée d'en haut et m'a avertie que je devais bientôt te quitter! Tu souris, enfant, tu ne me crois pas! tu cherches dans mes yeux si c'est ruse ou folie qui me fait parler ainsi. Tu as tort, Richard, mon corps s'est usé à souffrir, et le fléau qui s'étend sur Londres me tuera.

— O ma mère! ma mère! s'écria Richard suffoqué.

— Il me tuera, te dis-je, reprit mistriss Barkstead, peut-être dans quelques jours, peut-être demain, car je ne suis point folle, et j'ai un sûr garant de mes paroles, un garant dont tu peux apprécier le savoir! c'est Andlay.

— Andlay! ma mère! il se trompe, il vous alarme, s'écria Richard, quelle que soit sa science, il ne peut, depuis si peu de temps, savoir où et comment frappera le fléau. O ma mère! ma mère! détournez votre pensée de cet affreux pronostic, rassurez-vous! rassurez-vous!

— Je ne tremble pas, enfant, répondit en souriant la bonne mistriss, mais rappelle-toi qu'Andlay ne se trompa point d'une heure pour Cromwell; n'oublie pas non plus que ce pronostic n'est pas aussi récent que tu dis, et qu'il y a longtemps que nous sommes avertis.

Richard frémit en lui-même, et leva sur sa mère un regard où se peignait un affreux étonnement.

— Nous sommes avertis! s'écria-t-il à voix basse, nous sommes avertis!!

Sa mère ne comprit pas la douleur qu'il éprouvait, ni le sens qu'il attachait à ces mots : Nous sommes avertis! et elle continua avec une plaintive douceur :

— Il m'avait pourtant dit que tu le savais! ta stupeur me prouve le contraire. Allons, ne pleure pas, enfant! ne pleure pas encore! nous avons un jour à passer ensemble. Et c'est ce jour que je viens te demander.

Richard suffoquait. Il comprenait enfin que le rêve constant de sa vengeance avait tout absorbé en lui! il se rappelait en ce moment les avertissements répétés d'Andlay, lorsqu'il lui disait : La vie de votre mère est comme un flambeau faiblement allumé. Dans un air pur, dans un calme parfait, il peut vivre et durer longtemps; mais une atmosphère plus lourde ou un souffle de malheur peuvent éteindre cette flamme vacillante. Fuyez donc Londres et le fléau dont il est menacé! Fuyez Londres et les émotions poignantes qui peuvent y agiter l'existence. Richard, en se rappelant tout cela, était retombé à genoux devant sa mère, roulant sa tête sur son giron avec des sanglots et des pleurs! misérable! torturé de remords, presque parricide! Sa mère caressait sa tête pendant ce temps, essuyait ses pleurs et l'appelait des noms les plus doux : il parut se calmer, et elle ajouta :

— Mon Richard, mon fils, ne te désole pas ainsi : car, comme je te l'ai déjà dit, tout bonheur n'est pas exilé de ta vie, et la voix qui m'a parlé cette nuit m'a inspiré de choisir ce jour, ce jour solennel pour nous à tant de titres pour t'enseigner où sont cachés tes jours heureux, et te guider de mes derniers conseils dans le sentier qui doit t'y conduire.

Richard releva sa tête, et, regardant sa mère à travers ses larmes, il l'écouta religieusement tandis qu'elle disait :

— Ce jour fut celui de la naissance de ton père! nous l'avons célébré longtemps sous ses yeux; qu'il soit notre dernier jour de fête à nous deux! Nous le sanctifierons ensemble par la prière; nous nous assoirons ensemble à la table où il présidait; nous parlerons de lui, Richard, nous parlerons de ton père qui fut le plus noble des hommes, et dont tu as le nom; nous invoquerons sa mémoire; nous implorerons son esprit de nous animer et de nous répondre, et je recueillerai tes paroles pour les lui porter au ciel, où j'irai le rejoindre bientôt! C'est pour cela que je me suis parée, moi; c'est la fête que j'espère, et où tu ne me laisseras pas seule, mon Richard! mon fils! mon enfant!

Leurs larmes se confondirent. Mistriss Barkstead les domina la première.

— Ce jour, dit-elle, est encore celui de la naissance de Charlotte! eh bien! enfant, à ce repas d'adieu, au sortir duquel je te quitterai, nous admettrons aussi ta fiancée absente, comme mon mari qui n'est plus.

Richard regarda sa mère avec une terreur qui peut-être eût suspendu sa voix, si, les yeux levés vers le ciel et l'âme inspirée, elle eût pu s'apercevoir du terrible effet de ses paroles.

— Oui, Richard, s'écria-t-elle, en joignant pieusement ses mains, assis l'un près de l'autre entre ces deux places vides, nous passerons ce jour, moi à me souvenir et à toi à espérer; et ce sera bonheur pour tous deux. Mes longues et douces années de jeunesse passées près de John reviendront se développer devant moi, et maintenant que tu es un homme, Richard, je te dirai comment il fut un homme brave, pieux, fidèle à sa parole, indulgent, sans haine dans le cœur, pratiquant l'oubli et le pardon des injures, soumettant sa vie aux volontés de Dieu, si cruelles qu'elles fussent; et puisque mon heure est venue et que je puis parler de moi à mon fils, je te dirai combien je l'aimai pour toute la félicité dont il me combla, pour toute la vertu qu'il m'inspira par l'honneur que j'éprouvai de porter son nom car, Richard, quelle est l'épouse qui oserait flétrir le nom qu'on lui donne sans tache, et à qui la vertu n'est pas facile quand on y attache le bonheur? Aussi, lui suis-je aussi reconnaissante d'être sans remords que d'avoir été la plus heureuse des femmes! Et, après cela, Richard, après mon passé, nous parlerons de ton avenir. Et, comme tu seras, sans doute, brave et généreux comme ton père, ton épouse sera chaste et douce comme je le fus; et comme tu lui apporteras un cœur noble et haut, qui abritera sa vie de ton courage et de ton honneur, elle te rendra un amour soumis et dévoué qui enveloppera ta vie de son innocence et de sa pureté. Puis nous invoquerons tous deux l'Éternel pour que rien n'arrête mon âme lorsqu'elle ira se réunir dans son sein à celle de mon époux, et pour qu'il te garde ta fiancée aimante et vierge jusqu'au jour où tu la conduiras à l'autel.

La figure mourante de mistriss Barkstead vivait et resplendissait d'enthousiasme pendant ces paroles, tandis que le visage terne de Richard, arrêté dans une effroyable expression de désespoir, semblait la face d'un cadavre, que la mort a saisi dans une terrible convulsion. En ce moment, il n'y avait que remords en son âme, il y avait horreur de lui-même, et plût à Dieu que sa mère eût suspendu ses paroles en ce moment et n'eût pas atteint l'âme de Richard à cet endroit où, froide et dure comme l'acier, elle étincelait et brûlait comme l'acier lorsqu'elle était frappée. Mistriss Barkstead, toujours sous l'empire de son enthousiasme, ajouta :

— Richard, ce jour est encore celui de la mort de Charles Ier!

O malheureuse parole! comme un souffle rapide elle ralluma le foyer assoupi. Haletant sous l'effroi du souvenir de ses propres actions, dont l'affreuse excuse s'était un moment effacée de son âme, il se taisait éperdu ; mais le nom de Charles Ier évoqua tout à coup l'esprit de vengeance qui l'égarait, et Richard, se reculant de sa mère, répéta ce qu'elle venait de dire avec un sourire empreint d'une expression féroce d'espérance, comme quelqu'un qui voit venir un secours et qui l'appelle à lui. Sa malheureuse mère acheva :

— Richard, dit-elle, ce jour est aussi celui où on livre aux bourreaux le cadavre de Cromwell. Qu'il t'apprenne à mépriser les féroces vengeances des haines politiques.

Richard se releva à ces paroles, résolu et terrible, redevenu honteux de sa faiblesse. Il ne détourna pas ses regards de sa mère mourante et faible ; il la contempla longtemps; il rassasia ses yeux de ce spectacle triste et douloureux; il la vit baisser vers lui ses yeux longtemps tournés au ciel, il la vit lui sourire et lui tendre la main, et alors il se détourna et prit son chapeau. A ce geste, à ce mouvement infâme, elle se leva de son siége ; elle usa sa dernière force à cet effort; elle poussa son dernier souffle à lui crier avec un sanglot :

— Richard! mon fils! mon enfant!

Il la regarda encore ; il l'entendit, et il sortit.

XXVIII. — LES DEUX FRÈRES.

C'est donc là le résultat des dissensions politiques. Un jeune homme, né avec le facultés les plus faciles à la vertu et aux nobles sentiments, s'égare jusqu'aux plus horribles actions, jusqu'à la plus détestable insensibilité ; et il ne faut pas dire que ceci soit un conte inventé à plaisir. Peut-être est-ce un récit mal fait et qui n'a point porté de conviction à l'âme des lecteurs ; mais certes c'est le récit d'une action véritable: car depuis quelques chapitres, l'auteur marche dans une cruelle réalité, et nulle invention ne lui est restée possible que celle de phrases assez poignantes et assez désordonnées pour raconter les faits que lui livre la vérité.

Richard sortit donc, tandis que sa mère, étendue par terre, tendait encore vers lui des bras débilités par les souffrances. Betty vint seule la relever, et cette mère si douce, si angélique, si digne de ce nom de mère, ne mourut pas seule et abandonnée sur le sol, parce que sa servante eut pitié d'elle, ou peut-être parce que cette fille eut la probité de ne pas manquer au devoir que lui imposait son service.

Richard était donc devenu le plus misérable des hommes. Poussé par sa haine, il avait mis en oubli les plus saints devoirs de la nature, la plus intime affection de l'âme, cette affection qui tient aux entrailles, l'amour d'un fils pour sa mère. Toutefois, pour lui peut-être, il y avait une excuse, car il était dans le paroxysme de sa lutte avec le malheur. Révolté, menaçant le ciel et le destin, résolu à ne pas demeurer vaincu, chaque obstacle que la nature ou le devoir jetait sous ses pieds ne devait lui être de rien, car il s'était placé dans cette nécessité d'en tirer une occasion de braver et de triompher. Lorsque dans son âme, où l'amour brûlait à grand feu, où la religion était crue et révérée, il put se décider à profaner son amour et à risquer sa damnation pour sa vengeance, quel autre sentiment pouvait l'arrêter ? Il semble, au contraire, qu'il dût prendre à tâche de multiplier ses sacrifices, afin que si l'on ne respectait pas comme vénérable le sentiment qui l'animait, on le craignît du moins comme inévitable et sans rémission.

Il marchait rapidement dans la rue presque déserte, pensant aux événements qui marqueraient ce jour, et déjà il palpitait de mille émotions, bien que l'heure du supplice fût encore loin. Mais il y avait tant d'obstacles à surmonter pour que les projets de Richard s'accomplissent dans toute leur étendue, que bien qu'il ne dépendît plus de sa volonté ni de son courage de vaincre ou d'aplanir ces obstacles, il ne pouvait supporter l'idée d'en attendre patiemment le dénoûment sans y participer du moins par sa présence. D'ailleurs, sans supposer une grande importance au message de Downing, il ne voulait pas manquer à une invitation dans laquelle on semblait lui demander un service.

Il se dirigea donc du côté de sa demeure et bientôt il y arriva. Il trouva Downing levé et le docteur assis d'un air de mauvaise humeur dans un coin de l'appartement. La dague et l'épée du marin étaient sur la table, et il arrangeait une longue paire de pistolets dont il assurait les pierres. Il les posa à côté de ses autres armes et s'avança vers Richard en le voyant entrer. Le docteur, à la vue du jeune Barkstead, bondit sur son fauteuil et se détourna en grondant sourdement.

— Merci, mon jeune ami, dit Downing à Richard, j'ai usé de supercherie pour vous déranger, en vous demandant votre présence pour une affaire de famille, parce que j'ai craint que mon billet ne tombât entre les mains de votre mère et qu'elle ne s'alarmât de la véritable cause qui me fait désirer de vous voir aujourd'hui.

Richard allait s'enquérir du motif du billet, lorsque le docteur, qui ne pouvait pas longtemps garder le silence quand son humeur était tant soit peu irritée, s'écria tout à coup :

— Il n'a pas menti, jeune homme, c'est vraiment une affaire de famille, une véritable affaire de famille; car monsieur, que vous voyez là, ajouta-t-il en désignant Downing, s'est imaginé qu'il devait tuer son frère.

— Docteur! dit Downing, avec cette inflexion qui renferme à la fois une invitation au calme et un reproche d'exagération. Mais Andlay continua en le parcourant de l'œil :

— Et comment le faire changer de résolution, avec une tête carrée, un front bas et des muscles de matelot? Il tuera son frère, je vous le dis!

— Qu'est-ce donc? dit Richard, devinant à peu près la vérité dans les accusations du médecin ; auriez-vous eu une querelle avec votre frère, capitaine ?

— On n'a point de querelle avec un traître et un espion. Il est revenu avant-hier de Hollande; il a eu l'impudence de se présenter chez moi : je l'ai chassé de ma maison. Hier, je l'ai rencontré sur l'escalier de l'amirauté, il m'a voulu parler, et je me suis détourné; il a insisté, et je l'ai repoussé; il a voulu me prendre la main, et. ..

Downing hésita, le docteur acheva sa phrase d'un ton de moquerie indignée :

— Et monsieur lui a tendu la main à la hauteur du visage, d'où il en est résulté un soufflet.

— Un soufflet à votre frère! dit Richard avec surprise.

— C'est fait, répliqua Downing avec une impatience visible, et rien ne peut empêcher qu'il n'en soit ainsi. C'est fait et c'est juste. Un infâme qui a traqué un honnête homme dans un pays étranger et l'a livré aux bourreaux qui l'attendaient. Malédiction sur lui!

— Mais c'est votre frère! cria le docteur, malheureux! c'est votre frère!

— Et c'est pour cela que je le hais, reprit Downing. Que m'importe, à moi, qu'un étranger se salisse! qu'un Douglas ou un Morton déshonore son nom! qu'ai-je à y voir, et quel intérêt puis-je y prendre? Mais je m'appelle Downing, et il s'appelle Downing. De l'héritage de mon père il peut dissiper s'il veut sa part de bien et d'or, mais son nom est une fortune indivisible, égale pour chacun et respectable pour tous deux ; il ne peut donc y toucher sans me porter atteinte, il n'en peut détourner l'honneur sans me voler; il n'y peut mettre de boue sans qu'elle rejaillisse sur moi.

— Est-ce une raison, reprit Andlay, pour le chasser, l'insulter, le frapper?

— Que ne me laissait-il en repos? répliqua le marin. Je vous le jure sur mon âme, je n'eusse pas été le chercher, je n'eusse pas voulu le voir. Je me suis détourné quand il m'a parlé, et j'ai voulu fuir. Honteux de mon nom, j'aurais supporté mon malheur, à condition qu'étrangers l'un à l'autre, notre séparation m'eût au moins distingué de lui aux yeux de mes amis ; mais le recevoir et l'embrasser en frère, après son infâme conduite, c'eût été me déclarer complice de son crime! Je ne le veux pas.

— Et ce matin, dit Richard, en prenant l'épée de Downing et en l'examinant avec soin, vous devez vous battre l'un contre l'autre, frère contre frère?

— Oui, répondit Downing, et vous serez mon second, ou plutôt vous serez mon témoin, j'ai compté sur vous.

— Vous ne vous battrez pas, cela ne peut pas être, dit Richard; vous ne pouvez risquer votre vie dans une pareille affaire, je ne le permettrai pas.

— Bien! bien! s'écria Andlay, voici une tête de vingt ans, plus calme, plus mûre, plus réfléchie que la vôtre, vieux barbon! Cela devrait vous faire honte! Vous battre contre votre frère! vous n'y pensez pas! Fi! fi! vous étiez fou, Downing.

— Richard, reprit le capitaine, il y a une insulte pour laquelle je dois une réparation, et tout coupable qu'est mon frère, tout indigne qu'il est du nom qu'il porte, il lui en reste pourtant encore assez de souvenir pour qu'il veuille venger l'affront qu'il a reçu. C'est un Downing, après tout!

— Sans doute, reprit Richard qui tenant l'épée du marin dans ses mains, en faisait ployer l'acier avec un air de distraction, sans doute; mais l'animosité que vous avez contre votre frère, l'insulte qui en a été le résultat et qu'il doit venger, ne sont que les causes secondaires de votre combat ; toute cette querelle a pour premier motif la trahison qui a attenté à la liberté de mon père ; cette affaire donc me regarde avant vous, et c'est moi qui me battrai ; c'est vous qui me servirez de témoin.

— Contre mon frère! s'écria Downing, y pensez-vous?

Ainsi, le marin comprenait qu'il pouvait se battre contre son frère, et non pas être témoin contre lui. C'est qu'il y a de ces liens dans la vie qu'il faut briser complétement et jusqu'à la haine, si l'on ne veut pas sentir qu'ils vous tiennent au cœur. C'est que Downing, qui s'apprêtait à déployer toute son adresse pour percer le cœur de son frère, n'eût pas osé faire des vœux pour Richard qui se serait battu contre lui. Le docteur, demeuré stupéfait de la conclusion des paroles de Richard, qu'il croyait dirigées dans un but de conciliation, se leva furieux de son siége et se mit à parcourir la chambre à grands pas.

— Sot! archisot! s'écria-t-il en se frappant le front; niais, imbécile! qui ai cru qu'il y avait un grain de raison et de pitié dans le cœur d'un homme de parti! O Richard! Richard! ajouta-t-il avec un accent triste et digne, tu as oublié l'exemple de ton père ; ce n'était pas un homme perdu de frénésie politique; il avait mesuré sa tâche, et il l'a sincèrement accomplie. Ni la satisfaction de sa haine personnelle, ni l'accomplissement de ses désirs particuliers, n'ont jamais guidé ses actions ; il n'est jamais pour but que la liberté de l'Angleterre. Aussi, fortune, misère, succès, exil, supplice, mort, tout fut joie en son cœur, parce que tout fut vertu : mais toi, mais vous, Downing! à quoi tendent vos luttes, vos paroles, votre sang versé? à d'indignes vengeances, à de misérables triomphes où la patrie n'est pour rien. Vous voulez être fratricide, Downing : soit! tu veux venger ta querelle, Richard : tu le peux! mais ne rabaissez pas la cause de l'Angleterre à votre haine, ni à votre vengeance : votre vengeance et votre haine sont trop petites pour elle, et le bruit de vos épées n'atteindra pas à l'oreille du colosse.

— Il ne s'agit ici ni de l'Angleterre ni de sa liberté, répliqua Downing avec quelque humeur, il s'agit de mon nom traîné dans la boue et lâchement déshonoré.

— Vous mentez! reprit le docteur en s'arrêtant face à face du capitaine qui demeura stupéfait de l'audace de cette parole ; vous mentez, vous, et tous ceux qui voilent de leur honneur particulier la rage de leurs opinions. Que la trahison de votre frère Georges eût été dirigée contre un de ces misérables royalistes, que vous considérez comme le déshonneur et la ruine de l'Angleterre, qu'elle eût eu pour but de livrer à Cromwell un de ces partisans des Stuarts, qui allaient, de cour en cour, mendier des ennemis au Protecteur, tandis qu'il nous plaçait en tête des nations, et à cette heure, en ce moment, vous auriez provision de mots honnêtes pour dire que le salut de la patrie est la suprême loi ; que la sainte cause de la liberté honore tout, et vous embrasseriez tendrement, à cette place, ce frère que vous allez égorger.

Le capitaine se mordit les lèvres. Richard voulut prendre la parole.

— Quant à toi, Richard, tu n'as rien à voir dans cette affaire, continua rapidement le docteur, le chevalier Georges Downing n'est pas, après tout, la cause du malheur de ton père, puisqu'il ne réussit pas dans son entreprise contre lui. Ne te mêle donc pas de cette affaire.

— Vous oubliez, docteur, dit Richard, qu'il y a une insulte qui ne se pardonne pas entre hommes !

— Mais entre frères ! reprit Andlay.

— Ce n'est pas mon frère ! répliqua Downing en fureur ; non ; ce n'est pas mon frère, celui qui s'est lâchement vendu à un parti qui persécute les meilleurs citoyens, et nous soumet, nous, vieux et braves défenseurs du pays, aux insolences d'impertinents brodés et frisés !

— Enfin, vous l'avouez ! voilà vos motifs ! s'écria le médecin.

En ce moment, un bruit de chevaux partit de la rue. Downing prit son épée et sa dague, et l'on entendit dans le corridor qui précédait le parloir, les pas d'un homme seul. Cet homme, c'était sir Ralph Salnsby. Dès qu'il fut entré, il salua avec une sévère courtoisie le capitaine qui s'était avancé à sa rencontre. Downing ne put cacher un sourire d'ironie en voyant le second que son frère s'était choisi, et Andlay parut en concevoir un nouvel effroi relativement à l'animosité qu'il savait exister entre lui et Richard ; mais l'étonnement le plus vif, l'émotion la plus profonde, fut celle qui agita Ralph, lorsque, après avoir salué Downing, il leva les yeux et vit Richard debout devant lui.

Dans la matinée, un domestique était venu de Great-House, et Salnsby était si loin de soupçonner ce que Richard avait été faire à Windsor, qu'il lui avait suffi que son serviteur lui parlât de deux hommes tués, pour qu'il crût à la mort de Richard et de Love, et au succès de ses propres projets. Il expliquait, à son avantage, les incidents dont le domestique avait entremêlé sa narration. Ainsi, nul doute pour lui que ce ne fussent les chiens du boucher qu'on avait exterminés. Quant au singulier chariot qu'on avait découvert dans le bois, il faisait une voiture munie des objets nécessaires pour un enlèvement. C'est à peine, même, s'il avait écouté l'histoire du cercueil vide : il rejeta cette circonstance comme inventée par la niaiserie du domestique qui avait mal vu, et se crut enfin délivré de son plus cruel ennemi.

Ce fut donc avec un étonnement extrême qu'il vit Richard devant lui. Le docteur et Downing traduisirent cette surprise comme un mouvement insurmontable de haine ; Richard, seul, en comprit le secret, et il ne put retenir un mot qui n'eut de sens que pour eux seuls.

— Oui, colonel, dit-il en le saluant avec une humilité moqueuse, c'est moi, Richard Barkstead.

Ralph ne répondit rien, mais aussitôt son esprit chercha une nouvelle explication des événements de Great-House. Heureusement pour les projets de Richard, les réflexions de sir Salnsby ne purent s'arrêter longtemps sur cet objet, à cause de la mission dont il était chargé. Il salua donc Andlay avec cette assurance polie qu'il avait acquise à la cour, et, s'adressant à Downing, il lui dit :

— Monsieur, le chevalier Georges Downing peut régler les conditions du combat, comme offensé par vous, il vous laisse ce soin ou plutôt ce droit, ainsi que le choix du lieu. Pour ma part, je vous prie de le désigner le moins

éloigné possible parce que ma présence à Tyburn est nécessaire dans une heure.

— La dague et l'épée au poing, les pistolets à la ceinture, à pied, et avec le droit pour chacun des combattants de se servir de ses armes indifféremment, une fois que les épées auront été croisées et que les lames se seront touchées, sans que blessures ni accord puissent faire cesser le combat. Voilà mes conditions, répliqua sévèrement Downing.

— C'est le combat à mort, répondit Ralph sans montrer la plus légère émotion ; les règles en sont usitées, bien que cruelles, et je ne puis les refuser. Cependant, en engageant votre frère à vous laisser le choix, j'avais espéré trouver de la modération dans l'âme de l'agresseur.

Il se tut un moment comme pour attendre une réponse, mais le capitaine ayant gardé le silence, il continua :

— Il faut maintenant que vous désigniez le lieu du combat.

— Le premier endroit favorable, aux portes de Londres, dit Downing.

Charlotte illuminait de sa tête le visage pâle de Richard. — Page 51.

— J'en sais un, reprit sir Salnsby ; maintenant il vous reste à décider si le combat des seconds aura lieu.

Richard fit un mouvement, Andlay le retint. Downing se hâta de dire :

— Non certainement, je ne veux à aucune condition ni sous quelque prétexte que ce soit.

— Je vous en remercie, répondit sir Salnsby en s'inclinant, car j'ai à faire exécuter un acte de justice dont j'eusse beaucoup regretté de ne pas être le témoin si j'avais été vaincu, et qui eût perdu pour moi presque toute sa valeur si M. Barkstead eût succombé avant qu'il ne fût accompli.

— Vous avez raison, dit Richard, en laissant échapper un cruel sourire ; il faut que nous soyons tous deux sur la place de Tyburn dans cette journée. Nous y avons affaire tous deux, colonel, et nous nous y verrons.

— Je l'espère, monsieur, répliqua Ralph.

Andlay avait depuis trop longtemps gardé le silence pour qu'il ne se fût pas amassé un orage de colère en lui ; aussitôt il éclata à ces froides et railleuses paroles que se renvoyaient Ralph et Richard.

— Ainsi voilà deux hommes qui ne s'égorgent pas, parce qu'il faut qu'ils aillent se repaître du spectacle de cadavres étalés sur un gibet.

Ralph l'interrompit, et, s'adressant toujours à Downing, il lui dit avec un air de solennité presque religieuse :

— Maintenant que tout est arrangé, il me reste à vous faire, au nom de votre frère, une sainte et dernière prière.

Le capitaine ne répondit pas, mais d'un signe il invita Salnsby à continuer.

— Vous avez chassé votre frère de cette maison, dit Ralph, et c'est votre droit : car, quoique cette maison soit celle de votre père, elle vous est échue en partage lors de sa mort. Respectant votre droit et votre volonté, le chevalier Georges n'a pas voulu en franchir le seuil, et il attend en bas, à votre porte, la réponse que je dois lui porter ; sachez donc qu'il m'a dit de vous demander la permission d'entrer sous ce toit où fut élevée votre enfance à tous deux, de venir sa uer le lieu où vous vécûtes ensemble heureux et unis, et de s'agenouiller encore une fois à la place où, tous deux en pleurs et embrassés, vous reçûtes la bénédiction de votre père mourant.

Cette demande avait en soi quelque chose de si noble et de si touchant, que Downing et Richard, hommes à émotions franches et vives, ne purent retenir une larme qui monta à leur paupière. Mais Andlay, plus accoutumé à juger le fond des actions que leur apparence, laissa échapper entre ses dents le mot : Hypocrite ! Downing, quoiqu'il eût entendu l'exclamation, répondit gravement à Ralph :

— Que le chevalier Downing entre dans cette maison comme il le désire, j'y consens. Mais, comme j'ai juré que jamais il n'y remettrait les pieds comme mon frère, qu'il y entre en ennemi. La pelouse qui est derrière cette maison est assez large pour le combat de deux hommes, les murs qui l'entourent sont assez élevés pour nous mettre à l'abri des regards indiscrets; et, puisqu'il veut invoquer la mémoire de notre père, rendons-le, autant que possible, dans nos cœurs, présent à ce combat, et que, sa pensée nous animant, il puisse, pour ainsi dire, prononcer entre nous.

Ralph s'inclina sans répondre et sortit aussitôt. Au même instant, Downing prit une plume et se mit à écrire. Richard, se rapprochant d'Andlay, lui dit tout bas pendant ce temps : — Comment se fait-il qu'un misérable qui a vendu la vie du colonel Okey, son bienfaiteur, aux bourreaux, ait dans le cœur des sentiments d'une piété filiale si pure et si noble?

— Ah! dit Andlay en ricanant, voilà précisément où vous serez toujours dupes et battus, vous autres niais de bonne foi. Est-ce que tu crois un mot de cette comédie? Figure-toi bien que tout ce parti qui fait queue à la cour en soit autant pour parader la vertu aux yeux du peuple, que ses jeunes seigneurs pour singer la tournure de braves déterminés à une revue : rappelle-toi qu'il n'y a pas d'infâmes actions auxquelles ils ne prêtent un aspect excusable, ni un assassinat où ils ne mettent les bons procédés de leur côté. Vois-tu ce rustre de marin qui veut tuer son frère dans la maison paternelle? Il y a plus d'honneur dans un poil de sa moustache que dans tout le corps de cet hypocrite qui va faire ici le pleurard.

Cependant la main du marin tremblait en écrivant. Il plia le papier, se leva, et le chevalier Downing entra à l'instant même. Il salua sans distinction, et sans regarder personne, tous ceux qui étaient présents, et traversa la pièce pour monter à l'étage supérieur. Le capitaine, secouant la sensibilité qui s'emparait de lui, prit ses armes dès que son frère fut sorti, et, passant par la porte qui se trouvait au fond du corridor de la maison, entra dans l'espèce de petit jardin qui en dépendait. Richard et Andlay l'y suivirent. Andlay, qui examinait soigneusement une lancette et quelques instruments de chirurgie qu'il avait apportés en cas d'accident remédiable, recommanda rapidement à Richard de bien s'assurer du terrain, de ne pas quitter Ralph des yeux, afin d'arrêter le moindre geste ou le moindre signe de trahison.

— Car vous savez par expérience, ajouta-t-il, qu'ils y sont experts.

Pendant ce temps, Downing marchait avec rapidité, froissant dans ses mains le papier qu'il avait écrit. Tout à coup il s'arrête comme un homme averti par quelque bruit; chacun écouta, et l'on entendit partir des sanglots cruels de la chambre où était le chevalier Georges. Le capitaine baissa tristement la tête et sembla tomber dans une cruelle irrésolution; il fit même quelques pas vers la maison comme pour y rentrer, mais il retourna soudainement et reprit sa marche en tirant et repoussant sa dague dans son fourreau de fer brodé, et en la faisant sonner de manière à couvrir le bruit qui l'importunait.

— Bah! bah! dit le docteur tout bas à Richard, et en haussant les épaules, j'ai entendu pleurer et sangloter ce chevalier Georges deux fois plus fort que ça, un jour qu'il prêchait dans le régiment d'Okey pour qu'on exterminât sans jugement ni miséricorde deux cents misérables prisonniers royalistes ramassés après la bataille de Dunbar.

Quelques minutes se passèrent dans cette attente. Un domestique parut sur la porte du jardin et annonça que les deux cavaliers étrangers demandaient à être conduits près du capitaine.

— Amenez-les ici, dit Downing au domestique, et quelque bruit que vous entendiez, qu'aucun de mes gens ne se permette d'approcher de cet endroit; quoi qu'il arrive, que nul n'intervienne ni pendant ce qui va se passer, ni après, et que toutes les personnes ici présentes puissent sortir de cette maison sans qu'on s'enquière de ce qui sera advenu.

Le domestique se retira. Le chevalier Georges Downing et sir Ralph Sainsby entrèrent aussitôt. Georges, les yeux baissés et dans l'humble maintien d'un martyr, semblait profondément affligé. Son frère Jacques le regarda longtemps sans pouvoir rencontrer son regard, qu'il tenait constamment fixé à terre; il s'approcha donc de sir Ralph Sainsby et lui remit le papier qu'il avait écrit, en lui faisant signe de le passer au chevalier. Celui-ci le reçut des mains de Ralph, le parcourut rapidement, et immédiatement après le lui donna en lui faisant signe de le rendre à celui dont il le tenait. Le marin ne put s'empêcher de s'écrier :

— Georges, tu me refuses! c'est la maison de notre père que cet écrit t'assure si je suis tué. Puisqu'il te reste cet amour honorable et sacré dans le cœur, acceptes-en le sanctuaire pour que tu puisses du moins l'y cultiver. Georges, ne me refuse pas, car si je succombe, c'est que notre père aura prononcé en ta faveur.

— Je n'ai pas besoin, monsieur, répondit froidement le chevalier sans lever les yeux, de ce papier pour être le maître de cette maison, si la sainte cause triomphe par ma main, la loi du pays est mon premier titre et je n'en veux pas d'autre.

En disant ces mots, il prit son large chapeau orné de plumes et le jeta loin de lui : son frère en fit autant, et, d'un mouvement commun, ils portèrent la main à leur épée. Andlay se précipita entre eux.

— N'y a-t-il aucun accommodement possible, s'écria-t-il, frères, chrétiens, Anglais? n'avez-vous donc au cœur ni nature, ni religion, ni patrie? tous ces liens sont-ils pour vous de vains mots? Jacques, vous qui savez ce que c'est que l'honneur et le vrai courage : et vous, monsieur, qu'on dit pieux et charitable…

A ce moment Andlay se tut sous le regard que lui adressa le chevalier. Ce regard fut accompagné d'un geste lent et impératif qui força les yeux de tous les assistants à le suivre. Georges quitta la garde de son épée, et, sans prononcer un mot, mais en laissant échapper un sourd gémissement, il porta sa main à sa joue qu'il montra au docteur, en la touchant de son doigt raide et tendu et avec un mouvement convulsif, comme lorsque l'on touche un objet qui inspire crainte ou dégoût.

— Il a raison! s'écria le capitaine.

A ce mot il tira son épée; son frère l'imita; Ralph et Richard firent de même, et, s'avançant entre les combattants, ils les firent reculer à dix pas l'un de l'autre. Lorsque chacun d'eux fut à sa place l'épée en main, les deux témoins se placèrent d'abord, puis ils choquèrent légèrement leurs épées, et, les tenant hautes, ils reculèrent chacun de leur côté l'espace de cinq pas. Arrivés à cette distance, ils baissèrent leurs armes en même temps et les deux frères avancèrent l'un sur l'autre.

Richard, qui avait déjà monté quelques marches de l'escalier, se retourna à cette interpellation. — Page 43.

Ils avancèrent lentement, mesurant leurs pas sur la voix des seconds. Un morne silence avait régné jusque-là entre les personnes présentes; mais, à ce moment, les pas furent comptés à haute voix par les témoins, cette marche des adversaires ne devant véritablement les conduire qu'à croiser leurs épées dont ils étaient armés. Toutes ces précautions étaient pour que jamais un combattant ne pût user de surprise en se précipitant sur son ennemi. Jacques Downing, le regard mal assuré, s'avançait vers son frère, qui marchait vers lui les yeux baissés jusqu'au moment où le dernier pas fut appelé. Il le regarda alors et frappa son épée de la sienne. C'était le signal du combat.

A ce moment, à ce regard, à ce choc du fer, chacun reprit sa haine et sa rage. Le capitaine, s'assurant sur le sol, brandit son épée avec force et tira sa dague, tandis que le chevalier, se jetant avec agilité en arrière, recula de trois pas, et de sa main gauche saisit à sa ceinture un de ses longs pistolets. Le coup était hardi et souvent décisif : car, si celui qui le tendait avait le temps d'armer ses pistolets avant que son adversaire ne fût sur lui, il pouvait le tuer presque à bout portant. Mais le marin avait trop d'habitude de ces combats pour se laisser surprendre par cette manœuvre, et le pistolet n'était pas sorti de la ceinture, qu'il attaquait déjà son frère de sa dague et de son épée. Le chevalier n'était pas moins adroit que son frère, mais dans ce moment sa ruse lui avait donné un désavantage réel, car sa main gauche était embarrassée d'une arme inutile. Cependant il para avec une dextérité merveilleuse les premiers coups du capitaine celui-ci les multipliait avec d'autant plus de rapidité qu'un seul moment de relâche permettait au chevalier d'armer son pistolet et pouvait le perdre. L'épée contre l'épée de Jacques le chevalier toujours menacé par la dague de son frère, n'en évitait les coups qu'en rompant presque à chaque botte. Enfin, sur le point d'être acculé à un mur, il prend un parti décisif : il s'arrête, fait tourbillonner son épée avec une rapidité singulière, et frappe avec tant de fureur, qu'il éblouit un moment le marin, suspend ainsi son attaque, et profitant de la première surprise, se jette de côté, et fuit avec rapidité à l'autre extrémité du jardin. Là il se retourne, arme son pistolet et vise à loisir son frère qui court sur lui. Il le laisse approcher, l'ajuste, et tire à quatre pas au plus. Le capitaine, la jambe cassée, tombe sur un genou, le chevalier jette son pistolet et s'élance l'épée haute pour le frapper à la gorge. Mais le marin oppose son épée à celle de son frère, et tandis que celui-ci cherche son second pistolet à sa ceinture, Jacques, d'un coup furieux de sa dague, lui perce le poignet; et la lame pénétrant dans le buffle épais de la ceinture, où elle se courbe légèrement et où elle demeure, lui cloue véritablement le bras gauche au corps. Le chevalier recule de quelques pas.

Par une des règles du combat que nous n'avons pas expliquée, on pouvait bien indifféremment prendre telle arme qu'on voulait à sa ceinture, mais une fois cette arme choisie, on ne pouvait pas la quitter, qu'elle ne fût hors d'usage, c'est-à-dire brisée si c'était l'épée ou la dague, ou déchargée si c'était un pistolet.

Dans cet état de choses, Georges, qui n'avait de libre que son bras droit, était forcé de se servir de son épée, tandis que Jacques, quoique blessé à la jambe, avait encore ses deux pistolets à tirer.

Le premier danger avait donc changé de côté, et ce fut avec la même rapidité que le capitaine que le chevalier Downing prévint à son tour le péril. Il s'élança sur son frère et lui porta des coups si précipités, que le marin n'eut que le temps de se défendre, incapable qu'il était de se relever, et ne pouvant s'armer d'un pistolet. La position du capitaine était fâcheuse, et elle devint désespérée lorsque d'un coup d'estoc son frère lui atteignit le bras gauche et lui rendit impossible le secours de ses pistolets. Toutefois Jacques se défendit avec le même calme, et, profitant de la confiance imprudente de Georges qui se croyait sûr de la victoire, il lui asséna un revers de son épée si furieux sur la cuisse, que le chevalier tomba à son tour.

Ils étaient donc tous deux sur un genou à la longueur de leur épée. La douleur et la fatigue suspendirent un moment leur fureur. Andlay voulut faire un pas pour intervenir, Richard étendit son épée au-devant de lui. En ce moment, Georges, dont le visage avait conservé jusque-là une impassibilité résolue, parut agité d'un sombre espoir ; il s'appuya sur son épée comme pour se relever, et la lame se brisa dans cet effort. Andlay ne put s'empêcher de s'écrier tout bas à Richard.

— Le capitaine est sauvé !

— Il est perdu, si je n'interviens! répondit vivement Richard.

En effet, l'épée une fois brisée, le chevalier devenait libre de sa main droite, et ayant alors la faculté d'user de son second pistolet, il pouvait assurément tuer son ennemi blessé, qui tâchait vainement à l'atteindre de son épée. Déjà Georges avait saisi son pistolet et l'avait armé avec ses dents, lorsque Richard s'élança entre eux l'épée haute. Ralph l'imita.

— L'épée a été traîtreusement brisée, dit Richard, et en voici la preuve. La pointe, au lieu d'entrer perpendiculairement dans la terre, y entre obliquement, et le plat de la lame est marqué en sang sur le sable, dans une longueur de trois pouces. Ce n'est pas ainsi qu'on pose son épée quand on veut en faire un point d'appui : on la maintient parfaitement droite. Ceci est calculé pour la ployer et la briser aisément; donc c'est trahison!

Ralph ne sut que répondre : car, le cas où l'un des combattants se défaisait d'une arme autrement que par un accident naturel du combat, était prévu et considéré comme disait Richard. Dans cette occurrence, celui qui s'était rendu coupable, n'avait le droit de se servir d'une autre arme que lorsque son adversaire aurait perdu l'une des siennes, et il lui fallait jusque-là se défendre avec celle qui lui restait en main. Donc, comme le chevalier était blessé du bras gauche, et par conséquent désarmé, il se trouvait à la merci de son frère qui pouvait impunément se traîner jusqu'à lui et le percer, sans danger de son épée. Le marin qui ne voulait ni cesser le combat, dont il avait posé lui-même les règles implacables, ni profiter d'un si horrible avantage, s'écria :

— Arrière! messieurs.

Les témoins reculèrent.

— Armes égales! cria le marin, et il brisa aussi son épée.

Les témoins baissèrent les leurs comme signal que le combat pouvait se reprendre. Mais, surpris par l'ardeur de ce mouvement généreux, aucun d'eux ne se souvint que le pistolet du chevalier était armé; et, tandis que Jacques cherchait le sien à sa ceinture et l'armait avec ses dents, Georges l'ajusta froidement, tira et l'étendit mort.

— Voilà où mènent les partis! dit Andlay à Richard, avec une expression profonde de désespoir.

XXIX. — LE NOBLE ET LE BOURREAU.

Plus de trois heures avant ce que nous venons de raconter, avant le combat de Downing et de son frère, avant l'entrevue de Richard avec sa mère, quand le jour n'était pas encore levé, un homme dont le manteau voilait soigneusement le visage, parcourut plusieurs fois d'un bout à l'autre la rue Old-Bailey, aux environs de Newgate. Il considérait chaque maison avec l'attention d'un homme à qui l'on a fait une description qu'il tâche d'appliquer à l'un des bâtiments qu'il a sous les yeux. Mais, soit que sa mémoire le servît mal, soit que la clarté du matin ne fût pas encore assez grande pour qu'il pût bien reconnaître le lieu où il se rendait, il est certain qu'il paraissait fort indécis. Personne ne passait encore dans la rue, et il lui était impossible de s'informer de la situation exacte de la demeure que sans doute il cherchait.

Cet embarras durait depuis un quart d'heure à peu près, lorsqu'une porte s'ouvrit; l'inconnu en vit sortir deux hommes : l'un était masqué, et l'autre semblait un ouvrier. Ils échangèrent peu de paroles.

— Vous avez vu, dit l'ouvrier, que malgré sa mauvaise réputation, le maître n'est pas trop dur. Deux guinées, ce n'est pas trop pour vous emmener à ma place. Maintenant, songez que le rendez-vous est à Westminster, où le shérif sera à dix heures précises.

— J'y serai, répondit l'homme masqué.

— N'oubliez pas surtout ce qu'on vient de vous dire, qu'une fois là, lorsque vous vous présenterez comme ouvrier, il ne s'agira plus de masque, et que le shérif y mettrait bon ordre. Tâchez donc de vous arranger une figure, si vous ne voulez pas plus être reconnu là-bas qu'ici. Du reste, si vous n'avez pas de recette pour vous déguiser, en voici une. Vous n'avez qu'à faire bouillir une once ou deux de peaux d'oignons rouges avec un quartier de noix de galle, et cela vous procurera pour vous peindre le visage un roux foncé, qui vous ira mieux pour jouer le rôle d'ouvrier, que les couleurs tant soit peu vermeilles qui, je le crois, brillent sur vos joues; d'une autre part, vous n'aurez qu'à enduire vos cheveux d'une couche de chaux bien éteinte mi-partie avec du céruse, et vous obtiendrez des cheveux du plus beau rouge que vous puissiez désirer.

— C'est mon affaire, répondit l'homme au masque. Voici une demi-guinée : il remit cette somme dans la main de son compagnon.

— C'est bien! reprit celui-ci, voilà la médaille qui vous fera reconnaître comme ouvrier de Jack Ketet.

Aussitôt l'homme masqué s'éloigna d'un côté, et l'ouvrier, prenant une autre direction, se dirigea vers le bout de la rue où était arrêté l'inconnu, toujours enveloppé de son manteau jusqu'aux yeux. Celui-ci n'avait point entendu la conversation des deux interlocuteurs ; mais le nom de Jack Ketet l'avait frappé, et lorsque l'ouvrier passa près de lui, il lui dit :

— Hé! l'ami; vous connaissez Jack Ketet, pouvez-vous m'enseigner sa maison ?

L'ouvrier ainsi interpellé regarda d'un air assez peu accueillant celui qui lui parlait ; mais lorsqu'il vit sortir de dessous le manteau qui l'enveloppait des éperons magnifiquement dorés, il ôta son bonnet, et prenant un air plein de soumission, il répondit :

— Je vais conduire votre honneur jusqu'à sa porte. Je sors de chez lui, et il pourra vous recevoir sur-le-champ, car il est levé, bien qu'il ne fasse pas jour.

L'étranger lui fit signe de marcher devant lui, et ils arrivèrent à une petite maison d'une singulière apparence. Séparée de toutes les autres par un fossé qui régnait tout autour, elle n'avait point de croisées au rez-de-chaussée, et était percée de simples lucarnes, défendues par de vigoureux barreaux; la porte était garnie de larges bandes de fer, et paraissait capable de résister à plus d'une attaque; il y avait une seule fenêtre au premier étage, mais fortement grillée comme les lucarnes; au total, c'était une sorte de forteresse difficile à aborder à des furieux sans armes, et qui pouvait protéger son propriétaire assez longtemps pour que la force publique vînt à son secours quand il était attaqué, ce qui arrivait assez souvent : car Jack Ketet, le bourreau ordinaire du comté de Middlesex, n'était pas le citoyen de Londres le plus respecté.

L'inconnu donna à l'ouvrier un léger salaire pour sa peine, et frappa à la porte de la maison. Une femme, encore jeune, vint l'ouvrir; elle était d'une fraîcheur éblouissante et d'une beauté remarquable. L'étranger lui dit en entrant :

— Il faut que je parle à Jack Ketet.

— Jack Ketet est bon et honnête, et il reçoit tous ceux qui viennent le voir, répondit la jeune femme, avec un beau sourire d'enfant : entrez, milord, sous le toit hospitalier de Jack Ketet.

L'étranger ne prit pas garde à la singularité de cette réponse, et après qu'il fut entré et que la porte eut été refermée sur lui, il dit à son introductrice :

— Maintenant, menez-moi près de Jack Ketet.

— Jack Ketet est beau et riche; mais comme c'est un jour de fête aujourd'hui, Jack Ketet met ses plus précieux habits.

L'inconnu, à cette voix douce et joyeuse, frissonna malgré lui, tant elle contrastait avec le lieu où il se trouvait, et probablement aussi avec ses propres dispositions intérieures. Il regarda la personne qui lui parlait ainsi, et vit un frais et brillant visage qui lui sourit avec un air d'intelligence. Il ne savait que penser, lorsqu'une nouvelle voix, partant de l'étage supérieur, se fit entendre :

— Pourquoi, disait-elle, pourquoi, Baby, allez-vous toujours ouvrir la porte malgré mes ordres? vous me ferez tordre le cou un de ces matins. Qui est-ce qui est encore là ?

— C'est, reprit l'étranger, un homme qui paye cher les gens dont il a besoin, et qui a besoin de vous.

— Je descends, monsieur, je descends, répondit Jack.

— Jack Ketet est doux et hospitalier, reprit la femme, vous le voyez ; c'est un maître facile à servir, et je le sers volontiers. C'est un mari qui aime sa femme, et je lui rends bien son amour !... C'est un père qui laissera de belles épargnes à son fils, et son fils le bénira... mais il n'a pas de fils !... Que ferait-il d'un fils !... parce que vous savez bien... que c'est le bonheur d'avoir un enfant qu'on aime et qui hérite du nom de son père... Mais il y a des pères qui n'ont pas de fils... et des mères sans nourrisson... lui et moi... rien !... rien !...

Et les paroles de la jeune femme devinrent de plus en plus incohérentes ; elle se perdit dans une foule de mots sans suite et sans raison. L'étranger remarqua seulement alors l'égarement de ses yeux. A cet instant, une voix douce et frêle appela la malheureuse.

— Ma mère ! ma mère ! disait cette voix. Et en même temps, un enfant de dix ans au plus, tirant les vêtements de sa mère, essaya d'appeler sur lui son attention : c'était une maigre et chétive créature, tout étiolée et portant dans son regard l'assurance d'une pensée plus exercée que ne le comportait son âge. L'enfant s'adressa à l'étranger et lui dit :

— Mon père va descendre, monsieur ; excusez ma mère si elle se retire, mais elle est malade et a besoin de repos.

Après ces paroles, il entraîna Baby qui s'éloigna en disant à l'étranger :

— Jack Ketet est obligeant, monsieur, et il fera tout ce que vous lui demanderez.

L'inconnu, resté seul, resserra les deux petits ressorts d'acier qui tenaient son masque de velours noir, s'entoura avec plus de soin de son manteau et attendit l'arrivée de Jack Ketet. Celui-ci ne tarda pas à entrer, accompagné de l'enfant.

— A quoi puis-je vous être bon, monsieur ? dit-il à l'étranger, et en lui faisant signe de s'asseoir avec une politesse assez aisée.

— Cet enfant, répondit l'inconnu, ne doit pas assister à notre entretien. Ce que j'ai à vous dire est un secret entre vous et moi.

— Simon peut et doit entendre tout ce que vous avez à me dire, repartit le bourreau. Sa vie n'est pas de celles qu'on apprend aisément à tout âge, parce qu'à tout âge il est doux de l'ignorer ; il faut qu'il sache bien jeune tout ce qu'il doit savoir pour qu'il s'y plie tandis qu'il est encore souple et ignorant. Plus tard, quand il aura vécu en dehors des chaînes qui doivent lier son avenir, il aurait trop à souffrir pour y rentrer. Cette vie que lui a départie le destin a des conditions auxquelles il faut s'acclimater au berceau, sous peine d'en mourir ou d'en devenir fou. Parlez donc, car il sait déjà que l'oreille d'un bourreau doit être ouverte et sa bouche fermée.

L'étranger hésita.

— Si son oreille doit être ouverte, c'est sans doute pour recevoir tous les bruits qui peuvent y arriver, et je voudrais savoir si celui de l'or y serait mal accueilli.

— Pas plus mal, repartit le bourreau, que dans l'oreille d'un courtisan ou d'un riche marchand ; mais cela dépend de l'accompagnement qu'on y ajoute, et il y a telle proposition que le son d'une tonne d'or ne pourrait faire passer.

— La proposition que j'ai à vous faire, reprit l'inconnu, n'a rien de contraire à vos devoirs. Cependant, ajouta-t-il avec quelque embarras, je ne voudrais pas devant cet enfant...

— S'il en est ainsi, dit Jack Ketet, je vais l'éloigner ; mais hâtez-vous, car j'ai beaucoup à faire aujourd'hui.

L'enfant adroit, s'emparant de la phrase qu'il venait d'entendre comme d'une bonne fortune, ajouta sur-le-champ :

— Sans doute vous avez beaucoup à faire, et c'est pour cela que vous ne devez pas être éloigné d'écouter quelqu'un qui voudrait vous décharger d'une partie de votre travail.

— Les corps d'Ireton et de Bradshaw sont tout prêts, répondit Jack en secouant la tête : ce matin nous allons tirer de sa tombe celui de Cromwell en présence du shérif. Il ne faut pas penser à alléger le travail d'aujourd'hui. Chaque bec de la potence triangulaire aura son morceau ; il n'y a rien à ôter.

— Ce n'est pas ainsi que je l'entends non plus, reprit l'étranger avec intention.

— Alors je ne vous comprends pas, repartit le bourreau.

L'inconnu, alors, regarda autour de lui comme pour s'assurer qu'on ne pouvait l'entendre, approcha sa chaise de celle du bourreau et lui dit d'un ton où l'on sentait un frémissement involontaire :

— Ce que l'on a raconté de l'exécution d'Archibald est-il vrai ? et une autre main que la vôtre a-t-elle fait tomber sa tête ?

— Oui, dit Jack, la tête du marquis d'Argyle, répondit Jack Ketet, est tombée sous une main qui avait bien souvent pressé la sienne. Mais lorsque celui qui donna cette joie à sa vengeance vint chez moi, masqué ainsi qu'il l'avait fait à l'échafaud, il frappa à cette porte, entra, me jeta une lourde bourse sur la table en me disant ce qu'il voulait, m'ordonna la discrétion, prit ma hache, la brandit à plusieurs fois et sortit. Le lendemain, il était debout avant moi à côté du billot, et lorsque le marquis eut fini sa prière, il se pencha vers lui, ôta à moitié son masque, et lui dit un nom.

— Quel nom ? s'écria l'inconnu en interrompant Jack.

— Quel nom ? reprit le bourreau qui, se laissant aller au fil de son récit, l'eût peut-être prononcé sans intention, le nom ? le marquis d'Argyle l'entendit seul. Dieu puissant ! de quel regard épouvanté et douloureux il considéra celui qui le lui dit ! Jamais la surprise ni l'effroi ne m'avaient apparu si extrêmes. Je crois qu'il voulut parler, car ses lèvres remuèrent un moment, mais je n'entendis que le coup de hache qui s'abattit en traçant un sillon de lumière, et la tête roula à mes pieds. Mais, monsieur, celui qui frappa ce coup avait une âme résolue, et sa voix ni son bras ne tremblèrent en cette occasion.

— Il ne s'agit pas de courage en ceci, reprit aigrement l'inconnu.

— Que voulez-vous donc ? dit Jack Ketet.

— C'est folie, répondit l'étranger en serrant les poings avec rage, c'est folie sans doute ; mais il a tué mon père, et ma vengeance n'a pu l'atteindre vivant, car à la même heure... Ici l'inconnu, qui avait cédé à un mouvement trop violent, s'arrêta soudainement et reprit avec plus de calme : — Oubliez ce que je viens de dire, Ketet, et ne cherchez pas à pénétrer, grâce à la circonstance que je vous ai dévoilée imprudemment, ce que j'ai été et ce que je puis être.

— Peu m'importe, répondit le bourreau, et d'ailleurs ce n'est pas là une circonstance bien indiscrète, car depuis Sa Grâce le roi Charles II jusqu'au plus petit de ses sujets, il ne manque pas de gens qui peuvent dire : Cromwell a tué mon père.

— Eh bien ! ajouta l'étranger en tirant de sa poche une bourse où il y avait de l'or et en la présentant au bourreau, pour ceci laisse-moi remplir un serment atroce. Que cette vengeance qui n'a pu s'accomplir sur Cromwell vivant, puisse se fouler aux pieds mort et insensible. Je te jure, Ketet, que ceci n'est pas lâcheté ; je te jure que ce n'est pas un homme qui a pu le voir face à face, ou à la portée d'une arquebuse, ou qui a pu approcher de son lit ou toucher à ses aliments qui te demande son droit. Non, l'arrêt de mon père prononcé, il s'est réfugié dans un asile qu'il a dû croire sûr et éternel, mais qui n'a été ni sûr ni éternel par ma volonté, car il en sort aujourd'hui.

Le bourreau se recula de l'étranger à ces mots. Il ne savait plus quel hôte il avait dans sa maison ; mais il avait dans l'autorité sauvage de ses paroles, à l'élégance somptueuse de ses vêtements, qui se laissaient voir sous son manteau, il soupçonnait que ce devait être un homme d'une bien haute distinction. Prenant alors un ton de respect, il dit en se levant :

— Qu'exige votre honneur ?

— Ta place à Tyburn aujourd'hui, répondit l'étranger.

— Il suffit, dit Ketet.

— J'irai masqué, tu me reconnaîtras à ces mots : Vengeance d'un fils !

En disant ces paroles, le cavalier se leva et parcourut la chambre en réfléchissant profondément ; puis il s'arrêta tout à coup devant Ketet et lui adressant la question suivante :

— Celui qui se vengea du marquis d'Argyle ne reçut-il de vous aucun renseignement ?

— Qu'appelez-vous renseignement ? reprit le bourreau, je comprends mal votre honneur.

— Je veux dire, ajouta l'étranger en hésitant un peu, je veux dire si vous ne lui avez pas indiqué comment, enfin...

— Rien, absolument rien, répliqua Ketet, qui avait saisi la pensée de l'inconnu. Mais il s'agissait d'une décapitation, et continua-t-il avec un rire presque joyeux, en fait de décapitation, tout ce qu'on peut donner de mieux, ce sont des conseils, parce qu'un exemple, c'est difficile. Au lieu qu'aujourd'hui, si votre honneur le désire, nous pourrons essayer.

— Eh bien, soit, reprit l'inconnu, je vous écoute.

— Vous comprendrez mieux là haut, venez.

Prenant aussitôt la lampe, il marcha en avant et monta l'étage supérieur. Ils rencontrèrent Baby assise au bas de l'escalier, jouant avec Simon qui la tenait sur ses genoux. Jack s'arrêta un moment à les considérer ; il se pencha vers Baby qui lui sourit d'un air de joie et lui donna un baiser sur le front ; puis, appelant Simon :

— Allons, dit-il, enfant ; à la leçon.

Ils gagnèrent tous trois une chambre immense qu'éclairait la grande fenêtre dont nous avons parlé. Baby se glissa derrière eux à leur insu et se cacha dans un coin. On pourrait dire que c'est le lieu était l'atelier de Jack Ketet. Tous les instruments des monstrueux supplices en usage à cette époque y étaient amassés et rangés avec ordre. Grils, tenailles, haches, cordes, poulies, balanciers pour les tortures, coins, barres de fer, entonnoirs, brodequins, étalaient aux yeux toutes les ressources de l'ingénieuse justice humaine. Entre autres choses, une potence s'élevait au milieu de l'appartement, et un mannequin couché à terre attendait qu'on l'y suspendit.

D'après l'ordre de son père, Simon apprit à l'étranger comment il fallait passer le nœud coulant de manière à ce qu'il s'arrêtât sur la nuque, et puis, ôtant de dessous le mannequin l'appui qu'il y avait placé, il le lui montra suspendu. L'étranger avait suivi avec attention ces diverses opérations, et cependant il ne parut pas satisfait. Enfin, il dit à Ketet :

— Mais ce n'est pas tout ; vous vous suspendez aussi par les mains à la corde et vous pesez de vos pieds sur le supplicié.

— Sans doute, reprit Jack, lorsqu'il s'agit d'un vivant et qu'il est bien recommandé, parce qu'alors, au lieu de mourir par étouffement, on lui pose le pied sur le haut de la tête, et on lui casse les vertèbres du cou, de façon à ce qu'il expire sur-le-champ. Mais c'est inutile aujourd'hui.

— N'importe, dit l'étranger, j'en veux voir l'épreuve.

Jack Ketet donna l'ordre à Simon d'exécuter ce que demandait l'étranger. L'enfant appuya une longue échelle à la potence, y grimpa, saisit la corde au point où elle était attachée, puis, se laissant glisser jusqu'au mannequin, frappa la tête du pied.

A ce moment, un rire doux et joyeux résonna près de la potence, et l'on vit Baby assise dans un coin, qui applaudissait son fils en souriant. L'enfant aussi, malgré sa bien triste expérience, n'en était pas moins enfant, demeura suspendu à la corde, puis, lui imprimant un léger mouvement, se mit à se balancer, augmentant à chaque tour et retour la rapidité de sa volée. La mère suivait d'un air ravi la course aérienne de son fils, frappait dans ses mains avec joie toutes les fois qu'il s'élançait plus haut ; et Jack Ketet, les yeux fixés sur elle, la considérait avec une morne douleur.

— C'est votre femme ? dit au bourreau l'étranger, que cette scène intéressait malgré lui.

— Oui, répondit Jack, sans détacher ses regards de Baby, c'est ma femme, et il y a dix ans qu'elle est à moi ; c'est la fille d'un confrère qui l'a laissée orpheline à six ans. Je l'ai fait élever chez une vieille femme loin d'ici ; puis, quand elle a eu dix-sept ans, je l'ai épousée. Je lui ai dit qui j'étais et ce que j'étais. La pauvre Baby m'aimait de reconnaissance et d'amour, et elle s'est crue assez forte pour être à moi. Hélas! elle s'est trompée. C'est ma faute, si je l'avais élevée ici, elle se serait faite à ce qui s'y passe : mais il n'en était pas ainsi. Pourtant, durant les premiers mois, c'était au beau temps du protectorat, comme il n'y avait rien à faire, tout alla assez bien, et je lui cachais même les rares occasions où on se servait de moi. Cependant l'ennui la prenait, et elle changeait à vue d'œil. La restauration vint, et alors il me fallut sortir tous les jours, et tous les jours je revenais harassé. Le désespoir la prit, et elle devint souffrante et maigre comme un squelette. Enfin, un jour, celui où, fatigué et poussé au dégoût, je fus obligé de frapper à deux fois pour rompre les bras de Spendlay qui avait volé deux chevaux de chasse du roi, le peuple attaqua ma maison; Baby était seule, et elle eut tellement peur de la foule, ou si grande horreur de moi, qu'elle devint folle. Depuis cette époque, la santé lui est revenue; elle est belle et fraîche comme autrefois, plus heureuse d'être folle que d'avoir gardé la raison pour voir son mari être le rebut de l'humanité, et son fils assuré de le devenir.

Pendant ce temps, le balancement de la corde s'était lentement et graduellement arrêté : car Simon avait écouté les paroles de son père; la gaieté du regard de Baby s'était éteinte avec le mouvement de la corde, et elle avait penché sa tête sur ses genoux en murmurant un refrain de vieille chanson bien connue :

Balance ta vie, enfant,
Balance ta vie.
Au bonheur Dieu te convie
Et ta mère te défend.
Balance ta vie, enfant,
Balance ta vie.

Le chant mourut aussi comme le mouvement de la corde et comme la gaieté de Baby. Simon, qui était devenu triste en l'écoutant, se laissa glisser jusqu'à terre et courut jusqu'à sa mère, et là, se mettant à genoux devant elle, il chercha à l'embrasser en pleurant.

Jack Ketet secoua tout d'un coup la tête et dit à l'inconnu :

— Maintenant, c'est fini, monsieur; vous n'avez plus besoin de moi, je suppose?

Après ces paroles, il reprit la lampe et suivit l'étranger qui se décida à sortir de la chambre. Jack Ketet parut passer devant sa femme et Simon sans faire attention à eux; mais si l'inconnu avait bien écouté, il aurait entendu le bourreau dire à son fils :

— Tu vois bien que nous ne sommes pas si misérables ni si infâmes, puisque des grands seigneurs achètent à prix d'or l'honneur de nous remplacer.

XXX. — WESTMINSTER.

Westminster est un gothique monument. A l'époque dont nous parlons, il avait, plus encore qu'aujourd'hui, l'aspect sombre et recueilli de cette sorte d'architecture. Ses bas-côtés, où se perdait une lumière terne et appauvrie, ne saillissaient pas en sculptures de marbre de toutes couleurs, et leurs ogives n'étaient pas toutes pyramidalement remplies de tombeaux. A l'exception de la partie orientale du chœur, où se trouvaient les monuments du roi Sébert, d'Edmond Crouchback, comte de Lancastre, d'Aveline, sa femme, et du comte de Pembroke, presque toutes les tombes étaient reléguées dans les caveaux de l'église. On y pénétrait par la chapelle de Henri VII.

Ce fut donc de ce côté de l'église que, le 30 janvier, de grand matin, se dirigèrent le shérif du comté de Middlesex; M. Gifford, le sergent (1) de la chambre des communes; Jack Ketet, le bourreau ordinaire du comté, et quelques ouvriers armés de leviers et de pinces, pour détacher les dalles qui recouvraient le cercueil d'Olivier Cromwell. Jacques Sawton, gardien de l'abbaye, les précédait, une lanterne à la main. Le shérif qui, la veille, avait délégué son sous-shérif pour présider à l'exhumation des autres cadavres, ne déguisait pas son humeur d'être forcé d'assister à cette opération. Mais on lui avait fait entendre que Cromwell ne méritait pas moins que la présence du premier magistrat du comté, et il avait été forcé d'obéir. Le bourreau et le sergent de la chambre des communes, dont les fonctions étaient ordinairement séparées par tout l'intervalle qu'il y a entre une arrestation et un supplice, intervalle ordinairement rempli par la prison, le procès et le jugement; le sergent et le bourreau, disons-nous, rapprochés en ce moment par le choix du criminel, marchaient côte à côte. M. Gifford, soigneusement enveloppé dans sa robe de serge noire, et agitant doctoralement sa baguette de sergent, avait beau se donner toute l'importance qu'il croyait devoir rendre à sa dignité, il n'en sentait pas moins à ses côtés Jack Ketet qui se plaisait à lui faire sentir le rapprochement de toutes façons. A chaque moment, le *malin* (2) bourreau s'amusait à lui donner de légers coups de coude pour appeler son attention et lui faire mystérieusement les observations les plus inutiles, n'oubliant jamais de l'appeler cher confrère. Les ouvriers, gens de la plus petite populace, chez qui la crainte de la peste avait pris un caractère de terreur désespérée, et qui ne redoutaient pas sans raison les exhalaisons malfaisantes d'un cadavre, les ouvriers étaient peu soucieux de gagner l'argent qu'on leur avait promis. De façon que tout le monde à peu près, à l'exception du bourreau, avait hâte de finir promptement cette triste expédition.

Quant à Jacques Sawton, qui conduisait les magistrats vers la chapelle de Henri VII, c'était le même que nous avons vu, à pareil jour, livrer, pour de l'or, le passage de Withe-Hall à lady Salnsby, lors du supplice de Charles Ier. Depuis cette époque, il avait gardé un souvenir particulier de la résolution du jeune Barkstead; et Richard, à son tour, n'avait pas oublié que Jacques Sawton ne portait pas, à son trousseau, de clé si lourde et fermant si exactement palais ou église, qu'il ne livrât pour un bon poids d'or, mis en regard de l'autre côté d'une balance. Aussi, lorsqu'il apprit que, par le crédit de lady Salnsby, cet homme était arrivé à la place de gardien des caveaux de Westminster, il se rassura sur la difficulté de lever le plus grand obstacle que pouvait rencontrer son projet.

Au moment dont nous parlons, Sawton n'était pas assurément le moins empressé de voir finir la cérémonie : car s'il avait en poche les cinquante guinées de Richard, il n'était pas très-assuré qu'elles lui profiteraient. Sans doute, après avoir introduit, quelques heures auparavant, Love et Richard dans le caveau, il s'était assuré qu'ils n'avaient rien distrait et les avait visités et fouillés à leur sortie; mais, il se rappelait confusément que, tandis qu'il tenait la porte de la chapelle entr'ouverte d'une main et que de l'autre il recevait cinquante guinées que lui comptait Richard, une pièce d'or était tombée et avait roulé à quelque distance de la porte, et que, pendant qu'il se baissait avec sa lanterne pour la chercher, Love s'était introduit dans la chapelle. A ce moment, le charme des cinquante guinées avait opéré si puissamment qu'il n'avait pas fait grande attention à cette circonstance, et qu'il n'avait pris cette entrée, un peu subite, que pour l'empressement d'un brave puritain, dont les larmes brûlaient de s'épancher sur les restes de son dieu, pendant qu'ils n'étaient pas encore livrés aux bourreaux. Il n'expliquait pas aussi bien l'énorme ampleur du boucher qui, enveloppé d'un vaste manteau, semblait beaucoup plus gros que de coutume; mais les cinquante guinées n'avaient été promises par Love, qu'à condition qu'on le laisserait pénétrer comme il le voudrait dans le caveau, et leur bruit couvrait plus que suffisamment le murmure de quelques pauvres scrupules. D'ailleurs, comme la seule supposition que pût faire raisonnablement Sawton, à propos des projets de Barkstead et de son compagnon, ne pouvait être qu'un enlèvement du cadavre de Cromwell, il avait cru parfaitement concilier sa sûreté, ses devoirs et ses intérêts, en exigeant que les visiteurs se soumissent à une inspection exacte à la sortie du caveau. Il ne faut pas oublier que la pompe des funérailles de Cromwell avait occupé Londres pendant trois jours, et qu'il n'était jamais entré en doute, un seul instant, que son corps ne fût dans la chapelle de Henri VII.

Sawton avait donc laissé entrer Love et Richard dans le caveau; ils y étaient restés une heure, selon leurs conventions, et en étaient ressortis sans que rien annonçât une soustraction quelconque. En conséquence, le gardien avait regagné sa chambre, passablement rassuré, et il avait étouffé ses dernières craintes en comptant et recomptant cent fois les guinées de Richard.

Mais, à force de compter et de recompter ces cinquante dignes guinées et d'en calculer l'emploi de toutes les façons possibles, le premier plaisir de la possession s'usa et se corrompit. L'honnête Sawton regarda cet argent comme une chose qui lui appartenait de droit, et il s'étonna, en lui-même, qu'il eût pu braver de si grands dangers pour une si misérable somme. Deux heures avant l'arrivée de Richard, l'existence de cinquante guinées lui paraissait un fait imaginaire; il n'aurait su inventer rien au monde qu'on ne pût faire pour cinquante guinées, et, deux heures après son départ, il se méprisait d'avoir si peu demandé; il s'en voulait : et, dédaigneux de son but, après l'avoir atteint, il ne considérait plus que les risques qui lui restaient à courir.

Il calcula alors que ce n'était pas seulement pour pleurer sur une pierre sépulcrale, que l'on dépense cinquante guinées; il frémit de ce qui avait pu arriver dans la chapelle et de ce qu'on allait peut-être y découvrir, et, lorsque l'heure de l'exhumation fut arrivée, il trembla de tous ses membres en prenant sa lanterne et en marchant en avant des magistrats.

Tous ces divers sentiments, qui agitaient chacun, donnaient à la marche des exécuteurs des arrêts du parlement, quelque chose d'ennuyé, d'humoriste et de mesquin, et en même temps d'empressé, comme il arrive de nos jours, lorsqu'un procureur du roi va assister à l'autopsie d'un épicier soupçonné d'avoir été empoisonné par sa femme, et qu'il est pressé de se débarrasser de cette importune affaire. On arriva, dans cette disposition d'esprit, à la chapelle de Henri VII, et Sawton, ramassant tout son courage, en ouvrit rapidement la porte. Entre autres précautions que lui avait suggérées sa frayeur, il n'avait pas oublié celle de ne se munir que d'une mauvaise lanterne fort enfumée et passablement obscure. L'humeur de chacun paraissait devoir naturellement être partagée par les autres, le shérif ne fit aucune observation sur un manque de soin qu'il aurait sévèrement puni en toute autre occasion. Le déplaisir que lui causait l'opération à laquelle il était forcé d'assister était si vif, qu'il concentra sur cette obligation tous les mouvements d'humeur qu'il ressentit. Ainsi, lorsque la porte de la chapelle fut ouverte et qu'il se heurta contre la marche qui en fait l'entrée, il ne se plaignit pas de Sawton qui avait négligé de l'éclairer, mais de l'arrêt du parlement qui lui imposait de si dégoûtants devoirs.

Immédiatement, on descendit dans le caveau, et Sawton, après avoir jeté un rapide coup d'œil tout autour, désigna, d'une voix assez calme, la dalle de pierre sous laquelle devait se trouver le cercueil de Cromwell. Mais rien ne saurait égaler son horreur et sa surprise, lorsqu'en baissant sa lanterne, il s'aperçut que le tour des pierres avait été entamé par un levier, et que la dalle avait été descellée. Il se sentit pris à la gorge d'un étouffement qui faillit le renverser, et son épouvante le domina si complétement, qu'il laissa tomber sa lanterne et qu'elle s'éteignit dans sa chute. M. Gifford, qui n'était pas le moins ennuyé de ses fonctions, surtout à cause des agaceries du bourreau, s'écria avec colère :

— Oh! le maladroit animal! faut-il que nous demeurions ici jusqu'à ce qu'il ait été chercher de la lumière?

Le pauvre Sawton voulut balbutier quelques excuses; mais il fut traité de rustre, de maladroit, d'imbécile, par le shérif lui-même, et il lui fut ordonné d'aller rallumer sa lanterne et d'apporter des torches pour que cet accident ne se renouvelât

(1) *Serjeant.* On aurait pu traduire *huissier*, par rapport aux soins intérieurs dont il était chargé, comme les huissiers de nos chambres législatives. Mais les fonctions du *serjeant* s'étendent jusqu'à l'exécution des arrêts du parlement et en font un officier de justice. On a traduit littéralement le mot anglais.

(2) *Jocker.*

point. Le malheureux se sentit perdu. Il sortit donc, et avec lui remontèrent dans la chapelle le shérif et le sergent, qui ne se souciaient nullement de demeurer dans un caveau froid et humide, où leur présence n'était pas encore nécessaire. Jack Ketet ne voulut pas être en reste avec le sergent, et remonta de même dans la haute église; mais le shérif et M. Gifford avaient commencé, tout en se promenant, une sérieuse conversation sur la grave exécution qui allait se faire dans la journée, et le bourreau, malgré son désir, n'osa point s'y mêler. Cependant, comme il était en veine de gaieté, et qu'il lui fallait quelqu'un à torturer, ainsi qu'il le disait lui-même gracieusement, en faisant allusion à ses occupations habituelles, il se réserva pour le retour du pauvre Sawton.

Pendant ce temps, le misérable gardien était retourné rallumer sa lanterne. Il y alla comme un homme assuré de sa ruine, n'ayant ni espérance, ni projet pour son salut. Terrassé sous cette cruelle conviction, au point de ne penser ni à fuir, ni à bâtir un conte, mais obéissant, parce que la partie machine de son être avait entendu les ordres et les traduisait en actions. Ainsi, on lui avait dit de rallumer sa lanterne, et il l'avait rallumée : ainsi, on lui avait dit de prendre des torches, et il les avait prises, ne réfléchissant pas qu'il reportait au caveau les objets qui allaient le perdre tout à fait. Pour comprendre aisément cette situation de l'esprit, qu'on se recule à son enfance, et qu'on se rappelle le moment où la sentence d'un professeur a jeté le désespoir et la colère dans une âme d'écolier, pour un rire un peu haut, ou une grimace. Cela arrive souvent pendant une leçon que dicte le pédagogue. Eh bien! à partir du moment où l'arrêt a été prononcé, l'écolier, occupé de son indignation et de sa douleur, obéit encore en écrivant la parole de son maître; mais il ne la comprend plus, il y demeure tout à fait inintelligent : son oreille perçoit des sons et sa main les reproduit, parce que son oreille et sa main sont rompues à ce mécanisme, mais pour lui les phrases n'ont plus de sens. Tout entier à son malheur, il n'a d'intelligence que pour lui, et dans ce moment on lui dicterait sa condamnation à mort, qu'il l'écrirait sans en rien savoir. Voilà où en était Jacques Sawton en obéissant aux ordres du shérif. La seule chose qu'il fit de sa volonté, ou plutôt sans sa volonté, car il avait une si longue habitude de recourir à cette ressource, toutes les fois qu'il était contrarié, qu'on ne peut pas dire qu'il ne l'ait pas fait machinalement, ce fut de boire d'un seul coup un quart de bouteille d'eau-de-vie de France qu'il avait sur la table, et de mettre la bouteille dans sa poche.

Chargé de son nouvel attirail, il remonta l'immense nef de Westminster, et arriva de nouveau dans la chapelle de Henri VII, où le shérif se promenait rapidement avec M. Gifford, tous deux fort animés par leur conversation : car il est bon de dire que le shérif était un peu entaché de puritanisme, tandis que le sergent de la chambre des communes n'était rien moins qu'un catholique déterminé. Sawton, arrivé près d'eux, s'arrêta immobile devant le shérif, la lanterne à la main et les torches sous le bras, attendant l'ordre fatal de descendre dans le caveau, comme s'il eût dû y être enterré vivant.

En ce moment, M. Gifford finissait une fort belle tirade sur le mérite de la confession, et le shérif en avait préparé une non moins belle en réponse ; aussi, lorsqu'il vit Sawton planté comme un spectre devant lui, il se contenta de lui faire un signe de la main, en lui disant :

— Allez! allez! je vous suis, descendez toujours.

La grâce du déserteur n'arrive pas plus à propos pour soulager l'âme du spectateur dans les mille pièces qu'on a faites sur ce sujet, et dans lesquelles l'auteur a jugé convenable de ne pas tuer son héros, que ne vinrent les paroles du shérif pour tirer Sawton de son espèce d'anéantissement. Ce qu'il en conçut d'espoir fut si vif, qu'il en demeura immobile, et que le magistrat fut forcé d'interrompre sa période pour lui dire :

— Allez donc! je vous suis, allez!

A cette seconde invitation, Sawton savoura tout d'un trait l'espérance de revivre, et s'avança rapidement vers la porte du caveau. Mais il était destiné à passer par les plus extrêmes émotions de l'espérance et de la terreur ; car, à la porte fatale, il vit Jack Ketet se dandinant d'un air nonchalant, et qui se mit à lui sourire en le voyant approcher. Personne peut-il s'imaginer l'horreur qu'inspire le sourire du bourreau à un homme qui a la conscience d'avoir mérité la corde ; aussi, la nouvelle terreur de Sawton faillit avoir le résultat de la première, et ce ne fut que par hasard, ou bien, parce que sa peur se mêla de colère et de désappointement, qu'elle le porta à serrer les poings avec rage, et que sa lanterne ne lui échappa pas une seconde fois.

Cependant Sawton ne s'était pas vainement mis à espérer, il y avait repris goût, et quelque effroi que lui eût fait l'aspect du bourreau, il ne retomba pas dans cet état d'anéantissement qui l'avait d'abord surpris, et il résolut d'essayer à se sauver. Mais quel que fût son courage, il sentit qu'il avait besoin de renfort ; et, en conséquence, il s'adressa à la bouteille d'eau-de-vie qu'il avait dans sa poche, et la porta à ses lèvres. Jack Ketet n'eut pas plutôt senti le parfum de l'alcool, que son esprit qui, selon son expression favorite, se torturait pour inventer un tour à jouer au pauvre Sawton, s'illumina soudain de la pensée de lui enlever son excellent stomachique. Allongeant aussitôt la main, au moment où le liquide arrivait au bord du gouleau, et gardant à la bouteille sa position déjà inclinée pour donner plus de grâce à son adresse, il la fit passer de la bouche de Sawton à la sienne.

Le gardien stupéfait considéra le malin bourreau, tandis que celui-ci, les yeux fixés sur la voûte avec extase, savourait le brûlant nectar. Sawton comprit, avec la rapidité de l'homme qui joue sa vie, la chance que lui envoyait le hasard, et, s'élançant dans le caveau, il cria aux ouvriers :

— Allons! dépêchez-vous, ou Jack aura fini la bouteille d'eau-de-vie que je vous apportais, avant que vous puissiez y goûter.

Les ouvriers qui ne demandaient pas mieux, d'une part, que d'en finir avec un travail qui leur déplaisait, et de l'autre, que de tâter d'une bonne eau-de-vie dont le froid et l'humidité leur rehaussaient encore le prix, les ouvriers, donc, se mirent à soulever la dalle que leur désigna Sawton. L'un d'eux, doué d'une force prodigieuse, y mit surtout une telle ardeur, que la dalle ne résista pas longtemps, et dès qu'elle fut enlevée, l'on découvrit une sorte d'enfoncement en marbre, comme les immenses pierres creusées qui servent d'abreuvoir dans nos campagnes, et au milieu de cette sorte d'auge, une bière en chêne recouverte d'un cuir noir avec des clous à larges têtes, ainsi que les malles qu'on fait à présent. Cette espèce de bière, dont l'usage était fort commun alors, avait un couvercle attaché par des charnières d'un côté et des crochets de l'autre, de façon qu'elle s'ouvrait comme une boîte.

Sawton, dans son empressement à passer outre, allait ordonner d'ouvrir le cercueil pour s'assurer si rien n'avait été dérangé dans l'intérieur et s'il pouvait compter sur sa vie. Sa vie! le misérable s'y rattachait avec joie, heureux de son premier succès qui semblait lui promettre l'impunité. Trop heureux sans doute si l'on avait découvert la vérité en ce moment, et qu'il eût passé plus tard des mains de juges implacables dans celles du bourreau ; oui, certes, plus heureux d'avoir à mourir sur un échafaud que d'échapper au danger présent pour subir à quelques heures de là les tortures qui lui étaient réservées. Mais qui pouvait prévoir tout l'avenir de cet horrible jour! Aussi Sawton reprit-il ses terreurs, lorsqu'il entendit la voix âcre et moqueuse de Jack Ketet qui lui cria de la porte du caveau :

— Ah! mon féal, pas si vite ; ceci est un travail qu'il faut achever devant monseigneur le shérif et devant mon collègue M. Gifford. Attends, et allume tes torches, à moins que tu ne veuilles que le shérif le fasse pour toi.

Sawton obéit et implora mentalement le ciel pour que tout se finît comme cela s'était commencé, c'est-à-dire sans malencontre, et que Love ni Richard, qui évidemment avaient levé la dalle, n'eussent rien changé à l'intérieur de la bière. A ce moment entrèrent le shérif et le sergent, dont la discussion avait pris fin sur l'invitation du bourreau de venir assister à l'ouverture du cercueil.

Personne ne s'étonnera sans doute de l'espèce de nonchalance qu'on mettait dans cette opération, et du peu de soin qu'on semblait prendre de s'assurer de l'identité du cadavre qu'on allait exhumer. Depuis plusieurs années, la tombe de Cromwell existait dans ce caveau; cette tombe avait été fermée en présence de tous les magistrats de Londres; le shérif avait assisté lui-même à cette cérémonie lors des funérailles du Protecteur, et l'abbaye de Westminster avait jusque-là été un asile sacré pour les morts qu'elle avait reçus. Rien ne devait donc exciter les soupçons sur le cadavre que renfermait le cercueil, et rien ne pouvait trahir le secret de Barkstead.

Ce fut donc avec un simple sentiment de crainte pour la profanation qu'on allait commettre, que le shérif donna l'ordre d'ouvrir la bière. Ce sentiment de crainte s'explique aisément, quelque philosophie que l'on ait. D'ailleurs le nom de Cromwell n'était pas mort avec lui, on se souvenait de l'homme vivant, de sa rapide justice, de son coup d'œil qui démêlait ses ennemis parmi ses plus lâches flatteurs ou ses plus intimes confidents, et de son inévitable rigueur à les punir. Le shérif avait eu avec lui des rapports personnels, et lorsqu'on découvrit la bière, il jeta sur le cadavre un regard plein d'anxiété, pour revoir cette figure qui lui avait autrefois apparu si souveraine et si terrible. Il y avait de la terreur dans toutes les âmes, à ce moment solennel, non-seulement parce qu'on était dans un lieu de royales sépultures, non-seulement parce qu'on allait arracher un cadavre à son froid asile, mais encore parce que cette tombe et ce cadavre étaient ceux de Cromwell.

Toutefois, les appréhensions de tous les assistants furent trompées. Le cadavre, soigneusement enveloppé d'un linceul de serge noire, avait le visage voilé. Qu'un désir du shérif, un souffle du vent, qui s'engouffrait dans tous les replis de l'église, eût fait écarter ce voile ; que la curiosité d'un ouvrier ou celle du bourreau eût voulu contempler ce visage, dont nul d'entre eux n'eût osé supporter le regard vivant, et c'en était fait des projets de Richard ; dix existences changeaient d'avenir à ce simple mouvement; celle de ce misérable Sawton, celles du shérif et du sergent lui-même ne se trouvaient-elles pas emportées dans ce tourbillon d'événements qui devait marquer ce jour, et qui entraîna Love, Richard, Charlotte, et tant d'autres? Mais les destinées humaines sont étrangement liées les unes aux autres. A la même heure, les plus séparées en apparence tiennent au même fil et se décident par le même événement ; ainsi, dans cette circonstance, celle du pauvre Sawton et celle de Charlotte ; et ce fut un bien misérable incident qui, détournant l'attention du shérif du principal objet de sa mission et même de sa curiosité, prévint une visite plus exacte et détermina la suite d'événements qui nous reste à raconter.

Sur le cadavre, et à la hauteur de la poitrine, se trouvait une boîte de plomb qui attira les regards, qui, au premier abord, s'étaient dirigés tous vers le visage. M. Gifford, malgré sa répugnance à toucher à tout ce qui se trouvait dans cette bière, s'empara de la boîte, comme chargé de l'exécution du parlement, et l'ouvrit en appelant le shérif à cet examen. Ils trouvèrent dans l'intérieur de la boîte une magnifique plaque gravée et qui paraissait être de l'or le plus pur. D'un côté étaient les armes d'Angleterre unies à celles de Cromwell ; de l'autre côté, était l'inscription suivante :

OLIVIERUS,
PROTECTOR REIPUBLICÆ
ANGLIÆ, SCOTIÆ ET HIBERNIÆ,
NATUS XXV APRIL., MDLXXXIX,
INAUGURATUS XVI DEC. MDCLIII,
MORTUUS III SEPT., ANNO MDCLVIII,
HIC SITUS EST.

Si le moindre doute eût accompagné l'opération du shérif, cette inscription l'eût assurément détruit dans son esprit; mais il procédait avec une certitude complète de rencontrer le cadavre de Cromwell à la place et dans la tombe où il le cherchait. Il n'accueillit donc ce renseignement que comme une chose qui devait naturellement se trouver à cet endroit. Quoi qu'il en soit de cette conviction du shérif, l'habitude de remplir, avec une scrupuleuse exactitude, les devoirs qui lui étaient imposés, l'aurait porté à commander qu'on découvrît le cadavre, et peut-être allait-il en donner l'ordre, malgré l'espèce de rêverie où il était tombé, lorsque tout à coup la voix aigre du bourreau se fit entendre.

— Doucement! doucement! disait-il au sergent de la chambre des communes, pourquoi donc, mon brave et digne collègue, mettez-vous dans votre haut-de-chausses cette lourde et brillante plaque d'or? avez-vous peur qu'elle ne perce la poche de mon pourpoint, et voulez-vous m'épargner la dépense de la faire raccommoder?

— Je prends cette plaque, répondit le sergent en affectant une dignité froide, parce que tel est mon droit.

— Votre droit! reprit Jack Ketet avec son air de moquerie habituelle, considérablement augmenté par la dose d'eau-de-vie qu'il s'était administrée; votre droit! cher ami: il me semble que pour un homme qui fait partie intégrante de l'honorable chambre des communes, où se font les lois de la bonne Angleterre, vous devriez les connaître un peu; ne fût-ce, cher ami, que comme les ânes papistes, qui, à ce qu'on dit, savent par cœur tous les cantiques de la canaille catholique, et qui se mettent à braire dès qu'ils les entendent chanter.

Le sergent fit à cette comparaison un geste d'indignation qui résultait à la fois de sa religion et de son orgueil cruellement insultés; mais le goguenard Jack Ketet continua en adoucissant sa voix et en tendant la main comme un suppliant:

— Oui, cher ami, si vous saviez un peu les lois, ou bien si vous ne faisiez pas semblant de les ignorer, vous me rendriez cette pauvre plaque d'or, attendu, et je vous demande pardon d'avoir l'air de vous apprendre quelque chose, attendu qu'il est formellement dit que tout ce qui sert à vêtir le condamné au moment de l'exécution, habits et joyaux, appartient au bourreau, ainsi que le cadavre, chair et os, à moins que le jugement n'en dispose, comme cela arrive aujourd'hui. Obligez-moi donc de me rendre ce pauvre joujou; allons, cher ami, du courage, donnez!

En parlant ainsi, il tirait doucement le bras de M. Gifford à moitié engouffré avec la boîte dans l'immensité de sa poche. On a beau être sergent d'une chambre des communes, on serait même un simple constable que c'est toujours un désagréable attouchement que celui d'une main de bourreau; et, si quelque chose peut encore ajouter à l'horreur qu'il doit inspirer, c'est la familiarité moqueuse qu'y mettait Jack Ketet. Aussi M. Gifford, en sentant cette main sur son bras, se recula-t-il vivement, et, avec un accent de dignité véritable que la colère et l'orgueil lui inspiraient, il lui dit:

— Plus loin! monsieur, plus loin! ne me touchez pas, je vous l'ordonne.

— Qu'est-ce donc? dit le shérif qui, plongé dans ses réflexions, était jusque-là resté étranger à cette discussion; qu'avez-vous, monsieur Gifford? ce drôle vous a-t-il manqué de respect?

Jack Ketet, qui, grâce à la préoccupation générale, s'était presque hissé à la hauteur du sergent en causant avec lui, se sentit replongé, par les paroles du shérif, dans son état d'abjection et de dépendance honteuse. Avec sa position, il en reprit le caractère, c'est-à-dire sa brusque et froide brutalité.

— Ce n'est pas la peine de m'appeler drôle, parce que je demande ce qui m'appartient, et que je prie, très-poliment, M. le sergent de ne pas m'extorquer ce que la loi me donne. Comme ce ne sont pas les politesses, les agréments et la considération, que me procure ma place, qui peuvent me faire vivre et me donner une maison où je sois à l'abri des pierres, des insultes et de la faim, il faut qu'on protége au moins mon droit, sinon ma personne. Je demande donc à M. Gifford qu'il me rende la plaque d'or trouvée sur ce cadavre; M. le shérif sait bien que c'est mon droit et mon salaire.

— M. le shérif sait comme moi, reprit le sergent, que tout ce que porte le condamné, au moment de l'exécution, appartient au bourreau; mais maître Jack sait, aussi bien que M. le shérif, que tout objet appartenant au condamné, trouvé sur lui au moment de l'arrestation, et qui peut faire reconnaître son identité, appartient à l'officier chargé de cette arrestation. Et, dans la circonstance présente, il me semble que la plaque est la meilleure preuve de l'identité du condamné que la chambre des communes m'a chargé de vous livrer.

— Vous appelez ça une arrestation! dit Jack Ketet en fureur, en haussant les épaules.

— Oui, certes, répondit vivement le sergent, car seul je suis responsable de l'identité des condamnés que vous exécutez, et certes, si ce cadavre n'était pas celui qui doit être pendu aujourd'hui, ce n'est pas à vous qu'on s'en prendrait, mais à moi, et il est juste que je garde les preuves de la manière dont je remplis mon devoir, car il y va de ma responsabilité.

Le malheureux sergent ne se doutait guère, en donnant cette raison à sa rapacité, qu'il marchait sur un terrain qui devait l'engloutir. Toutefois, le bourreau ne se tint pas pour battu.

— Oui! oui! dit-il en mesurant le sergent d'un regard de mépris, il y va de votre responsabilité et d'un marc d'or au moins que pèse cette plaque. Tenez, monseigneur, ajouta-t-il en se tournant vers le shérif, ce n'est pas juste, on m'a fait pendre, depuis quelque temps, assez de gueux qui n'avaient que des guenilles sur le dos pour qu'on ne me chicane pas lorsque le hasard m'envoie une bonne aubaine. Du reste, votre honneur est notre juge à tous deux, et c'est à vous à prononcer.

Sans doute, cette discussion ne tendait qu'à prolonger une opération désagréable au shérif. Mais le cas était délicat, la loi précise, et en Angleterre l'amour du texte des lois était, surtout à cette époque, une sorte de fanatisme si inhérent à toute magistrature, que souvent les juges rendaient les jugements les plus extravagants pour ne pas se détourner, dans des cas extraordinaires, de la lettre stérile de la loi. Le shérif écouta donc religieusement ce que venaient de dire les compétiteurs; il tomba dans un extrême embarras, il réfléchit quelque temps, puis, s'adressant à M. Gifford, il lui dit:

— Quelles sont vos raisons pour réclamer cette plaque gravée? j'avoue que je n'en ai pas bien compris la force.

M. Gifford se plaça alors d'un côté du shérif, tandis que Jack Ketet se tenait de l'autre; le magistrat, appuyé sur la base saillante d'un pilier, semblait assis sur son siége entre deux plaideurs. Les ouvriers, qui se tenaient en arrière, pouvaient passer pour les auditeurs de ce singulier procès, et Sawton éclairait le tout avec une torche. Le sergent parla le premier.

— Je rappelle à votre honneur, dit-il, la sentence du parlement qui condamne l'archi-traître (1) Cromwell à être supplicié, et qui me donne mandat de faire exécuter la sentence. Certes, mon devoir est d'obéir et de chercher, dans un cas aussi extraordinaire, quelle règle de conduite je dois suivre. Cette règle de conduite, je la trouve dans ce que j'ai déjà fait moi-même. Lorsqu'un arrêt emportant peine de mort fut rendu contre tout régicide, quel qu'il fût, il ne fut plus question de leur faire leur procès, mais seulement de les arrêter. Chacun s'y mit de son mieux; les uns eurent de la chance, d'autres furent malheureux. Le gouverneur de Kilkenny en arrêta trois sans sortir de sa maison, où ils eurent la bonhomie de lui demander asile; tandis que le shérif du comté de Northampton, où sept à huit de ces misérables s'étaient réfugiés, n'en put arrêter un seul, bien qu'il passât à cheval les nuits et les jours à la tête des soldats cantonnés dans le pays. Pour moi, je ne puis pas trop me plaindre, puisque j'en ai deux pour ma part. Le premier était, vous le savez, monsieur le shérif, John Carew. Lorsque je l'arrêtai, je ne le connaissais pas, quoique je le soupçonnasse fort d'être l'homme que je cherchais; mais je connaissais sa femme dans la maison de laquelle j'avais fait plusieurs perquisitions. Vous savez aussi qu'on trouvait difficilement des gens pour témoigner qu'ils reconnaissaient ces misérables condamnés, de manière que j'étais fort embarrassé. Qu'arriva-t-il? c'est qu'un jour, au moment où je croyais m'être trompé, je vis le misérable considérer avec des larmes un portrait de femme entouré de diamants; je m'en emparai, et je reconnus le portrait de mistriss Carew. Sur ce faible indice, je fis arrêter le régicide; et vous savez tous deux ce qui arriva.

En prononçant cette dernière phrase, le sergent s'inclina devant le shérif qui garda le silence en poussant un soupir et levant les yeux au ciel, et devant le bourreau, qui fit de la tête un signe d'assentiment. Le digne sergent continua, après cette petite pause, à s'adresser au shérif:

— Eh bien! milord, ce portrait qui m'avait servi d'indice, je l'ai conservé. M. Carew me l'a fait redemander: larmes, prières, menaces, il a tout employé; sa femme est venue chez moi; elle m'a imploré en me disant qu'il était la consolation de son mari dans la prison. Elle s'est jetée à mes genoux avec des cris et des sanglots; eh bien! milord, je n'ai rien écouté: j'ai gardé le portrait, parce que c'était mon droit. Autre exemple: Le capitaine major Daniel Axtell était, vous le savez, le meilleur écuyer de la Grande-Bretagne. D'une autre part, j'avais acheté autrefois, à New-Market, un poney dont je n'avais jamais pu me servir, parce que personne n'était parvenu à le dompter, et je ne l'avais revendu qu'avec beaucoup de perte, à cause de ses qualités vicieuses. Un matin, en revenant de ma maison de campagne, je reconnais mon cheval entre les jambes d'une espèce de paysan qui le menait comme j'aurais fait du plus humble roussin. Cela me semble singulier, et je cherche comment on a pu arriver à un pareil résultat: j'entre en discussion avec moi-même tout en considérant l'allure aisée du cavalier et de la monture, et je me dis qu'il a fallu un homme bien expert pour réduire ce sauvage animal. Je cherche les noms de nos plus célèbres marchands et professeurs d'équitation: C'est peut-être Mac-Fee qui fait manéger les chevaux du duc d'Aabdermale, me dis-je, à part moi: ou bien c'est Swith, le marchand, qui a réduit le beau et terrible cheval de chasse du duc de Farmooth à se laisser monter par lady Ormond qui en avait tant d'envie. Cependant ce misérable poney était si entêté que je cherchais toujours qui avait pu en venir à bout, et que, soudain, je me rappelai qu'il n'y avait guère en Angleterre qu'un seul homme à qui, de l'avou de tous, aucun cheval n'avait pu résister, et que cet homme était sir Daniel Axtell. Ce souvenir brilla comme un éclair à mon esprit: j'oublie le cheval pour considérer le cavalier; je lui trouve une aisance mal déguisée sous ses habits de paysan; je le suis et je l'arrête: c'était véritablement sir Axtell! et vous savez...

Le sergent allait sans doute recommencer la salutation au shérif et au bourreau; mais le magistrat l'arrêta d'un geste de la main, et M. Gifford ajouta ces derniers mots: — Eh bien! ce poney, je l'ai et personne n'a pensé à m'en contester la propriété. A quoi m'avait-il servi, cependant? à soupçonner plutôt qu'à reconnaître le coupable. Donc, si l'on n'a pu me disputer le droit que j'avais sur un indice, comment peut-on le contester sur une preuve? et y en a-t-il de plus puissante que cette plaque pour m'assurer du condamné que je cherche?

Le shérif, en prudent magistrat, ne montra aucun signe d'admiration pour ce brillant plaidoyer, et il se retourna vers Jack Ketet pour lui enjoindre d'exposer, de son côté, les droits qu'il croyait avoir à la possession de la plaque en litige. Le bourreau se mit en mesure de discuter son droit, et il prit la parole. Cependant, au moment où il allait parler, une rumeur considérable, qui paraissait retentir dans l'église, bien qu'elle fût fermée, obligea le shérif à envoyer Sawton pour en savoir la cause, et lui fit inviter le digne exécuteur à être aussi bref que possible. Celui-ci dit alors:

— Milord, je ne parlerai pas longtemps et je ne citerai pas de précédent, bien que j'en eusse beaucoup en ma faveur, comme, par exemple, celui de Thomas Harisson, dont les lunettes et la Bible me furent dévolues, parce qu'il lisait la Bible à l'aide de ses lunettes au moment de l'exécution: j'aurais bien encore celui de la pipe d'or de Grégory Clément, dans laquelle je fume tous les matins, et celui de la viole de Robert Tichburne que j'ai vendue au maître de musique de sa majesté; mais je n'en veux pas arguer, bien qu'on ne puisse dire que ce fussent là des objets de vêtement. Je ne pense pas qu'il me faille établir mon droit qui me paraît incontestable; je ne veux que détruire celui que se donne M. Gifford. Il dit qu'il a droit à tout ce qui lui sert d'indice ou de preuve pour assurer une arrestation; mais où est l'arrestation ici? M. Gifford ne perd-il pas toute relation avec les accusés ou condamnés dès qu'ils sont dans une prison, parce qu'il n'en répond plus? et quelle prison est plus sûre que le tombeau? Si quelqu'un pouvait réclamer, ce serait le geôlier, et où est le geôlier ici?

(1) Arch-Traitor.

— Moi, par Dieu! dit Sawton entraîné par l'appât du gain, qui, rentré dans le caveau, avait entendu les derniers mots de Jack Ketet. C'est moi qui suis le geôlier des morts, ce me semble.

— Et tu les as bien gardés, dit une voix sourde à l'oreille du gardien.

Sawton n'osa pas se retourner et chancela sur ses jambes. Mais la rumeur, qu'on avait déjà entendue, recommença et lui donna le temps de se remettre, pendant qu'on ajoutait tout bas :

— N'as-tu pas assez de cinquante guinées? Cette fois il reconnut la voix de Love qui avait acheté d'un ouvrier le droit de le remplacer pour pouvoir surveiller lui-même le succès de sa ruse.

Le shérif demanda alors à Sawton s'il avait appris quel était le murmure sourd mêlé de grands retentissements qui pénétrait jusqu'au caveau; et le gardien lui répondit que c'était le peuple rassemblé en troupes innombrables autour de Westminster, criant que l'heure était passée et frappant avec d'énormes pierres aux portes de l'église.

— L'heure est passée en effet, reprit le shérif avec empressement; allons, dépêchons! Vous! monsieur Gifford, gardez la plaque; toi, Jack, tu auras le linceul et ses franges d'or ainsi que la bière; et toi, Sawton, tu gagneras assez d'argent en montrant la place où a dormi le Protecteur. Allons, à l'ouvrage, la Cité n'est pas en bonne humeur aujourd'hui, on a cassé hier les portes de la taverne du roi Henri V; on annonce un grand rassemblement à Pawltry, où nous serons forcés de passer. Il ne faut pas fournir de prétextes aux mauvaises dispositions du peuple en le faisant attendre.

En conséquence, sans plus de cérémonie, le cercueil fut tiré de sa fosse de pierre, emporté à travers l'église de Westminster, et posé sur la charrette qui devait le conduire à Tyburn. Ainsi la soif d'une misérable cupidité, en forçant le principal magistrat du comté à précipiter l'opération qui lui était confiée, assura du moins jusqu'à la porte de Westminster le succès de l'entreprise de Richard et de Love. Mais mille nouveaux accidents pouvaient faire avorter ce projet, et nous allons voir qu'il s'en présenta un que personne n'avait pu prévoir.

XXXI. — LE POT DE BIÈRE DE PAWLTRY.

A mesure que ce récit avance, un scrupule revient sans cesse à l'esprit du narrateur. Bien qu'il se soit déjà expliqué sur ce scrupule, il craint de ne pas l'avoir fait assez complétement; le titre de l'ouvrage l'inquiète, et il se demande si, malgré ce qu'il a dit au commencement de ce volume, on ne lui disputera pas la vérité de ce titre : *les Deux Cadavres*. Et, véritablement, on peut dire que c'est trop ou trop peu. Trop peu, si l'on veut compter numériquement tous ceux dont on a parlé dans ce livre; trop, si le titre ne doit comprendre que ceux qui y jouent un rôle important; trop d'un, en effet, car jusqu'à présent, le seul *cadavre* de Charles Ier a paru sur la scène de ces événements, tandis que les restes de Cromwell demeurent intacts et ignorés sous leur gazon de Nazeby. Sans doute, c'est une incontestable vérité que, jusqu'à présent, Charles Ier a fait les frais de nos tristes récits, et cependant on ne saurait nier que, quoique absent, Cromwell n'y soit pas aussi nécessaire. C'est lui, c'est son cadavre, qui est la cause des résolutions et des colères dont un autre subit les effets; et, s'il est permis de comparer une composition aussi petite que celle-ci à une œuvre magnifique d'un manifique génie, l'auteur osera dire qu'il a pu admettre le cadavre de Cromwell à compter dans son titre, de même que le grand Corneille a donné le titre de *la Mort de Pompée* à une tragédie où ne paraît pas ce rival de César.

Après cette crainte, une autre arrive encore souvent à la conscience timorée de l'auteur. Il a peur qu'on ne l'accuse d'avoir entassé à plaisir une suite de tableaux horribles, et aussi fâcheux à se représenter physiquement qu'à approfondir dans leur moralité. Ces exhumations, ces cadavres dispersés; ces férocités du pouvoir qui ont pour écho les férocités du peuple; ces jeunes gens, ivres de vengeance, jusqu'à l'oubli de toute pitié et de tout honneur; ce délire furieux d'un amant; cet indigne oubli d'un fils; ce noble qui se fait bourreau; ces frères qui se tuent, tout cela n'est-il pas une fiction de mauvaise humeur, une noire et fétide invention qui doit soulever le cœur jusqu'au dégoût, révolter l'esprit jusqu'au doute, et l'âme jusqu'au mépris? L'auteur répond : Ce n'est pas une fiction, ce n'est pas une invention, c'est une vérité. Que si elle paraît surprenante et invraisemblable à mes lecteurs, le plus jeune d'entre eux se rappelle ce dont il a été contemporain, les réactions de Naples, les supplices de Madrid, les potences de Modène, et les exilés de Varsovie, qui vont, femmes, enfants et vieillards, peupler les déserts de la Sibérie; que les plus âgés de ceux qui me lisent retournent à 93, aux tombeaux de Saint-Denis, aux 2 et 3 septembre, à la princesse de Lamballe et à Féraud; que ceux qui voudront admettre l'histoire en témoignage, rejettent leurs souvenirs jusqu'à la révocation de l'édit de Nantes, la Ligue, la Saint-Barthélemy, et plus loin encore, jusqu'à la guerre des Albigeois, sur laquelle il reste à faire un livre admirable; qu'ils comparent et avouent si tout ce que l'auteur a représenté jusqu'à présent n'est pas d'un choix, tout au moins discret, dans les amas d'horreurs que présentent les vengeances des haines politiques et religieuses.

D'une autre part, si la moralité de ce livre ne sort pas lucide à l'esprit du lecteur du récit qui vient d'être fait, c'est la faiblesse de l'auteur et non son intention qu'il faut en accuser. Si, surtout, on n'a pas vu dans cette peinture un sévère avertissement donné aux partis, et un exemple terrible montré à leurs séides, des fureurs où l'on peut être entraîné lorsqu'on sort d'une voie de justice et d'humanité, l'auteur a manqué à sa propre pensée. Mais il espère qu'il n'en est pas ainsi, et c'est dans cet esprit de conviction qu'il abordera les derniers et les plus formidables événements de cette histoire.

Et maintenant, si cet ouvrage n'était pas un pauvre et misérable livre écrit en prose et destiné à la simple curiosité d'un cabinet de lecture et de ses abonnés; si surtout il restait aux hommes de nos jours, écrivains et lecteurs, quelque croyance honnête et élégante en poésie, quelque foi en cet esprit intelligent et inconnu que l'on invoqua si longtemps sous le nom de muse, et que le docteur Gall a emprisonné dans une bosse; si, enfin, tout n'était pas proscrit des formes de nos vieilles et sublimes compositions, l'auteur se hasarderait à implorer la force invisible ou matérielle qui l'a conduit jusqu'à cette page, de le soutenir plus que jamais, de lui être encore en aide, et même de s'accroître en raison du personnage qu'il faut mettre en scène tout entier. Ce personnage, c'est le peuple, non pas le peuple, cet être moral qui est tout, cette abstraction qui part d'une couronne et arrive à une guenille, mais le peuple, c'est-à-dire une assemblée d'hommes qui n'est ni la populace, ni la bourgeoisie, ni la noblesse, ni le clergé, mais où il y a des prêtres, des nobles, des bourgeois, des portefaix et des mendiants.

Car il va s'agir du peuple dans cette acception, à laquelle le mot foule ne répond pas assez largement. En effet, le mot foule peut convenir à dix rassemblements séparés et très-nombreux qui peuvent chacun s'agiter dans la cité pour des événements ou dans un esprit différents, tandis qu'on ne saurait appeler du même nom toute la population d'une ville levée à la même heure sous l'empire du même motif, et qui, avec mille sentiments divers dans les individus, est destinée, lorsqu'elle se sera aggloméré et concentrée, à avoir une âme unique, une intelligence, un raisonnement, une volonté et une exécution uniques, comme un être simple; et qui pensera et agira comme un homme, sans qu'on puisse dire où sont la tête et les bras du colosse. C'est cet être collectif que nous appellerons le peuple.

C'est ainsi, et sous cet aspect, que se présentait une immense multitude aux environs de Westminster. Curieuse avant tout, elle voulait être témoin du spectacle qui allait lui être présenté. Parmi les sentiments d'horreur ou d'approbation que se partageaient ces milliers d'hommes, la curiosité dominait sur tous et unifiait, pour ainsi dire, toutes ces diverses pensées. Ce fut du moins cet unanime sentiment qui accueillit l'ouverture des portes de Westminster. Tous les yeux convergèrent à la bière de Cromwell. Ce n'était, comme nous l'avons dit, qu'un coffre noir marqueté de quelques clous à larges têtes, et il semblait que pour une si grande attente, ce fût un bien petit objet, ou du moins que ce ne fût pas l'objet de l'attente; et cependant, il n'y eut ni désappointement ni réclamation dans la foule.

Qu'attendait le peuple, en effet? La bière de Cromwell. Plus misérable ou plus riche, d'un bois pourri et dégradé, ou d'un cuivre luisant et doré, elle eût éveillé la même attention, parce qu'elle avait un nom qui couvrait et faisait disparaître l'élégance ou la difformité de sa structure, la richesse ou la pénurie de la matière, c'était de s'appeler la bière de Cromwell.

Ce fut peut-être à ce que cette bière se trouva fermée et qu'elle ne ramena pas la pensée populaire à s'occuper de la forme qu'avait prise dans la mort le cadavre de Cromwell, que cette pensée dut de rester immense et solennelle. En effet, que le corps du Protecteur, nu, amaigri, desséché, puant, violet, avec des yeux vides, une chevelure et une barbe çà et là arrachées, des membres dégradés, rongés, entamés, et étendu inerte et délabré dans le fond d'une charrette, eût été étalé aux yeux de la multitude, et toute son attente se fût tournée en dégoût, en horreur, en fuite. Mais cette bière de Cromwell, fermée et impénétrable, fut une bien autre puissance : car l'imagination la remplit, et tout Cromwell l'occupa.

A cette heure, à cette minute, toute l'histoire de Cromwell, d'un bout à l'autre, s'écrivit instantanément dans la pensée de tout ce peuple, chaque mémoire en ressuscita une partie, chaque souvenir en reproduisit quelque chose. A cette épopée mentale, ceux-ci fournirent une page, ceux-là une phrase, quelques-uns un mot.

Un soldat l'avait vu combattre à Worcester, et il s'en souvenait : un marin l'avait mené à la soumission de l'Écosse, et il s'en souvenait; l'un l'avait vu siéger au parlement et au conseil; l'autre, chasser le renard; il avait expliqué la loi à ce juge, et la Bible à ce ministre; celui-ci l'avait vu pardonner, celui-là punir; il avait prêché devant beaucoup et s'était enivré devant quelques-uns; il avait été brutal à l'un, doux et poli à un autre; il s'en trouvait avec qui il avait discuté les intérêts de l'Angleterre, et d'autres qu'il avait chicanés sur le montant d'un mémoire; plusieurs l'avaient vu calme le jour de la mort de Charles, plusieurs l'avaient vu triste de la mort d'un chien favori; il avait été le subordonné de quelques-uns et le maître de presque tous; l'un avait voulu le tuer, l'autre lui devait la vie; un vieillard l'avait vu commencer, croître et finir, un plus jeune n'avait connu que sa puissance; là, il avait répondu, le chapeau en tête, à un ambassadeur, et là, salué un ouvrier; un vieil ami ressaisissait beaucoup de moments passés avec lui, et un enfant se rappelait que sa mère le lui avait montré une fois : chaque heure, enfin, de la vie de Cromwell avait là son témoin, son souvenir, son récit; même l'heure si cachée de sa mort, que Richard représentait dans cette vaste histoire.

Maintenant, qu'on explique par quelle intelligence suprême, par quelle puissance inconnue, de ces mille fractions isolées, il se crée un tout unique; de ces mille pensées particulières à chacun, une pensée commune à tous; de ces souvenirs d'individus, un souvenir de peuple. Qu'on explique ce fait, et ce sera une prodigieuse conquête de l'esprit humain, et le fil conducteur une fois trouvé, ce sera peut-être expliquer l'âme, expliquer Dieu.

Pendant que ce sentiment universel d'attention et de premier respect accueillait la bière de Cromwell, Love retrouva Richard dans la foule, près de la porte principale de Westminster. Le jeune homme lui raconta le duel de Downing, sa mort et l'état désespéré de son frère, qu'il avait laissé aux mains d'Andlay. Il lui dit aussi l'espèce de rendez-vous que Ralph et lui s'étaient donné à Tyburn. A pareil jour, et quatorze ans avant, ils s'étaient trouvés sous l'échafaud de Withe-Hall, et Richard souriait en pensant à la victime de ces deux journées. Love lui rendit compte, en retour, de ce qui s'était passé dans l'église et ne lui dissimula pas les craintes que le shérif avait manifestées du rendez-vous qu'on s'était donné dans la rue de Pawltry. En conséquence, il s'échappa un moment pour quitter son déguisement, afin de pouvoir agir plus librement selon les circonstances sur les masses dont il était connu, et il revint à côté de Richard.

Foule, magistrats, charrette et cercueil, s'avançaient néanmoins, et rien ne semblait devoir troubler l'ordre de l'exécution. On était arrivé dans la rue de Pawltry; elle était, comme toutes celles par où passait le cortége, encombrée d'une multitude penchée aux fenêtres, dressée sur des chaises, curieuse, murmurant à l'aspect loinfain de la bière et se taisait à son passage. On arriva ainsi devant la taverne qui était située au milieu à peu près de la longueur de la rue. A toutes les fenêtres de cette taverne, étaient entassés des hommes de la plus vile populace, à celle du milieu était le maître de la maison.

Les Anglais ont un mot pour exprimer cette sorte de gens qu'on rencontre dans les villes, et particulièrement à Londres, les jours d'émotion publique. Ce mot, qui ne peut se traduire par le terme populace, a quelque chose de plus significatif. *Mob,* car *Mob* est le mot dont nous parlons, a un caractère à soi ; il définit à lui tout seul cette effroyable éructation des repaires de mendicité, des tavernes clandestines, du vice boueux ; il peint dans sa courte syllabe ce hideux vomissement que versent, sur les places publiques et dans les rues, les ateliers de tannerie, le curage des portes et des égouts; il représente, d'un trait, tous ces hommes, vêtus de lambeaux de serge et de toile, hideux, les cheveux pendants, l'œil vitreux, le geste abruti, la bouche demi-béante d'une soif qui s'adresse à tout, eau et bière, vin et sang; ces hommes, enfin, qui, les jours où la société a la fièvre, montent à sa surface comme des pustules à la peau de l'homme malade.

Voilà quels étaient les hommes qui remplissaient cette maison, et Williams, l'ancien ouvrier du port, en était le propriétaire. Dès qu'ils aperçurent la charrette qui avançait lentement, ils se retournèrent vivement les uns vers les autres, s'avertissant sans doute que l'heure était venue et s'encourageant mutuellement. Cependant ils ne bougèrent pas de leurs fenêtres, et le shérif, qui les avait vus de loin, espéra passer sans obstacle. Toutefois, il ordonna au petit nombre de dragons qui accompagnaient la charrette de se tenir prêts, et fit avertir un corps de troupes à pied qui était dans le voisinage, d'accourir si le tumulte devenait trop grand. Enfin, au moment où on arrivait devant la taverne et qu'on s'apprêtait à passer, un grand nombre de voix s'écria :

— Arrêtez ! arrêtez ! le droit de Pawltry ! le droit de Pawltry !

Cette injonction de s'arrêter, eût-elle été prononcée par cent mille bouches à la fois, n'eût pas suspendu d'un pas la marche du shérif ; mais une seule voix eût-elle mêlé à ces acclamations le mot de *droit,* qu'il l'eût immédiatement écoutée. C'est cet admirable respect du magistrat qui applique la loi pour toute prétention basée sur un droit quelconque, qui garantit à cette loi le respect du peuple qu'elle gouverne. Assuré qu'il est qu'aucune réclamation ne sera écartée sans examen, si elle repose sur une vraisemblance de droit, c'est toujours en son nom qu'il parle. A vrai dire, toutes les passions comme tout autre peuple, ses exigences ne sont pas toujours raisonnables ; mais habitué à s'enfermer dans le cercle de la loi, il faut qu'il y cherche un point de départ, et cette obligation arrête beaucoup de ses exigences et en restreint le plus grand nombre. Sans doute, il torture la loi, il la poursuit dans ses moindres détails, il la presse pour en faire sortir des armes pour lui ; mais enfin, quelque ingéniosité qu'il y mette, quelques ressources qu'il trouve dans les textes contradictoires, elles ne sont pas aussi fécondes que ses caprices et ses désirs pourraient le devenir.

C'est pour le maintenir dans cet esprit et dans cette habitude de ne demander que la loi à la main, que la magistrature anglaise rend souvent des arrêts si extraordinaires, bien certaine que la singularité, ou même l'injustice, d'un jugement particulier ne saurait se mettre en balance avec l'immense avantage qui résulte pour l'Angleterre d'une complète obéissance à la loi. En France, où la main du bon sens commun, de la droite raison et de l'interprétation, tient depuis le dernier juge de paix jusqu'au premier président de nos cours suprêmes, on se garderait bien de

Deux femmes en haillons, dégoûtantes d'ivresse et de misère, traînaient un lambeau de cadavre. — Page 58.

rendre un arrêt absurde qui résulterait de la lettre exacte de la loi, on s'ingénierait à l'interpréter en faveur du sens commun et de la droite raison. Sans doute, l'arrêt sera meilleur dans l'espèce, mais la loi sera déshonorée dans la foi populaire. Voilà ce que nous n'avons pas encore compris, et ce dont les Anglais ne se sont pas départis encore, quelque éclat qu'aient acquis leurs lumières législatives d'un autre côté (1).

Ce cri : Le droit de Pawltry ! arrêta donc subitement le cortège. Le shérif, qui précédait à cheval la charrette où était le cercueil, fit à la bouteille un signe pour appeler le silence, et il s'apprêta à écouter la réclamation qu'on désirait lui adresser. Williams, qui occupait la fenêtre la plus apparente de la maison, s'écria alors :

— N'est-il pas vrai, milord, que tous les droits des Anglais ne sont pas écrits dans la loi, et qu'il en est qui ne sont pas moins respectés pour cela ?

— Sans doute, répliqua le magistrat ; mais ceux-ci sont ordinairement consacrés par un usage immémorial et connus de tous les citoyens. Et je ne vous en connais pas que vous puissiez réclamer.

— Digne magistrat, répondit le tavernier, il est triste pour moi d'apprendre que votre honneur ignore le droit des maîtres de Pawltry, et ceux qui nous écoutent doivent être fâchés de voir que leur shérif n'est pas aussi savant que l'exige la place élevée qu'il occupe.

A cette impertinente leçon, quelques huées se firent entendre parmi les partisans du shérif, mais les plus sages mêmes des spectateurs leur imposèrent silence ; chacun se disait tout bas : Cet homme a l'air sûr de son affaire ; peut-être le shérif a tort ; il faut écouter. Le magistrat, qui bien souvent avait été embarrassé dans cet amas de droits privilégiés fondés sur un titre ignoré, de vieille loi ou sur un usage presque oublié, et qui venait, quelques moments avant, d'être arbitre d'une contestation de ce genre, se joignit à ceux qui appelaient le silence.

Il comprit qu'en présence de cette foule, son jugement serait suspect s'il ne voulait pas la prévenir contre lui, en évitant l'air d'éviter cet examen public. Ainsi, dans l'espoir de se rendre favorable, il engagea lui-même le tavernier en élevant la voix pour se faire entendre :

— La place que j'occupe ne peut exiger que je sache tout ce qui fait que le petit Anglais est un peuple grand et libre : la mémoire d'un homme n'y suffirait pas absolument, c'est pour cela que je ne sais quand on me les apprend.

On applaudit à ces paroles du shérif, et l'on se mit en devoir d'écouter Williams.

— Le droit que je réclame, dit-il, est aussi ancien que cette rue, plus vieux que cette vieille maison ; c'est celui de faire servir un pot de bière à tout condamné qui y passe pour se rendre au lieu de l'exécution.

Un long hourra d'assentiment, une affirmation unanime répondit à ces paroles ; le shérif lui-même se rappela cette coutume. Depuis longtemps l'habitude de supplier les simples criminels à Newgate, au lieu de Tyburn, avait fait tomber cet

(1) On peut citer le fait suivant comme un exemple de cet esprit. La loi de l'impôt établi dans les années 1820-1821 frappait d'une taxe progressive les voitures à deux roues, à trois roues et à quatre roues, et s'arrêtait là. Immédiatement après la publication de la loi, beaucoup d'entrepreneurs firent construire des voitures à cinq roues. L'administration essaya de les imposer ; mais il ne se trouva pas un seul tribunal ou magistrat, devant lequel fut portée la contestation, qui ne décidât que les voitures à cinq roues ne faisant l'objet d'aucun article de la loi, n'en payaient pas. Quel est le magistrat ou le tribunal français qui, grâce à la phrase d'habitude, n'eût décidé que : « Puisque les voitures à quatre roues étaient imposées, à plus forte raison, celles à cinq roues, etc., etc. »

Paris. — Imprimerie WALDER, rue Bonaparte, 44.

usage en désuétude ; et comme les condamnés politiques, qui étaient les seuls qu'on exécutât encore sur cette place, partaient tous de la Tour, et ne passaient point par cette rue, on n'avait pas eu occasion de l'exercer. Sans doute l'explication du droit était absurde, puisqu'elle assimilait un cadavre à un condamné, pour un acte qui avait besoin de la vie pour être accompli. Mais le peuple se plaisait à ces subtiles discussions, et, sans doute, il eût été ravi s'il eût entendu la conversation de Jack et de M. Gifford.

Le shérif, qui ne voyait aucun inconvénient à ce que l'on offrît un pot de bière au cadavre de Cromwell, allait sans doute reconnaître le droit et permettre de l'exercer ; mais cette prétention, qui, pour tout le monde, n'avait d'autre caractère que ce soin vétilleux du peuple anglais de constater ses droits à toutes les occasions, porta une cruelle anxiété au cœur de Love et de Richard. Nul doute que si l'on découvrirait la bière au grand jour, l'inspection et la curiosité de tant de regards ne découvrissent quelque chose. Il était donc urgent de prévenir l'arrêt du shérif. Love s'en chargea ; d'un bond il sauta sur la charrette, et, élevant son chapeau en l'air, il fit signe qu'il allait parler. Quelques personnes le reconnurent, le saluèrent, et son nom fut répété avec enthousiasme. On le connaissait pour un terrible citoyen, qui savait sur le bout du doigt toutes les subtilités des prérogatives populaires, et on s'attendait à quelque lumineuse explication. Cette affaire prit dès lors un caractère posé comme celle que nous avons rapportée plus haut, et Love eut la faculté de s'expliquer.

— Je nie, cria-t-il, l'existence du droit que l'on réclame (*étonnement*), non pas que les condamnés n'aient la coutume de boire un pot de bière à la taverne de Pawltry, mais parce que le droit n'est pas du côté du tavernier (*écoutez ! écoutez !*). Souvenons-nous tous de l'origine du droit ; il date de Jenkin, le voleur de chevaux, qui, conduit à la potence le 15 juillet 1520, et passant par cette rue, demanda qu'il lui fût permis de boire un pot de bière, attendu que sans cela il mourrait de soif avant d'arriver au lieu de l'exécution, et qu'il était trop bon Anglais pour priver ses concitoyens du spectacle de sa pendaison (*très-bien ! très-bien !*). Depuis cette époque, soit que la crainte d'avoir le gosier serré par une corde le dessèche à l'avance (*rire*), soit que les condamnés trouvassent dans cette halte une minute de plus de vie, ils ont tous demandé et obtenu cette permission, et l'usage en a fait un droit. Mais, où est le droit ? appartient-il au tavernier qui offre sa bière ? Non ! il appartient au condamné qui la demande, et je suis prêt à affirmer, sous serment, que, dans cette occasion, le condamné n'a rien demandé.

Les applaudissements et les rires couronnèrent le discours de Love, et Williams confondu parut prêt à se retirer de sa fenêtre ; mais un homme, qui se tenait caché derrière lui, se pencha à son oreille et lui dit quelques paroles rapides. Williams réclama la parole à son tour et obtint un silence complet ; la discussion devenait intéressante, et le tavernier n'étant pas un sot, on s'attendait à quelque chose de nouveau.

— Maître Love a raison en disant que le droit primitif de demander le pot de bière appartient au condamné ; mais j'appelle ici le témoignage de Jack Ketet de dire s'il n'est pas obligé, lui, de payer ledit pot de bière sur le prix qu'il retire des vêtements du condamné, et si, pour s'assurer ce gain, le tavernier n'a pas la coutume et le droit de venir offrir le pot de bière, de peur qu'on ne l'oublie, si le pot n'est pas toujours préparé à l'avance, comme aujourd'hui, et si l'on a jamais attendu, pour s'arrêter, la réclamation du condamné, qui souvent n'a pas la force de parler : sans doute, le droit appartient au condamné, mais c'est toujours le tavernier qui l'exerce.

Le shérif se tourna vers Ketet, qui approuva ce que venait de dire Williams, et celui-ci continua :

— Je souhaite donc qu'il me soit permis de demander au condamné s'il veut ou non accepter le pot de bière d'usage.

— C'est juste, dit le shérif, venez faire votre requête.

Il ne faut pas croire que l'intérêt que le peuple prenait à ce débat tînt au fond de l'affaire, mais il se plaisait à ces sortes d'exercices de l'esprit de discussion, et il applaudit Williams avec des acclamations. Telle est la nature de l'homme, que déjà l'amour-propre de Love s'était plus intéressé que sa vengeance à cette question, et

Georges l'ajusta froidement, tira et l'étendit mort. — Page 58.

qu'il redoutait moins de voir s'échapper le fruit de ses efforts, réunis à ceux de Richard, que de paraître demeurer vaincu par Williams. Il resta donc l'air atterré et morne, sur la charrette, cherchant vainement, dans son esprit, quelque nouvelle subtilité à opposer à Williams, et n'en trouvant pas.

Cependant, celui-ci avait quitté sa fenêtre ; il était descendu, l'air triomphant, un pot de bière d'une main et un gobelet de l'autre. Il monta sur la charrette et se pencha sur le cercueil ; mille cris, partis de toutes parts, crièrent aussitôt :

— Debout, le cercueil ! debout !

Jack Ketet et un valet le redressèrent, et Williams, s'inclinant, dit à haute voix :

— Veux-tu boire le pot de bière de Pawltry ?

— Ouvrez ! ouvrez le cercueil, pour qu'il entende ! crièrent aussitôt les plus proches de la charrette, jaloux de donner à la victoire de Williams tout son lustre.

Le shérif fit signe d'obéir ; Richard frémit, Love devint pâle et se sentit défaillir. Jack Ketet défit les crochets et ouvrit le cercueil, et Williams répéta sa phrase.

— Veux-tu boire le pot de bière de Pawltry ?

Aussitôt, par un accident dont Richard et Love s'expliquèrent seuls les causes, la tête du cadavre, qu'on avait à peine eu le temps de regarder, s'abaissa lentement sur sa poitrine et sembla faire un signe d'assentiment. Williams, épouvanté, jeta soudain pot et gobelet ; le valet et Jack, qui soutenaient le cercueil, en reculèrent stupéfaits, et le laissèrent retomber dans la charrette, où il se referma par l'effet du choc ; et la multitude, frappée d'une indicible terreur, demeura muette et confondue. Le shérif, qui pouvait supposer que la putréfaction du cadavre avait pu amener ce résultat, comprit cependant que personne ne se souciait de continuer la comédie qu'on avait commencée, et l'on se remit en marche à travers un morne étonnement.

Le magistrat crut alors tout danger passé, tandis que c'est là que tous commencèrent. En effet, cet événement flotta un moment incertain dans la stupéfaction générale, et peut-être que si quelqu'un eût ri, tout le monde eût ri immédiatement; mais le premier mot qui fut prononcé par une voix longtemps muette dans ce livre, fut celui-ci :

— Voilà le résultat de leurs infâmes profanations !

Celui qui avait dit cela était le colonel Tomlinson, devenu ennemi de la royauté depuis qu'il s'était acharné à multiplier les supplices. Ce mot, prononcé par un homme qui avait l'extérieur d'un personnage important, prit feu dans la foule, et tourna à l'indignation l'indécision avec laquelle elle avait considéré le supplice jusqu'à ce moment. En moins de rien, l'histoire, les plaidoyers, le geste et l'opinion qu'il fallait s'en faire, arrivèrent aux bouts les plus extrêmes de la multitude ; mais le *crescit eundo* de Virgile est resté plus vrai que ses Bucoliques ; et, à cent pas de la voiture, il était certain que le cadavre avait fait signe de la tête et de la main qu'il acceptait; à cinq cents pas, on était assuré qu'il avait répondu : Oui ! d'une voix terrible; et à un mille, on offrait de parier qu'il avait bu le pot de bière.

Or, comme la désapprobation de l'arrêt du parlement accompagnait la nouvelle du consentement du cadavre, elle suivit sa marche progressive. A mesure que le fait devint plus extraordinaire, le blâme fut plus grave ; de façon qu'en avançant, le shérif s'aperçut que de mauvaises dispositions fermentaient dans le peuple, et que probablement le jour ne se passerait pas sans quelque soulèvement. Il regarda donc autour de lui avec quelque défiance, et il aperçut dans la foule, et ne quittant point la charrette d'un pas, Love et le jeune Barkstead, qu'il connaissait bien pour des ennemis acharnés du gouvernement et des partisans dévoués de Cromwell. Il se promit de les surveiller et de hâter, assuré, par cette précaution, le succès des mesures de Richard qui, bien plus que lui, semblait qu'on ne le troublât par quelque soulèvement, l'exécution qui devait avoir lieu.

XXXII. — TYBURN.

Ainsi, quand on arriva à Tyburn, il ne restait plus rien dans le peuple de ce sentiment d'attention universelle mais calme, qui avait accueilli l'apparition du cercueil de Cromwell. Sans dessein de rien empêcher ni de rien entreprendre, il avait déjà abandonné le vaste souvenir qui l'occupait d'abord tout entier, et commençait à reporter ses regards sur l'exécution en elle-même. Lorsqu'on voit se placer sur le feu, et d'une chaleur encore faible commence à le presser, bien longtemps avant que l'eau bouillonne à grands flots, il s'élève du fond de la vase des milliers de petites bulles qui éclatent à la surface et lancent dans l'air, en parcelles imperceptibles, la faible goutte d'eau dont les enveloppe ; de même, le peuple, légèrement échauffé par la singulière nouvelle de ce qui s'était passé à Pawltry, laissait échapper en exclamations rapides les symptômes d'une agitation naissante.

Le shérif ne put se méprendre sur ces dispositions, et prévit que le moindre accident le pousserait aux plus extrêmes entreprises, d'autant plus qu'il était facile de deviner qu'il se mêlait une crainte superstitieuse à l'indignation politique. Le magistrat jugea donc convenable de presser autant que possible l'exécution dont il était chargé.

La potence, telle que nous l'avons décrite le jour du supplice de Barkstead, était dressée au milieu de la place. Les dragons du roi la protégeaient comme alors, contre l'approche des curieux, et, près des bières de Bradshaw et d'Ireton, déjà arrivés, se tenait un bourreau masqué.

Déjà le murmure léger, qui courait sur la surface de la multitude, avait pris un caractère plus sérieux; entre les cris épars qui se croisaient de temps en temps, on reconnaissait déjà des voix irritées, on pouvait entendre des imprécations. Le shérif se hâta de traverser la foule et d'arriver au pied de la potence. Une fois derrière le rempart de soldats qui l'entouraient, il espéra prévenir toute tentative d'enlèvement du corps de Cromwell, seule entreprise qui lui parût véritablement à craindre.

Toutefois, contre son attente, tout demeura tranquille, la curiosité remplaça un moment l'agitation qu'avait produite l'événement de Pawltry. Mais cette curiosité, ce calme, si l'on avait pu en sonder la disposition, étaient bien plus terribles que toutes les agitations qui s'étaient manifestées jusque-là. Dans cette attention que le peuple apportait aux apprêts du supplice, il y avait pour lui menace et espoir d'éclaircissement de ce qui s'était passé. Dans sa superstitieuse horreur, il ne doutait pas que, si le ciel improvisait l'horrible mesure dont cet homme était l'objet, il ne manifestât sa volonté par quelque surnaturelle circonstance. Le plus grand nombre, déjà irrité, espérait une confirmation de ce qu'il appelait un premier avertissement. La discussion, qui avait un moment surgi parmi la foule, ne s'était arrêtée que dans un sentiment d'examen. Cependant, si quelqu'un eût pu planer un moment sur cette multitude innombrable, il lui eût été impossible de saisir, à aucun endroit précis, l'expression de ce sentiment qui la dominait tout entière : car voici à peu près les propos qui jaillissaient çà et là :

— Peut-être ce n'est pas vrai !
— Attendons une nouvelle preuve.
— Et alors malheur aux infâmes !
— Vous voilà bien, vous, toujours exalté ! avez-vous vu le cadavre consentir ?
— Je vous dis qu'il a dit : Oui ! je vous l'ai dit entendue à un mille.
— Oh ! l'imbécile ! voilà deux heures que nous sommes ici, et nous n'avons rien entendu, et il n'y a pas un mille d'ici à Pawltry.
— Je crois bien que vous n'avez rien entendu; vous parlez toujours comme un canard qui barbote.
— D'ailleurs, il y a un quart d'heure, j'ai bien certainement entendu un son extraordinaire, si bien que je l'ai dit à monsieur que voilà.

— C'est vrai ! ce garçon m'a dit : N'avez-vous pas entendu quelque chose ? et je lui ai répondu : Non, rien du tout !
— C'est clair ! mais il y a des gens qui font les savants et qui ne croient à rien.
— Qu'est-ce que c'est ?... quel tumulte !...
— Ne poussez donc pas ! voulez-vous rester à votre place ? Paix !
— Ouf ! Ohé ! ohé !
— En voilà un qui n'en verra que la moitié.
— Tiens ! il cherche son œil !
— Ohé ! est-il bleu ou noir, votre œil ? C'est Peters qui lui a donné ce coup de poing.
— Ouiche ! Peters. Il en mangerait quatre comme Peters ; c'est Fremy, le calfat, qui a des poings comme des boulets de douze.
— Place ! place ! place !
— Qu'est-ce qu'il a, celui-là ?
— Place ! je vais à la potence !
— A-t-il l'air enflammé ! qu'est-ce qu'il a donc, le serrurier ?
— Hé ! Jacques Smith, te voilà tout renversé !
— Ah ! c'est toi, Fremy ; j'arrive de Pawltry.
— Tu étais à Pawltry ?
— Il était à Pawltry ?
— Vous étiez à Pawltry ? Taisez-vous donc, vous autres ! Eh bien ! l'avez-vous vu ?
— Oui ! je l'ai vu à dix pas !
— Oh ! et il a crié !... Silence là-bas !
— En propres termes : Williams s'est approché, il lui a fait sa salutation, et le Protecteur a baissé la tête en répondant : Avec plaisir !
— Ah ! par exemple, ce n'est pas possible !
— Quel conte !
— Comment ! quel conte ! je vous dis qu'il a répondu : Avec plaisir !
— Il nous prend pour des oisons !
— Je te prends pour ce que tu es, pour une canaille de papiste ! et je te dis qu'il a répondu : Avec plaisir !
— C'est vrai ! je l'ai vu ! j'étais à bas !
— Allons ! allons ! le voyez-vous que c'est un vrai imbécile ?
— Il a donc répondu : Avec plaisir ! à autres ?
— Oui ! il a dit : Avec plaisir ! voulais-tu qu'il dansât une sarabande ?
— S'il ne l'a pas dansée là-bas, il va la danser ici.
— C'est que nous verrons ! il faut d'abord...
— Silence donc !... Voilà Jack Ruth qui vient de fermer les yeux coulants.
— Tiens ! il y a un bourreau masqué, comme pour Charles Ier !
— Ça n'empêche pas que c'est une abomination de déterrer les chrétiens !
— Des chrétiens ou des chiens, qu'est-ce que ça fait ? c'est toujours une horreur !
— D'autant qu'il y a assez d'infection dans l'air pour tuer le pauvre peuple, sans y ajouter de pareilles corruptions.
— Est-ce qu'il y a des morts dans votre quartier, la bonne ?
— Cinq ce matin ! et des hommes supérieurs ! Est-ce que ça vous regarde ?
— Si ça me regarde, ma bonne femme ! Est-ce que ça me regarde ?
— Ça me regarde et je veux, et je dis que c'est une infamie de faire pendre de vieilles charognes pour empester l'air.
— Pourquoi y viens-tu, charogne toi-même ?
— Oh ! elle ne l... elle a la peste !
— Elle est violente !
— Voulez-vous vous taire ? canaille !
— Elle se tord le nez et tourne l'œil !
— Allons ! silence, petits drôles ! laissez cette bonne femme ! ne plaisantez pas, ça peut donner la maladie.

— Bah ! tu en es sûr ?
— Je les ai vus ! Deux hommes sont sortis, ce matin, de Westminster avant le jour.
— Il y a quelque mystère épouvantable dans tout ça.
— Et nous l'éclaircirons.
— Qu'est-ce qui est le gardien des caveaux de Westminster ?
— C'est Sawton !
— Ah ! oui, une vieille canaille !
— Gare à lui si tout ne va pas droit !
— Est-ce que c'est sa faute à ce pauvre homme ? C'est plutôt celle du shérif qui n'a pas voulu assister à l'exhumation des autres !
— Eh bien ! que tout ne se passe pas en règle et nous verrons ! Shérif et gardien y passeront.
— Silence ! vu que l'on va procéder à l'exécution.
— Chut... la voilà ! Regardez !...

Ainsi mille propos roulaient dans le peuple. Ils manifestaient un mécontentement indécis et sans direction à la vérité, mais qui n'attendait qu'un souffle du hasard pour se déterminer dans un sens ou dans un autre : et puisqu'il est des moments où l'on ne saurait mieux comparer la foule qu'à un homme, il faut dire qu'elle était tourmentée d'une sorte de crise nerveuse, qu'elle était possédée de cette impatience qui, importunée par le moindre objet, s'enflamme peu à peu dans une rapide succession de petites contrariétés, et finit par éclater au moindre accident un peu considérable, souvent même contre l'opinion que l'on devrait croire la sienne.

Cependant les apprêts étaient finis au pied de la potence. Le shérif précipitait ses ordres, empressé qu'il était de rentrer au port avant que l'orage éclatât : car, en habile pilote, il sentait la mer gonfler et entendait gronder l'air.

Richard était avec Love aussi près de la potence que possible ; il suivait chaque mouvement du bourreau, comme si sa vie y eût été attachée. Il vit dresser sur la charrette qui avait amené le cadavre, un tréteau de près de six pieds de hauteur. Sur ce tréteau fut posé le cercueil, afin que le corps fût élevé aux yeux du peuple et pût être aperçu de tous côtés. Bientôt le bourreau masqué monta sur les ridelles de la voiture et se mit en devoir de passer au cou du cadavre le nœud coulant qui devait le tenir suspendu. Ainsi Jack Ketet remplissait sa promesse ; mais la gaucherie de celui qui opérait à sa place, le temps qu'il mit à cet arrangement, qui ne demandait que quelques secondes, excitèrent de sourds murmures dans le peuple, et le shérif ne put s'empêcher de crier qu'on se hâtât.

Cette circonstance ne fut pas inutile au succès de Richard, car le cercueil était ouvert devant l'homme masqué qui nouait la corde, et cet homme, quel qu'il fût, voyait la face du cadavre qu'il allait supplicier ; mais, soit que la haine, qui l'avait poussé à cet acte extravagant, égarât ses regards et ses souvenirs ; soit que le trouble d'une action si inouïe ne lui laissât aucun pouvoir d'attention et de clairvoyance ; soit que, poussé par les ordres du shérif, il perdît toute présence d'esprit, ou, peut-être encore, aveuglé par la persuasion où il était qu'il attachait à la potence le cadavre de Cromwell ; il acheva ce qu'il avait à faire, et fit signe au bourreau que tout était prêt sans qu'il fût arrivé à personne le soupçon que ce n'était pas le Protecteur qui allait être arraché à son cercueil et ignominieusement pendu.

Il nous a fallu entrer dans tous les détails de cette exhumation ; il nous a fallu suivre la marche du cercueil pas à pas ; il nous a fallu raconter chaque circonstance physique qui abusa les regards de tant d'intéressés, chaque sentiment moral qui les fascina ; il nous a fallu nombrer tous ces petits incidents qui détournèrent l'attention des uns et commandèrent la précipitation des autres, pour montrer comment arriva cette terrible substitution, qu'il semble qu'un rien dût faire reconnaître à chaque instant.

Et même à ce suprême moment de l'exécution, lorsque ce noble masqué attachait la corde, supposez à la place de cet homme bouleversé, furieux, tremblant, voyant mal à travers son masque, le bourreau calme, accoutumé, l'œil nu, et peut-être, étonné de cette barbe entière que ne portait point Cromwell, de ces cheveux fournis que Cromwell avait perdus, et peut-être il s'arrêtait. Mais un hasard inouï combina la haine des uns et des autres, les sentiments de tous et les précautions ordonnées à concourir au succès de cette profanation.

Ainsi, c'en était fait, les tréteaux avaient été renversés, la voiture s'était éloignée, et le cadavre, balancé en l'air, flottait aux yeux du peuple.

A cet aspect, un long murmure éclata bruyant et satisfait. Chacun fut déchargé de son anxiété. Le shérif crut n'avoir plus aucun accident à redouter, comprenant que les autres cadavres importaient à peine à la curiosité publique. Le peuple fut affranchi de ce mouvement de colère superstitieuse que lui avait inspiré le bruit de l'accident de Pawltry, et il ne douta plus que cette exécution ne fût juste, puisque rien ne l'avait prévenue et ne semblait la troubler. Tous les regards étaient tendus sur le cadavre.

Deux hommes, cependant, tous deux parvenus au comble de la joie, ne regardant plus au gibet, mais se cherchant et s'appelant de l'œil, devaient donner à cette journée une effroyable conclusion. En effet, qu'importait à Richard que sa vengeance s'accomplît, si lui seul devait en être confident ? Certes, il pouvait bien éveiller les soupçons de ses voisins, et même il n'avait qu'à les guider dans leur étonnement : car les plus rapprochés se demandaient déjà si jamais on eût pu se figurer le cadavre de Cromwell, tel qu'on le voyait en ce moment. Mais ce n'était pas là le premier but de Richard ; avant de répandre la nouvelle de sa vengeance dans le peuple, il fallait qu'il en frappât quelqu'un à part et d'une façon terrible. Il cherchait donc de l'œil, et ne pouvait découvrir Ralph Salnsby. Il frémissait déjà de rage de ne le point trouver, car il l'avait demandé aux dragons de son régiment ; il l'avait demandé à Love, qui avait parcouru la foule ; il l'avait appelé à haute voix. Il désespérait enfin de le découvrir, lorsque ses regards, avec tous ceux du peuple, furent appelés de nouveau sur la potence.

Une longue échelle était placée et appuyée à l'extrémité du bras que le gibet tendait vers le peuple. Un homme s'élance sur l'échelle, monte jusqu'au sommet, saisit la corde, s'y attache des mains, et se glisse jusqu'au cadavre. Cet homme était le bourreau masqué, et la foule contempla cette action avec un stupide étonnement.

Arrivé jusqu'au cadavre, le prétendu bourreau, chez qui la haine avait, à coup sûr, étouffé tout sentiment d'embarras et de prudence, le noble bourreau enfin frappe du pied sur la tête de ce corps insensible, en poussant un cri de joie sauvage. Mais, sous les coups du farouche exécuteur, les fils qui retenaient ensemble ce tronc et cette tête, jadis séparés, déchirent les chairs pourries, se détachent tout à fait et laissent tomber, d'un côté, le corps qui s'abat sur le pavé avec un bruit flasque et mou, tandis que la tête, un moment retenue dans le nœud coulant qui serrait le cou, semble s'agiter, se tordre, et finit aussi par se détacher et disparaître. Le bourreau lui-même, à qui manque ce point d'appui, mal soutenu par ses mains, glisse et tombe en même temps.

A cet aspect, à cette disparition du cadavre et de l'exécuteur, qui, dans le cercle que faisaient les dragons autour de la potence, semblaient s'abîmer dans un gouffre, un cri épouvantable surgit de la foule, un mouvement universel s'opère autour du rempart de soldats. Leur masse plie et fléchit ; et quelques hommes, lancés par une force terrible, séparent les chevaux et pénètrent dans l'enceinte réservée. En ce moment, shérif, bourreau, sergent de la chambre des communes, officiers de dragons, se jettent vers l'homme masqué qui a amené cet événement ; les épées l'entourent, les menaces éclatent sur lui. Cependant, étourdi de sa chute, il se relève avec effort, assourdi des cris, les mains incertaines, trébuchant comme un homme ivre. A peine debout, une main lui arrache son masque, et chacun recule épouvanté en prononçant son nom : — Sir Ralph Salnsby ! disent vingt voix ; — Sir Ralph Salnsby ! répètent cent voix ; — Sir Ralph Salnsby ! disent et répètent bientôt des milliers de voix courroucées. Mais, tandis que son nom court allumer dans la foule, avec la rapidité de la foudre, d'horribles réflexions, d'épouvantables projets, le misérable, blessé par sa chute, essuie son front d'où le sang coule ; chancelant, il tâche à s'assurer sur ses pieds ; effaré, il tend ses bras au hasard comme pour trouver un appui ; l'œil hagard et terne, il cherche de tous côtés un visage connu ou ami, mais sa vue se voile de nouveau, et son sang coule dans ses yeux ; il les essuie encore, les presse un moment de ses mains, et les tient fermés comme pour rassembler une seconde fois ses idées ; enfin il se rassure et regarde. Il regarde, et à deux pouces de son visage, il voit se balancer une figure hideuse ; il recule, la tête le suit ; il s'écrie, il se tait, il reste béant, la tête s'agite et pend toujours à la hauteur de son visage : et une voix poignante, terrible, acérée, lui crie alors :

— Reconnais-tu cette tête ? bourreau de Charles Ier !!..

Ralph, à ce mot, reste immobile, anéanti, scellé, pour ainsi dire, à la terre ; et, tandis que tous ceux qui l'entourent, épouvantés de cet affreux aspect, ne savent s'ils doivent s'approcher ou s'enfuir, Richard reprend avec une voix qui retentit jusqu'aux extrémités de Tyburn :

— Charles II a condamné son père au gibet, et voici sa tête qu'il livre au peuple anglais une seconde fois, comme gage de son amour pour lui !

A ces mots, de son bras vigoureux, il la lance par-dessus le rempart de dragons, et la tête de Stuart, que Cromwell avait protégée contre les fureurs populaires, va rouler dans la fange, sous les pieds de la populace.

XXXIII. — RIOT.

Alors, commença une de ces effroyables bacchanales de deux cent mille hommes, comme en France on ne saurait se les imaginer.

Il n'est point d'hommes qui n'aient vu, une fois dans leur vie, sur une échelle plus ou moins grande, un mouvement populaire. Quelques-uns, dans la campagne, ont été témoins de ces colères de paysans, lorsqu'un impôt imprévu, le péage d'un pont, ou un droit de marché, par exemple, vient les frapper inopinément. Armés de bâtons, de fléaux, de bêches et de faux, ils se précipitent sur les agents du fisc, les insultent, les frappent, saccagent leurs bureaux, brûlent leur registres et dévastent leurs demeures.

D'autres ont assisté à ces turbulentes révoltes de nos villes de province, lorsqu'elles se croient insultées par la présence d'une garnison hostile ou d'un magistrat indigne. Alors la ville entière s'émeut, les rassemblements se forment çà et là, se rencontrent, se réunissent, s'accumulent et roulent en colonne pressée vers une maison ou une caserne, autour de laquelle ils s'épandent. Là, les cris, les menaces, les quolibets éclatent. Les pierres volent et brisent les vitres, la boue salit les portes ; mais, s'il arrive qu'il parte de l'intérieur quelque acte de résistance, quelques coups de fusil, ou une charge d'hommes armés qui s'élance des portes ouvertes, alors la foule s'échappe à toute course, fuit dans les rues voisines, s'éparpille et disparaît. Le lendemain, quelques duels vengent la cité désarmée, et tout est dit.

A d'autres époques, beaucoup de nos compatriotes ont pu voir ces terribles jours, où les faubourgs de Paris se lèvent à la fois et, suspendus autour de la cité, la menacent par toutes ses issues. Pour peindre la puissance et les effets de ces furieux soulèvements, il existe un mot admirable dans le vocabulaire du peuple. Sans égarer ni perdre sa pensée dans les termes laborieux d'une comparaison, il a resserré dans ce mot l'image, tant de fois reproduite par les poëtes et les romanciers, *du peuple semblable à un torrent*, et les jours où la ville palpite au centre, menacée de tous côtés, vous entendez mille voix épouvantées s'écrier : Malheur ! malheur ! les faubourgs descendent ! C'est le mot et l'inflexion des pâtres et des laboureurs des plaines, au pied des Pyrénées ou des Alpes, lorsqu'aux premiers rayons de mai, et sous ces pluies tièdes et abondantes, les neiges se détachent et les avalanches se déracinent pour effacer tout ce qui se dresse sur leur passage.

Ainsi, à flots tumultueux et rapides, se précipitent à travers la ville, les bandes furieuses de nos faubourgs, bruyantes, parsemées de femmes hideuses et d'enfants déguenillés, brisant les réverbères, brandissant des piques, s'étourdissant de leurs propres cris. Qu'un homme se trouve à leur rencontre ; qu'une voix, qu'un mot, qu'un geste le désigne comme un ennemi des volontés du peuple, et soudain les menaces et les invectives l'assaillent ; on le saisit, on le pousse, on le culbute, on lui brise les dents, les enfants le mordent, les femmes le déchirent, et quelquefois un homme de cœur le tue d'un seul coup : puis, on lui coupe la tête et on le promène en triomphe, et il se trouve des poëtes populaires qui improvisent *la Carmagnole* ou le *Ça ira*. Nos pères ont tous vu ces terribles journées.

Il en est enfin qui, dans les villes du midi de la France, ont vu courir sous leurs yeux et entendu hurler à leurs oreilles les danses ardentes et les chants frénétiques de la farandole. Et c'est assurément un effroyable spectacle que celui de sa naissance, de son accroissement et de son délire.

Quand est parti, du milieu d'une douzaine d'ouvriers irrités, le cri qui sert de signal à la farandole, ils se mettent en marche, se tenant les uns les autres, comme pour une ronde et chantant quelques-unes de ces chansons de proscription qui servent de ralliement aux partis. D'abord, la farandole, lente quoique tumultueuse, mesurée quoique bruyante, parcourt posément les plus bas quartiers de la ville ; là, elle se recrute de misérables et de fainéants qui s'y joignent, s'y attachent et allongent sa chaîne ; peu à peu elle devient assez nombreuse pour être menaçante ; elle appelle alors les passants, les invite à se mêler dans ses rangs, les insulte s'ils s'y refusent, et quelquefois les y force ; bientôt, toujours marchant et s'accroissant, les mains liées aux mains, hâtant ses chants et sa marche, elle emporte tous ceux qui se trouvent devant elle, enlève à leurs portes les paisibles habitants que la curiosité y a amenés, s'élance de rues en rues, les envahit, se replie et enlace la cité dans ses mille détours ; puis, toujours marchant et toujours chantant, brûlante, désordonnée, passant dans les places, dans les rues, dans les carrefours, entraînant, s'attachant çà et là des lambeaux de population comme un fer dont les aspérités emportent des débris de tout ce qu'il touche, la farandole change sa marche en course, ses chants en cris, se précipite, vole, vocifère, hurle, et bientôt hérissée de poignards et de torches, souple et immense, court, glisse et passe à travers les sinuosités de la ville, comme à travers de hautes herbes un énorme serpent qui a vu sa proie.

Et alors qu'un nom proscrit soit prononcé; et l'homme qui le porte, enveloppé partout, fuyant vainement de maison en maison, et bientôt découvert, tombe déchiré et criblé d'autant de blessures qu'en peut cuvrir le fer d'assassins sur le corps d'un homme.

Sans doute ce sont là de terribles émotions, de cruels événements où le sang coule, où la mort préside. Ceux qui en furent les témoins en gardent de longs et douloureux souvenirs; et cependant, émeutes de campagne, révoltes et farandoles, ne sont que d'incomplètes et maigres démonstrations de la force populaire, en comparaison de ces excès jetés dans les rues de Londres et exécutés par son immense population. En effet, ces mouvements, suscités et guidés par la colère, marchant et frappant au hasard, arrivent quelquefois à un meurtre, à une dévastation, mais toujours avec un sentiment de précipitation et de crainte, comme celui qui agite les enfants dans leurs faibles actes de destruction. Chez le peuple anglais, il n'en est pas ainsi, l'émeute, c'est-à-dire *riot*, s'empreint du caractère réfléchi et tenace de la nation. Dans les deux pays, on peut dire qu'il en est des émotions populaires comme des repas. En France, on se met à table pour boire modestement et causer beaucoup; on cause beaucoup; mais quelquefois on boit un peu plus qu'on n'eût voulu, et, peu à peu, l'on se grise sans s'en apercevoir. En Angleterre, on s'assoit à un repas pour manger beaucoup et boire davantage, et l'on mange jusqu'à étouffer, l'on boit jusqu'à l'ivresse la plus profonde. Il en est ainsi des tumultes populaires, ce n'est point un entraînement, c'est une résolution.

Ainsi, quand roula au milieu de la multitude la tête dégoûtante de Charles Ier, il se fit un terrible mouvement.

Comme une pierre qui tombe dans un bassin et qui trace autour d'elle un cercle qui part du centre et va en s'élargissant, mais en affaiblissant son ondulation jusqu'aux bords les plus extrêmes du bassin, cette tête fit un vide en tombant: un cercle vivant l'entoura, et la multitude ondoya tout autour, refoulée par ce vide qui se créait à son centre.

On regarda cette tête, on la reconnut, et un cri de réprobation universelle s'éleva contre ceux dont les arrêts de profanation avaient eu cet épouvantable résultat. Jusque-là la haine politique avait aveuglé les uns sur l'atroce stupidité des arrêts du parlement, et l'état de proscription où se trouvait le parti vaincu, habitué à tous les outrages, lui avait fait à peine envisager ce sacrilége comme une insulte de plus; mais en voyant la tête de Charles Ier dans la boue, il sembla que l'acte du parlement jaillît tout à coup à l'esprit dans toute son horreur, et des cris de vengeance se firent soudainement entendre; républicains et royalistes, puritains et catholiques les poussèrent unanimement, les uns en haine de ce qui avait été ordonné, les autres en exécration de ce qui était arrivé.

Il eût été juste sans doute de remonter aux auteurs de l'arrêt, et c'est d'abord ce que voulut la multitude; mais le parlement était dissous, le roi et sa cour absents; la fureur populaire descendit donc rapidement les degrés de la hiérarchie du pouvoir et s'arrêta au premier où elle trouva un homme qui pût lui répondre des actes qui venaient de s'accomplir. Après le roi absent, après le parlement, après les ministres absents, venait le shérif. Le shérif était là sur la place, présent, chargé de l'exécution de l'arrêt, responsable de cette exécution; après lui venait le sergent de la chambre des communes; après le sergent venait le bourreau: tous deux étaient responsables de cette horrible substitution, tous deux présents; après eux tous venait le gardien des tombeaux, le misérable Sawton. En moins de rien, par un accord unanime, le choix des victimes fut fait, leur punition résolue.

Aussitôt, pendant que, d'une part, Ralph, anéanti, éperdu, insensé, cherchait à rassembler quelques souvenirs, sans pouvoir rien comprendre de sa propre situation, et, que, de l'autre, Richard, ivre de triomphes, s'échappait du pied de la potence, grâce à la stupeur générale; aussitôt, disons-nous, un effort simultané de la multitude la pousse à la fois de tous les côtés vers la potence. De toutes les bouches de cette place, elle se rue à un centre commun, rompt sur toutes ses faces la ligne des cavaliers qui entoure le gibet, et, lancée de toutes parts vers le même point, se rencontre, se heurte, tourbillonne, roule sur elle-même, et, comme une trombe qui rase la terre, qui emporte, brise et ruine tout ce qui se trouve dans son orbite, la foule fait disparaître du sol, sans en laisser de vestiges, charrettes, cercueils et potences, arrachés, dispersés, engloutis.

Un moment, on vit les cavaliers, emportés çà et là avec leur monture, dans ce furieux tourbillon, dominer et flotter encore au-dessus de la multitude, comme après le vaisseau sombré, quelques agrès qui se dressent encore sur les eaux; mais en peu d'instants tous disparurent: les uns après les autres, ils semblèrent s'abîmer dans ces flots vivants; et la foule se refermant sur eux, comme l'Océan lorsqu'il a absorbé toutes ses victimes, ne présenta plus qu'une surface unie sur laquelle rien ne surgissait.

Ce premier élan satisfait, on chercha, on appela les coupables, et en moins de rien le shérif, M. Gifford et Ketet se trouvèrent au centre de la populace, dans un espace vide qu'elle laissait autour d'eux. Cette masse d'hommes si nombreuse, si violente, si exaltée, se garda bien cependant de les frapper sur-le-champ, de les massacrer du premier coup: elle se sentait si sûre de sa proie, si maîtresse de sa vengeance, qu'elle crut devoir y procéder lentement, qu'elle s'arrangea pour la savourer à l'aise. Pour pénétrer jusque dans toute la profondeur du sentiment qui la détourna d'un de ces meurtres irréfléchis qui en finissent tout de suite avec les victimes, il faut chercher, dans une action plus commune, l'analogue de cette disposition.

Dans un jour d'heureux hasard, lorsqu'il tombe dans les mains d'un glouton à qui sa faim apaisée ne permet plus que d'être gourmand, quelques-unes de ces belles proies qui font le désir des meilleures tables, au lieu de les dévorer indistinctement sur-le-champ, et apprêtées au hasard, le glouton les considère, les distingue, les apprécie: il songe à réveiller son appétit par une préparation exquise et variée; il balance longtemps, consulte avec lui-même, et enfin, lorsqu'il a fait un choix, se met en devoir de se régaler de ces mets précieux, lentement, avec délices et en habile connaisseur.

Sans doute, c'est horrible à penser, et plus horrible à dire, mais il y eut quelque chose de ce calcul dans les premiers ménagements du peuple pour les trois victimes qu'il entourait. Suffisamment rassasié de vulgaires massacres par le meurtre de tous ces dragons un à un disparus, il en était arrivé à ces belles proies, à ces morceaux délicats et de choix; et véritablement un shérif, un sergent des communes, un bourreau, c'est régal de peuple qui méritait de ne pas être gaspillé.

D'abord ce ne fut qu'un cri d'extermination qui retentit à l'entour des trois malheureux, et la mort leur fut jurée avec d'épouvantables serments. Puis, soudainement, les interrogations les assaillirent de toutes parts; on les accusa, on les jugea, on les condamna, et bientôt on parla de supplices. Des milliers de voix proposaient une mort, des milliers de voix la rejetaient ou l'accueillaient; c'était une délibération où chaque vote était le cri de dix mille hommes. Cependant rien ne se décidait; les uns voulaient le gibet, d'autres la Tamise, quelques-uns parlaient de tortures. Qu'il se fût trouvé, en ce moment, une seule victime à immoler, et peut-être la dissension, se jetant entre ces masses exaspérées, les eût tournées les unes contre les autres, et assouvi leur fureur sur elles-mêmes; mais elles avaient en leur possession de quoi satisfaire tous les goûts, et les supplices pouvaient aisément se distribuer. Cette pensée de quelques-uns fut bientôt la pensée de tous, et le cri: A la Tamise le sergent! le premier poussé, décida le premier acte de la vengeance populaire.

Si ce jour était destiné à faire voir les violences des masses dans leur plus grand excès, il devait montrer aussi comment elles se laissaient exciter, dominer ou détourner par le caractère d'un seul. Ainsi le sergent, ainsi le shérif, ainsi Ketet, tous trois voués à la mort et se trouvant face à face de la multitude, eurent chacun un sort différent, parce qu'ils lui opposèrent un front différent; et, quelque immense, quelque puissante que fût cette volonté de cent mille hommes, elle se modifia dans le combat qu'elle eut à soutenir contre chacune de ses victimes.

La première désignée était le malheureux sergent. Tant que les menaces avaient été collectives, tant qu'on avait outragé ensemble les trois prisonniers, il avait gardé quelque espoir, ou peut-être il avait participé malgré lui au calme silencieux du shérif et à la morne indifférence de Jack Ketet. Mais une fois que le cri: A la Tamise, le sergent! l'eut séparé de ses deux compagnons, et qu'il se trouva isolé dans sa condamnation, une horrible épouvante le saisit; il jeta autour de lui un regard fou et désespéré, il demanda à tous ces visages béants et avides qui l'entouraient un regard ami un conseil, un secours; des hurlements de mort lui répondirent, des sourires de sang l'accueillirent; il se sentit devenir glacé et incapable de mouvement. Marche! marche! lui criait-on de toutes parts! Le misérable ne pouvait pas marcher; malheur à lui de n'avoir pas pu marcher! car il fallut bien l'y contraindre et l'y aider. On l'y contraignit, on l'y aida; mais quelle contrainte! quel secours! L'un lui lança dans les reins le bout d'un bâton, l'autre le saisit par les cheveux et le lança en avant. Il marcha quelque temps sous cette brutale impulsion; ces quelques pas qu'il fit furent exempts d'outrages: car, que voulait le peuple? qu'il marchât, et il obéissait.

Mais Gifford n'était pas un de ces hommes doués de résolution, qui prennent un parti, même celui de mourir, et qui le suivent droit et sans tergiversation. D'un autre côté, il était incapable de calculer qu'on ne résiste pas à des milliers d'hommes en luttant corps à corps avec eux; que le seul combat possible avec le peuple est celui de la puissance morale, et que si, en certaines occasions, il est arrivé que cette force d'un seul ait vaincu celle du plus grand nombre, c'est qu'elle a eu grand soin de ne pas laisser entamer le combat des forces physiques. Malheureusement pour M. Gifford, ce combat avait commencé, et le désespoir qui le prit le réengagea plus terrible. En effet, il avait à peine marché cent pas, allant devant lui comme un homme privé de raison, et probablement sans se rendre compte du but où il tendait, lorsque tout à coup il sembla que cette pensée revînt comme un éclair à son esprit, car il s'arrêta, et, se tordant les bras avec des cris, s'arrachant la barbe et les cheveux, il s'écria:

— Non! je ne veux pas! je n'irai pas! Massacrez-moi plutôt, je ne ferai pas un pas de plus!

Oh! quelle terrible réponse excita dans la populace ce mouvement de désespoir! Un rire de mépris étonné éclata dans la foule. Comprenez un enfant de trois ans qui trépigne avec rage, en disant à un homme de six pieds: — Je ne veux pas! je ne marcherai pas! L'homme en sourit, et pousse l'enfant du doigt. Ainsi était le sergent en face de la multitude lorsqu'il refusait d'avancer, et la foule sourit aussi, et la foule le poussa du doigt. Miséricorde! mais qu'on me pardonne cette image, le sourire de la foule fut un hideux hurlement d'hyène; le doigt de la foule fut l'action de vingt hommes qui se ruèrent sur le sergent qui, des pieds et des mains, le poussant, le tirant, le déchirant, le firent avancer encore quelques pas. Sous ce nouveau coup, la pensée du malheureux s'effaça de nouveau, et, sanglant, meurtri, blessé, il marcha devant lui, déjà pris de vertige, déjà frappé de ce bourdonnement qui bruit dans le cerveau plus haut que les cris les plus perçants et les paroles les plus distinctes. Dans cet état, un moyen de salut se serait offert, qu'il ne l'eût pas compris, peut-être même ne l'eût-il pas désiré.

On approchait cependant de la Tamise. Le sergent marchait dans un vide qu'on laissait soigneusement autour de lui, pour jouir à l'aise de son visage pâle sous le sang, de ses regards hébétés, de sa marche incertaine et de ses trébuchements. Le shérif et Ketet suivaient à quelque distance, gardés pour plus tard, surveillés avec soin. Tout à coup, soit dernier espoir, soit salut, soit folie, soit hâte d'en finir, le sergent se prend à courir de toutes ses forces. Oh! le misérable! que fait-il? Ni si lentement, ni si vite, malheureux! car la populace veut comme elle l'entend ce qu'elle veut. Et, brisé, frappé, pour s'être arrêté une minute avant un bâton, lancé contre lui, atteint maintenant l'insensé, parce qu'il veut courir. Gifford s'arrête, il chancelle, il tombe: il avait une jambe cassée.

La douleur était atroce, le patient poussait des cris aigus ; il faut pourtant qu'il se relève et qu'il marche, ainsi le veut la populace. On le lui commande, il refuse ; on le frappe, il essaye et retombe : on rit ; on le frappe encore, il essaye et retombe encore : on rit plus fort. Un portefaix invente alors un supplice et un jeu de mots, et la tourbe rit aux éclats :

— Il faut, crie-t-il, le traîner en triomphe !

Et soudainement, il saisit la victime par sa jambe brisée et la tire après lui, le visage traînant dans le ruisseau, le front se heurtant à l'angle de tous les pavés. Le supplicié résistait encore cependant : il se tordait, s'attachait des ongles et des dents à toutes les aspérités, hurlant plus fort que la foule ne pouvait rire ; mais l'impassible portefaix ne s'arrêtait point, traînant toujours sa proie. Peu à peu cependant les convulsions s'affaiblissent, le visage balaye la fange sans cris ni grincements, les bras inertes traînent à la suite du corps, les cheveux traînent après la tête ; rien ne résiste ni ne gémit, ce n'est plus qu'un cadavre. Mais un enfant qui le suivait depuis longtemps s'ingénie à son tour, approche, et met le pied sur ces cheveux qui pendent dans la boue ; le portefaix tire toujours, les cheveux retiennent le corps, un effort s'ensuit, et le patient jette encore un cri. Honneur à l'enfant ! qui a tiré une dernière douleur d'une victime que les plus forts croyaient épuisée. On applaudit, on s'extasie, et l'on arrive enfin au pont de la Tamise, du haut duquel deux hommes précipitent dans le fleuve une masse informe de chairs sanglantes et boueuses.

C'en était fait du sergent. Le tour du shérif était venu. On se retourne contre lui, on le sépare de Jack Ketet, on le menace, on l'insulte : il reste impassible, l'œil levé, les bras croisés, le front haut, un sourire de mépris sur les lèvres. Alors, la scène change. Cet homme qui n'implore point grâce et qui ne résiste pas, n'offre point prise aux sévices de la foule, et cependant il est destiné, comme celui qui vient de périr, au supplice et à la mort. Mais si cette mort doit arriver sans lutte, sans déchirements, sans tortures ni férocités, la populace sera sevrée et mal satisfaite ; il lui faut encore des membres pantelants et brisés, plus brisés et plus pantelants encore que ceux du sergent, car la soif s'est accrue par la jouissance ! Et pourtant, il est difficile de frapper un homme qui ne se défend pas, qui ne crie pas, qui n'excite à rien. Que faire alors ? L'arracher à son calme, à sa résignation intrépide, l'aiguillonner, et, comme les banderillas espagnols, piquer le taureau pour qu'il entre en fureur, baisse la tête et présente ses flancs et son cou gonflés de colère et de désespoir, à la lance du picador, aux flèches du chulillo et au coutelas du matador.

Les plus forcenés l'espérèrent ainsi ; l'un d'eux fit rouler son bâton autour de la tête du shérif. Le mouvement en était si rapide qu'il devait étourdir le regard qui aurait voulu le suivre et brisé la tête qui eût tenté de l'éviter. Mais le shérif baissa les yeux et se tint immobile. Le bâtoniste fut hué. Un autre crut éveiller un sentiment de crainte dans le cœur du magistrat, qu'il croyait absorbé dans son désespoir, et il lui cria à l'oreille :

— Tu vas être pendu ! entends-tu !

— Je le sais, répliqua froidement le shérif.

Il se mêla de l'étonnement à la colère de la foule. Une lutte entre elle et un homme commençait sur un autre terrain que celui où elle venait de vaincre ; elle y tenta aussi la victoire et ne se tint pas pour forte, parce qu'elle pourrait tuer un homme, si elle ne pouvait l'effrayer. Poussé par ce sentiment, un ouvrier s'approcha encore du shérif, et, se plaçant en face de lui pour bien faire pénétrer sa menace dans le cœur de la victime, il lui dit :

— Tu vas être pendu ! ici, tout de suite, à l'instant même.

— J'attends ! répondit le shérif.

L'ouvrier se tut, la foule se recula, elle devint moins bruyante. Cette réponse la réduisit à mettre froidement sa main de cent mille hommes sur un seul homme ; elle la descendit à la taille d'un manant qui écrase, sans motif, le poussin qui picore à ses pieds ; elle fut condamnée au rôle du bourreau qui frappe un criminel enchaîné. La foule comprit cette position, elle n'en voulut pas, elle fit un effort pour en sortir, elle tâcha d'entraîner le magistrat à lui résister, à avoir peur : elle avait besoin qu'il ouvrît une voie à ses violences ; en conséquence, quelques hommes, espérant que l'occasion s'en présenterait pendant un trajet à parcourir et dans un temps plus long, s'écrièrent :

— Non, pas ici ! il faut le pendre ailleurs ! Allons ! marche, avance ! tu seras pendu ailleurs.

Les mains, les bâtons, les pieds, étaient levés pour pousser le magistrat et le faire marcher ; il regarda ceux qui l'entouraient sans colère ni étonnement :

— Où faut-il aller ? demanda-t-il à ceux qui l'entouraient.

Les coups restèrent suspendus. L'esprit humain, dans ses aberrations les plus désordonnées, n'abandonne pas aussi complétement qu'on pourrait le croire les règles qui le dirigent ; il faut à ses plus extrêmes fureurs un prétexte, une excuse, et la résignation du shérif n'en laissait point aux violences. Aussi, il demeura encore une fois intact au milieu de mille instruments de mort, parmi des hommes déterminés à le massacrer. Jusqu'à ce moment, la multitude avait inutilement frappé aux endroits sensibles de la peur. Elle avait montré au shérif le supplice immédiat ; elle le lui avait ensuite montré éloigné, et n'avait pu amener aucune altération dans ses traits ni dans sa voix. Elle se sentait battue, et véritablement elle l'était, car c'est à peine si elle désirait encore tuer le shérif. Son but était changé, car pour elle ce n'était plus dans un meurtre si aisé qu'il pouvait y avoir attestation de sa force et de sa puissance : c'était dans l'épouvante qu'elle voulait inspirer à sa victime. Soudain, un éclair d'imagination parcourt la masse qui enveloppe le magistrat ; une invention lui vient qui lui paraît invincible pour réduire enfin l'opiniâtre fermeté du condamné ; elle en rit, elle se la communique tout bas ; puis, avec une joie sauvage, elle la hurle aux oreilles du shérif, en la commentant de toutes façons :

— Oui ! tu seras pendu ! mais, devant ta maison. — Devant ta maison que nous démolirons jusqu'à sa dernière pierre. — Devant ta maison, sur laquelle nous brûlerons tes membres. — Et devant toi nous disperserons ton or. — Nous boirons ton vin. — Et nous ferons danser devant la potence et sur les ruines de ta maison tes deux petits enfants que tu aimes tant.

Et, après avoir vociféré toutes ces menaces, la foule s'arrêta se croyant la plus forte, regarda le shérif avec des sourires de triomphe, interrogea de l'œil son front qu'elle espérait voir pâlir, et se tut pour attendre la réponse qu'il allait faire, sans doute d'une voix altérée ; et, à vrai dire, la multitude avait raison d'espérer, car elle avait véritablement atteint au cœur du shérif, et l'avait fait saigner en lui-même. Mais il y avait dans l'âme de cet homme tant de courage et de présence d'esprit, qu'outre sa dignité il avait compris qu'il pouvait sauver sa vie. Rassemblant donc toutes ses forces contre un coup où la foule semblait avoir réuni toutes les siennes, il répondit fièrement :

— Venez donc, je vais vous enseigner le chemin le plus court !

Et il se mit à marcher, et la foule le suivit. Elle était terrassée.

A coup sûr, la cause du shérif n'était pas gagnée ; mais il avait franchi les plus difficiles obstacles ; et, du point où il avait amené la foule, il pouvait au moins aborder des tentatives de salut. En effet, il l'avait ramenée à être incertaine de la justice de sa vengeance, et lui avait, en même temps, ôté l'espérance d'un meurtre intéressant, d'un supplice dramatique ; il ne lui avait laissé, tout au plus, qu'un homme à pendre, lequel avait l'air de ne pas en prendre grand souci.

Si, à propos de ce que nous racontons, on se demande ce qu'est devenu ce peuple que nous disions, il n'y a qu'un moment, si esclave et si enthousiaste de la loi, nous répondrons qu'il n'y a cœur si calme qui ne se laisse aller quelquefois à la colère, âme si indulgente qui n'ait ses mouvements de haine, ni esprit si juste qui n'ait ses aveuglements ; et, comme il arrive presque toujours que ceux-là sont les plus extrêmes dans leurs excès, qui ne s'y abandonnent pas souvent, de même il dut arriver que ce peuple, si amoureux de ses lois, dut les enfreindre plus que tout autre, une fois qu'il en eut brisé les liens. Le shérif le pensait ainsi, et ce n'était pas assurément par un appel à leurs devoirs, qu'il compta tourner en sa faveur cette foule de forcenés. Il marchait donc silencieux et résolu, et la foule l'accompagnait, chuchotant tout bas, désappointée, prête à quitter ses résolutions à la première issue convenable qui lui serait ouverte, le suivant et ne s'avançant au supplice du shérif que parce qu'elle n'imaginait pas autre chose à faire. Lorsque le magistrat crut avoir laissé mûrir suffisamment cette gêne dans l'esprit du peuple, il s'arrêta tout à coup, et, avec le ton dégagé et le geste libre d'un ami entre ses amis, il s'adressa à ceux qui l'entouraient et dit à haute voix :

— Y a-t-il quelqu'un ici qui connaisse maître Love, le boucher de Church-Hill ?

— Moi ! — moi ! — moi ! répondirent cent voix.

Le shérif savait bien que ce nom était une autorité dans la populace. Il savait que tout le monde connaissait Love, qui avait craché à la figure de Charles Ier, traîné son cercueil dans la boue, et cassé la tête à plus d'un braillard catholique. Parmi les cent personnes qui s'annoncèrent comme connaissant Tom Love, il ne manquait pas de figures passablement honnêtes et proprement vêtues ; mais le shérif se garda bien de s'adresser à elles ; il distingua un misérable débraillé, et dont l'exaltation s'était manifestée le long du chemin par mille affreuses imprécations, et, s'adressant à lui, il lui dit :

— Puisque vous connaissez Tom Love, vous me rendrez un service.

Le tigre sourit, le shérif continua :

— Vous irez le trouver de ma part, et vous lui direz que le shérif du comté de Middlesex le prie de recevoir ses deux enfants en apprentissage et de les élever charitablement, jusqu'à ce qu'ils puissent gagner leur vie. Vous lui raconterez, pour qu'il ne fasse pas d'objections, que je suis mort, que ma maison est démolie, ma fortune dispersée, et que mes enfants sont nus et orphelins. Il ne vous refusera pas, j'en suis sûr, parce que Love est un homme honorable et bienfaisant.

Le furieux, qui regardait d'abord le magistrat d'un air insolent, se troubla et baissa la tête ; le shérif continua, en lui prenant la main :

— Quand tout sera fini, dans une heure ou deux, faites cela, et je prierai pour vous dans le ciel, où j'espère entrer bientôt.

En ce moment, une voix éloignée, la voix d'un homme qui n'avait pas entendu les paroles du magistrat, et qui, probablement, s'impatientait, cria :

— Au gibet ! au gibet ! le shérif !

Ce cri n'eut point d'écho, il souleva même un murmure réprobateur ; mais, malgré cela, le shérif comprit que s'il avançait d'un pas, il était perdu, et qu'à la place où il se trouvait il devait être sauvé ou périr ; il continua donc :

— Vous entendez, dit-il, il n'y a pas de temps à perdre, promettez-moi de faire ce que je vous ai demandé, ou je prierai un autre de me rendre ce service : car, vous le voyez, mon heure est venue, et je voudrais être sûr de ce que deviendront mes enfants après ma mort. Si vous avez des enfants, vous devez comprendre ma prière.

Le misérable avait des enfants ; il écoutait l'œil fixe et la tête baissée. La voix éloignée cria encore :

— A mort ! à mort, le shérif !

— Qui parle de tuer le shérif ? dit celui à qui le magistrat s'était adressé, et qui se redressa, l'œil trempé de larmes, la voix émue et la résolution dans le regard. — Le shérif ne mourra pas !

— Non ! non ! crièrent cent voix : le shérif ne mourra pas ! Malheur à qui arrachera un cheveu de sa tête. — On me passera sur le corps avant d'arriver à lui. — C'est un digne magistrat. — C'est un ennemi des tyrannies de la cour. — Il a refusé d'exhumer les autres cadavres. — Il a été forcé par la chambre des communes ! — A bas la chambre des communes ! à bas le parlement ! — Vive le shérif ! vive à jamais le shérif ! ! !

Et, dans peu d'instants, au milieu des acclamations de la foule, il rentra dans sa maison, plus contusionné et meurtri par les caresses du peuple, qu'il ne l'avait été de ses menaces furieuses, mais sauvé par son courage et sa force d'esprit.

Restait Jack Ketet. Avec celui-ci, c'était un autre sentiment que ceux que nous avons dépeints, qui anima les furieux contre lesquels il eut à se défendre. En effet, la multitude, après s'être ruée au meurtre de M. Gifford, et avoir succombé dans sa lutte contre le shérif, revint au bourreau, portant en elle une satisfaction facile et tout à fait à l'aise avec un homme de cette espèce. Il lui semblait qu'elle allait jouer avec cette victime comme le chat fait avec sa misérable souris, lui laissant des apparences de salut, des chances de liberté, pour la rattraper du bout de sa griffe, l'immoler peu à peu, brin à brin, jusqu'à l'exténuement de toute sensation et de tout pouvoir de souffrir. Mais Ketet n'était pas un de ces hommes qui abandonnent l'espoir, tant qu'il reste un fil pour s'y rattacher, un rayon pour s'y conduire. Il avait vu le shérif se sauver, et il comprenait que ce qu'un homme avait pu faire, un autre pouvait le faire de même. Mais il était trop habile pour y employer les mêmes moyens ; il comprit qu'à lui, bourreau, être détesté, sorte de monstre social qui ne tenait à aucune des espèces qu'a créées la société, qu'à lui, proscrit moral du monde qu'il habitait, rien ne pouvait convenir des armes qui avaient sauvé le shérif. Ni sa résignation, ni son calme, ni son éloquent appel à des sentiments de noble paternité, ne pouvaient le protéger. Car s'il eût tenté l'une de ces influences sur ceux qui l'entouraient, la foule lui eût ri au nez, à coup sûr, et ce rire eût été la mort. Aussi il se garda bien d'essayer ni dignité, ni résistance, ni appel à la pitié ; seulement, quand la foule se retourna contre lui, comme elle avait fait contre le shérif, elle l'entendit poussant à tue-tête le cri unanime de la foule : — Vive le shérif! vive à jamais le shérif!

Quel était le but de Jack en s'associant à cet élan de la multitude? Son but était de se mettre de moitié dans ses sentiments, afin de discuter sa vie avec elle d'égal à égal. En effet, on fut obligé de l'interrompre dans ses cris. Une voix lui dit d'abord : — A ton tour, Jack Ketet.

Il parut ne pas la comprendre, et continua à crier avec plus d'enthousiasme encore : — Vive à jamais le shérif !

— Je te dis qu'on va te passer par tes propres outils lui dit un autre, entends-tu, Jack?...

Mais Jack continuait toujours à hurler de plus fort en plus fort : — Vive le shérif! vive notre digne shérif! Enfin ce qu'il désirait arriva, un homme, impatienté de ses exclamations sans fin, le prit à la gorge, et lui dit :

— As-tu bientôt fini ? qu'as-tu donc à crier si haut : Vive le shérif?

— C'est, répondit Ketet, qui semblait tout à fait avoir oublié que la colère de la foule s'adressât à lui personnellement, c'est que c'eût été une horreur d'arracher un poil de la moustache de ce digne magistrat ; tandis que s'il y a quelque chose de mal dans cette affaire, on ne saurait en accuser que cet infâme coquin de Sawton, ce gardien de Westminster, qui aura joué, en ceci, quelque tour de son métier.

Le calcul de Ketet se trouva juste, pour le moment du moins, car on entra en conversation avec lui ; on lui demanda d'expliquer ses paroles. Il raconta l'exhumation, inventa des circonstances qui accusaient Sawton, et, ne sachant rien au fond de la vérité, mais supposant, assez vraisemblablement, que le gardien devait être complice de la substitution qui avait eu lieu, il détourna, à tout hasard, sur un autre le premier flot de la fureur populaire, tout prêt à la servir même, si son salut en devait dépendre.

Ce nouvel appât ne fut pas plutôt présenté à la colère de la multitude, qu'elle y mordit à toutes dents. En moins de rien, Sawton lui parut être le seul coupable. Ce fut lui qui était la cause de tout ce qui arrivait; et cette nouvelle disposition gagnant la masse de proche en proche, et le nom de la nouvelle victime circulant à l'instant de bouche en bouche, on se précipita avec de grands cris du côté de Westminster.

A partir de ce moment, la marche de la foule perdit ce caractère furieux et forcené qu'elle avait conservé jusqu'à ce moment. Pour arriver à massacrer un sergent de la chambre des communes et à mener au gibet un de ses premiers magistrats, la multitude avait dû s'armer d'une sorte de haute férocité à l'unisson de l'état de ceux qu'elle victimait ; mais, tuer un bourreau et un gardien des tombeaux, deux misérables que, si bas qu'elle s'estimât, elle se croyait en droit de mépriser, c'était punition de supérieur à inférieur ; c'était pour elle un jeu, un amusement, et non plus une vengeance. Aussi, dès qu'il ne s'agit plus que de Sawton et de Ketet, la foule se mit en train de quolibets, de jeux de mots, de légères plaisanteries ; elle s'avança vers Westminster, près duquel logeait le misérable gardien, chantant et riant, arrangeant quelque scène drôle à voir, quelque tour plaisant à jouer. Il n'y avait en ce moment ni colère ni fureur dans la populace ; il n'y avait plus, de sa part, révolte contre une autorité qu'elle avait coutume de respecter ; ce nouveau meurtre où elle marchait était pure tyrannie, c'était divertissement de roi qu'elle entendait se donner. Elle y employait la vie d'un homme, à la vérité, mais on ne saurait dire que ce fût trop cher pour agir en souverain.

Pendant qu'elle courait vers la demeure de Sawton, le malheureux se berçait de mille douces espérances. D'abord, il avait calculé le temps minute à minute. Il avait fait une large part pour le trajet de Westminster à Tyburn, une autre part aussi, plus que suffisante, pour la durée de l'exécution; il avait prévu les accidents, les retards, et somme toute, cependant, tout devait être fini, à son compte, trajet, exécution, supplice, et il pouvait savourer en paix la possession de ses cinquante guinées. Il s'était donc assis gravement tout seul, devant une table, en face d'une large bouteille d'eau-de-vie. Il en avait d'abord goûté les premières gorgées timidement et l'oreille au guet; mais, le temps passant sans rien qui annonçât un malheur et l'eau-de-vie aidant, il se rassura tout à fait, et but plus à l'aise qu'il n'avait fait encore. Doucement, et par une succession rapide de petites réflexions et de petits coups d'alcool, il se mit dans un état de satisfaction rieuse et bavarde qui n'était pas sans charme. Il tira de son coffre la bourse aux cinquante guinées, la répandit sur la table et joua, à lui tout seul, avec ces adorables pièces d'or. Il les considérait et les étudiait sur leurs deux faces et sur leur cordon; il leur parlait, et leur donnait un nom : celle-ci s'appelait mon beau pourpoint fourré ; celle-là n'était rien moins que ma garniture de buffet en étain luisant ; cette autre pourrait bien s'appeler chemises de toile de Flandre ; et cette belle, toute neuve, suffirait à défrayer un dîner, à la taverne du Roi Henri, avec quelque joyeuse commère du quartier. Et, tout en devisant avec sa fortune, le bonhomme buvait coup sur coup, pas beaucoup à la fois, mais souvent, mais toujours, et par ce procédé régulier, il arriva à une contemplation béate et immobile de son or, qu'il avait réuni dans une seule masse. L'œil demi-fermé, la tête penchée sur sa poitrine, la bouche entr'ouverte, la langue épaisse, la lèvre pendante, la parole obtuse, ravi, extasié, heureux enfin, il en était là de sa solitaire jouissance, lorsque des coups violents ébranlèrent sa porte et que des cris plus violents l'appelèrent dans la rue.

Dans l'état où il était, ce fut d'abord à peine s'il fit attention à ce bruit importun ; il pensa que c'étaient quelques curieux qui voulaient visiter le monument voisin, et, riant en lui-même, il dit comme si on pouvait l'entendre :

— Frappez ! frappez ! vous êtes bien sots de penser que je vais me déranger pour quelques méchants demi-schellings qu'on me donnera peut-être.

Mais déjà la porte était enfoncée, car la multitude, qui devait supposer que Sawton avait entendu son approche et qu'il refusait d'ouvrir, se hâta d'en finir avec lui. A l'aspect d'une demi-douzaine de forcenés, qui entrèrent à la fois dans la chambre où il se trouvait, il se jeta sur son or, pour le dérober à leurs regards; mais il n'était plus temps, et cette précaution qu'il avait voulu prendre comme d'instinct, car il était dans un état complet d'ivresse, parut une accusation et un aveu sans réplique à ceux qui s'étaient faits ses juges. En moins de rien, la table fut renversée, l'or éparpillé disparut, et Sawton, jeté hors de sa maison, roula de main en main, et arriva presque en face de Jack Ketet.

Ce fut encore, à cette heure, un horrible spectacle que cet homme privé de souvenir et de raison, jeté çà et là comme une balle avec laquelle jouent les enfants, et excitant la gaieté de toute cette populace. Mais ce jeu n'était que le prélude du divertissement qu'elle avait imaginé chemin faisant.

Quoique toute sa colère se fût tournée vers Sawton, et que ce fût lui seul dont elle semblât vouloir faire, en ce moment, sa victime, elle ne voulait pas, cependant, perdre tout à fait l'usage qu'elle avait espéré tirer de Ketet, et, pour tout concilier, elle avait résolu de se faire régaler d'un plaisir qui n'était réservé qu'aux plus grands de la cour et à quelques hauts magistrats. Elle entendit que Sawton fût soumis à la torture pour avouer le crime dont il était sans doute coupable, et ordonna à Ketet de la lui infliger, sans rien épargner et, en ayant soin surtout de choisir les supplices les plus curieux, dans le cas où le patient ne pourrait suffire à toutes les épreuves.

Que dire maintenant de cette marche qui eut lieu depuis la demeure de Sawton jusqu'à celle de Jack Ketet? Faut-il peindre cette meute d'hommes aboyant autour d'un homme ivre, l'agaçant, le fuyant, riant de ses chutes, l'invitant à la joie et lui annonçant qu'ils marchaient à une fête, se repaissant de ses accès de rire stupides à cette nouvelle, et répondant à ses questions sur cette fête : — Tu y seras ! — Tu y seras ! Atroce et ignoble plaisanterie qu'on applaudit dans *Iphigénie* de Racine, où Agamemnon la dit à son enfant douce et bien-aimée.

Ainsi courant, ainsi dansant et chantant, ils arrivèrent à la maison de Ketet. Dans un instant, elle fut envahie par la foule, et Sawton fut transporté dans la grande chambre, où se trouvaient les instruments de torture. Mais c'était pour trop peu de spectateurs que ce spectacle eût été donné, si cela se fût passé dans cette chambre fermée, et ceux de la rue eussent été jaloux. Une idée soudaine, lumineuse, jaillit à l'esprit de quelques-uns, et, immédiatement partagée par tous, reçut une merveilleuse exécution. Aussitôt, le travail commence ; des centaines d'hommes, avec un ordre et une intelligence parfaite, défont le toit de la maison. D'abord les tuiles en briques qui la couvraient disparaissent sous des milliers de mains ; les lattes qui les supportaient, immédiatement arrachées, mettent à nu la charpente ; la charpente, à son tour, est enlevée ; le plafond inférieur qu'elle soutenait est aussi détruit, et la salle du supplice se trouve ainsi parfaitement découverte. Sans doute, c'était déjà beaucoup pour ceux qui, de gré ou de force, introduits dans les maisons voisines et montés sur les toits, plongeaient dans la chambre qui tenait tout le premier étage de la maison de Ketet, mais ceux qui étaient dans la rue réclamaient toujours, et l'on dut céder à leurs droits.

En conséquence, on se mit en devoir de défaire les murs latéraux qui s'élevaient autour du lieu du spectacle; et, en moins de temps peut-être que nous n'en mettons à l'écrire, la maison se trouva démolie jusqu'au niveau du plancher du premier étage ; de façon que, dans ce moment, elle ressemblait à un vaste échafaud élevé au milieu d'un amphithéâtre. Isolée, comme nous l'avons dit, de tous les bâtiments qui l'entouraient, elle semblait admirablement disposée pour le divertissement que la foule voulait se donner. Toutes les maisons environnantes se hérissèrent de têtes et de curieux. Les toits étaient chargés d'hommes et d'enfants retenus les uns aux autres par une sorte d'enchantement; les fenêtres étaient garnies, jusqu'au sommet, de têtes échelonnées les unes sur les autres ; chaque lucarne avait ses yeux ardents qui brillaient dans son étroite embrasure ; chaque aspérité où pouvait se poser un pied soutenait un homme ; et à chaque trou où une main pouvait se glisser, un enfant était suspendu.

On balaya le plancher de quelques gravois qui l'encombraient; et, chacun disparaissant par l'étroit escalier qui descendait au rez-de-chaussée, la chambre se trouva libre en peu d'instants. Quatre personnes seulement y étaient demeurées ; c'étaient Jack Ketet, Simon son fils, Baby et Sawton. On eût dit le théâtre et les acteurs d'une comédie, à l'heure où va commencer le spectacle.

Est-ce encore une peinture à faire que la description de la torture infligée à un homme ? Assez de livres, les uns graves et scientifiques ; les autres nés de l'imagination, n'ont-ils pas suffisamment présenté aux yeux de toutes les espèces de lecteurs cette hideuse image ? Et faut-il que nous aussi, à tant de tableaux féroces, que la vérité a jetés sous notre plume, nous ajoutions ce dernier tableau ! C'est horreur sur horreur, sans doute, mais c'est nécessité, car nulle occasion au monde n'a peut-être été si favorable pour montrer jusqu'où les égarements du peuple peuvent aller, lorsqu'il subit l'influence d'un gouvernement sans humanité ni pudeur, lorsqu'il ne reçoit, de ceux qui devraient lui enseigner le respect des lois et la modération, que l'exemple des caprices absolus et de la vengeance à tout prix.

Et en outre de cette leçon de morale et de politique, nous peintre, nous poëte, nous qui avons représenté dans notre tête cette scène si gigantesque, si fantasque, si imprévue, pourrons-nous résister à l'envie de la reproduire tout entière comme elle nous apparaît. Car, voyez-vous, ce n'est pas ici une torture ordinaire dans un étroit cachot, ce n'est pas ici un accusé qui tremble entre un juge et un bourreau, à la lueur d'une lampe qui rougit à peine les ténèbres ; c'est au grand jour, sous des milliers de regards, un condamné qui ne sait ce dont il s'agit, que l'ivresse protége contre la peur, qui rit au tortionnaire qui s'approche, et joue avec les tenailles dont il est armé.

Cependant nous ne suivrons pas chaque mouvement du bourreau ; nous ne répéterons pas chaque mouvement de la victime. D'abord elle voulut échapper, non par un sentiment de terreur, non par prévoyance de ce qui allait lui arriver, mais parce qu'il lui paraissait joyeux de courir ainsi et de se faire poursuivre. Ketet, qui se sentait sous la main d'une populace prête à le déchirer ; Ketet, qui voyait sa femme et son fils dans un angle de cette chambre, destinés à périr aussi, s'il n'obéissait pas, eut bientôt atteint Sawton. La foule, qui riait de leur course, devint attentive lorsque le bourreau eut assis le patient dans une chaise.

A peine y fut-il placé, que Ketet prit une de ses jambes, la plaça entre deux petites planches qu'il serra avec des cordes d'un bout à l'autre. Sawton, qui n'y comprenait rien, se laissait faire et riait de cette opération. Ketet fit de même pour l'autre jambe et la plaça, comme l'autre, entre deux planches. Sawton se réjouissait et riait aux éclats en frappant ses jambes l'une contre l'autre : la foule riait aussi.

A cet instant, Ketet lie les deux jambes ensemble par une corde fortement attachée, d'une part, à la hauteur du genou, et, de l'autre, à la cheville. Sawton, se sentant ainsi arrêté, commence à s'impatienter et veut se lever : Jack Ketet le maintient sur sa chaise, et le misérable gardien, sous l'influence de l'ivresse qui pousse l'homme aux frénésies ainsi qu'aux faiblesses les plus extrêmes, Sawton se prend à pleurer comme un enfant, avec les inflexions et les paroles d'un enfant. La foule en fut ravie : elle en rit à plaisir, et comme Sawton pleura plus fort et avec des cris lamentables et grotesques, elle en rit à perdre haleine. Elle en eût ri encore longtemps, si un cri perçant, terrible, affreux, ne l'eût tout à coup interrompue.

Ketet avait fait signe à Simon de lui apporter un coin, il l'avait présenté sur les bords des planches qui encaissaient les jambes de Sawton, et frappant un coup de masse sur le coin, il l'avait fait pénétrer entre les planches. La douleur fut terrible, le cri épouvantable. Le rire se tut, le silence s'établit, et rien ne s'entendit qu'une voix qui murmurait une chanson. C'était Baby qui riait et chantait. Ce chant transporta Jack de fureur, il frappa en aveugle sur le coin, Sawton hurla, la foule eut un frisson de terreur.

A partir de ce moment, ce fut comme un effroyable dialogue entre les coups de masse et les cris de Sawton. Admirable supplice qui courbait les os sans pouvoir les briser, soutenus qu'ils étaient par la pression des planches ! supplice heureux qui permit à la foule d'entendre de ces gémissements à déchirer la poitrine, de voir une de ces souffrances qu'aucun accident, qu'aucune infirmité ne pouvaient lui faire soupçonner, sans cependant que sa victime fût notablement endommagée !

— Interrogez-le ! interrogez-le ! dirent quelques voix.

Le bourreau s'arrêta ; il demanda à Sawton quels étaient ses complices. Des cris de rage et de douleur lui répondirent seulement. Jack s'apprêtait à enfoncer le coin de quelques lignes encore.

— Autre chose ! cria la foule.

Ketet obéit et se prépara à infliger un nouveau supplice au gardien. Pendant ce temps, la foule se prit à murmurer, à parler, à s'interroger. Par une singulière disposition d'esprit, devenue sérieuse à l'aspect des douleurs qu'elle avait commandées pour son divertissement, elle prit la torture de Sawton au sérieux, et résolut de faire justice puisqu'elle s'était faite juge, si elle apprenait la vérité de la bouche du supplicié. Mais le misérable souffrait sans savoir pourquoi, ni comment ; il s'était senti brisé, sans comprendre ce qui le brisait, ni pourquoi on le brisait. Il n'avait pas entendu la demande qu'on lui avait adressée ; il ne pouvait donc répondre, il devait donc périr inutilement dans son supplice. Cependant, tant de douleur ne l'avait pas en vain assailli, elle avait horriblement dissipé la fumée de l'ivresse ; et, s'il n'avait eu sentiment que de sa souffrance pendant que Ketet frappait à coups doublés, il n'en fut pas tout à fait ainsi lorsqu'il l'eut délié.

Une réflexion douteuse, un souvenir incohérent, s'emparèrent de son esprit, et tandis que Ketet, l'étendant sur le dos, lui préparait une nouvelle torture, les idées qu'il avait commis un crime et qu'il en était puni, se formèrent et s'associèrent obscurément en lui. Peut-être qu'un interrogatoire, habilement dirigé, l'eût alors éclairé tout à fait et eût obtenu un aveu ; mais il n'en devait pas être ainsi.

Il était étendu sur le dos, lié de manière à ne pouvoir ni fuir, ni remuer, la tête élevée sur un petit carré de bois, comme sur un traversin. Ketet prit un instrument qu'on ne saurait mieux comparer qu'à une de ces balances dont on se sert sur nos comptoirs, mais dans de plus grandes dimensions. Cet objet était, en effet, construit de même ; d'abord un pied de cinq à six pieds de hauteur ; ensuite de ce pied, et formant l'équerre avec lui, une petite barre de fer, et à cette barre de fer un balancier accroché. Mais là s'arrêtait la ressemblance ; car, aux deux extrémités de ce balancier, au lieu des chaînes qui soutiennent les plateaux, pendait une baguette en acier, mince et flexible, et, au bout de cette tringle, une petite boule en plomb.

Lorsque le patient était étendu sur le dos, ainsi que nous l'avons dit, on plaçait cet instrument au-dessus de sa tête, puis on le mettait en mouvement, et, grâce au balancement qui en résultait, chaque boule venait alternativement frapper de chaque côté de la tête du supplicié. Ce n'était pas la force du coup, qu'on avait soin de ménager, qui faisait le supplice, c'était le retour constant de ce coup, qui, peu à peu, meurtrissait les chairs, ébranlait le crâne et créait au cerveau un horrible bourdonnement, percé des douleurs les plus aiguës.

Ainsi, quand cette nouvelle torture fut infligée à Sawton, le misérable, encore étourdi de son ivresse et de son premier supplice, ne sembla pas comprendre ni sentir ce qu'on lui faisait. Mais, quand ce coup persévérant et régulier l'eut frappé quelque temps, il se reprit à crier, à hurler, à grincer les dents ; enfin, il arriva à ce point que la foule jugea qu'il ne pouvait souffrir davantage. Mille voix crièrent :

— Assez ! assez ! assez !

Ketet s'arrêta, la foule était désappointée. Ce n'était point là ce qu'elle s'était imaginé. Ce supplice froid, enchaîné, sans mouvement, sans combat, n'avait rien d'attrayant ni d'amusant, s'il faut dire le mot, et elle conçut une sorte d'horreur de ce qu'elle avait fait. Mais comme il n'entre dans nul esprit humain, fût ce celui d'un homme ou celui de vingt mille, de reconnaître tout de suite un tort, la foule s'excusa son action par l'espoir d'une révélation, et se dit en soi qu'elle ne serait pas coupable si Sawton avouait le nom d'un complice et si elle découvrait ainsi une juste vengeance à exercer. Elle cria donc à Ketet d'interroger Sawton. Le bourreau prit aussitôt un pot plein d'eau, et le jeta à la face du supplicié.

La nouvelle souffrance qu'avait subie Sawton, et cette eau qui vint un moment éteindre le délire qui s'allumait dans son cerveau, finirent par éclairer son souvenir, et glissèrent dans sa tête d'une façon plus lucide, quoique encore bien incertaine, la cause de son supplice. Donc quand Ketet lui demanda s'il voulait nommer ses complices, il murmura un nom. On l'entendit mal, mais on entendit qu'il parlait ; il se fit un prodigieux silence, et ces mots arrivèrent à quelques oreilles.

— Une heure..... oui..... cinquante guinées..... Richard Barkstead.

— Richard Barkstead ! répéta la multitude avec un accent de triomphe Chez Barkstead ! chez Barkstead ! mort à Barkstead !

Et dans un moment, toute la foule se détacha des maisons où elle était suspendue, pour s'élancer vers la demeure de Barkstead ; mais, lorsque ce mouvement vint à s'opérer, ceux qui étaient dans les rues adjacentes, et qui attendaient sans voir ce qui se passait, opposèrent quelque résistance ; il en résulta un choc violent, une pression terrible qui refoula la multitude sur la maison de Ketet. La démolition qu'on avait faite des murs supérieurs avait amassé autour de la maison une quantité de matériaux assez grande pour qu'elle s'élevât à la moitié de la hauteur de l'étage et en facilitât l'escalade. Ainsi, lorsque ceux du centre furent culbutés les uns sur les autres, tous ceux qui étaient autour de la maison, se sentant pressés, grimpèrent sur le plancher où étaient Jack Ketet, sa famille et l'infortuné Sawton. Le bourreau prenant sa femme dans ses bras avec son fils, les protégea facilement contre une invasion qui n'avait rien de menaçant. Mais le misérable gardien, laissé étendu par terre, évité un moment pendant qu'il y avait assez de place pour lui et pour les autres, fut bientôt heurté du pied, et lorsque la foule, se pressant sur la planche, fut tellement serrée que chacun avait à peine la place de ses pieds, on lui marcha sur le corps, on le foula indifféremment, et on finit par l'écraser sans rien de cette fureur qu'on avait montrée contre son prétendu crime, ni de cette pitié qu'avaient ensuite inspirée ses terribles souffrances.

Cependant le cours de la foule se rétablissait insensiblement, et les cris de : — Meure Barkstead ! chez Barkstead ! d'abord isolés, s'étaient réunis dans une acclamation de réprobation universelle. Enfin, comme une masse d'eau qui tourbillonne dans une écluse, tant que les fissures des portes ne lui laissent qu'une pénible issue, et qui se verse avec un choc effrayant quand ces portes s'ouvrent tout à fait, la multitude, une fois que le passage fut frayé, se rua, plus furieuse que jamais, à travers les rues qui conduisaient chez Barkstead.

Enfin, elle croit avoir atteint le vrai coupable, et pour celui-là il n'y aura rien d'assez cruel, tout sera juste, sans doute. On court, on s'élance, on approche. Les plus frénétiques atteignent l'extrémité de la rue où est située la maison. Ils appellent la foule à grands cris ; ils s'élancent de nouveau et arrivent jusqu'à la maison proscrite. Aussitôt ils montent vers la porte pour la heurter, et le premier qui lève la main recule épouvanté ; d'autres arrivent, ils excitent ceux qui sont devant eux, les pressent, les culbutent, et quand ils sont à leur tour en face de la porte, ils reculent comme ceux qui les précédaient, et comme eux ils se taisent.

Cependant la foule, engagée dans cette longue rue, s'impatiente et veut approcher, car elle n'entend pas encore crier les membrures des toits ; elle ne voit ni voler les tuiles, ni s'agiter des victimes. Les premiers passent, et ceux qui les poussent arrivent, regardent à leur tour, reculent et passent de même. Seulement, à mesure qu'ils envisagent cette porte, un cri sourd d'effroi et d'étonnement s'échappe d'eux pendant qu'ils fuient. Ainsi la foule, toujours poussée et toujours fuyant, passe dans la rue comme un torrent. Dans toute sa longueur elle en bat les côtés, elle en heurte les bords, elle la remplit dans toute sa largeur ; mais, arrivée devant la porte de Barkstead, à quelques pas avant et après, elle se creuse, s'éloigne du mur et fait une sorte de courbure comme l'eau d'une rivière, chassée du bord par un éperon armé de poutres et chargé de pierres.

Quelle puissance surhumaine, quel bras de fer inflexible écartait donc cette masse vivante et terrible, et la faisait ployer en avant de cette porte ? Quel respect, quel sentiment sacré l'écartait ainsi de ses desseins homicides ? était-ce quelque objet du culte religieux ? quelque vénérable signe de pouvoir ? quelque ordre d'un magistrat, affiché là et respecté sous le sceau des armes de Londres ? Non, rien de tout cela n'eût retenu la foule, rien de ce qui, ordinairement, imposait à sa turbulence, n'eût suffi à cette heure, où elle avait brisé tous les liens de l'obéissance et de l'ordre. Une résistance de cette sorte n'eût fait qu'exaspérer ses fureurs ; et, au lieu de fuir, de s'échapper et de se disséminer au bout de cette rue comme il arrivait, sans oser s'entre-regarder, morne, taciturne, éperdue, elle eût fait un jouet ou une victime de plus de ce qu'on eût opposé à sa volonté souveraine. Qu'était-ce donc ? et pourquoi ce flot humain, toujours poussé en avant, arrivant furieux et frénétique à cette maison, semblait-il se calmer dès qu'il en voyait la porte ? Pourquoi s'écartait-il, muet et épouvanté, quand il passait devant elle ? et pourquoi fuyait-il, tout haletant d'effroi, dès qu'il l'avait dépassée ? Qu'y avait-il donc là de si épouvantable et de plus fort que tout un peuple ?

Ce n'était rien qu'un signe, rien qu'une image, rien qu'une croix rouge, qui voulait dire à tous ceux qui la voyaient :

— Ceci est une maison de pestiférés !

XXXIV. — EXPLICATIONS NÉCESSAIRES.

Il faut maintenant expliquer ce qu'était devenu Richard pendant cette longue émeute. Il avait rejoint Love et lui avait confié ses projets. Il voulait, dans la nuit qui devait suivre ce terrible jour, quitter Londres et emmener sa mère. Le boucher était chargé de lui apprendre la nécessité de ce départ, tandis que lui, Richard, en commanderait tous les préparatifs. A la nuit close, mistriss Barkstead devait monter en voiture avec Love et sortir de Londres par la porte de Windsor. Pendant ce temps, Richard irait à Great-House, enlèverait sa cousine, rejoindrait sa mère, et tous trois passeraient en France ou en Hollande, ainsi que Love, s'il consentait à les accompagner.

Ils s'étaient donc séparés aussitôt que Richard eut jeté parmi la populace la tête de Charles Ier, et donné le branle à ce vaste mouvement populaire. Richard avait employé presque tout son temps à assurer ses moyens de fuite, en voiture, chevaux, argent et mille objets de détail, pour se soustraire à une poursuite, si quelque hasard faisait découvrir son crime trop rapidement.

Love se rendit en toute hâte chez mistriss Barkstead ; mais, en arrivant, il la trouva dans un abattement si prodigieux qu'il en fut épouvanté ; et, comme il supposait qu'Andlay pouvait être encore dans la maison de Downing, il courut le chercher et l'envoya chez Love. Après ce premier soin, il tâcha de retrouver Richard dans les lieux où il pouvait avoir affaire ; et, par un hasard fatal, il ne l'atteignait nulle part. Enfin, au milieu de ses courses, il rencontra, encore loin de la maison de Richard, la foule qui poussait des cris de mort contre lui, et qui courait furieuse vers sa demeure. Love devina à peu près que leur secret avait été trahi et se hâta d'arriver chez mistriss Barkstead avant la multitude. Il y rencontra Andlay, qui lui apprit que la malade était dans un état désespéré et à qui il raconta tout ce qui s'était passé. Le danger était imminent ; le docteur ne consulta point si Richard était coupable ou non, et si la vengeance populaire était juste, il considéra que des forcenés allaient se précipiter dans cette maison, et sans doute massacrer une femme à qui peut-être il restait peu d'heures à vivre, mais que peut-être il pouvait sauver. Il prit un parti décisif, et, sentant qu'il ne pouvait, ni par ruse, ni par force, prévenir le malheur qui accourait contre cette maison et la défendre contre la multitude, il résolut de l'éloigner par la terreur. Il traça donc

Elle rouvrit les yeux et sourit à son fils en le voyant à genoux devant elle. — Page 54.

sur la porte cette terrible croix rouge, et l'on a vu quel en fut l'effet sur le peuple. Renfermés avec Love dans la maison, ils l'entendirent passer et gronder comme un ouragan ; mistriss Barkstead, que le docteur avait fait mettre dans son lit, demanda à plusieurs fois ce que signifiait cette affluence immense ; Love l'inquiéta de son fils ; mais Love la rassura du mieux qu'il put, promettant qu'il rentrerait dès que la nuit serait close ; et enfin, lorsque tout danger extérieur fut cessé, il dit, sans cependant avouer la vérité tout entière, le projet de fuite de Richard et comment il devait l'exécuter.

Andlay secoua la tête à plusieurs reprises pendant ce récit, et sembla douter que ce projet pût encore s'accomplir. Il s'approcha de Love et lui dit tout bas :

— Cette croix n'est point un mensonge, Tom, regardez cette femme qui fut une si pure créature, elle sera bientôt anéantie et détruite par l'horrible maladie qui s'apprête à dévorer Londres.

— Je ne vois pas pourtant en elle, répondit Love, ces symptômes effrayants et rapides qui accompagnent ce mal, à ce qu'on m'a dit. Il n'est donc pas vrai que ce terrible mal frappe et tue comme la foudre ?

— Toute maladie se nourrit de vie, répliqua Andlay. Que la peste tombe sur un corps plein de sève et de sang, et dans peu d'heures ce sang et cette sève, surex-

cités par le mal, seront des causes rapides de mort. Il en est de même des puissantes émotions ; elles prêtent leur vigueur au mal, comme les forces physiques, et ce jour en sera un fatal exemple. Cette frénésie populaire jettera plus de victimes à la peste dans un jour que n'eût fait la misère en deux mois. Mais cette faible femme, qui s'éteignait corps et esprit depuis bien longtemps, est incapable d'engendrer une de ces terribles crises qui détruisent un corps en peu d'heures. Tout doit être pauvre et maigre en elle, le principe de la mort comme celui de la vie. Cependant cette nuit ne se passera pas sans qu'elle ait cessé de souffrir ; que Richard ne compte donc pas sur l'emmener, et que s'il doit à sa sûreté de fuir l'Angleterre, il vienne ici recevoir un adieu et une bénédiction.

Love voulut ressortir. Il comptait aller se poster sur la route de Windsor, bien assuré de voir passer Richard ; mais il ne put ouvrir la porte qui donnait sur la rue. Déjà la mesure barbare qui défendait de laisser sortir des maisons pestiférées aucune personne de celles qui s'y trouvaient renfermées, commençait à être mise à exécution, et des voisins prudents avaient muré cette porte. Love en fut horriblement surpris. Jusqu'à ce moment, la crainte du fléau n'avait pu l'atteindre parmi les occupations extraordinaires auxquelles il s'était livré. D'ailleurs, depuis le peu de jours qu'on en parlait sérieusement, il n'avait eu occasion d'en voir aucun accident ; et, après tout, Love n'était pas un homme à s'épouvanter aisément. Cependant, lorsqu'il remonta près d'Andlay, il ne put lui annoncer cette nouvelle d'une voix calme et résolue.

Andlay en fut vivement contrarié. Toutefois, il espéra sortir promptement de cette cruelle prison, grâce à sa qualité de médecin. Il ouvrit donc une fenêtre et voulut appeler quelques passants ; mais il ne s'en trouvait aucun dans la rue, signalée déjà à la crainte publique. S., de temps à autre, quelqu'un qui n'était pas averti venait à passer, il répondait d'abord à la voix qu'il entendait, mais, dès qu'il portait les yeux sur la porte, il s'enfuyait malgré les cris, les prières et les menaces du docteur.

— Attendons la nuit, dit Love ; une fois arrivée, je passerai par cette fenêtre et j'irai chez le lord maire ou l'un de ses aldermans, lui dire que vous êtes ici et que Londres a besoin de vos soins. Cela ne sera pas long, il demeure à deux pas d'ici, et, avec un ordre et deux constables, on aura bien vite fait reconnaître votre qualité, et vous pourrez sortir.

— Mais comment, répliqua Andlay, descendre par cette fenêtre ? Dès que les voisins verront une tentative d'évasion, ils te tireront quelque coup d'arquebuse, et voilà tout.

— Oh ! que non, répliqua Love, je ne suis pas si niais que de leur montrer que nous avons dessein de nous échapper. Nous allons laisser cette fenêtre ouverte, et, pendant une heure ou deux, il faut qu'on n'y voie personne. Dans deux heures la nuit sera bien close, et ce temps aura suffi à fatiguer un peu l'attention de ceux qui veillent. Alors, au lieu d'attacher une corde et de me laisser glisser doucement pour qu'on ait le temps de bien m'ajuster et de m'abattre comme un pigeon de tir, je prends mon élan du milieu de la chambre, je saute par-dessus l'appui de la croisée et tombe dans la rue, où je me mets à courir, comme vous savez que je cours, docteur. Ils seront bien adroits s'ils m'attrapent au vol.

— C'est bien ! reprit Andlay ; il nous reste encore un moyen qui, probablement, se présentera d'ici à demain. Si mistriss Barkstead mourait, il faudrait emporter le corps, et, en nous offrant pour ce service, on nous laissera passer.

— Toucher ce corps ! dit Love. Non, de par tous les saints ! j'aime mieux sauter par la fenêtre, au risque d'attraper une balle !

— Oh ! dit Andlay, si toi, qui ne manques d'aucun courage, tu en es déjà à ce point, malheur à Londres ! la peste y fera une belle moisson !

Ils rentrèrent alors dans la chambre de la malade, où était Betty, et attendirent la nuit.

D'un autre côté, Richard avait tout préparé. Une voiture devait attendre sa mère et Love dans la maison de celui-ci, et Richard devait, avec un vigoureux cheval, pousser jusqu'à Great-House. Il était déjà nuit close lorsque tous ces préparatifs furent terminés, et il se rendit chez Love pour l'en avertir et prendre les dernières mesures; il avait sans doute entendu de loin les mugissements de la foule; mais il l'avait toujours évitée, pour ne pas être retardé, et se trouvant à une autre extrémité de Londres pendant qu'on se rendait chez lui, il ignorait complétement ce qui était arrivé.

Cependant la nuit avançait et Love ne rentrait pas. Richard se décida à aller jusqu'à sa maison; mais, à tout hasard, il écrivit un mot à Love, il lui expliqua qu'à huit heures de nuit une voiture viendrait le prendre; s'il supposait, puisqu'il ne le voyait pas rentrer, qu'il avait averti sa mère et que c'étaient les préparatifs du départ qui le retenaient; que, dans tous les cas, il allait s'en assurer lui-même, mais que si, par un malheureux hasard, il ne le rencontrait pas encore, le rendez-vous tenait toujours pour l'endroit convenu.

Après ces précautions, il se dirigea vers sa demeure. Toute agitation était calmée dans la ville; cependant, il prit de longs détours et arriva à la porte de sa maison, assez tard dans la nuit; il frappa et n'obtint pas de réponse. Il frappa de nouveau et commença à croire que ses suppositions étaient fondées, et que tout le monde était parti. Il frappa une dernière fois comme pour bien s'assurer qu'on avait dû l'entendre. On ouvrit une fenêtre d'une maison voisine et quelqu'un cria :

— Holà ! qui frappe à cette maison maudite ? il n'y a plus personne ! ils sont tous sortis.

Richard reconnut la voix d'un voisin, et il répondit sans trop réfléchir à ce qu'il disait :

— Merci, maître Blump ! merci !

Mais, à son tour, le voisin reconnut la voix de Richard, et comme il était instruit de tous les événements de la journée, il s'écria aussitôt :

— Alerte ! alerte ! c'est Richard, le sacrilège, le violateur des tombeaux ! Sus ! sus ! aux fenêtres ! aux fenêtres !

Et en même temps, un coup de carabine, qui lui était adressé, envoya une balle briser l'angle de la porte où se trouvait Richard. Immédiatement, les fenêtres s'ouvrent, elles se peuplent de gens armés; mais Richard fuit si rapide, que les coups qu'on lui adresse, tirés au hasard, ne peuvent l'atteindre ; il s'échappe et arrive hors de tout danger. Alors, il se consulte, il combine dans sa tête les paroles qu'il vient d'entendre, l'absence de tout habitant de sa maison, et il en conclut que Love a emmené sa mère, et que l'on n'a appris son crime que longtemps après. Il se résout donc à se rendre à Great-House et va à l'endroit où il devait prendre son cheval. Il le trouve tout préparé et l'attendant depuis longtemps. Là, il apprend que la voiture a été envoyée chez Love. Cependant, il n'ose se fier à tant d'indices certains, il doute encore de la réussite de ses plans, et, calculant que la nuit n'est pas encore très-avancée, il retourne au galop jusque chez le boucher.

Cromwell.

Il frappe, on lui répond, et on lui dit que la voiture est venue, que Love est arrivé un moment après, accompagné de quelques personnes, que sa lettre lui a été remise et qu'il est immédiatement reparti ; et, ajoute le valet, m'a ordonné tout bas de vous dire de vous éloigner sans délai. Richard ne doute plus que tout ne se soit passé comme il l'espérait; et, supposant qu'il s'est laissé devancer, il se remet en route avec rapidité. Il comprend que Love et lui se sont croisés et qu'ils ont quitté chacun leur retraite en même temps, et que pendant que lui, Richard, frappait à sa maison abandonnée, Love était avec mistriss Barkstead à Church-Hill, où il avait trouvé la voiture, et qu'il en était parti depuis longtemps. Dans cette croyance, il se dirige vers la route de Windsor et s'élance au galop à la poursuite de sa mère et de Love. Cependant, il court, il gagne du terrain, il marche du train qu'aucune voiture ne pourrait supporter. Il ne peut comprendre qu'elle soit si avancée, ni qu'elle ait pu aller si vite, surtout avec une femme malade et faible. Toutefois, il reprend courage, s'obstine à vouloir l'atteindre et arrive au rendez-vous. La voiture n'y était pas. Il demeure stupéfait, il s'arrête et se reprend à calculer toutes ses précautions et tout ce qui doit lui faire croire que rien n'a mis obstacle à ses projets. En effet, personne dans sa maison; Love parti avec la voiture après avoir lu sa lettre; rien ne semble moins douteux.

Il réfléchit alors que, peut-être, Love aura pris, pour sortir de Londres, des rues désertes, de longs détours; qu'il aura fait conduire la voiture très-lentement pendant qu'elle était encore dans la ville, afin de n'éveiller aucune attention, et que c'est durant ce temps que lui, Richard, dont le cheval courait à toute course par les rues les plus directes, aura devancé la voiture. Il applique l'avertissement qui lui a été donné de partir, sans délai, à la découverte de son crime. Il se dit et se redit ce calcul, cette supposition ; il s'en persuade aisément, et, rassuré enfin en lui-même, il reprend sa route vers Great-House, s'abandonnant à des rêves de bonheur, se voyant déjà le possesseur de Charlotte, passant en Hollande et y trouvant entre sa mère et sa jeune épouse le repos et la félicité.

Il faut dire maintenant comment des événements bien opposés à ceux que Richard créait complaisamment à l'appui de ses projets et de ses désirs, avaient concouru à l'abuser si étrangement.

Lorsque Love eut fait part de sa résolution au docteur, ils se retirèrent dans la chambre de la malade. Andlay ne crut pas devoir cacher à mistriss Barkstead qu'elle devait perdre tout espoir de revoir son fils, et Love lui raconta alors tous les projets qu'il avait formés. L'âme résignée de cette mère en reçut une atteinte pénible, à la vérité, mais elle en surmonta la douleur et voulut du moins occuper ses derniers moments de la pensée de son fils. Elle pria le docteur d'écrire les adieux et les conseils qu'elle voulait adresser à Richard, et Andlay regarda comme un devoir d'obéir à ce vœu. Love se chargea de lui porter cette lettre, en quelque endroit qu'il fût, et elle trouva dans cet entretien avec son fils absent, et dans la certitude qu'il en aurait connaissance, une consolation à l'isolement de sa mort.

Ce précieux écrit était terminé, et Love se préparait à exécuter sa fuite par la fenêtre, lorsque la porte retentit sous les coups violents qui l'ébranlaient. Quoique la nuit tombât déjà, Betty regarda et vit des soldats qui entouraient la maison. Malgré la croix rouge qui devait les arrêter, ils obéirent à la voix qui les commandait, et eurent bientôt arraché les lignes de maçonnerie dont on avait scellé le tour de la porte. Andlay, qui reconnut la voix du chef, jugea qu'il valait mieux ouvrir que de laisser briser la porte, et Betty ouvrit.

Aussitôt, Ralph Salnsby se présente; il s'élance dans la maison et gagne la chambre de mistriss Barkstead; il voit le docteur qui, l'arrêtant à la porte, lui dit dès qu'il parait:

— Que cherchez-vous ici, monsieur?

— Je cherche, répond Ralph, un homme que la justice humaine doit punir du plus épouvantable sacrilége.

— Oui! oui! dit Andlay, et, sans doute, quand vous exécuterez l'arrêt, vous regarderez le criminel en face pour ne pas vous tromper une seconde fois: Richard n'est point ici.

— C'est ce que nous allons voir, dit Ralph en s'avançant.

— N'entrez pas, dit le docteur en se plaçant devant lui; ne venez pas troubler de votre présence les derniers moments d'une femme dont vous avez fait tout le malheur.

— Allons! allons! docteur, dit Salnsby en le repoussant, pensez-vous que je croie à cette jonglerie de la croix sanglante que vous avez imprimée sur cette porte? Le tour était bon pour la canaille, mais vous estimez trop peu l'intelligence de Ralph Salnsby, si vous pensez le duper avec de pareils moyens.

En disant ces mots, il s'avança jusqu'au milieu de la chambre, et l'aspect de mistriss Barkstead, qui s'était soulevée sur son lit et qui se laissa retomber en le voyant, répondit au soupçon de Ralph mieux que n'eussent pu faire toutes les paroles du docteur. Quelques dragons étaient entrés avec leur colonel et tenaient en respect Love, le docteur et la jeune servante. Une lampe brûlait sur une table, Ralph s'en saisit, et, s'approchant du lit de la malade, il se prit à la considérer avec une attention muette. Mistriss Barkstead, amaigrie par de longues souffrances et décharnée par cette dernière crise, présentait l'aspect de la mort, bien qu'elle respirât encore. L'affaissement où elle était ne laissait à son visage le pouvoir de s'agiter d'aucune émotion. Elle s'éteignait sans secousses ni douleurs. Ralph n'en fut point satisfait; il s'arrêta devant le lit et prononça à haute voix ces paroles:

— Ainsi meurt, abandonnée de toute sa famille, veuve et délaissée par son enfant, l'épouse et la mère de nos ennemis! Qu'à son heure suprême elle reçoive le serment que je fais de poursuivre son fils jusqu'à ce que je l'aie immolé de ma propre main.

Ces mots rappelèrent un éclair de vie dans ce corps usé et presque éteint. Mistriss Barkstead se souleva, et d'une voix faible, mais qui s'entendit dans le silence aussi haut que la voix de Ralph, elle répondit:

— Puisse le ciel rendre à ta mère le sort que tu m'as fait! et faire retomber sur toi le serment que tu viens de prononcer!

Elle expira en disant ces paroles; et, sous le souffle furieux des passions politiques, cette âme douce, et si longtemps passionnée à l'indulgence et au pardon, quitta la vie en prononçant une malédiction.

Elle n'était plus! Les dragons s'emparèrent de Love; Andlay emmena Betty qui n'osait demeurer, et la maison ayant été exactement visitée, sans que l'on eût retrouvé le coupable, chacun s'éloigna et on l'abandonna complétement. Ce fut quelques minutes après que Richard y vint frapper inutilement. Cependant, Ralph, qui avait été voir Juxon, à qui il avait raconté sa frénésie et son résultat, tenait à s'emparer de Richard. L'évêque lui avait fait comprendre qu'il ne pouvait y avoir pour lui de pardon à espérer, qu'autant qu'il livrerait à la colère du roi le vrai criminel, et que de l'arrestation de Richard dépendaient non-seulement son avenir et sa fortune, mais encore son maintien dans la position où il était. En conséquence, Ralph avait pris les mesures les plus promptes pour cette arrestation. Mais, d'une part, la fureur populaire, que les dragons ne se souciaient pas de braver, après avoir appris le sort de leurs camarades; d'un autre côté, la répugnance que quelques-uns témoignèrent à suivre un chef qui s'était fait bourreau, tout cela le retarda beaucoup, et il arriva, comme on voit, assez tard dans la maison de Barkstead.

Il venait de la quitter après avoir questionné Love qui, malgré son assurance, s'était troublé lorsqu'on l'avait interrogé sur Richard, et surtout quand Ralph lui avait annoncé qu'il comptait aller le chercher dans sa maison. Love, qui ne pouvait rien empêcher par la force, se confia au hasard qui les avait protégés jusque-là, se réservant de se décider selon l'heure des circonstances.

Pendant qu'ils réfléchissaient ainsi, ils arrivèrent chez le boucher. La voiture était devant la porte, et celui qui tenait les chevaux dit à Love dès qu'il l'aperçut:

— M. Richard m'a ordonné, en partant, de vous dire qu'il vous avait écrit.

Si cette parole épouvanta le boucher sur les dangers que pouvait faire naître cet écrit, elle le rassura du moins sur la crainte où il était que Richard ne fût chez lui. Il se décida donc à n'opposer aucune résistance, et laissa Ralph s'emparer du billet. Seulement, pendant que le colonel de dragons lisait le papier, Love lisait son visage. Il ne s'y montra ni rage ni colère; donc Richard ne parlait pas de son projet d'enlever Charlotte. Nulle joie féroce ne se répandit non plus sur la figure de Ralph, et Love en conclut que le lieu du rendez-vous n'y était pas dit. Aucune distraction ne détourna du papier l'attention du colonel pour la reporter sur le boucher, qui était devant lui; sa complicité n'était donc pas dénoncée. Ainsi raisonna Love, et son calcul fut juste. Ralph garda un moment le silence, comme un homme qui cherche un parti; pendant ce temps, Love en prit un. Ce fut celui d'écarter, le plus possible, les recherches de Ralph de la route de Richard.

Lorsque Ralph releva les yeux et regarda Love, il le vit la tête penchée et dans le plus grand accablement. Cependant, il ne voulut point l'interroger, persuadé qu'il ne répondrait pas. Il fit monter le voiturier, et lui demanda pour quel voyage on l'avait payé.

— On m'a payé pour obéir à maître Love, répondit cet homme, et pour le conduire partout où il m'ordonnera d'aller.

— Tu ne sais pas quelle route tu dois prendre? dit Ralph.

— Je l'ignore absolument, reprit le voiturier.

Ralph mesura Love de l'œil. Il s'étonnait que le boucher, contre lequel il n'y avait ni plainte ni soupçon, et qu'il avait illégalement contraint à rentrer chez lui, pour l'accompagner, ne fit pas valoir ses droits et ne lui commandât pas de sortir de sa maison. Il devina la pensée de Love qui, par cette sorte de soumission, voulait donner du temps à Richard pour s'échapper, espérant qu'un hasard l'instruirait de tout. Ralph et Love se taisaient. Tout à coup le colonel s'écria:

— Allons! je vois qu'il faut y renoncer pour ce soir, car je suppose que vous ne me direz pas où est ce rendez-vous. Mais enfin, si l'Angleterre est grande, les côtes en sont bien gardées. Adieu, maître Love! — A cheval, vous autres!

Ils sortirent, et Love réfléchit que ceci ne devait être qu'une ruse, que Ralph était homme à faire parcourir toutes les routes pendant la nuit, et à mettre tout son régiment sur pied plutôt que de laisser échapper son ennemi. Il résolut donc d'appeler les soupçons à sa poursuite. Aussi, lorsque les dragons furent partis et tout à fait éloignés, il descendit après avoir dit à l'un de ses garçons le mot que nous avons rapporté; et, prenant mille détours, comme un homme qui veut cacher le but de sa course, il promena sa voiture par la ville. Enfin, s'apercevant qu'il était soigneusement suivi, il s'approcha peu à peu de la route de France; et, dès qu'il y fut arrivé, il fit mettre les chevaux au galop, comme un homme qui veut réparer le temps perdu. Son stratagème réussit; et, à cinq milles de Londres il fut rejoint par Ralph, qui l'accompagna jusqu'à Greenwich, lieu qu'il avait indiqué au postillon comme but de sa course, et que celui-ci avait sur-le-champ dénoncé au colonel.

Pendant ce temps, Richard courait vers un point tout opposé, et il était dix heures de la nuit à peu près, quand Ralph arriva à Greenwich avec Love, et Richard à Great-House.

XXXV. — GREAT-HOUSE.

Confiant dans les événements qu'il avait disposés dans sa tête, la manière à les faire concorder avec ses plans, Richard approchait de Great-House. Il n'en était plus qu'à quelques pas, lorsqu'il fut tout surpris d'entendre un sourd murmure à l'entrée de l'avenue qui conduisait au château. La nuit était obscure, et il lui était impossible de rien distinguer: cependant, le long des murs qui entouraient le bois et en avant du fossé qui le séparait de la route, il lui sembla voir briller et scintiller des reflets lumineux. Il semblait que la clarté des étoiles se réfléchit sur des armes brillantes. Alarmé de cette circonstance qu'il devait croire dirigée contre lui, surtout en se rappelant le meurtre de la veille et les découvertes sanglantes qu'on avait dû faire, il s'arrêta un moment, et réfléchit à sa position.

Nul doute que l'on n'eût posté des hommes autour du château pour en défendre les approches; les cadavres de Bob et de Drake retrouvés en cet endroit, et les projets de Ralph avortés la veille, rendaient cette supposition suffisamment vraisemblable. Il demeurait donc arrêté à une demi-portée d'arquebuse, considérant ce scintillement qui longeait lentement le tour du bois, et entendant des pas mesurés et réguliers qui ne pouvaient être que ceux des sentinelles; il ne savait que décider. Fallait-il fuir, rejoindre sa mère et abandonner Charlotte? son amour, son orgueil, sa haine contre Ralph, se refusaient à ce parti. Devait-il tenter de pénétrer jusqu'à elle, au risque de ses jours? ne pouvait-il pas donner le signal convenu, et n'était-il pas possible qu'elle eût trouvé, pour sortir, des moyens que lui ne pouvait imaginer? Il ne savait que résoudre; et, dans l'incertitude où il était, il jeta un regard inquiet autour de lui, comme s'il eût cherché quelqu'un à qui demander conseil. Grâce à ce mouvement, il s'aperçut que, de l'autre côté de la route où il était, se trouvait un homme accroupi, et qui devait y être avant que lui, Richard, fût arrivé, car il n'avait entendu aucun mouvement.

Richard pensa que la fuite était le plus mauvais parti à prendre, et qu'il se devait au moins de savoir ce que signifiait cette garde armée autour de Great-House. Élevant alors la voix qu'il essaya de déguiser, il cria:

— Hé! l'ami, que faites-vous là?

— Je vous regarde avoir peur, dit le paysan en s'approchant de Richard: car il me semble que vous alliez d'abord assez bon train, et que vous vous êtes arrêté tout net lorsque vous avez vu briller les faux et les piques de mes camarades. Vous pouvez passer, ce ne sont pas des voleurs!

— Ce ne sont donc pas les gens du château qui veillent ainsi? dit Richard à celui qui lui parlait.

— Bah! les gens du château! ajouta le paysan, ils sont tous envolés, et c'est pour empêcher ceux qui n'en ont pas eu le temps de s'échapper aussi, que nous l'avons entouré.

— Comment! s'écria Richard, les gens du château sont partis! lady Salnsby a quitté Great-House!

— Lady Salnsby s'est sentie indisposée cette nuit, dit le paysan, ce matin elle était mieux; mais, vers le milieu du jour, elle est tombée dans des convulsions, et elle est morte deux heures après.

— Que me dites-vous là! en êtes-vous sûr?

— Parbleu! si bien, que je l'ai vue, moi, les yeux vides, la figure bleue et toute marquée de larges plaques noires et jaunes!

— Serait-ce la peste? s'écria Richard involontairement.

— C'est la peste! certainement, au point que, une heure ou deux après, trois domestiques sont tombés malades, et que l'un d'eux est mort en moins d'une heure, aussi horriblement défiguré que sa maîtresse; quand les autres ont vu cela, l'épouvante les a pris, et ils ont voulu tous s'enfuir; mais j'avais prévenu mes amis; et, comme nous ne voulons pas qu'ils viennent dans nos maisons et nos fermes nous parler et nous toucher pour nous empoisonner, nous leur avons donné la chasse et nous avons entouré la maison pour que ceux qui sont dedans n'en puissent sortir.

Ces renseignements, que Richard n'aracha que phrase à phrase, lui furent un coup terrible. Son épouvante s'en augmenta sans que son incertitude diminuât. En effet, Charlotte était-elle parmi les personnes qui s'étaient enfuies? ou bien, était-elle demeurée au château? Si la première hypothèse était vraie, où la retrouver? Et, à supposer qu'elle se fût fait conduire à Londres, où avait-elle caché sa retraite? Qui sait si elle n'avait pas attendu la nuit pour aller chez lui, Richard, et que deviendrait-elle en trouvant sa maison déserte? Lorsqu'il suivait toutes les conséquences de cette supposition, il était prêt à retourner à Londres; mais aussitôt la pensée que Charlotte était peut-être enfermée dans Great-House, et qu'une mort affreuse, isolée, pouvait l'y frapper, cette pensée arrêtait Richard. Il avait bien songé à s'introduire dans la maison, et s'il devait y retrouver Charlotte, peu lui importait d'y mourir s'il y mourait avec elle; mais il prévoyait le cas où, une fois dans Great-House, il acquerrait la certitude qu'elle était partie. Il s'imaginait alors se sentir prisonnier dans cette enceinte pestiférée, tandis que Charlotte le chercherait partout; tandis que Ralph, libre et averti de sa fuite, l'enlèverait; et il en concevait, par avance, une rage qui lui rendait son incertitude plus épouvantable encore.

Pendant ce conflit de terribles indécisions, il avait perdu souvenir qu'un rendez-vous avait été pris par lui avec Charlotte, qu'elle n'était pas d'une âme à manquer à sa promesse. Enfin, lorsque le premier tumulte de ces fatales nouvelles fut un peu calmé, il raisonna avec lui-même, se crut assuré que Charlotte avait dû l'attendre, et, s'approchant du fossé, il se résolut, à tout risque, à donner le signal. Avant de faire cette tentative, il avertit ceux qui veillaient en face du château, afin qu'ils ne s'alarmassent point de ce bruit. Les trois coups de sifflet retentirent; un long silence y succéda, un silence qui pouvait être celui de l'absence, mais qui peut-être, aussi était celui de la mort. Richard fut déchiré de mille tourments: durant ce temps, on eût entendu son cœur battre dans sa poitrine, il tremblait et se sentait froid. Tout à coup, son nom retentit dans le bois, une voix de femme le prononce, une voix altérée, plaintive, déchirante: Richard oublie tout, il n'entend que Charlotte qui l'appelle; et, sans faire attention aux avertissements de ceux qui l'entourent, il franchit le fossé, entre dans l'enceinte maudite et se jette, vivant, dans ce vaste cercueil.

Guidé par les cris qu'il entend, il se précipite vers le château et rencontre Charlotte qui courait vers lui; elle le voit, et, avec une effusion inexprimable, elle tombe dans ses bras en lui criant:

— Ah! Richard! c'est toi! c'est toi!

Des sanglots, des larmes, de longues étreintes accompagnent ce premier mouvement. Charlotte reste un moment inanimée dans les bras de Richard; puis, ce premier transport de joie calmé, elle reprend avec un accent de profonde terreur:

— O Richard! fuyons maintenant! fuyons!

Le misérable était si heureux qu'il répondit sans penser à rien:

— Oui, Charlotte, fuyons! ma mère nous attend!

— Ta mère! dit Charlotte, oh! béni soit Dieu! J'aurai donc un asile! mais fuyons! partons d'ici!

Ils marchèrent vers le fossé qui bordait la route. Mais, encore une fois, la lueur des étoiles, reflétée sur la pointe des piques et sur les larges lames des faux, vint jeter l'épouvante dans l'âme de Richard. Cette fois, cependant, il n'y avait plus incertitude dans le malheur que cette triste apparition lui annonçait: C'était la mort certaine, inévitable, s'ils tentaient de franchir la terrible enceinte. C'était la mort encore s'ils ne fuyaient pas, car le château était, à coup sûr, infecté.

Cependant, il osa espérer que la pitié, l'or, les promesses, pourraient attendrir leurs geôliers; il arriva jusqu'auprès du fossé. On les avait entendus venir, et plusieurs hommes étaient assemblés, qui les attendaient pour les empêcher de passer. Richard les appela; ils répondirent par des menaces; mais leurs piques et leurs faux n'étaient pas assez longues pour atteindre les deux prisonniers.

— Oh! s'écria Richard, c'est une enfant! une enfant de quatorze ans que vous condamnez à mourir belle et pure! Moi, tout à l'heure, j'étais parmi vous; il n'y a donc aucun danger. Eh bien! laissez-nous passer, vous vous écarterez de nous, je reprendrai mon cheval et je m'éloignerai de toute sa vitesse.

— Non! non! répondit-on de toutes parts; n'essayez pas! ou vous serez massacrés!

— Mais, répondit Richard, pour nous tuer il faudra nous approcher davantage que pour nous laisser fuir, et alors...

— Il a raison, dit le paysan qui lui avait parlé le premier, il faut donc aller prendre nos arquebuses, nous les abattrons de loin comme cela. En attendant, chassons-les d'ici.

A ces mots, cet homme ramassa une pierre et la lança contre Charlotte, dont le vêtement blanc pouvait servir de guide à leurs coups. Cet exemple fut immédiatement suivi, et elle entendit siffler à ses oreilles les cailloux de la route. Richard prit Charlotte entre ses bras et l'emporta loin du fossé; elle semblait inanimée et insensible. Richard la déposa sur un banc de pierre; il l'appela doucement, mais elle demeura muette, les deux mains fortement appuyées sur son front; il les écarta et l'appela encore.

— Mourir! dit la jeune fille avec un accent triste et lent: mourir! Oh! non, Richard! Richard, sauve-moi! sauve-moi! je ne veux pas mourir!

— Viens, Charlotte! viens, dit Richard, les murs sont peut-être moins soigneusement gardés, nous les franchirons. Tu ne me réponds pas, Charlotte! Charlotte! oh! parle! réponds-moi... Charlotte, ne m'aimes-tu donc plus?

— Mourir, répéta la jeune fille.

Et, en disant ce mot, elle s'abandonna à des cris suffoqués, à des terreurs affreuses. Richard s'en étonnait. Il avait supposé l'âme de Charlotte résolue et capable de braver la mort, et, à l'heure du danger, il la trouvait faible et désespérée! C'est que le danger qui se présentait, c'est que la mort dont elle était menacée et qu'elle avait vue sous ses yeux engloutir ses victimes, était une épouvantable destruction, hideuse dans son approche, hideuse dans ses résultats. C'est qu'il y a dans la mort autre chose que la perte de la vie; c'est que l'homme, en tous cas, y cherche une lutte, y veut une chance, et que, pour le plus brave, décidé à mourir, le genre de sa mort n'est point indifférent; c'est que celui qui subit une maladie aiguë et mortelle avec calme, et qui la supporte avec courage, se sent le temps de la combattre, de la retarder et peut-être de la vaincre; c'est que celui qui commet un suicide est maître de sa vie après tout, et peut suspendre l'instant fatal. Mais, se trouver en face d'un mal contre lequel rien n'est puissant, ni la jeunesse, ni la volonté, ni le courage; un mal qui frappe comme la foudre, et qui, sans laisser une heure pour s'accoutumer à la mort, déchire assez longtemps pour infliger les plus cruelles douleurs; une âme plus forte, plus habituée aux misères de l'humanité que celle d'une jeune fille de quatorze ans, y eût succombé.

Richard l'appelait, essayait de la calmer. Il fut longtemps sans en pouvoir rien obtenir que des cris et des terreurs. Enfin, peu à peu ses sanglots s'apaisèrent; elle parut comprendre les espérances que voulait lui inspirer Richard; elle laissa aller ses mains dans les siennes et parut l'écouter parler. Mais, lorsqu'il pensait avoir ramené le calme dans son esprit, elle se pressa contre lui en disant, comme si elle s'éveillait d'un songe:

— J'ai bien froid! Richard, j'ai froid!

Il faisait nuit, une nuit de janvier! Richard n'avait point de manteau, le sien était resté sur son cheval. Il se sentit le cœur brisé de ce mot de Charlotte, car il lui avait parlé d'espérance, de fuite, de bonheur, d'amour, et elle lui avait répondu qu'elle avait froid!

— Eh bien, lui dit-il, viens au château, il doit y avoir du feu.

Charlotte, à ces paroles, repoussa Richard comme si c'eût été une insulte poignante.

— Au château! dit-elle, au château!

Puis, après une pause, elle ajouta:

— Mourir! oh! mourir!

Richard ne pouvait la comprendre; il s'imagina qu'elle craignait de se montrer avec lui auprès des domestiques qui étaient demeurés à Great-House; il lui dit:

— Ne crains rien, Charlotte! je porte mon épée et nul ne te regardera ici qu'avec respect. Viens, Charlotte! viens au château.

La jeune fille se leva et se prit à courir vers la route avec une rapidité singulière; Richard s'élança après elle et parvint à l'atteindre. Il l'arrêta et la saisit dans ses bras; elle se débattit avec violence en criant aux paysans qui gardaient les issues:

— Au secours! tuez-moi! tuez-moi! je ne veux pas mourir! tuez-moi!

Les misérables répondirent-ils à ses cris ou à leur terreur? il importe peu; mais un coup de feu partit, et une balle vint siffler aux oreilles de Richard. Il emporta encore une fois Charlotte dans ses bras. Cependant la lassitude le prenait. Charlotte, encore une fois accablée et anéantie, restait inerte entre ses bras. Il se sentit à son tour brisé, froid et douloureux. Il eut peur; oui, véritablement, il eut peur! L'épouvante de Charlotte et son désespoir le gagnaient: car, enfin, pour être en cet état, qu'avait-elle donc vu? de quels épouvantables événements avait-elle été témoin? Et lui, s'il était saisi par ce mal dévorant, quelle défense avait-il? quel secours pouvait-il espérer des autres et de lui, quelles chances de salut? Et quand cette pensée lui vint à l'esprit, il trembla; il trembla pour Charlotte qu'il s'imagina seule et abandonnée dans cette maison de mort. Il comprit alors qu'il fallait prendre un parti décisif. Charlotte, presque morte, froide, sans force ni courage, était appuyée sur son épaule. Il réunit toutes ses forces; et, profitant de son accablement, il l'enleva et marcha vers le château. Quand il en fut assez près pour croire qu'il pouvait être entendu, il s'arrêta; et, au risque d'éprouver une nouvelle résistance de la part de Charlotte, il appela: Charlotte se redressa, elle le regarda d'un œil fixe et égaré. Il appela plus fort; elle sembla rire sourdement. Il crut qu'elle devenait folle; il appela d'une voix terrible. Rien ne répondit.

Il comprit alors. Elle était donc seule dans le château, et tous étaient partis, ou plutôt tous étaient morts. Lui aussi, à son tour, passa sa main avec rage sur son front. Il sentit que sa pensée le quittait; il serra sa tête convulsivement dans ses mains, comme pour y retenir sa raison. Il se calma. Il regarda Charlotte, son visage ne disait rien: ni peur, ni dédain, ni sarcasme!... Il était effrayant. Richard ne perdit pas courage; il raidit son âme contre tout ce qui le frappait, et pensa qu'il pouvait se sauver avec Charlotte et sa tante. Il ne fallait pas un médiocre courage pour oser espérer à cette heure où ils étaient, là où ils étaient.

Richard parcourut du regard la face triste et uniforme du château. Rien n'y brillait qui annonçât la vie. Tout était noir, murs et fenêtres. Cependant, à force de regarder, il crut, presque en face de lui, voir danser aux vitraux d'une haute croisée, une lueur qui surgissait et tombait çà et là à temps irréguliers, comme les derniers éclairs de raison dans l'œil d'un mourant. Il supposa que ce pouvait être la flamme expirante d'un foyer; il résolut d'y arriver. Cependant, il ne connaissait pas les entrées du château, et Charlotte était incapable de les lui montrer; à peine elle pouvait se soutenir, et lui-même, accablé de lassitude depuis deux jours qu'il n'avait pris aucun repos, n'avait plus la force de la transporter au hasard de porte en porte. Il sentait qu'il pouvait encore arriver avec son fardeau jusqu'à un endroit peu éloigné, dont il eût parfaitement reconnu le chemin, mais qu'il n'y suffirait pas, s'il était obligé de chercher longuement son but à travers des escaliers inconnus, obscurs, et dans des détours où il pouvait s'égarer. Il considéra Charlotte: elle était complétement anéantie. Il l'assit sur une pierre, lui parla de son projet, lui dit de ne pas s'effrayer, de l'attendre un moment, qu'il allait jusqu'à cette chambre, où il y avait du feu, qu'il en rapporterait un flambeau. Charlotte fit un signe de tête comme pour consentir. Il prit sa main; il la serra dans les siennes, la conjura d'attendre, et s'éloigna.

Il n'avait pas fait dix pas qu'il se retourna et vit Charlotte se lever et marcher lentement vers la route. Il courut encore après elle, l'atteignit encore; mais cette fois elle ne fit point de résistance, et elle se laissa ramener à sa place. Là il se mit à ses pieds; là, à deux genoux, il l'implora de l'écouter, de le comprendre; il lui persuada d'espérer, il la prit dans ses bras, il l'étreignit sur son cœur, il pressa ses lèvres des siennes, il tenta de secouer ce désespoir froid et uni sur lequel rien n'avait prise; enfin il crut qu'elle avait deviné ce qu'il voulait, et tenta de marcher vers le château; mais il n'avait pas quitté sa main, il n'avait pas fait deux pas qu'elle était encore debout, et qu'elle retournait vers la route. Il semblait que ce ne fût plus une volonté, mais une impulsion involontaire. Comme ces jouets d'enfant, chargés de plomb à l'une de leurs extrémités, qui s'y redressent toujours dès qu'on les laisse échapper, Charlotte, sous le poids d'une horreur inexplicable, paraissait invinciblement attirée vers la route.

Oh! si le jour avait lui! si Richard avait pu voir l'horrible tableau qui s'était étalé, quelques heures avant sous les yeux de Charlotte! oh! sans doute il eût expliqué la persévérance de cette fuite; il eût deviné que la malheureuse avait été chassée de ce château par d'épouvantables événements; qu'après avoir fui avec toute la terreur d'une âme qui comprend ses impressions, son esprit s'était tellement tendu vers cette idée, vers ce besoin, vers cette nécessité de fuir loin de la maison, qu'aussitôt qu'on l'y ramenait elle s'échappait dès qu'elle était libre, bien que sa raison ne fût plus présente, bien qu'elle ne pût plus dire la cause de cette action.

Richard était désespéré: il ne savait que faire; il regardait vaciller cette lueur qui menaçait de mourir à chaque minute; il considérait Charlotte immobile, dont les dents claquaient, qui se ramassait sur elle-même et se pressait contre lui en murmurant tout bas.

— J'ai froid! allons-nous-en! j'ai froid!

Mille idées folles lui passèrent par la tête; il pensait quelquefois à creuser un chemin souterrain sous les murs d'enceinte du parc; une autre fois il calculait les chances d'une attaque contre les paysans. La pensée de se tuer et de tuer Charlotte lui vint un moment; enfin il se demanda s'il ne pouvait pas incendier le château et le bois, et si, grâce au désordre qui pourrait en résulter, il ne pourrait pas franchir la terrible enceinte. Ainsi, il était arrivé à cet état d'exaltation d'oublier que ce crime le menait à l'échafaud. Et ce crime, il l'eût commis, non plus pour une vengeance, non plus pour le salut assuré, mais pour franchir un espace de deux pieds, derrière lesquels il y avait mille dangers inévitables!

Cependant, la nuit avançait et Charlotte glacée pleurait comme une enfant, en disant toujours :

— Oh! j'ai froid! allons-nous-en! j'ai froid!

Il ne pouvait ni l'emporter, ni l'emmener, ni la laisser. Il s'arme de courage et prend un parti décisif. Il défait son écharpe de soie, approche Charlotte d'un arbre et l'y attache fortement. A peine se sent-elle ainsi liée, qu'elle pousse des cris aigus; elle se débat, elle se heurte le front, se déchire les bras. Il s'arrête un moment, il est près de la détacher; la pitié l'emporte, il s'éloigne et court vers la maison.

A mesure qu'il avance, il entend les cris de Charlotte qui deviennent déchirants; il fuit plus vite pour ne plus les entendre; il pense à ce qu'il va faire: il se dit que c'est pour la sauver: les cris redoublent, il court plus vite, il arrive au seuil de la grande porte; il n'entend plus rien.

Oh! quelle inexprimable angoisse il ressentit. Fallait-il retourner? était-elle morte? était-ce quelqu'un qui était accouru à ses cris, ou bien devait-il lui chercher d'abord un asile? Il s'arrête un moment. Ce moment fut une de ces minutes qui frappent le cœur de souffrances, qui suffiraient à une année. Il se résout à continuer et à chercher cette chambre où est une lumière, où brille sans doute un foyer. Il tire son épée, il entre.

Il suit d'abord un long vestibule. L'obscurité était complète, et, du bout de son épée, il tâtait au hasard les objets qu'il rencontrait. Tout à coup son pied heurte violemment contre un corps qui résiste, et dont son épée, qu'il tenait assez élevée, ne l'avait point averti. C'était la première marche d'un escalier, c'est sans doute celui qui conduit à la chambre où se trouve la lumière qu'il a vue. Il monte. En montant, toujours l'épée en avant pour reconnaître chaque marche avant que d'y mettre le pied, il sent une masse considérable qui obstrue l'un des degrés; il la tâte avec son épée, sans pouvoir en distinguer la forme; il la frappe sans qu'elle rende aucun son; il se baisse pour la toucher: c'était le corps d'un homme jeté en travers de l'escalier! Richard faillit tomber à la renverse. Au milieu de l'obscurité, il lui sembla voir étinceler des yeux; dans le silence profond qui l'entourait, il crut entendre un gémissement. Il demeura immobile, il écouta. Oh! que les cris de Charlotte, en ce moment, lui eussent paru joyeux! oh! que la voix d'un juge qui lui eût prononcé son arrêt, que celle d'un bourreau qui lui eût annoncé sa mort, lui eussent paru douces en ce moment! Il n'entendit rien!

Mais Richard avait un courage d'acier qui pouvait plier, mais qui se redressait aussitôt. Il monte l'épouvantable degré, il arrive au premier étage, il trouve des portes ouvertes; il les franchit, il passe de chambre en chambre, éclairé par cette terne lumière que la nuit laisse filtrer dans ses ténèbres. Là, il traversa de vastes appartements où ses pas retentissent comme sur un cercueil vide. Enfin, à travers les joints d'une porte, il voit luire une clarté imperceptible; il se précipite, brise la porte et entre dans une vaste salle, au fond de laquelle s'élève une vaste cheminée où brûlent les restes d'un feu presque éteint.

A peine entré dans cette pièce, il la parcourt d'un coup d'œil rapide; le peu de clarté qu'y jetait le foyer lui montra qu'elle était somptueusement meublée. On y voyait de larges fauteuils çà et là dispersés, de hautes armoires, dont les cuivres s'illuminaient de jets de lumière, et on voyait pendre du plafond les longs rideaux d'un lit élevé sur une estrade.

Richard s'approche du foyer et cherche partout une torche; il n'en trouve pas, il considère la flamme qui se balance sur quelques débris de bois, toute prête à les quitter et à le laisser dans l'obscurité. Il voit près de lui une table d'un chêne superbement sculpté; il essaye de la briser, et n'y peut parvenir; il la prend, et l'approche du foyer et la place au-dessus des charbons; il cherche partout des objets propres à ranimer le feu; il trouve un rouet, il le met en pièces, il arrache une tenture, il prend des étoffes déposées sur des chaises, il casse des sièges, il entasse tout dans la cheminée; mais la flamme, déjà incertaine et presque mourante, s'évapore avant d'avoir pu s'attacher à aucun de ces objets, et la chambre tombe dans une obscurité où brillent seulement quelques charbons ardents qui rayonnent sans rien éclairer. Richard s'accroupit pour rallumer le foyer; il souffle, il s'exténue et ne peut y réussir.

Il s'arrête un moment. Il entre en compte avec lui-même et se demande s'il n'use pas inutilement ses forces dans une lutte où il succombera, où tout semble conspirer contre lui. Mais la résolution de son âme triomphe encore une fois; il ramasse quelques charbons, il les approche les uns des autres, les souffle avec acharnement; ils produisent une petite flamme; il y présente un morceau d'étoffe, et le morceau d'étoffe s'enflamme. Il lui sembla voir sa vie se rallumer. L'espérance lui rend les forces; il cherche partout des aliments à ce feu; il aperçoit dans un coin un prie-Dieu; un livre de prières était ouvert sur le pupitre, il le prend, le déchire feuille à feuille, il nourrit la flamme qui, peu à peu, s'attache aux débris qu'on lui a jetés, finit par les attaquer, et dans peu d'instants les allume complétement. Dans sa joie, il jette tout ce qu'il croit devoir en nourrir l'activité, et bientôt tout brûle, tout flambe, tout brille, et la chambre s'illumine d'une ondoyante clarté. Richard se réjouit; il se sent réchauffé à ce feu, de son corps et de son esprit: il s'assure qu'il ne peut s'éteindre; il lui fournit de nouveaux aliments.

Il s'aperçoit que les étoffes qu'il a données au feu se sont facilement allumées et veut lui en livrer encore; il monte vers le lit, écarte les rideaux, arrache un couvre-pieds, arrache les couvertures et les draps, et découvre un corps raide étendu dans ce lit. A cette heure, l'insensé avait tout oublié; il ne songeait plus ni à l'état de cette maison, ni à l'horreur qui s'y trouvait semée à chaque pas. Charlotte avait froid! il avait froid! C'était là toute sa pensée, toute sa douleur, et du feu, et un peu de feu pour la réchauffer était devenu toute son espérance, tout son désir. Mais quand il vit ce corps gisant sur ce lit, toute sa situation lui réapparut dans son inflexible cruauté. Oh! alors un tremblement frénétique le saisit; il se sent enfermé dans cette maison où la mort est dans l'air, où les pieds et les mains heurtent des cadavres! Une horrible colère s'empare de lui; il ne veut pas être vaincu par tant d'obstacles! Ce qu'il a résolu il le fera; il sauvera Charlotte; il écartera de son passage ces morts dégoûtants: il l'amènera dans cette chambre; il l'y réchauffera, et demain il apaisera ses terreurs, l'entourera d'amour, la fera vivre malgré le ciel et malgré le fléau dans cette maison de malédiction. Il le veut ainsi, et s'apprête à exécuter son projet, et pour que Charlotte ne subisse pas cet aspect terrible, il saisit le cadavre pour le jeter au loin.

Horreur!!.... à peine sa main l'a-t-elle touché, qu'un tressaillement parcourt ce corps froid et raidi; sa figure s'agite, ses yeux se ferment et s'ouvrent comme s'ils cherchaient et craignaient la lumière, ses lèvres remuent, et Richard voit se soulever sur son séant ce cadavre abandonné; de longs cheveux gris tombent sur ses épaules décharnées; ses yeux rouges et ensanglantés roulent affreusement dans leur orbite.

Cependant nul soupir, nul gémissement ne sort de sa poitrine et ne vient attester la vie. Enfin, un bras se lève, un bras sec, décrépit; une main s'étend, longue, étroite, froide; elle s'appuie sur l'épaule de Richard, le saisit, s'y cramponne, l'attire; Richard subit cette hideuse attraction; stupide, anéanti, il cède au pouvoir qui l'entraîne, voit ce visage s'approcher du sien, regarde et reconnaît lady Salnsby? Il pousse un cri, il perd la raison et s'échappe.

A travers les appartements, les chambres, les escaliers, à travers les basses-cours, les écuries, les jardins, il court éperdu, sans souvenir de rien que de ce corps qui se redresse toujours, de cette main qui le saisit, de ce visage qui s'attache au sien; il oublie Charlotte, il oublie qu'elle meurt! Il veut fuir, il sent à son tour cette terreur invincible qu'il ne pouvait comprendre dans la malheureuse; il s'élance vers la route, au risque d'y périr percé par les piques, déchiré par les faux. Il court sans regarder à ses côtés. Il court sans se retourner.

Il venait de quitter la porte du château et se trouvait dans un parterre de cent pieds, tout au plus, qui séparait le château du bois sur la lisière duquel il avait laissé Charlotte. Il était à peu près à égale distance de l'un et de l'autre, lorsqu'il heurte violemment une masse qui recule et cède.

— Ah! c'est Richard!! enfin!! crie une voix âcre, bien connue.

— Ah! c'est Ralph!! enfin!! répond la voix tonnante de Richard.

Tous deux se reculent un moment, poussent ensemble un cri de joie et tirent leurs épées.

XXXVI. — ENFIN!!

Lorsque Ralph était arrivé à Greenwich, il avait attendu vainement l'apparition de la voiture qu'il croyait devoir amener Richard. Bientôt, à l'insouciance moqueuse que laissa éclater Love, il comprit qu'il avait été joué. Il interrogea le boucher, qui répondit en le raillant sur sa perspicacité, et qui laissa imprudemment échapper que Richard devait être loin. Ce mot, quelque insignifiant qu'il fût, éveilla les soupçons du colonel. Il réfléchit qu'en l'entraînant à Greenwich on avait voulu sans doute l'écarter de la direction où se trouvait le rendez-vous de Richard; et, comme la route la plus exactement opposée à celle de Greenwich était celle de Windsor, que sur cette route se trouvait Great-House, il ne douta plus que ce ne fût de ce côté que Richard était parti.

Sa fureur fut extrême à cette supposition. Il accabla Love de menaces et de questions, et l'insolence des réponses du boucher ayant mis le comble à son exaspération, il décida de le faire arrêter. Ce fut pendant que Tom se débattait entre les mains des dragons, qui s'emparèrent de lui, qu'un papier tomba de son pourpoint. Ce papier était la lettre de mistriss Barkstead à son fils.

Love voulut la ressaisir vainement, et il la redemanda avec tant d'instances, que Ralph, averti de son importance, s'en empara, la lut et y trouva la confirmation de ses soupçons. Aussitôt, et sans prendre aucun repos, il remonte à cheval, regagne Londres, traverse la ville et court à Great-House. Il arrive, apprend aussi l'affreuse nouvelle du fléau qui avait dépeuplé sa maison; mais, en même temps, on lui dit qu'un homme est entré, qu'une jeune fille a reparu avec lui; et Ralph, à son tour, méprisant tout danger, franchit l'enceinte condamnée et court au château. Il arrivait quand il rencontra Richard.

Au cri qu'ils poussèrent en s'apercevant, à la rapide spontanéité avec laquelle ils tirèrent tous deux leurs épées, il semble qu'ils dussent s'élancer l'un sur l'autre et se déchirer sans paroles ni retardement. Il n'en fut pas ainsi.

Certes ces deux hommes n'avaient pas tourné toute leur vie à la perte l'un de l'autre pour se massacrer soudainement et en aveugles. Non; arrivés à l'heure décisive de leur haine, ils voulurent s'y arrêter quelque temps. Comme la jeune fille qui cherche une heure de solitude avant le moment du mariage, comme le coupable qui a besoin de quelque méditation avant l'échafaud, comme fait tout homme pour qui se prépare un événement important, Ralph et Richard suspendirent tous deux leur détermination, non plus pour la discuter, mais pour s'y bien assurer, pour s'y complaire, pour en jouir.

D'ailleurs, ils se sentaient si bien maîtres l'un de l'autre, ils étaient si bien enfermés dans la même cage, si sûrs de se retrouver et de ne plus se perdre, qu'ils dédaignèrent de se hâter. Ils s'arrêtèrent donc en face l'un de l'autre, et se considérèrent quelque temps pour se repaître l'un l'autre de leur présence.

— Enfin ! dit Ralph avec une joie infernale.

— Oui, enfin ! répondit Richard avec le même accent.

Ils demeurèrent immobiles encore à se regarder, et Ralph, croisant indolemment les jambes l'une sur l'autre, et s'appuyant sur son épée, se prit à dire avec une nonchalance qui semblait aiguiser encore, par un contraste habilement étudié, la cruauté de ses paroles :

— Sais-tu les nouvelles, Richard ? sais-tu que ta mère a changé le lieu du rendez-vous que tu lui as donné ? sais-tu qu'elle ne doit point t'attendre au coin du chemin qui tourne à droite, à un demi-mille de Great-House ?

— Je l'ignorais, reprit Richard, affectant le même ton insouciant et dédaigneux. Mais, dis-moi, où est ce nouveau rendez-vous, Ralph ? je n'y manquerai pas, car tu sais, toi, que je ne manque pas à ceux qu'on me donne, fût-ce sous les potences de Tyburn !

— Tu as raison, tu ne manqueras pas à celui-ci, car c'est moi qui t'en frayerai la route, répliqua Ralph en suspendant sa réponse, comme pour lui donner plus de portée.

— Où est-il donc, Ralph ? dit Richard qui prévoyait une cruelle parole.

— A la mort ! dit Ralph.

— Tu as raison à ton tour ; oui, tu m'en frayeras la route, car tu y seras avant moi, répondit Richard d'une voix qui ne put rester calme.

Ils s'arrêtèrent un moment. Richard pensa à ce que venait de lui dire Ralph ; il se rappela les tristes pronostics d'Andlay, les fâcheux symptômes de la veille. Il sentit une larme dans ses yeux : il se tut, puis se reprit à regarder Ralph, et, à son tour, il lui adressa la parole.

— Sais-tu aussi toutes les nouvelles qui te regardent, Ralph ? lui dit-il.

— Je les sais, répondit celui-ci sans paraître ému.

— Tu sais que c'est moi qui ai livré au gibet le corps de Charles Ier ! ajouta Richard en élevant la voix.

— Je le sais ! dit encore le colonel d'un ton calme.

— Sais-tu que c'est moi qui suis venu hier dans cette maison, et que tu as voulu faire égorger ? continua son ennemi en souriant cruellement.

— Je le sais ! répliqua Salnsby toujours impassible.

— Sais-tu que j'y ai vu Charlotte ? ton amour ! ton espoir ! ta vie ! dit Richard en accentuant chaque parole, comme pour la plonger au cœur de Ralph.

— Je le sais ! dit Ralph, qui se dominait souverainement.

— Sais-tu que celle dont tu n'as recueilli que haine et dégoût s'est livrée à moi, et qu'elle m'appartient maintenant, non-seulement de son âme, mais de tout son être ? s'écria Richard avec une fureur et une joie terribles.

Williams, épouvanté, jeta soudain pot et gobelet. — Page 65.

— Tu mens ! tu mens ! cria Ralph, qui pâlit et trembla à son tour.

— Sais-tu qu'elle m'attend, et que nous fuyons ensemble ? dit Richard ; qu'une fois que ce fer aura cherché ta vie dans ton cœur, nous partons pour vivre, Ralph ! tandis que ton corps restera ici, abandonné aux bêtes fauves et aux oiseaux de proie.

— Quelque part qu'elle t'attende, répondit Ralph redevenant maître de lui, souriant et levant son épée, elle est derrière ce fer, et ce fer est un rempart que tu ne franchiras pas !

— Tout à l'heure ! répliqua Richard avec un accent de dédain et en invitant son ennemi, du geste, à prendre patience et à baisser son épée ! Tout à l'heure !

— Oui, tout à l'heure ! reprit Ralph en imitant l'inflexion et le geste de Richard : car tu ne sais pas encore que ta mère t'a maudit à son lit de mort, et que c'est moi qu'elle a chargé de ses adieux, et que je les porte là sous mon pourpoint, écrits pour toi.

— Je les lirai donc ! dit Richard ; mais tu ne sais pas, toi, qu'on t'a menti, sans doute, quand tu es entré ici ; tu ne sais pas que ta mère vit et qu'elle t'attend.

— Ah ! s'écria Ralph ; je la verrai donc !

A ce moment, une rougeur étrange éclaira le lieu où se trouvaient les deux ennemis. Pour bien faire comprendre leur situation, il faut dire que le parterre qui séparait le château du bois, était coupé par une allée qui conduisait de l'un à l'autre. C'était dans cette allée que se trouvaient Richard, qui, sortant de la maison, lui tournait le dos, et Ralph qui la voyait en face. Le premier, il aperçut cette lueur qui vibrait avec éclat à travers les vitres.

— C'est un incendie ! cria-t-il malgré lui.

— Oui, répondit Richard, qui, s'étant un moment retourné, avait reconnu la pièce où il avait rallumé le foyer ; oui, c'est l'incendie, et ta mère est couchée sans force et sans mouvement dans cette chambre qui brûle !

Ralph frissonna de rage. Il ramassa ses forces et voulut s'élancer sur Richard.

— Place ! place ! lui dit-il.

— Tu ne passeras pas ! répondit Richard.

Ralph courut vers lui ; mais soudain des cris perçants, sortis du bois qui était derrière Ralph, le frappèrent et suspendirent son attaque. — Du feu ! oh ! du feu ! criait une voix désolée ; du feu ! ou je meurs !

— Tu me trompais ! ma mère est ici ! elle m'appelle ! dit Ralph en s'arrêtant. Elle m'appelle ! entends-tu ?

— Non ! non ! dit Richard, c'est Charlotte qui m'attend... Place ! place !

— Tu ne passeras pas, à ton tour ! s'écria Ralph.

— Ta mère meurt, vois-tu ! dit Richard.

— Ta fiancée meurt, entends-tu ! reprit Ralph.

— Eh bien ! dit l'un, iras-tu ? — Et toi ! dit le second, iras-tu ?

Ils pouvaient s'épargner et les sauver. Ils s'attaquèrent alors. C'était une aveugle rage, une haine frénétique qui les poussait l'un sur l'autre, et pourtant, ce ne fut ni un combat aveugle qu'ils se livrèrent, ni des coups frénétiques qu'ils se portèrent. Toutes les ruses, toute la souplesse, toute la force que deux hommes peuvent posséder, ils en usèrent pour s'atteindre et s'éviter alternativement.

Cependant, l'incendie gagnait, et soudainement on entendit se briser les fenêtres de la chambre où il brûlait avec éclat. A la sanglante lueur qu'il jeta par cette issue, on vit alors, d'un côté de ce combat, un spectre s'élancer hors de la chambre et se précipiter sur le balcon, en poussant de lamentables cris ; et, de l'autre côté, on vit, enchaînée à un arbre, se débattre une jeune femme, répondant par des cris aussi lamentables

— Attends, ma mère! cria Ralph en portant un coup terrible à Richard.
— Attends, Charlotte! cria Richard en frappant Ralph de son épée.
Tous deux reculèrent blessés. En se voyant face à face et dans un jour éblouissant d'incendie, ils se mesurèrent de l'œil en grinçant les dents et se dévorèrent du regard.
— L'incendie gagne! dit Richard; entends-tu ta mère?
— Charlotte attend! dit Ralph; entends-tu ta fiancée?

Ils se reprirent au combat, plus déterminés, plus furieux; les épées se croisaient et se frappaient, réfléchissant le rouge de l'incendie. Les cris duraient sans cesse, les cris de lady Salnsby et ceux de Charlotte. Enfin, les épées se teignirent de sang, et les deux adversaires ne frappèrent plus que pour se tuer. Leurs armes ruisselaient, leurs vêtements étaient souillés, et leurs membres couverts de larges blessures.

Ils ne se parlaient plus, mais tous deux laissaient exhaler un sourd rugissement. Peu à peu, cependant, leur force s'affaiblit sans que leur colère perdît de sa ténacité, et ils se frappaient encore, que leurs coups déchiraient à peine leur chair. Ailleurs, aussi, tout s'apaisait, les cris s'éteignaient, lady Salnsby ne laissait plus entendre qu'un râle sourd, et quelques sanglots suffoqués sortaient seuls de la poitrine de Charlotte. Puis Ralph, tournant sur lui-même comme saisi du dernier vertige, tomba en voulant faire un pas vers le château; Richard, poussant un rire de triomphe, s'abattit à son tour dans le sang qui était de ses blessures; lady Salnsby, atteinte par l'incendie, se roula et se tordit comme un serpent dans les flammes; et Charlotte, attachée par la ceinture, se laissa affaisser, et, se ployant comme une gerbe brisée, resta pendue, immobile et froide, au tronc de l'arbre qu'elle avait déchiré de ses dents et de ses mains. Tout se tut, et l'incendie régna seul dans la nuit et dans le silence.

Seul, dans la nuit, il lança au ciel des jets lumineux; seul, dans le silence, il fit bruire son foyer rugissant, et les habitants des alentours se réunirent pour voir s'abîmer le château, avec ses sourds mugissements et ses éblouissantes convulsions; ils oublièrent, pour ce spectacle, la garde sévère de l'enceinte pestiférée: mais personne ne sortit.

XXXVII. — CONCLUSION

Longtemps après, deux hommes pénétrèrent dans le domaine, où nul homme n'avait osé mettre le pied depuis cet événement. Ils trouvèrent attaché à un arbre le squelette décharné d'une jeune fille. Dans l'allée qui conduisait au château, ils reconnurent les ossements de deux hommes. L'un d'eux n'avait pas été dépouillé de son pourpoint par les oiseaux de proie. Ils y cherchèrent, et y trouvèrent un parchemin sur lequel était écrit:

« Je meurs, Richard, sans réjouir mes yeux de la vue. Écoute les derniers avis
» d'une mère; ne pense point que l'amour que tu portes à l'Angleterre te soit
» compté comme une vertu, s'il n'est qu'un moyen de parvenir à la satisfaction per-
» sonnelle. N'oublie pas que les combats que tu livreras pour elle flattent ta ven-
» geance, Dieu ne les considérera pas comme un mérite. Souviens-toi que si, pour
» servir la sainte cause de la patrie, de la liberté et de la vraie religion, tu écoutes
» ta haine pour leurs ennemis plutôt que ton amour pour elles, souviens-toi, dis-
» je, que l'on arriveras à l'injustice, que de l'injustice tu passeras au crime, et que
» l'injustice et le crime sont des armes que la liberté et Dieu refusent également.
» Prends garde, enfant; tu marches dans une voie fatale. Prends garde, on ne s'y
» engage pas vainement; presque pas qu'on y fait halte le pas qui s'y soit, jusqu'à ce
» qu'entraîné par sa propre course, on se précipite en forcené. Prends garde, en-
» fant; au lieu de nourrir en toi l'amour de ton pays, sainte flamme qui échauffe
» l'âme d'une douce chaleur et l'illumine d'une pure lumière, tu ne te plais qu'à
» la haine de ses tyrans, foyer terrible et dévorant, où tu jetteras, malgré toi,
» pour l'alimenter, tous les nobles sentiments de la vie: humanité, pudeur, amitié,
» amour, tu y jetteras tout... Enfant, tu vois bien que je meurs sans pouvoir te
» bénir.
» Si tu arrives jusqu'à Great-House, et que tu parviennes à en arracher la fiancée,
» fuis l'Angleterre, ne demeure pas sous l'aiguillon qui t'excite, et qui égalera
» ta vie. Sois juste, c'est la seule chance d'être heureux; là haut du ciel, je prie-
» rai sur toi que je n'ai point revu. »

Ces deux hommes s'arrêtèrent, et l'un d'eux lut cette lettre à l'autre.
C'est Andlay qui avait écrit ces lignes, conseils sous la dictée de mistriss Burks-
tead, qui les lut; et Love, qui devait lui-même les remettre à Richard, les écouta, la tête baissée.

Andlay, après cette lecture, lui montra silencieusement les ruines de ce château et les ossements épars sur le sol, ne pensant pas qu'il pût ajouter à cet écrit un plus éloquent commentaire.

Love le lut; et, six mois après, on le vit se promenant dans les rues de Londres, une torche à la main, furieux, ivre, fou et criant: — Vengeance! Vengeance!!

La moitié de la ville brûla, comme on sait, dans ce fameux incendie.
Qu'est-ce donc que la haine politique? Où donc peut mener la fureur des partis? Oh! nous, que tant d'opinions divisent, prenons garde!

LE SIRE DE TERRIDES.

Dans le département de l'Ariége, en suivant une route bordée de chaque côté de collines qui laissent voir à droite les hautes Pyrénées, on aperçoit, au bout de l'horizon, un clocher gracieux et effilé, dentelé depuis le bas jusqu'à son sommet et gueules de loup artistement travaillées. Ce clocher, c'est celui de Mirepoix. Mirepoix, c'est ma ville d'enfance, la ville où j'ai bégayé et couru, à moitié nu, du haut en bas de la vieille maison maternelle, battant les portes de chêne et les marches de notre grand escalier d'un mail de buis à manche de houx. Lorsque vous approcherez de ma cité par la route que je viens de vous dire, vous passerez sous une porte gothique où demeure encore parfaitement intacte la large coulisse par où descendait la herse qui fermait la rue de l'Hôpital; puis, si vous continuez tout droit et que vous dédaigniez de vous arrêter sous le Couvert, vieille place faite de maisons de bois, avec de larges porches pour abriter la promenade de nos compatriotes, vous arriverez à la rue du Pont, qui tourne à gauche. Si vous faites comme la rue, en quelques pas vous voici sur un des ponts les plus élégants de France, un pont plat, aussi plat que le pont d'Iéna et plat bien longtemps avant le gros pont de Neuilly, à qui, dès ce jour, je ravis son droit d'ainesse pour l'offrir à ma chère ville, un peu collet monté peut-être, un peu douairière sans doute, mais balayée assez souvent et dotée de fontaines et de réverbères.

Une fois sur le pont admirable dont je vous ai parlé, levez les yeux et, tout en face de vous, vous verrez, incrustée aux flancs de la colline, une immense et formidable ruine. Le Lers, torrent qui borde la ville, coule au pied de cette colline et devait servir autrefois de défense au château auquel appartenaient ces murs prodigieux et ces constructions indélébiles. C'est le château de Terrides. À Paris, où les souvenirs s'en vont, si aisément emportés, qu'excepté l'aristocratie pas une famille, à une histoire de plus de cinquante ans; à Paris, disons-nous, on ne fait peur aux enfants du très-banal M. de Croquemitaine. Dans notre endroit, nous avons un épouvantail à nous, notre menaçante superstition: c'est le sire de Terrides. Et il ne faut pas que le souvenir qui a traversé des siècles ne soit plus qu'un conte de nourrice: il est encore dans la terreur populaire. Ce fut une chose remarquable, lors des vengeances de la révolution, que ce nom, tout effacé qu'il était depuis longtemps de l'histoire, ameuta le peuple contre les châteaux plus activement peut-être que celui des seigneurs qui possédaient alors le diocèse.

Pour qu'une pareille terreur et une telle haine survivent si longtemps à la destruction de ce qui les a fait naître, il faut qu'elles aient eu des causes bien profondes et bien cruelles. Je les ai souvent cherchées, et je ne pensais pas pouvoir en découvrir d'autres que celles qui sont consignées dans les récits des campagnes, où la barbarie du sire de Terrides est exposée sous les formes les plus éclatantes, lorsqu'un jour est venu où, descendant les colonnes doubles et vastes d'un énorme in-folio, je me suis débattu et j'ai ressauté en arrière sur mon nothique et sombre du sire de Terrides. J'ai pensé que je tenais enfin l'histoire véritable de ce terrible châtelain; mais tout aussitôt voilà que j'en ai rencontré deux, trois, quatre, dix, tous bons ou passables chevaliers, relevant des comtes de Foix, se ralliant ou se liguant de temps à autre avec leurs propres voisins, les Lévi de Mirepoix, le tout sans voir apparaître un ogre, un tyran, un mangeur d'hommes qui pût justifier l'étrange chronique qui court parmi mon bon pays. Il demeurait même si certain que je n'en trouverais point, tant j'y travaillais inutilement, que je me sentais d'humeur à prendre en mépris ces vieilles croyances populaires que la mode du moyen âge s'étudie à refaire, lorsqu'au fond d'une note peu importante à mon texte et en italien latin, je trouvai l'histoire suivante:

En l'année 1443, la reine Marie d'Anjou suivit le roi Charles VII, son mari, à Toulouse. On lui fit une entrée solennelle. Le dauphin son fils la portait en croupe sur un cheval blanc; ils marchaient sous un dais aux armes de France et d'Anjou, soutenu par les capitouls. La reine était vêtue d'une robe bleue doublée d'hermine et coiffée d'un chaperon de gaze blanche, rehaussé des deux côtés et formant un croissant sur le front. Les capitouls étaient couverts de leurs larges robes ri et dalmatiques, ayant sur chaque épaule trois bandes rouges, par derrière un capuchon qui pendait jusqu'à la ceinture. Cette entrée est peinte, ainsi que je viens de la raconter, dans le registre des annales manuscrites de la ville de Toulouse. Derrière la reine et les capitouls viennent deux cavaliers montés sur de beaux chevaux; ils sont vêtus d'une tunique plissée sur la poitrine, serrée à la ceinture, puis flottante jusqu'aux genoux, et le bord découpé et brodé d'or; les manches en sont larges dans toute leur longueur et se ferment au poignet. Leurs chaperons semblent des espèces de turbans, avec un morceau d'étoffe qui part du sommet, abrite tout le derrière de la tête, et ne descend pas plus bas que la naissance des cheveux. Le premier de ces cavaliers était Guy des Bastides.

Guy était un homme de trente-cinq ans au plus, brave capitaine, qui n'avait point failli aux guerres affreuses de la France contre l'Angleterre et qui avait appuyé le trône de son épée et plus encore de sa fidélité. Il suivait la reine Marie d'Anjou, assez insouciant du beau spectacle qui se présentait devant lui; déjà il avait vu venir l'hommage de la bourgeoisie que la reine avait reçu au village de Craqueville et qui consistait en un présent de cinquante marcs d'argent ouvré. On était aussi arrivé à la porte Saint-Cyprien, où les capitouls avaient fait préparer un missel, une croix et le canon de la messe, pour que la reine et le dauphin y fissent serment, selon l'usage, et avant de mettre le pied dans Toulouse, de conserver cette ville dans ses coutumes et libertés. Ni la pompe des joyaux et des habits qu'étalaient les bourgeois accourus de tous côtés, ni les cris de joie heureuse que le peuple faisait sans cesse éclater, rien n'avait appelé le regard soucieux de Guy et n'avait effacé de son front le pli profond qui s'y contractait. Quelquefois seulement il regardait les larges remparts qu'il allait franchir comme un homme qui les connaît, mais qui ne comptait plus les voir. Il semblait qu'il les perçât de son œil sombre et qu'il vît derrière leurs masses de briques se lever un souvenir. Il était donc dans une profonde méditation, lorsqu'il entra dans la ville, et ne remarqua point la cérémonie de la remise de clefs que le dauphin rendit aux capitouls, en leur disant:

— Je vous ordonne de les garder.

Toutes les formes solennelles d'une *joyeuse et noble entrée*, étant accomplies, huit dames des plus qualifiées non-seulement de la ville, mais de la province, s'avancèrent vers la reine Marie et lui offrirent aussi le présent de la noblesse. Guy n'eût pas plutôt jeté son regard sur elles, qu'il devint pâle et tremblant à l'aspect d'une jeune fille de quinze ans à peine, qui faisait partie de cette députation et qui, surprise elle-même de l'émotion qu'elle causait, baissa ses yeux noirs et sévères devant cette singulière attention. Assuré, par le choix qu'on avait fait d'elle pour un si important hommage, qu'elle serait du banquet offert à la reine par la cité de Toulouse, en son hôtel de ville, Guy retarda jusque-là les informations qu'il comptait prendre.

Je ne vous raconterai pas la magnificence du banquet qui eût lieu en cette occasion; je vous dirai seulement ce que Guy apprit de la jeune femme qui l'avait si vivement frappé. Elle s'appelait Colombe, et était fille du sire de Carmain et de Catherine de Coaraze. Son père était mort peu d'années après sa naissance, et sa mère s'était retirée au couvent des Hospitalières de Saint-Cyprien, où bientôt, grâce à son austère vertu et à sa rigide observance des plus pénibles devoirs de cet ordre, elle devint supérieure de sa maison. Il en était résulté que la jeune demoiselle de Carmain, confiée à des soins mercenaires, n'avait jamais connu la douce joie des sentiments de famille: aussi s'était-elle mariée fort jeune, et, au jour dont je parle, elle était la femme de Raoul de Terrides.

Pendant que l'on donnait ces détails à Guy des Bastides, il ne cessait de considérer Colombe, et à plusieurs fois il sembla se dire à lui-même: — Oui, c'est bien là la fille de Catherine; voilà bien son visage d'une si grave beauté; c'est bien le noir brillant de ses cheveux, la teinte brune de sa peau et la puissance de son regard, à l'exception pourtant de leur farouche dureté. Puis durant le cours de cette longue fête, à laquelle Guy demeura tout à fait étranger, se complaisant à regarder Colombe, il murmura tout bas plusieurs fois comme malgré lui:

— C'est elle! ah! oui, c'est bien elle!

De son côté, la dame de Terrides avait voulu savoir quel seigneur de la cour du roi Charles VII la considérait si attentivement; elle n'apprit de Guy que ce que nous en avons déjà dit, si ce n'est qu'on ajouta qu'on ne lui connaissait ni famille ni patrie. Ce jour-là, sans s'approcher l'un de l'autre, ils se remarquèrent suffisamment pour désirer se revoir; et bientôt Guy, profitant du séjour de Marie d'Anjou à Toulouse, s'introduisit dans la familiarité de cette jeune femme; et lorsque la reine repartit pour Paris, il ne la suivit point.

Pendant ce temps Raoul de Terrides était à son château de Mirepoix, et y corrigeait l'impertinence des bourgeois qui prétendaient se soustraire aux droits de péage qu'il exerçait sur le chemin qui passait devant sa porte, et par lequel ils se rendaient à Fanjaux et aux foires de Castelnaudary. S'il lui vint quelques bruits de l'intimité manifeste qui s'était établie entre le sire des Bastides et sa femme, sans doute il ne les crut point, car il ne hâta point son retour. Pour ceux qui connaissaient jusqu'au fond le caractère de Raoul de Terrides, cette conduite n'avait rien d'extraordinaire. Habitué dès sa plus tendre enfance à renverser tout ce qui lui faisait obstacle, à briser et à perdre tous ceux qui avaient pu le blesser dans ses affections et dans ses intérêts, il ne lui entrait pas facilement dans l'esprit qu'une femme jeune et sans défense, et un homme qu'il regardait comme un aventurier, pussent l'insulter aussi insolemment qu'on le disait. Toutefois, la rébellion des bourgeois était réprimée, et l'on annonça à Toulouse le retour du sire de Terrides. Au grand étonnement de tous, cette nouvelle ne fit point cesser les relations intimes de la dame de Terrides et de celui que l'on nommait publiquement son amant.

Il paraît que tant d'audace excita la colère des honnêtes gens. Cette effronterie, dans une liaison criminelle, blessa si profondément les personnes les plus considérables de la ville, que quelques-unes se crurent autorisées à avertir Colombe des effroyables malheurs que pouvait lui attirer son imprudence. Mais cet intérêt qu'on lui témoigna fit bientôt place à une réprobation hautement exprimée, lorsqu'on sut qu'elle avait répondu aux prudents conseils de ses amis, qu'elle avait trouvé près de Guy le seul bonheur qu'elle eût envié sur la terre, et qu'elle ne le sacrifierait pas à des calomnies. Il résulta de tout cela une sorte de mépris général, une indignation si virulente, qu'on calculait les chances de malheur et peut-être de mort qui menaçaient Colombe, plutôt pour les lui souhaiter que pour l'en plaindre. Bientôt même pour chacun ce fut un devoir de participer à cette vengeance, et lorsque le sire de Terrides arriva, il ne manqua pas de voix pour tout lui dire et l'exciter au châtiment.

Cependant la violence bien connue de son caractère retint les plus méchants et les plus décidés; et ce fut par lui-même que Raoul put juger du crime ou de l'innocence de Colombe. Il fit un noble accueil à Guy des Bastides; et, par un charme inouï, par un accord dont personne au monde ne put soupçonner la cause, la même intimité continua de régner entre Colombe et Guy en présence du mari. Alors ce devint un débordement de quolibets, de bons mots et de satires qui s'adressaient à tous trois, mais particulièrement à Raoul. Il en courait par la ville et les faubourgs; on se les récitait jusqu'aux assemblées du parlement, et l'on troublait la messe pour se les communiquer à l'église. Néanmoins, comme Guy et Raoul étaient réputés pour leur courage et leur adresse à manier une épée, on prenait quelque soin de ne se livrer qu'en leur absence à toutes ces joies du médire. Mais il semble que cela ne dût pas satisfaire la malignité publique; d'ailleurs, on voulait s'assurer si la conduite de Raoul était complaisance ou aveuglement. Un jour donc que le sire de Terrides rentrait chez lui, il trouva écrits sur sa porte les quatre vers suivants:

Se la colomba de Terridas
Tant haut ès pas morta de fret,
Es che l'auzel a fuch l'endret
Per s'amaga a las Bastidas.

Voici ce que voulait dire cette inscription terminée par un calembour facile à comprendre en français, mais dont tout le mordant appartient au languedocien:

« Si la colombe de Terrides si haut n'est pas morte de froid, c'est qu'elle a fui son nid pour se cacher dans les Bastides. »

A l'aspect de cette fatale dénonciation, écrite depuis plusieurs heures sur la porte de sa maison, et qui avait dû servir de pâture à la curiosité moqueuse des passants, à cet aspect, dis-je, ce fut une véritable frénésie qui s'empara de Raoul.

— Ah! s'écria-t-il en brisant la porte du poing et en s'élançant dans l'intérieur de la maison, cela devait être ainsi! Alors il monta furieux et les traits renversés jusqu'à la chambre où se trouvaient Guy et Colombe.

— Venez, leur cria-t-il, venez voir ce que vous avez fait! Et, sans attendre leur réponse, il les traîna jusque devant la porte. Colombe parut moins épouvantée de l'insolente inscription qu'elle n'aurait dû l'être, et Guy voulut l'effacer, en disant qu'il clouerait à cette porte la main du lâche qui l'avait tracée.

— Non, non, dit Raoul en l'arrêtant violemment, ce n'est pas ainsi que s'efface un pareil outrage, ce n'est ni le sang ni la main de celui qui l'a écrit que je dois en réparation à l'honneur de mon nom... Et aussitôt, le poignard tiré, il s'élança sur Guy des Bastides, mais avant qu'il pût l'atteindre, sa femme s'était précipitée au-devant de lui, et quelques personnes qui traversaient alors la rue s'emparèrent de Raoul; on le fit rentrer dans sa maison, et à la grande surprise de tous ceux qui étaient présents, Guy des Bastides l'y suivit avec Colombe. Bientôt après ils étaient tous trois seuls ensemble, et Raoul disait à Guy avec un accent féroce de menace:

— Et maintenant que me donnerez-vous pour ce que vous m'avez ôté, car mon honneur est perdu, perdu, entendez-vous? et je vous dis que je ne veux pas être l'objet des quolibets et des insultes de tout le comté; songez-y bien, j'aurai vingt-quatre heures de pitié, vingt-quatre heures, pas davantage. Alors tout sera dit, et j'agirai comme il convient à un seigneur dont aucune tache n'a, jusqu'à ce jour, souillé l'écusson.

A ces mots, il laissa Guy et Colombe tous deux stupéfaits et silencieux, et qui eurent ensuite un long entretien ensemble. A la suite de cet entretien, la jeune dame de Terrides écrivit à sa mère de la venir trouver. Celle-ci, au ton du message qu'elle reçut, jugea qu'il s'agissait d'affaires graves et pressées, et se hâta d'accourir. Dès qu'elle fut arrivée, elle s'enferma avec sa fille, et voici ce qui se passa entre elles:

— Ma mère, lui dit Colombe en se mettant à genoux devant elle, j'attends de vous secours et pitié; j'attends de vous protection. C'est ma vie qu'il faut sauver, c'est mon honneur.

— Parlez, répondit Catherine dont la beauté perdue dans les exercices du cloître ne lui laissait plus que l'aspect farouche qui la déparait autrefois; parlez dans cette posture: c'est celle qui convient à la femme qui a oublié tous ses devoirs.

La dame de Terrides avait au cœur, sinon la rudesse de sa mère, du moins une large part de l'orgueil de son sang; et elle se leva soudainement et s'écria:

— Alors, je parle debout; car je suis plus innocente que ceux qui m'accusent, plus innocente que ceux qui me méprisent dans leur âme.

— Je le souhaite, ma fille, dit la supérieure, et j'en attends la preuve.

— Elle est dans un mot, répliqua Colombe; c'est dans le nom que le sieur Guy des Bastides portait il y a seize ans.

— Quel est ce nom? reprit d'un air sombre Catherine.

— Il s'appelait Jéhan de La Garde, dit Colombe.

— Jéhan de La Garde! s'écria avec stupéfaction la supérieure; Jéhan de La Garde! répéta-t-elle en laissant tomber sa tête sur sa poitrine.

— Oui, ma mère, ajouta Colombe en se remettant à genoux devant elle; c'est lui que votre cœur distingua lors des tortures que vous subissiez il y a seize ans, et des violences dont vous accablait le sire de Carmain. C'est lui qui vous aima si tendrement, et que vous avez puni d'un moment de faiblesse et de bonheur en lui faisant abandonner son pays.

— Il est ici! dit alors Catherine, l'œil fixe et tendu devant elle, les lèvres contractées par la colère; il est ici!

Puis elle leva vers le ciel ses mains amaigries en s'écriant:

— Est-ce encore une épreuve, mon Dieu? Ah! il est ici!

— Oui, ma mère, continua la dame de Terrides, après seize ans d'une absence toute passée dans les rudes travaux de la guerre, il est revenu à Toulouse ; ce n'était point dans le dessein de vous y retrouver, car il respectait toujours vos ordres comme sacrés ; ce n'était point pour m'y connaître, car il ignorait mon existence : c'était pour donner encore un regard à son pays, au vôtre, ma mère. Mais le hasard ne l'a pas voulu ainsi : il nous a rapprochés. Jéhan m'a dit son secret. Et lui, pauvre exilé, qui n'a eu d'autre affection au monde que vous, d'autre bonheur qu'un souvenir ; et moi, orpheline malgré votre vie, moi trop jeune livrée à un époux qui ne rêve que guerre et sang, savoir où retirer mon cœur, sans jamais l'avoir reposé tranquille et joyeux dans l'amour d'un père et d'une mère ; nous nous sommes laissés aller à retrouver l'un dans l'autre ce bonheur que tant d'années nous avaient refusé ; souvent nous avons souri ensemble, plus souvent nous avons pleuré.

— Malheureuse ! malheureuse ! répétait incessamment la misérable Catherine, en secouant la tête et en s'adressant cette exclamation.

— Et maintenant, ajouta Colombe en laissant sa voix éclater en sanglots, savez-vous ce qu'ils disent ! ils disent que c'est mon amant.

— Infamie ! s'écria Catherine en l'attirant sur son cœur et en l'entourant de ses bras décharnés, c'est ton père ! oubliant qu'elle-même avait partagé le soupçon.

A ce geste, à cette exclamation se répandit sur le visage de Catherine l'expression d'une atroce douleur ; elle repoussa sa fille convulsivement. Celle-ci s'empressa de lui dire :

— Oh ! ma mère, qu'avez-vous, qu'avez-vous ?

— Rien, répondit la supérieure en reprenant son air sombre ; rien, continuez.

La dame de Terrides obéit.

— C'est mon père, n'est-ce pas, et vous pouvez l'attester et me rendre l'honneur ?

— Oui, je puis l'attester, répliqua amèrement Catherine ; je puis dire que la dame de Carmaio a traîné le nom de son époux dans la fange d'un amour honteux. Je puis le dire, moi... Appelez votre époux, appelez-le. Je lui dirai ma honte, le front dans la poussière, et vous pourrez me repousser du pied après, car j'ai tout mérité.

— Mais, ma mère, dit rapidement Colombe, il le sait, et ce n'est pas lui qu'il faut convaincre.

— Qui donc ! s'écria impétueusement Catherine, qui donc faut-il convaincre ?

— Ma mère, ajouta Colombe avec désespoir, mais tou... le comté m'a flétri de cette infâme accusation.

— Tout le comté ! répéta la supérieure en dévorant sa fille d'un œil fixe et ouvert ; tout le comté ! et c'est à tout le comté qu'il faut que je dise que la supérieure des Hospitalières qui, par douze ans de macération et de pénitence, s'est acquis la renommée d'une sainte, n'est qu'une femme prostituée et adultère ! Oh ! non, mon ; si tu l'as espéré, tu t'es trompée : je ne le ferai pas.

— Et que deviendrai-je, mon Dieu ! s'écria Colombe en larmes.

— Tu souffriras, lui répondit cruellement sa mère ; fille du crime, tu en hériteras les malheurs. Si tu savais ce que j'ai souffert !

— Mais je suis innocente, moi ! s'écria Colombe.

— Et moi coupable ! coupable d'un grand crime ; mais si grand qu'il soit, il doit y avoir des expiations pour tout, ou Dieu n'est pas juste. Regarde, dit-elle. Et déchirant ses voiles, écartant sa robe de bure, elle montra un cilice dont les pointes acérées lui pénétraient dans les chairs. Elles étaient déchirées et saignantes à ce moment ; car, en attirant sa fille dans ses bras et en l'y pressant avec transport, elle s'était enfoncé son cilice dans la poitrine. Colombe recula d'horreur à cet aspect, et elle n'osa plus rien dire.

A ce moment entrèrent Guy et Raoul ; celui-ci s'approcha de sa belle-mère, et d'un ton solennel il lui dit :

— Ainsi, madame, vous n'avouerez rien publiquement de ce que vous venez de dire ici ?

Catherine ramena son voile sur son visage, et sans regarder ni l'un ni l'autre des chevaliers, elle répondit en sortant :

— Rien !

— Oh ! comment faire ? s'écria Guy avec un profond accent de désespoir.

— Je le sais, répliqua Raoul avec une tranquillité féroce.

Aussitôt il appela une douzaine d'hommes d'armes qu'il avait cachés près de là, et sans être ému de l'effroyable étonnement qui tenait Colombe et Guy immobiles devant lui, il donna au chef l'ordre suivant :

— Jacques, dit-il, vous allez vous emparer de cet homme et de cette femme, et vous les conduirez cette nuit à mon château de Terrides. Là, vous arracherez la langue à cet homme et à cette femme, et vous les enchaînerez tous deux dans la grande cage de fer où est mort l'ours que j'ai terrassé d'un coup sur le mont Saint-Barthélemy. Vous ferez écrire au-dessus de cette cage : C'est ainsi que le sire de Terrides se venge de ceux qui l'offensent.

Ces ordres ressemblaient tellement aux paroles d'un insensé, que ni Colombe ni son père n'eurent la force de les interrompre, tant ils étaient dominés par la surprise ; et il arriva que lorsque cette surprise eut fait place à l'indignation, ils se trouvèrent seuls dans les mains des terribles soldats de Raoul, qui n'avaient appris de lui qu'une féroce et stupide obéissance.

Le soir même Raoul raconta comment il avait puni l'outrage fait à son nom, et quelques-uns trouvèrent que la réparation n'allait pas au delà de l'insulte, et que c'est ainsi qu'il faudrait toujours en agir contre les femmes perdues et leurs amants.

Quelques années après, Catherine mourut en odeur de sainteté. Ce fut Raoul qui, à ses derniers moments, confessa son crime, longtemps après que Guy et Colombe avaient expiré dans d'atroces tourments.

Je suppose que cet événement n'entre pas pour peu de chose dans la haine et l'effroi qui règnent encore dans mon pays contre le nom des seigneurs de Terrides.

Soulié.

Paris. — Imprimerie Walder, rue Bonaparte, 44.

www.ingramcontent.com/pod-product-compliance
Lightning Source LLC
LaVergne TN
LVHW020959090426
835512LV00009B/1972